厚积薄发

以厚积薄发四字篆印一方
赠高等教育出版社

李岚清
二〇〇七年初秋

生也有涯

學無止境

任繼愈

教育部哲學社會科學研究後期資助重大項目
高等學校優秀博士學位論文作者專項基金項目
《方言》與兩漢語言研究叢書 主編 華學誠

兩漢方言詞研究
——以《方言》《說文》爲基礎

Lianghan Fangyanci Yanjiu
Yi Fangyan Shuowen Wei Jichu

○ 吳吉煌 著

圖書在版編目（CIP）數據

兩漢方言詞研究：以《方言》《說文》爲基礎 / 吳吉煌著. —北京：高等教育出版社，2011.8
（《方言》與兩漢語言研究 / 華學誠主編）
ISBN 978-7-04-027021-1

Ⅰ. ①兩… Ⅱ. ①吳… Ⅲ. ①漢語方言—古方言—詞匯—方言研究 Ⅳ. ①H171

中國版本圖書館 CIP 數據核字（2011）第 082217 號

策劃編輯	王 麗	責任編輯	王 麗	封面設計 張申申	版式設計	王 瑩
責任校對	金 輝	責任印制	劉思涵			

出版發行	高等教育出版社	咨詢電話	400-810-0598	
社　　址	北京市西城區德外大街4號	網　　址	http://www.hep.edu.cn	
郵政編碼	100120		http://www.hep.com.cn	
印　　刷	北京人衛印刷廠	網上訂購	http://www.landraco.com	
開　　本	787 mm×1092 mm 1/16		http://www.landraco.com.cn	
印　　張	22.25			
字　　數	390千字	版　　次	2011 年8月第1版	
插　　頁	2	印　　次	2011 年8月第1次印刷	
購書熱線	010-58581118	定　　價	59.00 圓	

本書如有缺頁、倒頁、脫頁等質量問題，請到所購圖書銷售部門聯繫調換
版權所有　侵權必究
物 料 號　27021-00

總　　序

哲學社會科學是探索人類社會和精神世界奧秘、揭示其發展規律的科學，是我們認識世界、改造世界的有力武器。哲學社會科學的發展水準，體現著一個國家和民族的思維能力、精神狀態和文明素質，其研究能力和科研成果是綜合國力的重要組成部分。沒有繁榮發展的哲學社會科學，就沒有文化的影響力和凝聚力，就沒有真正強大的國家。

黨中央高度重視哲學社會科學事業。改革開放以來，特別是黨的十六大以來，以胡錦濤同志爲總書記的黨中央就繁榮發展哲學社會科學作出了一系列重大決策，黨的十七大報告明確提出："繁榮發展哲學社會科學，推進學科體系、學術觀點、科研方法創新，鼓勵哲學社會科學界爲黨和人民事業發揮思想庫作用，推動我國哲學社會科學優秀成果和優秀人才走向世界。"黨中央在新時期對繁榮發展哲學社會科學提出的新任務、新要求，爲哲學社會科學的進一步繁榮發展指明了方向，開闢了廣闊前景。在全面建設小康社會的關鍵時期，進一步繁榮發展哲學社會科學，大力提高哲學社會科學研究品質，努力構建以馬克思主義爲指導，具有中國特色、中國風格、中國氣派的哲學社會科學，推動社會主義文化大發展大繁榮，具有十分重大的意義。

高等學校哲學社會科學人才密集，力量雄厚，學科齊全，是我國哲學社會科學事業的主力軍。長期以來，廣大高校哲學社會科學工作者獻身科學，甘於寂寞，刻苦鑽研，無私奉獻，開拓創新，爲推進馬克思主義中國化，爲服務黨和政府的決策，爲弘揚優秀傳統文化、培育民族精神，爲培養社會主義合格建設者和可靠接班人做出了重要貢獻。本世紀頭二十年，是我國經濟社會發展的重要戰略機遇期，高校哲學社會科學面臨著難得的發展機遇。我們要以高度的責任感和使命感、強烈的憂患意識和寬廣的世界眼光，深入學習貫徹黨的十七大精神，始終堅持馬克思主義在哲學社會科學的指導地位，認清形勢，明確任務，振奮精神，銳意創新，爲全面建設小康社會、構建社會主義和諧社會發揮思想庫作用，進一步推進高校哲學社會科學全面協調可持續發展。

　　哲學社會科學研究是一項光榮而神聖的社會事業，是一種繁重而複雜的創造性勞動。精品源於艱辛，品質在於創新。高品質的學術成果離不開嚴謹的科學態度，離不開辛勤的勞動，離不開創新。樹立嚴謹而不保守，活躍而不輕浮，銳意創新而不嘩衆取寵，追求真理而不追名逐利的良好學風，是繁榮發展高校哲學社會科學的重要保障。建設具有中國特色的哲學社會科學，必須營造有利於學者潛心學問、勇於創新的學術氛圍，必須樹立良好的學風。爲此，自2006年始，教育部實施了高校哲學社會科學研究後期資助項目計劃，旨在鼓勵高校教師潛心學術，厚積薄發，勇於理論創新，推出精品力作。原中央政治局常委、國務院副總理李嵐清同志欣然爲後期資助項目題字"厚積薄發"，並篆刻同名印章一枚，國家圖書館名譽館長任繼愈先生亦爲此題字"生也有涯，學無止境"，此舉充分體現了他們對繁榮發展高校哲學社會科學事業的高度重視、深切勉勵和由衷期望。

　　展望未來，奪取全面建設小康社會新勝利、譜寫人民美好生活新篇章的宏偉目標和崇高使命，呼喚著每一位高校哲學社會科學工作者的熱情和智慧。讓我們堅持以馬克思主義爲指導，深入貫徹落實科學發展觀，求真務實，與時俱進，以優異成績開創哲學社會科學繁榮發展的新局面。

教育部社會科學司

序 一

華學誠教授的《〈方言〉與兩漢語言研究叢書》即將出版，囑我爲之作序，我難以推辭，祗是因爲我對華學誠教授《揚雄方言校釋匯證》的熟悉和我對他研究思路的瞭解；但是任務接下來又覺得完成起來有很大的難度，這是因爲自己對《叢書》涉及的十分廣泛的內容，學習得實在不夠，說不好反而有損《叢書》的價值。好在華學誠教授自己另有書序，對這套叢書寫作的緣起、編輯的宗旨、主要的內容，都已經作了詳細的介紹，不需要我來重複，我可以說一點有關但是題外的話。

兩漢與周秦一脉相承，是中國文獻典籍大量產生的文化繁榮時代。秦火之後，在"罷黜百家，獨尊儒術"的極端政策下，儒家經典的復原與傳承也盛極一時。經今古文之爭激發了各種經史典籍與文字訓詁專書的產生，值得研究的文獻衆多。但是在衆多文獻中，歷來被關注、被作爲主流文化的代表作，值得現代人去整理與還原、研讀與鑽研、發現與挖掘的典籍，爲數並不很多。經過歷史長河的沖刷淘汰，能夠在浩如煙海的典籍中凸顯出來的文獻，必然有它們更大的值得珍視的價值。有人喜歡在塵封的書堆的最底層去挖掘資源，就"稀"與"奇"而言，這當然也會有一定的收穫；但是，將那些被歷史珍視、早已留在世間的珍貴文獻整理清楚、研究透徹，應當是歷史研究者與文獻整理者更重要的任務。這種研究的難度和它們的價值一樣，都是因爲他們太被關注，歷代研究成果太多，再想有創新之作非常困難。祗有拋開完全功利的動機，真正理解他們的價值，才會在新的起點上邁開步伐，深究其精妙而有所創獲。

《說文》、《爾雅》、《釋名》、《方言》，是歷代研究者公認的四部最著名的文字訓詁專書，這四部書，就是我所說的在大浪淘沙中被凸顯出來的"小學"專書。在這四部專書中，《說文》、《爾雅》已有大量研究成果，雖然在一些關鍵地方尚有未得要領之處，但被關注的程度是非常高的。《釋名》在20世紀中葉曾被否定，近20年來人們才重新認識了它的價值，現在的關注度也很高了。《方言》一直沒有人敢於否定，但就研究成果而言，相對偏少，起碼在數量上不及《說文》、《爾雅》豐厚。我想，原因大約有兩個：一個是由於記音工具的不完備，古代方言研究難度太大；一個是方言詞彙涉及口語太多，又有一些新造字的摻入，文獻的書證難以尋求，沒有深厚的積累，想要對清代以前的研究有所突破，實爲不易。華學誠教授以20多年的不間斷努力，在錢繹的《方言箋疏》與周祖謨先生的《方言校箋》的基礎上，完成了《揚雄方言校釋匯證》一書。《匯證》使用了6種影宋本、覆刻本、影抄本和重刊本，並且把作爲底本的《四部叢刊》本與國家圖書館所藏李孟傳刻本逐字作了復核。其中藏園覆刻宋慶元本卷十三末有"湖北黃岡陶子麟刊"八字，由此知此本即陶子麟覆刻本，另外還有日本靜嘉堂文庫所藏影宋抄本，這兩個本子周祖謨先生作《校箋》時尚未見到。同時還使用了明清以來的刊本、抄本、叢書本和校注本，包括各種條校條釋的劄記，共34種，僅明本就有12種，包括清人誤認爲是宋代曹毅之本而實際上是明代正德己巳年間的抄宋本。王念孫手校明本《方言》第一次得到使用。這部書搜集徵引了關涉《方言》的各家校注，重點參考的大家就有十多位，對散見於其他著作或者筆記文集中的零星闡釋也儘量挖掘，而且不僅僅是客觀的徵引，是對歷代學者的校注本作了系統清理，並對"校"、"釋"上所存在的疑難問題做了積極探索。這些疑難問題，有些是前人已經注意到而沒有一致意見的，有些是作者首次發疑的。我在這裏介紹這部書，是因爲它是這套叢書的前提，爲這套叢書的編寫提出了一個研究思想，也提供了一個重要的可靠的研究底本。從這裏，我想說一說自己對這套叢書研究思路的理解，算是學習的體會吧！

漢代在漢語史上是一個極爲重要的時代。在這個時代，漢語文獻中雙音結構激增，有些已經凝合成詞。這就意味著，漢語單音孳生造詞的階段已近尾聲，合成造詞即將成爲主要的構詞方式。因此，形聲造字的速度比之周秦大大降低。胡適在《白話文學史》中，引用了漢武帝時丞相公孫弘的奏摺："詔書律令下者，明天人分際，通古今之宜，文章爾雅，訓詞深厚，恩施甚美。小吏淺聞，弗能究宣，無以明布諭下。"可見當時極端復古書面語書寫的詔令律書，連小官吏都看不懂了，政府不得不叫各個郡縣挑選一批青年人，送到京城培訓後執職"文學掌故"。胡適因此認爲文言在西漢，已經脫離了口語，成爲"死文字"。胡適的判斷是否準確姑且不說，因爲小吏讀不懂詔令律書，與當時公文復古的文風也有一定的關係，但是漢代語言正在發生著大的變化，這是毋庸置疑的。漢語一直在口語與書面語兩個軌道上分別發展，口語的發展由於資料缺乏難以全面描寫，書面語也就是文獻語言的文言也是有發展的。兩個軌道不可能完全是永不相交的平行線，也常有交軌，相互的影響隨處可見。在漢語史的研究中，僅僅關注書面文獻的標準語，對有些問題的認識會有局限。尤其是研究漢代的文獻語言，應當考慮到在語言的自然變革中，口語對書面語的影響，這種影響首先是方言俗語不知不覺地流進書面文獻。司馬遷的《史記》由於採用了各種民間傳說和野史，語言風格的變化就很明顯。《方言》的各種疏證，都在鉤稽方俗口語詞彙在文獻中的用例，正是啟發我們進一步認識《方言》中的方言詞彙對漢代書面語言特別是詞彙研究的重要價值。所以，這套叢書將《方言》與漢代語言研究聯繫在一起，研究者的旨趣是讓人信服的。

從口語中將方言詞彙記錄下來，必須通過漢字。而記錄標準語的漢字派這種用場之後，就顯得捉襟見肘，不大夠用。漢字的準確表音機制很弱，記錄方音必須借助方音轉語字；所以，清理這些詞彙的先期工作必須先整理其中的漢字，整理漢字又必須涉及語音，而歷史方音要一個一個地域地弄清。在這套叢書裏，《揚雄〈方言〉用字研究》就是實施這項計畫的漢字整理基礎，《秦漢時期楚方言區文獻語音研究》就是這項工作方音整理的試點。我國古代的許多專書都有理論證實的價值，但是很少用通論的形式表現；所以，研究古代專書，替古人立言特別重要，祇有從書的體例和散見的表述中提煉出作者的研究理性，才能啟動一部書在現代的應用價值。《叢書》中《揚雄〈方言〉校釋論稿》的第一章，是從《方言》體例中對潛理論的挖掘，也是這部叢書的思想指南。其他幾部著作，一類是對揚雄學術思想的歸納；另一類就是直接進入主題結合《方言》來研究漢代語言特別是詞彙的了。《叢書》的設計有條不紊，可以看到主編研究思路的明確、清晰。

從接到任務就開始陸陸續續地看這套書，書卷浩瀚，不能在短期內細讀甚至無法卒讀，僅夠談談感想，也未必得其要領。無論如何，這套叢書給人在研究思路上的啟示是十分重要的。但是，不論是《方言》的研究、漢代語言的研究還是《方言》與漢代語言結合的研究，都還留有相當的空間，殷切希望主編和作者們不要就此止步，期待他們在不久的將來，還會對未盡的研究有所補足，還會有新的成果以饗讀者。

王　寧

2011年3月20日於北京師範大學

序　二

　　漢代揚雄所撰的比較方言詞彙集《方言》，作爲世界語言學史上的第一部方言地理學專著，在人們越來越關注語言與文化研究的近現代，它的研究成果非常豐富並備受關注，是理所當然的；而在上述研究成果中，近三十多年來最爲引人矚目的，是華學誠教授的一系列論著。

　　記得五年前學誠教授離滬赴京的前夕，我忝爲他的老友之一，無以爲贈，只好謅了幾句韻文，題爲《金縷曲·送別學誠教授》，有云："揚子《方言》入新史，百載名家相續，算今日，惟君精出。此去悠悠千萬里，更揚旌縱馬馳平線，送君去，歌一曲。"那時，學誠教授在海內外獨樹一幟的兩部新著，是《漢語方言學史研究》和《周秦漢晉方言研究史》；我相信，凡是讀過這兩部在深入研究揚雄《方言》的基礎上撰就的漢語史新著的朋友，都不至於認爲"精出"的說法是一種誇張。

　　學誠教授到北京不久，就寄來了中華書局出版的另一部新著《揚雄方言校釋匯證》。面對這部著重從文獻學角度研究《方言》的里程碑式的巨著，我不揣固陋，以《〈方言〉最新最好的校釋本》爲題，發表了一篇讀書筆記，文末云："我作爲對漢語方言史興趣很濃的讀者，僅僅讀一部《方言》的最新校釋本不可能十分滿足；好在手邊還有《漢語方言學史研究》（臺灣藝文印書館2000年版）和《周秦漢晉方言研究史》（復旦大學出版社2003年版）可供參考，前者是宏觀方言學史專題研究成果，後者是該學科第一部斷代方言學史，這兩部好書也是學誠教授的力作，跟《匯證》前後輝映，以立體三角之勢呈現於方言研究的學術前沿。想到上述一系列著作使我獲益良多，特就此機會一併向作者致謝。"後來,聽說《揚雄方言校釋匯證》一書榮獲"王力語言學獎一等獎",頓時想起了"實至名歸"這個成語,自幸筆記中所謂三書"呈現於方言研究的學術前沿"的說法並非謬譽。

最近,學誠教授又寄來了他所主編的《〈方言〉與兩漢語言研究叢書》書稿,這不僅讓我有了先讀的快樂,還使我在拜讀《叢書》的過程中,時時想起上述舊事——就我而言,這是一種非常愉快的回憶。

《叢書》體大思精,內容豐富。其中不少專書的初稿,我早先雖然讀過,但這次收入《叢書》前,作者對舊稿均做了大幅度的修訂,這一系列學術品質很高的新著,凸顯了系統研究和深度分析的特點。不難看出,主編和作者們多年來在《方言》研究理念和方法的把握上始終站在學術界的前沿,其學風之篤實,態度之謹嚴,在《叢書》中有充分的體現。我覺得,《叢書》中折射出來的科研精神令人感佩。

《叢書》就要出版了,我向主編和作者們致以衷心的祝賀。

吳金華

2011年5月16日於復旦大學

序 三

作爲課題負責人和這套叢書的主編，爲這套叢書撰寫序言當屬義不容辭。

我必須首先特別鄭重地向敬愛的王寧先生和吳金華先生致以誠摯的感謝和深深的敬意。1987年仲夏，我遵劉君惠先生之命至王寧先生府上求教而得親炙，自此而後，我的研究、我的工作一直得到王寧先生的關心和幫助。碩士論文完成後是王寧先生和周祖謨先生進行的書面評審，我所做的揚雄《方言》研究也一直在王先生關注下進行，《揚雄方言校釋匯證》正是經由王寧先生和魯國堯先生的推薦而最終獲得第十二屆王力語言學獎一等獎的。我到北京工作之後，王先生更是給予了全方位的寶貴支持，包括課題申請和這套叢書的完成。20世紀90年代初拜識吳金華先生，二十多年來我和吳先生相處在亦師亦友之間，並讓吳先生爲我的事情費神不少。我申請江蘇省首屆高級職稱破格並獲得通過，事後得知主審專家正是吳金華先生；吳先生是我的博士學位論文答辯委員，因而正式成了我的座師；我在上海培養的博士也都是請吳先生主持的答辯，這些博士正是這套叢書的主要作者。所以，當這套叢書基本完成并開始申請鑒定、交付出版時，我立即想到的是，向王先生和吳先生匯報並請求賜序，兩位先生在極爲繁忙的情況下慨然允諾，並按照出版社的時間要求完成了序文的撰寫，這讓我十分感動，我相信，這套叢書的所有作者也一定會和我一樣深深地感謝二位先生。

下面簡要交待一下課題和叢書的緣起。

20世紀80年代中後期，我開始做揚雄《方言》研究，其後逐步形成了一個系列研究計劃。這個計劃包括四個方面：一是對歷代注家進行研究，完成《方言》研究成果的總结，爲今後《方言》的利用和進一步探討提供新的基礎。二是用現代語言學理論的眼光、從學術史出發，對揚雄《方言》的用字、詞彙以及揚雄在詞彙研究上的貢獻，作出全面系統的探討，把揚雄《方言》研究推向深入。三是結合《方言》和揚雄的其他作品，展開對漢代方音、文字、詞彙、語法的研究，爲漢語史的斷代研究和歷史分期提供參考。四是把揚雄《方言》的詞彙納入詞彙史、方言史進行考察，由此探求漢代方言詞彙的傳承、演變及其規律，包括方言詞彙在發展過程中與通語詞彙交互影響的規律。

隨着研究的深入，我發現這個計劃確實過於龐大了，僅憑自己的力量根本無法完成。2003年第一屆博士研究生進門之後，我就有意識地引導對此有興趣的年輕朋友加入到這個計劃中來，友生王彩琴、馬蓮、路廣、謝榮娥、王智群和博士後魏兆惠先後確定了與此相關的論題。2007年我以《揚雄〈方言〉與漢語史研究》爲題，申請高等學校優秀博士學位論文作者專項基金項目第二期，獲准立項（課題批准號：200710）；經過兩年的努力，基本研究任務初步完成，2008年以《〈方言〉與兩漢語言研究》爲題，申請教育部哲學社會科學研究後期資助項目，獲得批准並擢爲重大項目（項目批准號：08JHQ0001）。吳吉煌博士的研究正好與我的構想契合，很榮幸他願意加入這一計劃，並且得到他導師李運富教授的全力支持。經過課題組同仁兩年多的進一步努力，現在呈現在讀者面前的這套叢書就是上述兩個課題的成果。

現在重點介紹叢書本身。先介紹這套叢書的基本內容。

這套研究叢書，加上已經在2006年出版的拙著《揚雄方言校釋匯證》，實際上主要體現的是上述研究計劃的前三個方面。納入這套研究叢書的八種專著，可以劃分爲兩個子系列，即《方言》研究系列，和與《方言》相關的漢語史研究系列。

《方言》研究系列在本叢書中有四部著作，即《揚雄〈方言〉校釋論稿》、《揚雄〈方言〉用字研究》、《〈方言〉與揚雄詞彙學》和《兩漢方言詞研究》。

歷代注家對《方言》的研究主要是從微觀層面展開的，其具體成果已經在《揚雄方言校釋匯證》中得到基本總結，但是有關《方言》的歷代整理與研究情況，以及前人整理與研究的理論和方法、成就與不足，還需要從學術史的角度進行系統分析、科學概括，拙著《揚雄〈方言〉校釋論稿》所承擔的正是這一任務。全書以揚雄《方言》的語言學史地位爲基點，以綜論與專論相結合的方式展開評述，目的是爲了全面、科學地呈現出《方言》歷代研究的面貌，爲《方言》的後續研究提供基礎。

《方言》的文字，除了歷來陳陳相因的"多奇字"一說之外，並沒有見到全面、具體、深入的研究，我曾經發表過《〈方言〉"奇字"考》一文，也僅僅是就其中"不見之奇"的文字做了初步考察。王彩琴博士的《揚雄〈方言〉用字研究》對記錄被釋詞語和解釋詞語的全部用字進行計量分析，對《方言》被釋語用字的情況進行窮盡考察，對表義字的表詞情況和詞彙特點、對記音字的表詞情況和詞彙特點進行分類研究，並在此基礎上，對《方言》用字的規律、"奇字"的具體所指，以及《說文》不收的《方言》用字的特點進行總結，試圖全面而科學地解釋《方言》"奇字"。

揚雄撰寫《方言》有沒有理論，他的理論都有哪些具體內容，在《方言》一書中是如何體現的，王智群博士的《〈方言〉與揚雄詞彙學》圍繞這一核心問題展開研究。她首先貫通了《方言》全書的條例，並以此為基礎展開研究；她發現了揚雄以"聚合"方式組織詞彙的特點，揭示了揚雄"別國方言"、"古今語"和"轉語"的深刻內涵，提出了揚雄文化詞彙學思想這一命題，從而具體證明了羅常培先生的論點：《方言》是"中國語言史上發達最早的詞彙學"。

《方言》中真正的方言詞彙有哪些，這些方言詞彙具有什麼特點，它們和通語詞彙之間有什麼樣的對應關係，等等，以往對這些問題沒有全面系統的科學報告。吳吉煌博士的《兩漢方言詞研究》針對這些問題進行研究，同時參證《說文》材料，使我們得以在科學層面上看到了漢代方言詞彙的真實面貌：該著具體描寫了1 228個方言詞的地理分布和它們的意義範疇、詞性類別和音節結構，並深入考察了它們的歷史來源；以義位為單位整理出539組兩漢方言詞，討論了它們與通語詞之間的對應關係，揭示了同義異形對應詞的語音差異和語素差異；分析了12組同義對應方言詞在書面通語中的歷史發展，將兩漢秦晉方言詞與通語詞進行全面比較，探討了先秦兩漢通語基礎方言的變化。

與《方言》相關的漢語史研究系列在本叢書中也有四部著作，即《秦漢時期楚方言區文獻的語音研究》、《〈揚雄集〉詞彙研究》、《〈法言〉〈揚雄集〉詞類研究》和《兩漢語法比較研究》。

清代古音學在古方音研究上並沒有專門的成果，這一課題直到20世紀20年代以後纔得到重視，但是由於材料鑒別上不能令人滿意，因而所構建的楚方音音系或韻部系統都存在可信度到底有多大的質疑。謝榮娥博士的《秦漢時期楚方言區文獻的語音研究》採用"方言區域文獻研究法"，首先聯繫楚國疆域變遷直至滅國和同期移民的歷史，參考揚雄《方言》地理名詞並舉及方言詞彙情況，確定秦漢楚方言區的範圍，然後據此一一確認秦漢楚方言區文獻，搜集、鑒別、整理其中的語音資料，對其進行細緻描寫，通過共時與歷時的比較，探討調類、韻部、聲類問題，走出了一條研究秦漢古音可供借鑒的新路子。

兩漢詞彙研究取得了豐碩的成果，在材料的挖掘上尤其令人矚目，舉凡史乘、釋藏、諸子、詩文、小說、辭書、注釋、醫籍、金石磚瓦碑刻、出土文書等等都在利用之列，但是關於兩漢詞彙的分期歸屬，學界的看法並未統一。兩漢之交正是詞彙複音化加劇的時期，《揚雄集》是這一時期典雅書面語（即文言）詞彙系統的代表作品，儘管對現實語言的反映較爲滯後，但漢代的新興成分却時有所見。馬蓮博士的《〈揚雄集〉詞彙研究》對《揚雄集》詞彙進行了詳盡的描寫和分析，對新詞新義做了積極的挖掘和分析，同時對成語和疑難詞語進行了考釋，從而據此揭示出兩漢之交文人書面語詞彙的基本面貌以及《揚雄集》詞彙在漢語複音化進程中的地位。

以往的兩漢語法研究較多地集中在虛詞、詞序語序、句式結構等三個方面，但是整體上來說，研究還不很充分。從所涉及的專題看，不少語法現象的研究不夠深入；從所研究的範圍看，不少語法現象還沒有進入研究者的視野；從所使用的語料看，或者偏重於傳世文獻，或者祇採用出土文獻；等等。路廣博士的《〈法言〉〈揚雄集〉詞類研究》和魏兆惠博士的《兩漢語法比較研究》分別對詞類和以句法爲核心的語法專題進行了研究，是兩漢語法研究的新收獲。路廣博士將揚雄的兩部著作結合起來進行研究，使不同風格特徵的語料相互補充，全面展現了兩漢之交文人作品的詞類面貌，爲共時和歷時層面的漢語詞類研究提供可靠的參照，同時揭示出言文分離時期漢語詞類的一些特點。魏兆惠博士的研究不僅專門討論了《揚雄集》的語法特點，而且把視野放大到整個兩漢時期，針對兩漢時期有重大變化的語法專題，比如量詞、詞語附加現象、否定句、動趨結構、被動結構等展開專題研究，觀察和比較這一特定歷史時期上述語法現象所發生的各種變化，提出兩漢時期在漢語語法史上的具體歸屬；魏兆惠的研究在材料的選取上下了大力氣，她把出土文獻和傳世文獻結合起來，綜合使用，增強語料的代表性、真實性和典型性，從而保證了所選語料能夠真實反映兩漢的語法面貌。

接着介紹這套叢書的特點。

這套叢書集中體現出來的特點有三個：一是重視突破，尤其重視難點的突破；二是重視材料，尤其重視第一手材料；三是重視方法，尤其重視方法的針對性。而最主要的特點則是，各部著作分則都可獨立，合則渾然一體。

《方言》歷代研究成果豐富，如何評價它們？還有哪些研究專題需要關注，或者有待深入？《揚雄〈方言〉校釋論稿》對歷代校注，包括成書的和沒有成書的條校條釋，進行了逐一考察、全面研究，採用"總分總"相結合的結構，系統構建了《方言》研究史。《方言》有沒有詞彙學貢獻，都在哪些方面作出了貢獻？兩漢方言詞彙的面貌是什麼樣子，它與通語詞彙有什麼樣的對應關係？兩漢之交文人著作的詞彙具有什麼樣的特點，在詞彙史上處於什麼樣的地位？《〈方言〉與揚雄詞彙學》、《兩漢方言詞研究》、《〈揚雄集〉詞彙研究》在窮盡現有材料的基礎上，採用與所研究的問題相適應的研究方法，給出了嚴謹的答案。如何確定秦漢楚方言區及其文獻，如何正確提取出可供研究楚方音的有效材料？針對不理想不充分的有限材料如何展開研究，秦漢楚方音到底有哪些特點？《秦漢時期楚方言區文獻的語音研究》所進行的大膽探索和它的研究結論，無疑將會引起學界的重視。以往的兩漢語法研究雖然成果豐富，但是盲點不少，材料使用上也存在需要完善之處。《〈法言〉〈揚雄集〉詞類研究》採用封閉性材料，詳盡描寫，全面呈現了兩漢之交文人作品中詞類使用狀況，並對詞類系統本身提出了有價值的思考。《兩漢語法比較研究》則精選傳世文獻和出土文獻代表性材料，採用專題比較研究方法，在兩漢內部又分成西漢、東漢兩個時間段，進行共時描寫和歷時比較，從而在共時的靜態的描寫和動態的歷時的比較中把握兩漢漢語的語法特徵，同時考察兩漢甚至上古和中古的相關語法點，以點帶面，提出兩漢時期在漢語語法史上的具體歸屬。《方言》"奇字"是千古懸疑，《揚雄〈方言〉用字研究》在逐字考察的基礎上提出了堅實可信的解釋。

　　由此可見，八本專著都有各自的研究任務和研究目標，但是作爲一個課題，這套叢書又體現出整體性和系統性。整體性和系統性這一特點的主要表現是，該課題以兩漢之交的專人作品爲基礎材料，以兩漢語言文字作爲研究對象，融時點描寫與歷史考察、專題研究與整體研究於一體，從而探索《方言》與兩漢時期語言文字的特點和分期屬性。這一研究框架的設計，避免了祇根據單一時點、單一材料進行漢語史定性的習慣做法，而強調以某時點代表性人物的全部作品作爲基本材料，同時強調結合重要專題進行歷史比較；這一研究框架的設計，擺脫了單純從語音、詞彙、語法等某一個方面，甚至其中某一個或某幾個小專題進行研究而定性的方法，而強調語音、詞彙、語法研究的綜合參證，強調採用多個重要專題與時點專人語料整體研究相結合的方法；這個研究框架的設計，還強調時點與時段的結合，本叢書中的語法研究專著對此體現得最爲充分，它不僅重視兩漢前後兩個階段的歷史比較，還非常重視兩漢時段內各階段的歷史比較，從而試圖描寫出兩漢期間漢語語法各個方面的具體歷時演變，爲最後確定兩漢語言特點和歷史性質提供可靠依據。

還應該說明我所做的工作與所應承擔的責任。

除了吳吉煌博士之外,其他各位作者與我都有師生之誼。很榮幸的是,包括吳吉煌博士,課題組各位的研究我都曾有機會最早貢獻了意見,包括研究課題的確定,研究材料和研究方法的選擇,直至論著大綱的形成,以及博士論文的審讀。各位的研究納入我所主持的課題之後,我又有機會和各位進行了更多更充分的交流,大到全書結構的調整,有關章節內容的安排,小到具體材料的取捨,相關段落的文字表述。除了魏兆惠的著作之外,其他書稿在出版前我又再次通讀過至少一遍,提出了一些具體的修訂意見,部分書稿還逐字逐句作了修改。總之,對這兩個課題和作為其成果的這套叢書,我盡心盡力履行了課題負責人和主編的職責。但是,各部著作所取得的成果則完全歸功於各位作者的努力,是他們為這門學科作出的貢獻,至於這部叢書中所存在的不足和問題,則主要應由我來負責,不僅整體架構是否科學我責無旁貸,即使是各部著作中的具體問題和錯誤我也應承擔識斷不高和審改不嚴的責任。

最後,但並不是可有可無的幾句話。

這兩個課題和作為其成果的這套叢書的完成和出版,令我感到無比欣慰,因為這表明距離我那個系列研究計劃的最終完成又大大前進了一步。衷心希望這套叢書的出版能夠有利於促進《方言》的深入研究和利用《方言》對漢語史展開多方面的研究,能夠有利於人們科學認識兩漢方音、詞彙和語法的面貌,並能為科學確定兩漢時期的漢語史歸屬提供一些有價值的參考,還希望能夠有利於深入瞭解《方言》用字現象和漢代的方言俗字現象。

有機會和這些年輕學者在六七年時間內一起關注同一個課題,並在交流與合作中享受着快樂與友誼,於我實在是可遇而不可求的緣分,十分珍惜。衷心感謝這些年輕學者——我的朋友,衷心希望他們不斷有新的更高水平的研究成果問世。

各位作者陸續把書稿集中到我這裏之後,魏兆惠博士帶領在讀博士研究生張可和碩士研究生肖衛華完成了體例統一的繁瑣工作,為了一個可疑的腳注,他們都會仔細查核,叢書體例最後由張可總成,所以她用力尤多,貢獻最大。特記於此,並代表課題組向他們表示衷心感謝。

這套叢書與我最初的設想還有些差距,叢書中的問題和錯誤更是在所難免。為了我們共同的學術事業,也為了我們這個學術團隊的進步,衷心期待學界同仁不吝批評與指正。

衷心感謝高等教育出版社的楊亞鴻老師,正是有了她持續不斷的督促,這套叢書才能按期完成，並及時交到出版社。衷心感謝這套叢書的責任編輯王麗女士，她的專業水平令人敬佩，她的敬業精神令人感動。這套叢書能夠以現在這樣的質量與品相呈現在讀者面前，從某種意義上說，王麗女士所付出的努力比叢書中任何一位作者都重要得多。

再一次謹以我個人的名義，並代表這套叢書的所有作者，向王寧先生、吳金華先生和楊亞鴻老師、王麗女士表示最誠摯的謝忱！

華學誠
2011年5月16日於北京語言大學

目　錄

緒論 1

第一節　相關研究概況 1
第二節　"方言詞"的界定 25
第三節　兩漢方言詞的判定與整理 30
第四節　研究目標與價值預期 58

第一章　兩漢方言詞的分布、構成及來源 61

第一節　兩漢方言詞的分布與構成 61
第二節　兩漢方言詞的歷史來源 74

第二章　兩漢方言詞的對應關係 89

第一節　詞項無對應 89
第二節　同義異形的對應 101

第三章　同義異形對應詞的差異 ………………………………… 119

第一節　語音差異 ……………………………………………………… 119
第二節　語素差異 ……………………………………………………… 162

第四章　從兩漢方言詞看兩漢通語 …………………………… 181

第一節　從兩漢方言詞看漢語詞彙的歷史更替 ……………………… 181
第二節　從兩漢方言詞看兩漢通語的方言基礎 ……………………… 217

結語 ……………………………………………………………………… 247

附錄 ……………………………………………………………………… 251

附錄一　兩漢方言詞區域分布表 ……………………………………… 251
附錄二　收錄意見分歧詞表 …………………………………………… 312

參考文獻 ………………………………………………………………… 323

後記 ……………………………………………………………………… 331

緒論

第一節　相關研究概況

一、兩漢詞彙研究概況

在"小學"即傳統語言文字學的學科分類中，古代文獻語言的詞彙，特別是詞語的意義是訓詁學研究的主要內容。傳統的訓詁工作肇始於先秦，歷經兩漢的系統化、魏晉隋唐的深入和擴展，至清代集其大成並開始了訓詁理論的探討。前人訓詁工作留下來的訓詁材料，在訓詁工作中闡發的訓詁原理、條例和方法，對語義、詞源等問題的深入思索，爲漢語詞彙學和語義學研究提供了豐富的語言材料和深刻的理論指導，是我們研究古代文獻語詞的寶貴財富。兩漢時期是傳統訓詁工作的系統化階段，不僅有對先秦經傳的注釋，還出現了《方言》、《說文解字》、《釋名》等纂集專書，這些經傳注釋、纂集專書及兩漢的文獻是兩漢詞彙研究的重要材料。而漢代以後對這些材料的整理和再度注釋則爲我們探討兩漢詞義和詞彙發展提供了重要參考。本書以《方言》和《說文》中的方言詞作爲研究對象，對這些方言詞詞義的準確把握及方言詞歷史演變的深入考察，都有賴於歷代學者對《方言》、《說文》的整理和注釋。

根據訓詁學的歷史狀況和當代語言學已經形成的學科結構，在語言學領域裏，訓詁學應當與漢語詞彙學和語義學相銜接[①]。在新的學科分類體系下，兩漢詞彙研究取得了一些喜人的成果。對此，馬蓮的《20世紀以來的兩漢詞彙研究綜述》從"研究內容不斷拓展"、"研究材料不斷開掘"、"研究方法和手段不斷更新"三個方面對20世紀以來兩漢詞彙研究的成果和現狀作了全面細緻的綜述[②]，並提出了"加強詞彙理論研究；做好資料整理工作，繼續重視斷代、專書研究；某些課題有待深入研究；加強語料庫建設，加強交流與合作"等深化兩漢詞彙研究的意見。

現有的兩漢詞彙研究，涉及"史乘、釋藏、諸子、詩文、小說、辭書、注釋、醫籍、磚瓦碑刻、出土文書"等各種材料，以疑難詞考釋、複音詞與構詞法發展研究、專書詞彙及同義詞研究爲大宗。疑難詞考釋側重對個別語詞意義的詮釋和源出的考證，專書詞彙及同義詞研究在對詞彙類型進行分類描寫的同時也關注新詞新義，這些工作主要是對共時詞彙系統做平面分析。像複音詞與構詞法發展研究那樣，在專書複音詞描寫的基礎上，通過比較考察構詞法發展規律的共時與歷時相結合的研究還比較缺乏，兩漢詞彙演變的研究還處於起步階段，而兩漢詞彙系統的整體描寫則尚未展開。江藍生指出："詞彙史的研究跟語音史和語法史相比最爲薄弱，最近20年的詞彙研究側重於對疑難詞語的考釋，而對常用詞、對某一歷史時期詞彙系統的研究則很少着力。"[③] 用這一總結來概括兩漢詞彙研究的現狀同樣也是貼切的。

疑難詞考釋和專書詞彙研究無疑是漢語詞彙學和詞彙史研究不可繞開的基礎工作。這些研究成果有助於兩漢文獻的解讀、辭書義項的設立、辭例舉證的完善，以及兩漢詞彙靜態狀況的把握。但漢語詞彙學和詞彙史的研究絕不能僅僅滿足於共時平面狀況的描寫，展現詞彙發展的歷史脈絡、總結詞彙發展的內在規律也是詞彙學和詞彙史研究的重要目標。先秦兩漢"這一千多年時間裏，詞彙方面的變遷，無論是舊詞、舊義的消亡，新詞的產生以及詞義的變化，都還研究得很不夠"[④]。"現在對漢語史的研究確實較以前深入多了，各個時期皆有學人在奮力攻關，但是有些論著，冠以'近代'或'魏晉南北朝'，所引材料上下數百年，地域遍全國，而書中卻沒有或較少言及時空的差異，則有壓時綫成時點，聚平面爲一點之嫌，仍然有欠於精深。"[⑤] 因此，在看到兩漢詞彙研究取得豐碩成果的同時，我們也應該充分認識到還有許多工作需要繼續深入。在共時描

[①] 王寧：《訓詁學》，高等教育出版社2004年版，第12~16頁。
[②] 馬蓮：《20世紀以來的兩漢詞彙研究綜述》，載《南都學壇（人文社會科學學報）》2005年第6期。
[③] 江藍生：《東漢—隋常用詞演變研究·序》，汪維輝《東漢—隋常用詞演變研究》，南京大學出版社2000年版。
[④] 趙振鐸：《論先秦兩漢漢語》，載《古漢語研究》1994年第3期。
[⑤] 魯國堯：《"布文"辨識本末及其他》，載《魯國堯自選集》，河南教育出版社1994年版，第309頁。

寫的基礎上如何與前後各時期的詞彙狀況相結合，加強對詞彙歷時演變及方言詞彙的考察，是進行深入研究的一個方向。

二、兩漢方言研究概況

（一）兩漢方言整體研究

1. 兩漢方言材料的整理

兩漢方言材料主要保存在《方言》、《通俗文》、《釋名》、《說文》等小學專書及王逸、何休、鄭玄、高誘等人的經籍傳注中，對這些材料的爬梳和整理是兩漢方言研究的基礎。

自東晉郭璞開始，陸續有騫師、戴震、盧文弨、王念孫、劉台拱、錢繹、郭慶藩、孫詒讓、王維言、王國維、吳予天、吳承仕、丁惟汾、周祖謨、劉君惠、胡芷藩、徐復、佐藤進、松江崇等對《方言》進行校正整理，使我們能夠有一個較好的《方言》研究整理本①。華學誠《揚雄方言校釋匯證》是《方言》的最新整理本②。該書"使用了明清以來的刊本、抄本、叢書本和校注本，包括各種條校條釋的札記，共34種"，"努力搜集可能全的研究成果"，"積極探索'校'和'釋'上所存在的問題。"③"書分校勘和注釋兩大部分，對前人的成果悉數採錄，並且有很多自己的心得體會，可以說是一部新的集大成的著作。"④本書所涉及的《方言》材料即以《揚雄方言校釋匯證》爲主要參考，引用時據匯校的傾向性意見直接在"底本"中改正。該書出版後，虞萬里⑤、董志翹、汪禕⑥、方一新、姜興魯⑦、汪維輝⑧等先後發表書評，指正了書中存在的一些疏漏，這些文章對於提高本書研究材料的準確性有很大幫助。此外，丁啓陣曾製作"《方言》方言字（詞）表"⑨，也是本書研究的重要參考。

對《說文》方言材料的整理，包含在對《說文》的整理之中。從南唐大小徐到清

---

① 華學誠《論揚雄〈方言〉的歷代整理》，載佐藤進教授還曆記念・中國語學論集刊行會編：《佐藤進教授還曆記念・中國語學論集》，株式會社好文出版2007年版。
② 下文簡稱《校釋匯證》。
③ 諸家整理工作參見華學誠《論揚雄〈方言〉的歷代整理》，載佐藤進教授還曆記念・中國語學論集刊行會編：《佐藤進教授還曆記念・中國語學論集》，株式會社好文出版2007年版。
④ 趙振鐸：《〈揚雄方言校釋匯證〉序》，華學誠《揚雄方言校釋匯證》，中華書局2006年版。
⑤ 虞萬里：《〈方言〉研究史上的豐碩成果——讀〈揚雄方言校釋匯證〉》，載《書品》2007年第1輯。
⑥ 董志翹、汪禕：《〈方言〉校釋的集大成之作——評華學誠〈揚雄方言校釋匯證〉》，載《杭州師範大學學報》2007年第6期。
⑦ 方一新、姜興魯：《讀華學誠〈揚雄方言校釋匯證〉》，載《古漢語研究》2008年第2期。
⑧ 汪維輝：《〈揚雄方言校釋匯證〉讀後》，載《燕山大學學報（哲社版）》2009年第3期。
⑨ 丁啓陣：《秦漢方言》，東方出版社1991年版，第124~185頁。

代《説文》四大家,歷代學者的《説文》研究都可能涉及《説文》方言材料的整理,清代學者在續補《方言》的著作中也集中鈎沉了《説文》方言材料。20世紀30年代,何格恩、李道中、郭豫才等都曾對《説文》中的方言俗語作過考録①。新中國成立後,馬宗霍的《説文解字引方言考》②又作了較爲完備的考證,丁啓陣和華學誠先後製作了"《説文》方言(字)詞表"③,全面梳理了《説文》中的方言詞。本書研究所涉及的《説文》方言詞材料即以華學誠所列"《説文》方言詞表"爲基礎。

除《方言》、《説文》外,兩漢方言研究的材料還保存在《通俗文》、《釋名》等小學專書和王逸、何休、鄭玄、高誘等人的經籍傳注中。清代學者對這些文獻中的方言材料作了大量的鈎沉,形成了續補《方言》的風尚。這方面的著作主要有:杭世駿《續方言》(二卷),程際盛《續方言補正》(二卷),沈齡《續方言疏證》(二卷),徐乃昌《續方言又補》(二卷),張慎儀《續方言新校補》(二卷)、《方言別録》(二卷),程先甲《廣續方言》(四卷)、《廣續方言拾遺》(一卷)等④。新中國成立後,丁啓陣在《秦漢方言》中對秦漢經籍傳注中的方言研究材料作了整理,開列"傳注材料方言字(詞)表",並分析這些材料所反映的方音現象⑤。華學誠對材料相對集中的王逸、何休、鄭玄、高誘四家的方言研究作了深入探討⑥。

與《方言》、《説文》所揭示的方言材料相比,經籍傳注的作者學術水平參差不齊,所揭示的方言材料的時間層次較爲駁雜,"大多數經籍傳注所引材料都缺乏共時價值,質量不高"⑦,因此本書暫不將其納入研究範圍。本書選擇《方言》和《説文》中的方言詞作爲研究對象,主要出於兩方面的考慮:第一,揚雄和許慎是兩漢傑出的學者,有相當的學術修養,所揭示的方言材料較爲可信;第二,《方言》和《説文》中的方言詞基本上都在較短的時間內同時存在和使用,具有較高的共時描寫分析價值⑧。

---

① 何格恩:《〈説文〉裏所見的方言》,載《嶺南學報》第3卷第2期,民國二十一年一月七日。李道中:《許氏〈説文〉所稱別國殊語與揚氏方言異同條證》,載《文瀾學報》1936年第2卷第2期。郭豫才:《〈説文〉方言逐録後記》,載《河南博物館館刊》1936年第4、5期,1937年第7、8期。
② 馬宗霍:《説文解字引方言考》,科學出版社1959年版。
③ 丁啓陣:《秦漢方言》,東方出版社1991年版,第185~194頁;華學誠:《周秦漢晉方言研究史》(修訂本),復旦大學出版社2007年版,第272~281頁。
④ 這些續補《方言》的著作所輯方言材料主要來自先秦漢魏六朝的史傳、諸子以及後代的雜纂、類書和古佚殘編;不同著作所輯材料斷限不一,質量參差。詳細介紹參見崔驥《方言考》,載《圖書館學季刊》第6卷第2期。
⑤ 參見丁啓陣《秦漢方言》第六章,東方出版社1991年版,第211~238頁。
⑥ 參見華學誠《周秦漢晉方言研究史》(修訂本)第八章,復旦大學出版社2007年版,第305~388頁。
⑦ 華學誠:《周秦漢晉方言研究史》(修訂本),復旦大學出版社2007年版,第308頁。
⑧ 華學誠:《周秦漢晉方言研究史》(修訂本),復旦大學出版社2007年版,第155~165頁。

2. 兩漢方言狀況及其與通語關係的探討

以豐富的方言材料爲基礎，學者們對兩漢方言的整體狀況也作了一些探討。周祖謨在《漢語發展的歷史》中結合漢民族發展的歷史和夏商周三代的政權更替，討論了漢語的形成及雅言通語與方言的發展脈絡，指出："在西漢時期，由於政治的統一和社會經濟文化的普遍發展，各地方言在語法方面會更趨於接近，漢族的共同語言應當已開始形成。這在書面上表現得最爲清楚。至於各地的口語仍然會保持許多特有的詞語，通行在一定的地區之內，語音也差異較大，那只能算是方言了。"[①]向熹[②]、趙振鐸[③]等也結合漢語發展的歷史描述了兩漢方言的基本狀況。此外，對兩漢方言狀況的研究還見於各種方言學著作中：袁家驊等人的《漢語方言概要》討論了語言分化和整化對漢語方言形成的影響及方言與共同語的關係，並對漢語方言發展的歷史作了簡要梳理；游汝傑在《漢語方言學導論》、《漢語方言學教程》中也描述了漢語歷史方言發展簡史。

專門對兩漢方言狀況及其與通語關係進行討論的有董達武的《周秦兩漢魏晉南北朝方言共同語初探》。該書從漢代方言材料檢討、地域方言系別、方音釋例三個方面入手，對漢代方言材料、方言區劃和方音特點作了整體研究。同時還考察了漢代通語的基礎方言，並提出了"通語延展論"，對兩漢方言和通語的關係作了較爲深入的討論。《周秦兩漢魏晉南北朝方言共同語初探》是迄今爲止唯一一部以漢語歷史方言及其與歷史共同語的關係爲研究中心的專著。作者指出："歷史方言的研究是語言史研究的一個重要方面。方言和共同語是一對互相對立又互相依存的概念。如果能够搞清楚漢語歷史方言的狀況，能够搞清楚歷史方言和歷史共同語的關係，對於了解現代漢民族共同語的歷史形成過程及其發展趨勢，是大有助益的。漢語歷史方言的研究是漢語史研究的一個重要內容，由此可以開闢漢語史研究的新天地。"[④]該書在對"周秦"、"漢代"、"魏晉南北朝"的方言和共同語作斷代研究的同時，以語言發展的歷史觀和方言與共同語的關係論貫穿始終，將縱的時間和橫的空間緊密結合起來，爲我們展示了兩漢方言的源流及其與共同語的歷史互動。此外，董達武還就方言分歧的原因、共同語是不是幾種方言的混合體、封建社會裏語言分化和統一的比重、階級社會中語言統一的形式、共同語口語形式的統一性和封建社會的語言規範等理論問題作了探討。這些都有助於我們加

---

① 周祖謨：《周祖謨語言學論文集》，商務印書館2001年版，第7頁。
② 向熹：《簡明漢語史》（上），高等教育出版社1993年版，第22~31頁。
③ 趙振鐸：《論先秦兩漢漢語》，載《古漢語研究》1994年第3期。
④ 董達武：《周秦兩漢魏晉南北朝方言共同語初探》，天津古籍出版社1992年版，第3頁。

深對漢語發展歷史的認識。

上文所及諸家將兩漢方言放在漢語和漢語方言發展的歷史進程和廣闊視野中加以考察，對我們把握兩漢方言的整體狀況、方言與通語的關係，以及方言歷史發展脈絡有重要作用。可惜，董達武的篳路藍縷並沒有引起更多學者的關注，漢語歷史方言研究的專著仍然"少得令人驚異"[①]。

3. 兩漢方言學史研究

"周秦時期萌芽的方言研究，經兩漢文獻學家、小學家的努力，初步建立起漢語方言研究的範式，這就是以揚雄《方言》爲傑出代表的以活語言爲對象的方言學，和以辭書和經注爲代表的以工具書編纂和文獻文本釋義爲旨歸的文獻方言學。"[②]從方言學史和語言學史的角度對兩漢的方言研究進行總結，既可以幫助我們更好地了解兩漢方言研究的概況，同時也能夠加深我們對兩漢方言產生發展及其與古語、通語關係等問題的認識。

兩漢方言學在中國古代語言學史上占有很重要的地位。胡樸安《中國訓詁學史》、齊佩瑢《訓詁學概論》、何仲英《訓詁學引論》、王力《中國語言學史》、何九盈《中國古代語言學史》等都有專門的章節對《方言》以及兩漢方言學作評介。這些評介涉及了對《方言》基本體例、《方言》與《爾雅》的關係、《方言》時空縱橫相結合的歷史比較研究範式、方言詞彙歷史發展及方言與通語關係等問題的探討，有助於我們把握兩漢方言狀況，加深對《方言》的認識，理清歷史方言發展脈絡，同時對本書的研究思路也很有啓發。這方面的單篇論文有：黃典誠《〈方言〉及其注本》、周定一《揚雄和他的〈方言〉——中國語言學史話之一》、殷孟倫《〈方言〉與漢語方言研究的古典傳統》、傅鑒明《揚雄的〈方言〉與歷史比較語言學》、李恕豪《論揚雄〈方言〉中的幾個問題》、申小龍《漢代方言的經學超越與范式更新》、濮之珍《〈方言〉與〈爾雅〉的關係》、趙振鐸《揚雄〈方言〉是對〈爾雅〉的發展》、李開《〈方言〉總體結構及其對〈爾雅〉古今語的記述》等等。

何耿鏞的《漢語方言研究小史》概括性地敘述了漢語方言研究的歷史發展，是迄今唯一一部研究漢語方言學史的通論性專著。該書介紹了《方言》的體例、內容和價值，鉤沉了散見於先秦兩漢典籍中的方言材料，並對兩漢方音現象作了一些分析。華學誠的《周秦漢晉方言研究史》（修訂本）是漢語方言學史領域的斷代研究著作。該書站在學術史的高度，從詳實的材料出發，首次將周秦漢晉方言研究歷史進行了階段劃分，並在

---

① 董達武：《周秦兩漢魏晉南北朝方言共同語初探》，天津古籍出版社1992年版，第3頁。
② 華學誠：《周秦漢晉方言研究史》（修訂本），復旦大學出版社2007年版，第389頁。

此基礎上對各家的語言觀、方言觀進行了深入的分析和討論，對各家之間的傳承關係作了細緻的梳理，首次總結了早期方言研究史的脈絡及其蘊涵的規律。此外，該書還包含了《方言》"奇字"研究、《小爾雅》方言詞考證、漢代經籍傳注方言材料研究等專題，這些不僅是對周秦漢晉方言學和方言研究史的總結，同時也是對兩漢歷史方言的研究。

（二）兩漢方言區劃研究

1. 兩漢方言地理研究

"方言地理學是方言學的一個重要分支，它研究一種語言的不同形式在空間上的分布情況。方言地理學從調查活的語言入手，根據調查所得到的材料，確定和劃分大大小小的方言區，最後繪製方言地圖。"① 揚雄的《方言》是以活語言作爲研究對象的，他所用的方言調查方法"簡直是現代語言工作者在田野調查時記錄卡片和立刻排比整理的工夫"②。"從方言地理學的目的和方法兩個方面來衡量，揚雄《方言》完全有資格被看成是方言地理學最早的著作。"③

《方言》的方言地理學研究價值首先表現在標示方言詞分布地域時所使用的地名系統。其中既有古方國名、漢代郡名、國名、縣名、邑名等行政區劃名，又有古代州名、山嶽名、水名等自然地理名。此外，揚雄還使用了"之間"、"之郊"、"之外郊"、"之外鄙"、"之中"、"之會"、"之外"、"之南"等模糊限定。利用《方言》開展漢代方言區劃，首先要明確不同模糊限定所表達的實際內涵，同時還要將不同時代各種類型的地名統一爲漢代地名。對此，杜道生、丁啓陣、李恕豪、華學誠等先後進行了研究，爲兩漢方言區劃提供了堅實基礎④。

現代方言學在進行方言區劃時可以綜合利用語音、詞彙、語法等多種標準，使用"特徵判斷法"、"古今比較判斷法"、"可懂度（intelligibility）測定法"等不同方法⑤。由於"《方言》所供給的是關於辭彙的零碎材料，而直接關於語音的材料（如

---

① 李恕豪：《揚雄〈方言〉與方言地理學研究》，巴蜀書社2003年版，第30頁。
② 羅常培：《方言校箋·序》，《方言校箋》，中華書局1993年版。
③ 李恕豪：《揚雄〈方言〉與方言地理學研究》，巴蜀書社2003年版，第30頁。
④ 杜道生：《〈方言〉用古地名說》，載《志學》十五，1944年。丁啓陣：《秦漢方言》，東方出版社1991年版，第15~27頁。李恕豪：《揚雄〈方言〉與方言地理學研究》，巴蜀書社2003年版，第41~72頁。華學誠：《揚雄方言校釋匯證》（下冊），中華書局2006年版，第1001~1031頁。
⑤ 游汝傑：《漢語方言學教程》，上海教育出版社2004年版，第115~123頁。

《釋名》及《禮記》鄭注中可以找到的）及關於語法句法構造的差不多沒有"①，因此利用《方言》進行漢代方言區劃的依據主要是詞彙材料，特別是方言詞的分布差異。

林語堂在《前漢方言區域考》中根據確立的四條通例標準，通過對《方言》中地名並舉、獨舉及特舉次數的統計考察了方言區之間的分合，在此基礎上將前漢的方言劃爲十四系②。此後，羅常培和周祖謨採用大概一致的方法，將漢代方言分爲七大區域③。美國學者司禮儀在《〈方言〉一書中的漢代方言》中分漢代方言爲六大區域，並結合歷史文化因素將六大方言區分爲三類，即中國最早的文化及語言地區、重要性和吸收程度各不相同的擴展地區及非漢語居民地區④。丁啓陣在詳細討論方言分區方法、理論根據以及《方言》地名轉換問題後，採用"共時對比分析"的方法將漢代的方言劃分爲八大區⑤。張步天以《方言》的地名稱舉爲基礎，根據漢代行政區劃長期相對穩定對方言分布的影響以及人口遷移的大勢，參照先秦時期方言分布的歷史，提出漢代方言十類十六區的設想⑥。

李恕豪在前人研究的基礎上，參考語音特徵等方言材料，結合政治、經濟、文化、移民等人文歷史，採用"中心地區歸納法"分漢代方言爲十二個區，並在每一個方言區下列出了次方言區：1. 秦晉方言區：秦、晉、梁益；2. 周韓鄭方言區：周、韓、鄭；3. 趙魏方言區：趙、魏；4. 衛宋方言區：衛、宋；5. 齊魯方言區：齊、魯；6. 東齊海岱方言區：東齊、海岱；7. 燕代方言區：燕、代；8. 北燕朝鮮方言區：北燕、朝鮮；9. 楚方言區：楚郢、北楚、江淮；10. 南楚方言區：江湘、沅澧、九嶷湘潭；11. 南越方言區；12. 吳越方言區：吳、越、甌。此外，他還對各方言區的具體劃分依據以及各方言區之間的關係作了深入探討⑦。周振鶴、游汝傑利用《方言》、《說文》的方言材料對兩漢方言區劃進行擬測，所繪"漢代方言區域擬測圖"包括漢語方言區九個（蜀、南楚、

---

① 林語堂：《前漢方言區域考》，收於《語言學論叢》（開明書店1933年版）。《前漢方言區域考》原分爲《漢代方音考》及《西漢方音區域考》兩篇，先後發表於《語絲》第31期和《貢獻》1927年第2、3期。
② 林語堂："此十四種中有非純粹中國方言而夾入他語者，如東齊青徐之夷，西秦之羌，秦北之狄，南楚之蠻，北燕之東胡皆異種語，然何者爲'純粹中國語言'，我們實不知道，故不必分而言二也。"（林語堂：《語言學論叢》，開明書店1933年版，第35頁）
③ 羅常培、周祖謨："凡是常常單舉的應當是一個單獨的方言區域，凡是常常在一起並舉的應當是一個語言比較接近的區域。"（羅常培、周祖謨：《漢魏晉南北朝韻部演變研究》（第一分冊），科學出版社1958年版，第72頁）
④ 司禮義（Paul L-M Serruys）：*The Chinese Dialects of Han Time According to Fang Yen*, University of California Press, Berkeley and Los Angeles, 1959, P77~99. 轉引自華學誠：《周秦漢晉方言研究史》（修訂本），復旦大學出版社2007年版，第110~111頁。
⑤ 丁啓陣：《秦漢方言》，東方出版社1991年版，第1~56頁。
⑥ 張步天：《古代方言地理》，載《中國歷史文化地理》，湖南教育出版社1993年版。
⑦ 李恕豪：《揚雄〈方言〉與方言地理學研究》，巴蜀書社2003年版。

楚、吳越、汝穎、秦晉、趙、齊、北燕）及少數民族語言區六個（朝鮮、北狄、西戎、越、東齊、淮夷）[①]。

以上諸家的秦漢方言區劃研究由於使用的材料範圍不一、分區的標準寬嚴不一、對方言地名所指區域的理解不一，得出的方言區劃結果自然存在分歧。不過，分區數量上的多少並不構成根本性的差異，他們之間的原則性區別在於是否承認有非漢語語言區域。林語堂認爲部分漢語方言區有少數民族語言的"雜入"，周振鶴、游汝傑則擬測出兩漢時代的六個少數民族語言區，而羅常培、周祖謨、丁啓陣、李恕豪等則認爲這些方言區都是漢語區。對此，我們同意華學誠的意見，即"揚雄的目的是對漢語方言進行描寫，但在客觀上可能記載了一些少數民族語言詞彙，這些詞彙既可能是民族融合之後，原異族語言詞彙的遺存（即底層語言成分 substratum），也可能是漢族與少數民族雜居地區語言接觸滲透進漢語中的借詞（borrowing），但是不管是哪種情況，都不宜憑藉《方言》中這些個別的材料去劃分非漢語區域，因爲這不符合揚雄著書的目的，也不符合《方言》的實際——儘管漢代事實上存在着少數民族語言區域，即如同今天有很多少數民族地區一樣"[②]。

在兩漢方言區劃的諸多研究中，李恕豪的《揚雄〈方言〉與方言地理學研究》是迄今爲止關於揚雄《方言》的最爲深入和全面的方言地理學研究，其研究的基本結論在相當程度上也適用於《說文》方言材料的分區。因此，本書有關兩漢方言的分區即以該書的研究結論爲主要參考。

2. 兩漢方言區域關係研究

除對兩漢方言區劃進行全面探討外，還有部分學者對個別方言區的分合及方言區之間的語言親疏關係進行了專門研究。

俞敏討論了東漢之前姜語（齊語）和西羌語的關係[③]。汪啓明的《〈方言〉中的"東齊"考辨》對林語堂將齊魯併爲一系而東齊自爲一系的證據和結論提出了質疑，並通過對文化背景、社會歷史、地理觀念及其他文獻材料的綜合考察，提出"東齊語、齊語都有各自的土語，但是那只是一個方言區域內部的次方言區或者土話問題，而不能看做是不同的兩系。"[④] 日本學者松江崇對利用方言詞進行漢代方言區劃所面臨的問題做

[①] 周振鶴、游汝傑：《方言與中國文化》（第二版），上海人民出版社2006年版，第76~80頁；游汝傑：《漢語方言學教程》，上海教育出版社2004年版，第130~134頁。
[②] 華學誠：《周秦漢晉方言研究史》（修訂本），復旦大學出版社2007年版，第112頁。
[③] 俞敏：《東漢以前的姜語和西羌語》，載《民族語文》1991年第1期。
[④] 汪啓明：《方言中的"東齊"考辨》，載《四川大學學報（哲社版）》1993年第3期。

了深入分析,並製作了《揚雄〈方言〉逐條地圖集》,在此基礎上提出測量相鄰地區之間存在同言綫束規模的辦法,進而討論各個地區之間同言綫束規模所反映的"漢代方言中的斷絕性與連續性"①。

通過方言地理研究,可以得到兩漢方言的基本區劃,在此基礎上學者們又對各區方言進行了綜合研究。李恕豪的《〈方言〉中的齊魯方言》、《〈方言〉中的衛宋方言》、《〈方言〉中的秦晉方言》②結合《方言》中地名並舉、獨舉、特舉的數據比例及相關的歷史文化背景,討論了方言區分化標準、各大方言區下各次方言的關係,以及各方言區之間的語言接觸和擴張滲透。汪啓明的《先秦兩漢齊語研究》以先秦兩漢傳世文獻中的齊地著作爲材料,聯繫古代齊人的歷史文化,將共時和歷時的視角相結合,探討了先秦兩漢齊語的形成發展、齊語與雅言及其他區域語言的關係,以及齊語的擴展等問題;並對齊語韻部、聲母所反映的語音現象、齊語的詞彙意義、齊語的使用情況作了全面研究。趙振鐸、黃峰的《〈方言〉裏的秦晉隴冀梁益方言》③考察了《方言》中秦晉隴冀梁益的方言材料,認爲揚雄"對這一地區詞語用描寫說明的方式作解釋的確實較其他方言區爲多","秦漢時期漢民族共同語的基礎方言正是這個地區的方言,它在當時占有非常重要的地位,而且在漢語發展歷史上也很有影響"。吳永煥考察了《方言》所反映的秦漢時期"齊魯、東齊海岱兩區四片"方言區劃格局的形成及其與現代山東方言分區的關係④。陳立中以《方言》爲依據,先後探討了漢代南楚方言與楚方言、吳越方言的相互影響滲透和歷史層次關係,並對漢代南嶺地區的方言狀況及《方言》南嶺方言詞記録對當代南嶺地區土話研究的意義進行了研究⑤。

從兩漢方言區劃現有研究成果來看,《方言》和《說文》中方言詞的地域分布是兩漢方言區劃的主要依據。在精確兩漢方言地理分區的過程中可能遇到的"詞彙項目的同一性"、"方言詞彙的同一性"、"古語"、"地區選擇"⑥等問題的解決,都有賴於我們對兩漢方言詞的進一步研究。兩漢方言詞彙差異的確定以及方言詞發展歷史的考

---

① [日]松江崇:《漢代方言中的同言綫束——也談根據〈方言〉的方言區劃論》,載《揚雄方言校釋匯證》(下冊),中華書局2006年版,第1509~1533頁。
② 分別載於:《天府新論》1991年第3期;《天府新論》1992年第1期;《四川師範大學學報(哲社版)》1992年第1期。
③ 趙振鐸、黃峰:《〈方言〉裏的秦晉隴冀梁益方言》,載《四川大學學報(哲社版)》1998年第3期。
④ 吳永煥:《從〈方言〉所記地名看山東方言的分區》,載《文史哲》2000年第6期。
⑤ 陳立中:《論揚雄〈方言〉中南楚方言與楚方言的關係》,載《湘潭大學社會科學學報》2001年第5期;《論漢代南楚方言與吳越方言的關聯性》,載《中南大學學報社版》2004年第2期;《從揚雄〈方言〉看漢代南嶺地區的方言狀況》,載《韶關學院學報(社科版)》2002年第4期。
⑥ [日]松江崇:《漢代方言中的同言綫束——也談根據〈方言〉的方言區劃論》,載《揚雄方言校釋匯證》(下冊),中華書局2006年版,第1509~1533頁。

察，也是探討各方言親疏關係及方言與通語關係的基礎。

（三）兩漢方音研究

黃侃在談到語音因地域不同而變遷時指出："往者輶軒之使，巡游萬國，采覽異言；良以列土樹疆，水土殊則，聲音異習，俗變則名言分；雖王者同文，而自然之聲，不能以力變也；《漢書·地理志》云：'民有剛柔緩急音聲不同，繫水土之風氣，故謂之風。'《王制》云：'廣谷大川異制，民生其間者異俗。'《淮南王書》云：'清土多利，重土多遲；清水音小，濁水音大。'凡此皆音由地異之明文也。……漢世方音歧出，觀諸書注家所引可明。"①

對兩漢方音的記錄和研究，最早見於劉熙《釋名》及何休、鄭玄、高誘等人的經籍傳注中。《釋名》是用聲訓方法探求名源的專書，在對語源的探求中，劉熙引證了當時的方言。如：《釋天》："天，豫司兗冀以舌腹言之，天，顯也，在上高顯也；青徐以舌頭言之，天，垣也，垣然高而遠也。"《釋飲食》："豉，嗜也，五味調和須之而成乃可甘嗜。故齊人謂豉聲如嗜也。"像這樣指明方言地域的材料共有40條②，其中以"齊"、"青徐"、"齊魯"等指稱爲最多。何耿鏞據此認爲《釋名》所代表的是青徐方言③。何休在《春秋公羊傳解詁》中也有對方音的描寫，如《隱公五年》"公曷爲遠而觀魚，登來之也"，何注："登來，讀言得來，得來之者，齊人語也。齊人名'求得'爲'得來'，作登來者，其言大而急，由口授也。"又《僖公十年》"晉之不言出入者，踴爲文公諱也"，何注："踴，豫也，齊人語，若關西言渾矣。"鄭玄注經有"齊語聲之誤"、"周秦之人聲之誤"、"秦人猶搖聲相近"之例，揭示了經籍中保留的周秦兩漢方音現象。高誘《呂氏春秋注》及《淮南子注》中也多有對方音現象的揭示，如："鄆，讀如衣。今兗州人讀殷氏皆曰衣"（《呂氏春秋·慎大覽》注）；"露，讀南陽人言道路之路"（《淮南子·本經訓》注），等等。這些指明地域的方言材料，對於我們研究漢代方音以及漢語語音的歷史發展均有極大價值。

明代陳第指出，"時有古今，地有南北，字有更革，音有轉移，亦勢所必至"④，"一郡之内，聲有不同，繫乎地者也；百年之中，語有遞轉，繫乎時者也。"⑤這一思想揭示了語言隨時地變遷而在縱橫兩個方向演變的規律，開啟了傳統古音學研究。經有清一

---

① 黃侃：《聲韻略說·論音之變遷由於地者》，載《黃侃國學文集》，中華書局2006年版，第104~106頁。
② 華學誠：《周秦漢晉方言研究史》（修訂本），復旦大學出版社2007年版，第241頁。
③ 何耿鏞：《漢語方言研究小史》，山西人民出版社1984年版，第17頁。
④ 陳第：《毛詩古音考自序》，載《毛詩古音考·屈宋古音義》，中華書局2008年版，第10頁。
⑤ 陳第：《讀詩拙言附》，載《毛詩古音考·屈宋古音義》，中華書局2008年版，第140頁。

代顧炎武、江永、戴震、段玉裁等人及近現代學者的不斷努力,古音學的研究取得了巨大的成就。相比之下,古方音的研究却顯得較爲冷清①。

與兩漢方音研究直接相關的是顧炎武明確提出"古音中存在方音差異"的論斷。《音學五書·易音》卷之二:"真諄臻不與耕清青相通,然古人於耕清青韵中字,往往讀入真諄臻韵者,當繇方音之不同……至屈、宋亦多此音,《離騷》以名從均讀,《卜居》以耕、名、生、清、楹從身讀,《九辯》以清、平、生、聲、鳴、征、成從人讀,而秦漢之書亦時有之。……今吳人讀耕清青皆作真音,以此知五方之音,雖聖人有不能改者。"②江永對此極爲推崇,曾言:"余最服其言曰:'孔子傳《易》,亦不能改方音。'"③清代學者雖然注意到了秦漢方音差異的存在,但由於"工具的缺乏,方法的粗疏,材料的零散"④,他們並未開展對先秦兩漢方音的系統研究。

20世紀20年代,林語堂不滿於當時傳統古音研究的狀況,指出:"因爲沒有精確的時代地理觀念,所以每每泛講周秦古音,並且希望把時代地理極不同的三百篇,硬要歸入同一系統,視爲同類的材料,以爲分部之根據;然其年代地理既實有不同,於是乎分部間每每有扞格不入者,而古音家對此乃百般思索以爲之解,或以爲非韵,或以爲學古之誤,或以爲古本二音,或以爲合韵,或竟以爲一二處方音二韵通用之故,而併合其古本截然不紊之韵。由是或分或合,而吾人對古韵之讀法不曾增進絲毫。"他認爲"在今日最重要的便是從事於古方音的考證"⑤。爲此,他論證了考證古方音的可行性及具體方法,先後發表了《漢代方音考》⑥、《西漢方音考》⑦、《陳宋淮楚歌寒對轉考》⑧、《燕齊魯衛陽聲轉變考》、《〈周禮〉方音考》、《〈左傳〉真僞與上古方音》⑨等文章,利用先秦兩漢的方言材料對古方音作了深入探討。

羅常培、周祖謨的《漢魏晉南北朝韵部演變研究》設"漢代的方音"、"個別方言材料的考查"兩章對兩漢方音作了深入考察。"漢代的方音"一章總結了漢代古書注

---

① 歷代學者研究"當代"方音的成果可參見羅常培《漢語方音研究小史》。載羅常培:《羅常培語言學論文集》,商務印書館2004年版。
② 顧炎武:《音學五書》,中華書局1982年版,第198頁。
③ 江永:《古韵標準·例言》,《古韻標準》,中華書局1982年版,第4頁。有關傳統古音學研究的時地音變互動觀可參見黃易青:《傳統古音學方法論二則》,載《勵耘學刊》2005年第2輯。
④ 羅常培:《漢語方音研究小史》,載《羅常培語言學論文集》,商務印書館2004年版,第177~178頁。
⑤ 林語堂:《漢代方音考》,載《語絲》第31期,1925年6月15日。
⑥ 林語堂:《漢代方音考》,載《語絲》第31期,1925年6月15日。
⑦ 林語堂:《西漢方音考》,載《貢獻》第2、3期,1927年。
⑧ 林語堂:《陳宋淮楚歌寒對轉考》,載"國立中央研究院"歷史語言研究所集刊外編第一種《慶祝蔡元培先生六十五歲論文集》(上册),1933年版。
⑨ 林語堂:《語言學論叢》,開明書店1933年版。

解中指出的方音現象,認爲:"漢代的方音有很多跟《詩經·國風》中所反映出來的方音現象是一致的。……由此可以推知《詩經》中清人所指出的一些合韻的例子,其中可能有很多依當地的方音讀起來是相協的。"① "個別方言材料的考查"一章根據籍貫分地,利用兩漢不同地域詩文作家的作品對漢代方音進行考察。其中包括西漢時期《淮南子》所代表的陳楚江淮音,《急就篇》代表的關中音,司馬相如、王褒、揚雄的韵文代表的蜀方音,《易林》代表的幽州冀州音;東漢時期班固、傅毅等的韵文代表的陝西(扶風、京兆)方音,《論衡》代表的會稽音,張衡、蔡邕的韵文所代表的河南(南陽、陳留)方音,《釋名》所代表的青徐方音。這是迄今爲止對漢代方音所作的最爲全面的探索,爲我們展示了兩漢各地的方音狀況以及它們之間的差異,對我們進一步探討漢語語音演變的歷史有很大啓發。

此後,丁啓陣利用《方言》標音材料、兩漢詩文合韵情況、秦漢經籍傳注材料,詳細討論了秦漢時期各方言的聲韵調情況以及各方言間的語音關係②。李昭瑩以揚雄《方言》所記錄的各地方言語詞爲主,利用共同語和方言詞間的音韵對應找出方言音變的同源詞,進而分析秦晉方言與楚方言共同的語音特色及各自的方音特色③。趙彤從《方言》和《說文解字》中找出146組標音字,分析這些標音字的語源,擬測其原始形式,在此基礎上討論早期漢語音系的一些特點,並總結出早期漢語音系在漢代方言中演變的一些規律④。楊建忠利用馬王堆帛書的通假字材料及楊雄《方言》中楚方言標音字,通過與《詩經》、《淮南子》音系的比較,研究秦漢時期楚方言的韵部系統⑤。謝榮娥以秦漢時期楚方言區文獻中反映語音的材料(楚方言區文人作品的韵語、音注材料、透露語音信息的楚方言詞、楚方言音注材料及馬王堆漢墓帛書中的假借材料)爲基礎,從調類、韵部、聲類三個方面對秦漢時期楚方言的語音現象進行了分析和討論⑥。

除了對兩漢不同地區的方音進行全面研究外,還有很多學者認識到方言詞彙的差異多由於方音的變轉。因此,他們通過對方言間語音變轉的考察來溝通不同方言詞的意義關係,並進一步揭示了漢語語音發展的一些現象。王步洲在《方言聲類考叙例》中認爲"地有南北之殊,時有古今之變,先代之絕言,異國之殊語,含聲苑舌,詰籟爲

---

① 羅常培、周祖謨:《漢魏晉南北朝韵部演變研究》(第一分冊),科學出版社1958年版,第75頁。
② 丁啓陣《秦漢方言》,東方出版社1991年版,第1~56頁。
③ 李昭瑩:《揚雄〈方言〉同源詞研究——以秦晉方言和楚方言爲例》,臺灣大學碩士論文,1997年。未得見。
④ 趙彤:《漢代方音研究》,北京大學碩士學位論文,2000年。
⑤ 楊建忠:《秦漢楚方言韵部研究》,南京大學博士學位論文,2004年。
⑥ 謝榮娥:《秦漢時期楚方言區文獻的語音研究》,華東師範大學博士學位論文,2007年。

病"①，因此可以"依聲勢轉變之迹，求其相爲訓詁之理，即本音以取本義，即變音以尋變原"，即通過對方言語音變轉的考察來溝通不同方言詞的音義同源關係。蔡鳳圻認爲方言的差異多出於語音的變轉，爲此他彙集了《方言》中揚雄指明"轉語"的材料和郭璞注認爲是"聲轉"的材料，並且檢錄了《方言》中存在的另一些轉語，指出"一源濫觴，化成千百，聲轉較遠，統系乃失。如考其輾轉相通之道，不難溯流究源"②。黃綺考察《方言》中各方言對應詞之間的聲韵關係，結合異文、諧聲等材料，討論了《方言》所反映的兩漢方言古聲母的分合以及上古漢語鼻音尾的演變③。董達武在《周秦兩漢魏晉南北朝方言共同語初探》中也有對方音與通語聲韵轉變關係的討論④。

此外，虞萬里從古方音的角度探討了歌支的古音關係及其演變，並考察了文獻中的山東古方音現象⑤。張樹錚依據《廣韵》地名用字諧聲，先秦文獻人名地名異文，姓氏陰陽相轉字及其他語言文化背景對"齊人言殷聲如衣"所反映的先秦兩漢齊人語音特點作了補釋⑥。論及兩漢方音的單篇論文還有郝志倫的《兩漢蜀郡辭賦韵文中鼻音韵尾問題初探》⑦、李玉的《秦漢之際楚方言中的ml-複輔聲母》⑧等等。

綜上所述，兩漢方音研究所利用的材料主要有四種：秦漢經籍傳注中的方音材料，《方言》、《說文》的標音材料，兩漢不同地域作家的詩文用韵，以及可能帶有方音特色的出土或傳世文獻中的通假異文材料。前兩種是有明確地域分布標示的比較可靠的方音研究材料，但材料數量及其反映的方音現象較爲有限，無法藉以考察某一方言的完整音系；後兩種材料雖然可以給方音研究提供較爲豐富和系統的材料，但這些材料相比之下不是很單純。因此，我們今天能够了解的主要是兩漢時期不同方言在語音上的一些特點，精確的方音系統研究始終無法克服文獻不足徵的窘境。即使是利用較爲可靠的第一、二類材料，不同研究者判定、選取材料的標準和範圍也不盡相同。尤其是對《方言》、《說文》中所謂標音材料的選取，更是仁者見仁智者見智：王步洲、黃綺、

---

① 王步洲：《方言聲類考叙例》，載《河南大學學報》1934年1卷2期。
② 蔡鳳圻：《方言聲轉說》，載《說文月刊》第2卷合訂本第8期。
③ 黃綺：《論聲母分合——〈揚雄方言音辨〉問題之一》，載《河北大學學報（社科版）》1962年第2期，1963年第4期，1964年第5期。黃綺：《關於上古漢語鼻音尾的問題——〈揚雄方言音辨〉問題之一》，載《河北大學學報（社科版）》1962年第3期。
④ 董達武：《周秦兩漢魏晉南北朝方言共同語初探》，天津古籍出版社1992年版，第65~69頁。
⑤ 虞萬里：《從古方音看歌支關係及其演變》，載《榆枋齋學術論集》，江蘇古籍出版社2001年版；虞萬里：《文獻中的山東古方音》，載《古漢語研究》1988年創刊號。
⑥ 張樹錚：《"齊人言殷聲如衣"補釋》，載《方言歷史探索》，內蒙古人民出版社1999年版，第19~26頁。
⑦ 郝志倫：《兩漢蜀郡辭賦韵文中鼻音韵尾問題初探》，載《達縣師範高等專科學校學報》1995年第1期。
⑧ 李玉：《秦漢之際楚方言中的ml-複輔聲母》，載《語言研究》1991年增刊。

董達武在討論中對標音材料的選取較爲寬泛，認爲方言間及方言與通語間的對應詞基本上都有語音變轉關係；丁啓陣、趙彤、楊建忠等對標音材料的選取則較爲謹慎。正如楊建忠所言："我們雖然把《方言》中屬於楚方言的標音字作了一番整理，但未能就此歸納出一個據以鑒別的條例，並且見仁見智之處實多。"[①] 可見，如何判定《方言》、《說文》中的標音材料，仍然值得認真探討。而這一問題的最終解決，要依賴於對《方言》、《說文》中方言詞不同來源及其相互關係的深入研究，要依賴於對方言詞所反映的語音變轉及語詞構造等不同差異的辨別。本書在對兩漢方言詞彙進行系統研究的同時，也努力爲該問題的解決做一些基本探討。從現有的兩漢方音研究成果來看，主要是在兩漢古音研究結論的基礎上認識到了某些韵部和聲類在某些方言中的分合及親疏關係；對方言音變在漢語語音發展中所處歷史層次和基本方向的討論還有待進一步加強。

（四）兩漢方言詞彙研究

1. 兩漢方言詞義的疏證及方言"轉語"同源詞的研究

兩漢方言詞彙研究的最初形式是對方言詞詞義的注疏和方言詞與通語詞關係的溝通。揚雄在《方言》中不僅指明了方言詞的地域分布，將表達同一概念意義的不同方言詞和通語詞類聚在一起，還在羅話中對一些方言詞詞義作了精要闡釋。對此，楊鋼、華學誠先後作了詳細歸納[②]。許慎在《說文》中也通過各種訓釋方式對方言詞義進行說解，溝通不同地區的方言詞。兩漢經師在經籍傳注中揭示方言材料的同時，也對方言詞義作了訓釋，並溝通了方言詞與通語詞的關係。兩漢以後，陸續出現了對《方言》、《說文》的注釋。晉代郭璞在《方言注》中對方言詞義作了進一步的解釋，形成了一些條例，如"原來'釋詞'不明晰的，給一個明確的解釋"，"說明《方言》中一個語詞所以這樣說的意義"，"用普通語詞來解釋特殊語詞或特殊的文字"，等等[③]。南唐徐鍇在《說文解字繫傳》中也注意引用其他文獻對《說文》方言詞進行疏證。及至清代，對《方言》、《說文》的注疏尤爲博贍。其中與方言詞彙研究相關的有戴震《方言疏證》，盧文弨《重校方言》，王念孫《方言疏證補》、《廣雅疏證》，錢繹《方言箋疏》，段玉裁《說文解字注》，桂馥《說文解字義證》，等等。這些著作發揚清代小學形、音、義相結合，"就古音以求古義，引申觸類，不限形體"的優良傳統[④]，在疏證

---

① 楊建忠：《秦漢楚方言韵部研究》，南京大學博士學位論文，2004年，第102頁。
② 劉君惠等：《揚雄方言研究》，巴蜀書社1992年版，第16~28頁。華學誠：《周秦漢晉方言研究史》（修訂本），復旦大學出版社2007年版，第103~107頁。
③ 周祖謨：《方言校箋·自序》，《方言校箋》，中華書局1993年版。
④ 王念孫：《廣雅疏證·自序》，《廣雅疏證》，中華書局2004年版，第2頁。

方言詞義的同時，考察方言和古今的語音演變，探求語詞的命名理據，重視對"轉語"的抉發和同源詞的繫聯。爲我們準確把握兩漢方言詞詞義，探討兩漢方言詞的來源及其與通語詞的關係提供了寶貴借鑒；引導了注重音義考察相結合，努力探尋方言詞及其與通語詞之間同源關係的方言詞彙研究風尚。

清代以後，學者們更加注意從語音變轉的角度對方言詞義進行疏證。劉師培指出《方言》有"一義數字"、"一物數名"之例，"一義數字、一物數名，大抵皆由於方言之通轉耳"，"字雖不同，其音皆不甚相遠"[①]。吳予天亦言："子雲《方言》，周秦先漢之語彙也，厥中關乎語音之轉徙者，十之八九。"[②] 其所作《方言注商》即以語音之轉徙溝通殊方語彙。近人丁惟汾認爲"四方之言，通爲一貫之語，但音有流變耳"，他"以音釋音，以音釋義"作《方言音釋》，是通過方言間聲音變轉來溝通古今方言詞的代表作。不過丁惟汾沒有注意區別《方言》中方言詞產生的不同途徑及其與通語詞的各種複雜關係，一律以音變理論來解釋古今方國殊語之異同，在理論上、方法上都有嚴重缺陷，具體的實踐也有不少牽強臆說[③]。趙振鐸在《揚雄〈方言〉裏的同源詞》中對揚雄、郭璞、戴震、王念孫有關"轉語"和《方言》同源詞研究作了較爲詳細的介紹[④]。他指出《方言》裏記錄的並不都是同源詞，應該在區分方言間詞彙異同情況的基礎上進行同源詞研究，同時還就通過語音和詞義關係確定《方言》同源詞所應該注意的問題進行了深入討論。

在《說文》方言詞研究方面，劉盼遂的《說文漢語疏》也注意以語音通轉溝通方言詞[⑤]。馬宗霍著《說文解字引方言考》"以訓詁明其指歸，以聲音通其條貫，以《篇》《韻》諸書所轉引者校其異同，意惟求備，詞不憚煩"，對《說文》所引一百七十四條方言詞作了全面研究。該書常言"方言隨時地而變"，"方名之別，多由音轉"，多以音轉溝通方言詞。馮蒸在《〈說文〉同義詞研究》中以語音爲標準，首先把《說文》中的同義詞分爲非同源同義詞和同源同義詞兩大類；並從這一角度出發討論《說文》中的方言同義詞[⑥]。

"轉語"的使用，揚雄、郭璞始肇其端，經由明代方以智及清代學者的推闡，最

---

① 劉師培：《中國文學教科書》（第一册），《劉申叔先生遺書》，江蘇古籍出版社1997年版，第2173頁。
② 吳予天：《方言注商·序》，《方言注商》，商務印書館1936年版。
③ 華學誠：《周秦漢晉方言研究史》（修訂本），復旦大學出版社2007年版，第10~11頁。
④ 趙振鐸：《揚雄〈方言〉裏的同源詞》，載《語言文字學術論文集——慶祝王力先生學術活動五十周年》，知識出版社1989年版。
⑤ 劉盼遂：《說文漢語疏》，載《國學論叢》1927年第1卷第2號。
⑥ 馮蒸：《說文同義詞研究》，首都師範大學出版社1995年版。

終成爲方言詞彙研究和漢語同源詞研究的重要課題。劉世俊、張博將揚雄《方言》及郭注中的轉類術語分爲與通語或其他方言詞有音轉關係的方言詞和方言音讀兩類，注重考察方言的音轉是否形成新詞，並討論了不同類型的"轉語"在同源詞研究中的作用①。于建松的碩士論文《語轉源流說略》注意到"轉語"形成的不同途徑，力圖區分"異質的語轉"（同一個詞的語音形式的變體）和"同質的語轉"（詞義演變而生成的新詞）兩種不同性質的語言現象。這對我們理清語轉理論的發展脈絡，加深對語轉現象的認識有積極意義②。鍾如雄將揚雄的"轉語"分爲"形轉"、"音轉"和"義轉"三大部分，指出："後來學者因受宋元'古音轉注'說的影響，將'轉語'的內涵縮小在'音轉'的狹窄範圍，並且無限夸大'音轉'在詞義研究中的功能和作用，致使'轉語'從科學而步入唯心主義的僞科學陷阱。"③以上有關"轉語"的討論已不滿足於清人對方言"轉語"同源關係的揭示以及對"轉語"音義關係的考察，開始將研究深入到對"轉語"產生原理及兩漢方言詞產生方式的探討。

對"轉語"產生原理及兩漢方言詞產生方式的探討很多時候包含於對音轉原理及漢語同源詞產生方式的研究中。這方面的論著主要有：王寧的《音轉原理淺談》④、孟蓬生的《上古漢語同源詞語音關係研究》⑤、張博的《漢語同族詞的系統性與驗證方法》⑥、吳澤順的《漢語音轉研究》⑦、黃易青的《上古漢語同源詞意義系統研究》⑧等等。

從現有的研究狀況來看，結合漢語語音歷史演變的規律、漢語詞彙構造的不同方式，以及詞彙產生和發展的歷史，從發生學的角度考察兩漢方言詞產生的方式，分析不同方式所形成的方言詞與同其具有同源關係的其他方言詞或通語詞的音義關係，從而考察漢語語音和詞義發展演變的相關規律，是深入方言"轉語"研究和同源詞研究的重要思路。

2. 兩漢方言詞彙歷史演變研究

兩漢方言詞彙在古代文獻及現代方言中使用、存用狀況的調查，是考察兩漢方言

---

① 劉世俊、張博：《說"轉語"》，載《寧夏社會科學》1993年第5期。
② 于建松：《語轉源流說略》，山東師範大學碩士學位論文，2003年。
③ 鍾如雄：《"轉語"方法論》，載《西南師範大學學報（人文社會科學版）》2003年第6期；鍾如雄：《近現代"轉語"方法論之推闡》，載《四川大學學報（哲社版）》2004年第4期。
④ 王寧：《音轉原理淺談》，載《訓詁與訓詁學》，山西教育出版社1994年版。
⑤ 孟蓬生：《上古漢語同源詞語音關係研究》，北京師範大學出版社2001年版。
⑥ 張博：《漢語同族詞的系統性與驗證方法》，商務印書館2003年版。
⑦ 吳澤順：《漢語音轉研究》，岳麓書社2006年版。
⑧ 黃易青：《上古漢語同源詞意義系統研究》，商務印書館2007年版。

詞彙歷史演變的重要工作。前人於此亦多有用力：李翹《屈宋方言考》（一卷）以《方言》、《說文》所記方言材料考求《楚辭》中的楚方言詞；徐仁甫根據《方言》、《說文》所揭示的方言材料考求《孟子》中的方言詞①。郭振蘭、華學誠考察了《爾雅》中的方言詞，展示了兩漢方言詞悠久的歷史來源②。姜書閣利用《方言》、《說文》中的方言材料對屈原賦作中的楚語進行了意義疏解③。吳郁芳則更爲全面地考求了屈賦中的楚外方言詞、鄰楚方言詞及楚方言詞，並進而探討屈原長期生活的語言環境及楚外文化入楚的途徑④。朱正義借助《方言》考察了《史記》中的漢代關中方言，並探討關中方言在漢代的地位⑤。趙振興、陳燦、顧丹霞利用《方言》考察《周易》古經中的方言詞，以方言詞義來解讀《易經》，並指出 "這些方言詞由於經文的傳播，後來都變成了通語"⑥。陳長書利用《方言》、《說文解字》、《易緯》鄭玄注、《公羊傳》何休注等考察《國語》中的方言詞，對《國語》方言詞的歷時層次以及戰國中前期雅言和方言關係等問題進行了推斷和解釋⑦。

李敬忠根據西漢方言詞的古音構擬音值與現代少數民族語言中意義相當詞的讀音對比，找出了《方言》中許多目前南方少數民族口語中仍然使用的語詞，並認爲這些語詞兩漢方言對少數民族語言的借用⑧。趙振鐸、黃峰在承認兩漢方言存在少數民族語言借詞的同時，提出了 "用構擬出的古代漢語的形式和今天民族語言的材料相比較，來論證它們的淵源關係，從邏輯上講，是否就很周密" 的疑問，並指正了李敬忠所揭示的《方言》少數民族語詞的一些錯誤。強調不能單就語音對比來判斷方言詞的淵源，而應該結合使用語言人民的歷史及旁證材料來確保研究的科學性⑨。

李恕豪的《揚雄〈方言〉中僅見於楚地的方言詞語研究》將《方言》中僅見於楚地的，最具有楚語特色的67個詞歸納爲：來自全民語言中的詞語；曾見於前代或楚以外的文獻中，但詞義有明顯的變化，或與全民語言中的詞有同源關係的詞語；楚方言中固有

---

① 徐仁甫：《〈孟子〉方言考》，載《志學》1942年第五期、第六期。
② 郭振蘭：《〈爾雅〉中的方言詞》，載《語言文學論叢（三）》，北京師範學院出版社1990年版。
③ 姜書閣：《屈賦楚語義疏》，載《求索》1981年第1、2期。
④ 吳郁芳：《屈賦方言定位分析》，載《雲夢學刊》1991年第4期。
⑤ 朱正義：《〈史記〉與漢代語言及關中方言》，載《渭南師專學報（社科版）》1993年第3期。
⑥ 趙振興、顧丹霞：《從〈方言〉看〈周易〉部分方言語詞與傳統解經》，載《語言研究》2005年第2期。陳燦、顧丹霞：《從〈方言〉看〈周易〉古經中的方言詞》，載《湖州師範學院學報》2005年第3期。
⑦ 陳長書：《〈國語〉齊方言詞拾零》，載《管子學刊》2005年第2期；《〈國語〉方言詞研究》，載《古籍整理研究學刊》2007年第2期。
⑧ 李敬忠：《揚雄〈方言〉中的少數民族語詞》，載《語言演變論》，廣州出版社1994年版。
⑨ 趙振鐸、黃峰：《揚雄〈方言〉裏的外來詞》，載《中華文化論壇》1998年第2期。

的，包括見於楚文獻及未見於任何文獻中的詞語三類並逐一進行溯源。經過研究認爲："《方言》中的楚方言詞，與全民語言中的詞語基本一致，一般都顯得比較古老。"①

這些結合文獻使用的測查和詞源考證，追溯方言詞來源，考察方言詞歷史地位變化的研究，可以幫助我們掌握兩漢方言詞彙及兩漢方言的歷史來源，也有助於我們探討歷史方言與歷史共同語的關係，爲漢語史的研究提供豐富可靠的語言材料。同時也展現了方言詞彙研究對於解讀先秦文獻，探討先秦民族關係、歷史文化傳播所具有的重要價值。

王國維在《書郭注〈方言〉後二》中指出："景純注《方言》，全以晉時方言爲本。晉時方言，較子雲時固已有變遷，故注中往往廣子雲之說，其例有廣地，有廣言。就廣地言之，有子雲時一方之言，至晉時爲通語者……又漢時此方之語，晉時或見於彼方……此廣地之二例也。至於廣語則亦有二例。一，今語雖與古語同，而其義廣狹迥異，或與之相涉，則亦著之……至義同而語異者，景純亦隨時記於注中。此廣語之二例也。"②他首先揭示了郭璞注對研究兩漢方言詞在晉代地域分布變化和詞義發展的價值，提出了利用郭注考察兩漢方言詞彙嬗變的方法。劉文錦彙集《方言》中"諸關中方言數十條，參之郭注，證以今音"以考見"西漢秦語"③。汪壽明分析了《廣韻》引用《方言》、《說文》、《釋名》方言材料的情況④。王臨惠"從《方言》中摘録了14條詞，逐個分析了它們發展變化的原因和途徑，並以晉南方言爲例討論了一些前賢時修的觀點，澄清了其中的一些語言事實；通過《方言》中所收的當時晉地的詞語數量以及這些詞語在當今漢語中的使用情況，說明晉南方言對漢民族共同語的形成和發展的影響。"⑤張麗霞的碩士論文《揚雄〈方言〉詞彙嬗變研究》將《方言》、《說文》、郭璞《方言》注方言詞進行比較，考察了兩漢到晉之間方言詞義的演變和方言流動情況；並通過與《現代漢語詞典》和分卷本《現代漢語方言大詞典》的比較考察了兩漢方言詞彙在現代漢語各方言區保留的情況及其在古今詞彙系統中地位的嬗變⑥。江燕將《說文解字》所收方言詞與現代漢語方言詞進行比較，探討《說文》方言詞的歷史演變軌跡和

---

① 網絡來源：http://www.colips.org/conference/icicsie2002/papers/LiShuhao.doc
② 王國維：《書郭注〈方言〉後二》，載《觀堂集林》卷五，河北教育出版社2001年版。
③ 劉文錦：《關中漢代方言之研究》，載《國立中山大學語言歷史學研究所周刊（方言專號）》第8集第85、86、87期合刊，1929年6月26日。
④ 汪壽明：《廣韻與方言》，載《華東師範大學學報（哲社版）》1991年第6期。
⑤ 王臨惠：《〈方言〉中所見的一些晉南方言詞瑣談》，載《山西師範大學學報（社科版）》2001年第1期。
⑥ 張麗霞：《揚雄〈方言〉詞彙嬗變研究》，山東師範大學碩士學位論文，2002年。

規律①。此外，邵則遂考察了《說文》方言詞在今荊州方言中的存用②，徐德庵考證了《方言》、《說文》的一些古語詞和方言詞在今各地方言中的存留③，蔡曉、黃革分別考察了《方言》方言詞在泌陽話和柳州方言中的存用④。

除了專門針對兩漢方言詞彙的研究外，在兩漢同義詞研究及漢語詞彙演變研究的相關論著中也有關於兩漢方言詞彙發展演變的討論。方言詞進入通語後與原來的對應詞形成同義關係是漢語同義詞產生的重要原因。管錫華、池昌海、徐正考、李艷紅等人的同義詞研究都對同義詞產生的這一原因進行了探討⑤。方言詞是漢語新詞的重要來源之一。汪維輝的《東漢—隋常用詞演變研究》通過具體詞例的分析，討論了方言詞在漢語常用詞發展演變中的作用，以及方言詞進入通語的過程、時間等問題⑥。

從以上研究來看，方言詞詞義及其地位的變化是研究者關注的重點，目前的研究也揭示了某些規律。不過，從兩漢到現代的歷史跨度比較大，單取兩漢、西晉、現代幾個時間點作比較研究還不能完整地反映兩漢方言詞彙歷史發展的過程，對兩漢詞彙在西晉以後的發展演變還有待更為詳細的分期調查。另外，對兩漢方言詞在先秦的使用情況還沒有作全面的考察，對其歷史來源也還缺乏系統研究。

3. 兩漢方言詞彙的其他研究

除以上兩方面的研究外，學者們還關注兩漢方言詞彙的其他問題。徐德庵排比《爾雅》、《方言》的單音詞與郭璞注解所用的雙音詞共計839條，考察了單音詞和雙音詞之間的有機聯繫以及這種聯繫所反映的漢語詞彙發展規律；並將839條材料中的郭注雙音詞按照構詞格式區分為並列（571條）、偏正（152條）、連綿（65條）、重迭（26條）、附綴（25條）五類，藉以考察漢語雙音詞發展演變的輪廓⑦。白兆麟在《〈方言〉雙音詞探析》中認為，《方言》中的雙音節詞可以分為兩類："一類是地道的'單純雙音詞'，另一類則為似是而非的'單純雙音詞'。前一類又可包括兩種，其一是所謂'合音詞'，即由上字的聲和下字的韻拼合而成的單字詞，其二是兩個字中，一個有表義作

---

① 江燕：《〈說文解字〉所收方言詞與現代漢語方言詞比較》，江西師範大學碩士學位論文，2005年。
② 邵則遂：《〈說文〉中的荊州方言詞》，載《湖北教育學院學報》1989年第1期。
③ 徐德庵：《方言叢考》，載《古代漢語論文集》，巴蜀書社1991年版。
④ 蔡曉：《由揚雄方言看泌陽話中古語的遺留》，載《天中學刊》2003年第3期；黃革：《見於方言中的柳州方言詞》，載《廣西左江民族師專學報》2003年第5期。
⑤ 管錫華：《〈史記〉單音詞研究》，巴蜀書社2000年版。池昌海：《〈史記〉同義詞研究》，上海古籍出版社2002年版。徐正考：《〈論衡〉同義詞研究》，中國社會科學出版社2004年版。李艷紅：《〈漢書〉單音節形容詞同義關係研究》，中國社會科學出版社2010年版。
⑥ 汪維輝：《東漢—隋常用詞演變研究》，南京大學出版社2000年版，第401頁、第409~410頁。
⑦ 徐德庵：《漢語早期構詞法——以〈爾雅〉、〈方言〉同郭注的對照為例》，載《西南師範學院學報》1981年第4期。

用,另一個是襯字,在雙字詞裏實際上沒有意義。"後一類"在歷史上或別的方言區裏並非'單純',其間有個融合、音變或轉寫的過程。"文章對這兩類雙音詞作了簡要的分析,力圖揭示其組合過程與組合方式[1]。"語言(包括方言)是文化的重要組成部分,語言中的詞語不僅是文化的載體,而且也是社會文化的直接反映。"因此,劉君惠等利用《方言》中的方言詞探討了漢代的文化情況和社會面貌[2]。

王智群的博士論文《〈方言〉與揚雄詞彙學思想研究》對《方言》的訓釋體例、詞義系統進行了深入的探討,考察了揚雄對"古今語"和"別國方言"的認識與研究,梳理了揚雄的"轉語"說、《方言》詞彙所反映的漢代文化,對《方言》與《爾雅》的關係作了再次探討,並從學術史的角度總結了揚雄的詞彙學思想。論文第3章"《方言》的詞義系統"對《方言》中方言詞及詞義的聚合作了較爲細緻的分析,對方言詞彙的語言學本體研究有相當的價值[3]。

羅常培在20世紀30年代曾經指出:"方音研究固然是方言學的基礎,却不是方言學的全部。揚雄《方言》一類的書重視詞彙,忽略語音;近年來的調查重視語音,忽略詞彙;都不免各有偏差。今後必須把這兩個方面結合起來,才能算是漢語方言學的全面的研究。"[4] 從今天的研究現狀看,儘管兩漢方言詞彙研究也取得了一些顯著成果,但與兩漢方音研究相比,系統研究還稍顯不足;詞彙研究與方音研究的結合,尤其是方言"轉語"同源詞的研究與方音研究的結合還有待進一步加強。

(五)兩漢方言用字研究

我們藉以研究兩漢方言的材料都是通過漢字記錄並保存至今的,對記錄方言材料的漢字進行研究是我們探討兩漢方音及方言詞彙問題的基礎。以下就前人有關《方言》、《說文》方言用字的研究作簡要介紹。

羅常培認爲,揚雄以後,懂得《方言》是拿語言作對象的,只有郭璞和王國維兩人,續補《方言》的各家著作"大都是從史傳、諸子、雜纂、類書以及古佚殘編等抄撮而成,除去一兩種外,始終在'文字'裏兜圈子,很少曉得從'語言'出發"[5]。這不僅指出了郭璞之後漢語方言研究的不足,同時也反映了清代之前學界對《方言》的基本認識——學者們更多地是把它作爲一部訓詁纂集,除了用於經籍的注疏外,也漸漸關注

---

[1] 白兆麟:《〈方言〉雙音詞探析》,載《古籍整理研究學刊》1999年第2期。
[2] 劉君惠等:《揚雄方言研究》,巴蜀書社1992年版,第65~85頁。
[3] 王智群:《〈方言〉與揚雄詞彙學思想研究》,華東師範大學博士學位論文,2007年。
[4] 羅常培:《漢語方音研究小史》,載《羅常培語言學論文集》,商務印書館2004年版,第184頁。
[5] 羅常培:《方言校箋·序》,《方言校箋》,中華書局1993年版。

其用字現象。

宋代李孟傳在《刻方言序》中指出："《方言》之書最奇古……大抵子雲精於小學，且多見先秦古書，故《方言》多識奇字，《太玄》多有奇語。然其用之，亦各有宜。"朱質在《跋李刻方言》中也認爲："漢儒訓詁之學惟謹，而揚子雲尤爲洽聞……子雲博極群書，於小學奇字無不通，且遠採諸國，以爲《方言》，誠足備《爾雅》之遺闕。"可見，宋人對於《方言》的特殊用字早已有所關注。清代以後，學者們認爲這些不見於《說文》、周秦經籍的"奇字"是"俗字"。錢繹在《方言箋疏》中說："不知子雲於《方言》多俗字，於《太玄》多奇字，各從所宜，具有意恉。"吳予天《方言注商》："蓋《方言》原爲《倉頡訓纂》，率以俗語參證《倉頡》訓詁，故字多從俗；如'聟''窊''諫''眱'等字，皆《說文》所不錄也。"這些論述只注意到了《方言》用字與《說文》及先秦典籍不同的奇異之處，並沒有進一步探討這些特殊用字的類別及其所反映的語言現象。

羅常培首先對《方言》用字作了科學分析，指出：《方言》"是開始以人民口裏的活語言作對象，而不以有文字記載的語言作對象的。正因爲這樣，所以《方言》裏所用的文字有好些只有標音的作用"。他將這些只有標音作用的字分爲三類："有時沿用古人已造的字，例如，'儇，慧也'，《說文》'慧，儇也'，《荀子‧非相篇》'鄉曲之儇子'；有時遷就音近假借的字，例如，'黨，知也'，'黨'就是現在的'懂'字；又'寇、劍、弩、大也'，這三個字都沒有'大'的意思；另外還有揚雄自己造的字，例如'俺'訓'愛'，'悷'訓'哀'，'妦'訓'好'之類。這三類中，除了第一類還跟意義有關係外，實際上都是標音符號。"①周祖謨指出："前人說《方言》多奇字，是就文字的寫法來講的，如果從語言的觀點來看，這些字只是語音的代表，其中儘管和古書上應用的文字不同，實際上仍是一個語言。例如：'喧'同'諠'……更有很多古今相同的語言，《方言》裏寫的字和現在一般所寫的不同。例如'少兒泣而不止謂之咺'，現在寫'嗆'……這些都是音義一樣的。所以我們不能墨守文字，而忽略了語言。"②羅常培和周祖謨的歸納，衝破了前人囿於文字形體的局限，從文字形體和語言音義的關係入手，揭示了《方言》用字之奇的原因所在。

華學誠在前人研究的基礎上認爲："如果單純從文字的角度看，被他們看成爲奇字的，實際上一是不見之奇，二是不用之奇。所謂'不見之奇'，就是在傳世的先秦兩漢

---

① 羅常培：《方言校箋‧序》，《方言校箋》，中華書局1993年版。
② 周祖謨：《方言校箋‧自序》，《方言校箋》，中華書局1993年版。

文獻中沒有見到過這個字，這類字都是古字、俗字或揚雄造的字；所謂'不用之奇'，就是字雖然在傳世的先秦兩漢文獻中見到過，但是不是這麽個用法，這類字都是揚雄根據方音而借用來記錄方言詞的。"①爲此，他對《方言》中"不見之奇"的"奇字"進行了研究，排除見於出土文獻和傳世文獻的用字，最後確定255個爲揚雄所造的"奇字"，並對這些"奇字"的形音義關係及表詞情況作了全面的考察②。在華學誠的指導下，王彩琴撰寫博士論文《揚雄〈方言〉用字研究》，集中討論了《方言》的傳承字與新出字、《方言》的記音字與表義字、表義字與方言詞、記音字與方言詞、《方言》用字和許慎《說文》等主要問題；對《方言》用字的來源、不同的使用屬性以及這些文字與方言詞之間的記錄關係作了深入的分析。該文對《方言》用字進行了迄今爲止最爲全面和系統的研究。論文從文字形體與其所記錄語詞的音義關係着眼，將《方言》用字區分爲"表義字"和"記音字"兩類，這種區分對我們考察漢字與方言詞的關係，分析不同用字情況所反映的方言現象有積極的意義③。

與《方言》中的"奇字"不同，《說文》歷來被奉爲經籍用字的典範，但隨着對歷史方言認識的逐漸深入，學者們也開始注意到《說文》中收録的一些文字可能就是周秦時期某地創制的俗字。如段玉裁在《說文·禾部》"秾"下注云："來之本義訓麥，然則加禾旁作秾，俗字而已，蓋齊字也。"又《土部》"圣"下注云："此方俗殊語也。致力必以手，故其字从又土，會意。"

馬叙倫在《說文解字研究法》中更爲明確地指出了"因方俗言語而造"字的問題。他說："觀齊謂麥爲秾，則知來爲禾麥之麥，麥爲往來之來，以來麥收音同出於喉而分淺深，故或讀麥爲禾麥之麥，讀來爲來往之來，而齊音猶謂麥爲秾，秾即來之後起字。觀臘、幨、圮、圣諸文，知其字因方俗言語而造。蓋文字之起，固由於方言之需求也。"④馬宗霍指明了《說文》中有方言俗字並强調了這些俗字與其他小篆一樣"合於六書"的共性。《說文解字引方言考·曰部》"酋"下言："今酋字經典皆未見，蓋亦齊之俗字，與禾部之秾同。"又《金部》"鏊"下："鏊之一語，漢時行於河内，晉時行於江東，則又方語隨時地而移者也。……愚意銚爲舌頭金之正字，而鏊則爲河内稱舌頭金之俗字。方音隨方語而變，故銚鏊義同而音别，許君以其合於六書，因以方語存

---

① 華學誠：《周秦漢晉方言研究史》（修訂本），復旦大學出版社2007年版，第183頁。
② 華學誠《周秦漢晉方言研究史》（修訂本），復旦大學出版社2007年版，第181~206頁。
③ 王彩琴：《揚雄〈方言〉用字研究》，華東師範大學博士學位論文，2006年。
④ 馬叙倫：《說文解字研究法·說文以方言爲說解》，中國書店1988年版。

之。"① 他在歸納《說文》引述方言體例的同時，還注意分析方言用字的本借，探討文字的形音義關係。

以上諸家討論的主要是《說文》的方言詞用字可能爲某地所造的問題，有些學者則注意到了其他非方言詞用字有些也可能是不同地區的人所創制的。

黄綺指出："（《方言》）卷八：'雞，……北燕朝鮮洌水之間謂伏雞曰抱。''伏'是通語，'抱'是方言，'伏'與'抱'當是聲母有區別，漢時方言有把輕唇說成重唇的。卷三：'蒍、譌、譁、涅，化也。燕朝鮮洌水之間曰涅，或曰嘩。雞伏卵而未孚始化之時謂之涅。''伏'、'孚'可能都是輕唇，也就是後來的'孵'字。《說文·爪部》：'孚，卵即孚也。'《手部》'捊'字的或體作'抱'，或體多方言字，正與《方言》音合。"②

張標在討論大徐本《說文》小篆或體的性質時也認爲："正篆與或體創制的時間、地域、條件有別。有的或體顯然是後起字，如漢文帝（包括王莽）改制的字。有的顯然是方俗字，如：'郂'，周文王所封，在右扶風美陽中水鄉，從邑支聲。岐，郂或從山支聲，因岐山以名之也。郂本封邑，而岐是因山而名，岐很可能是方言字。《說文》中一些與正篆有着聲旁音同音近關係的或體，多有不同區域的人們創制。櫑與罍同爲酒尊，而一從木，一從缶，其原因如段氏說：'蓋始以木，後以陶。'槈與鎒均爲刺草之器，而一從木，一從金，其原因也如段氏說：'從木者主柄，從金者主刃。'這類字多數的特點是'同字異處，且難定其正體或體'（'瑱'下段注）。"③

沈舜乾在前人研究的基礎上，結合《說文》或體的構成方式及出土、傳世文獻的印證，對《說文》或體進行了全面考察，論證了《說文》或體與正篆是同一時期不同地區的人們創制的不同形體，《說文》或體大部分是方言字④。

此外，虞萬里從古方音的角度，指出了《說文》諧聲字中"方音造字"的現象，認爲"在幾萬個漢字中，一定混雜着各種不同方言區所造的方音字"，《說文》諧聲字有其"方音性"，這些方音字可以爲我們考察造字地區即諧聲字的"籍貫"以及古方音現象提供寶貴的資料⑤。

---

① 馬宗霍：《說文解字引方言考》，科學出版社1959年版。
② 黄綺：《論聲母分合——〈揚雄方言音辨〉問題之一》，載《河北大學學報（社科版）》1962年第2期，1963年第4期，1964年第5期；《關於上古漢語鼻音尾的問題——〈揚雄方言音辨〉問題之一》，載《河北大學學報（社科版）》1962年第3期。
③ 張標：《大徐本〈說文〉小篆或體初探》，載《河北師範大學學報》1990年第1期。
④ 沈舜乾：《〈說文〉或體多方言字證說》，載《贛南師範學院學報》2007年第1期。
⑤ 虞萬里：《從古方音看歌支的關係及其演變》，載《榆枋齋學術論集》，江蘇古籍出版社2001年版，第27~33頁。

綜上所述，《方言》用字研究從最初關注文字形體的奇異，到考察文字形體與所記方言詞音義的關係，最終實現了對《方言》用字的系統研究。這一過程體現了方言用字研究的不斷深化，同時也反映了兩漢方言研究力圖擺脫文字形體束縛、真正深入語言音義問題探討的趨勢。前人有關《方言》用字研究的成果，爲我們更好地開展兩漢方言的語言本體研究提供了良好的基礎。《說文》方言用字研究主要是結合《說文》體例的闡發來進行的，通過研究發現《說文》小篆及其或體可能是不同地區以不同的方言語音爲基礎創制的。這爲我們進一步認識漢字的不同來源、漢字諧聲系統特別是其中所蘊含的方音現象提供了一個視角。就現有的研究來看，漢語方言發展對漢字字符系統及其記錄職能的影響等方面的研究也還有待進一步深入。

第二節　"方言詞"的界定

一、兩漢方言與通語關係概說

漢語及其方言的起源是歷史語言學研究的熱點之一，這一問題的探索可以上溯至我國境內有人類活動的50萬年前。不過，由於沒有歷史文獻記載的佐證，有關這一問題的種種回答都只能是推測和假說。

華學誠在《周秦漢晉方言研究史》中指出："以傳説中的黃帝入主中原以後形成的黃帝族語言爲源頭，最遲至夏禹時形成了華夏族的部落聯盟共同語——華夏語，這是漢語的史前母語，也可以稱之爲'原始的漢語'[①]，其發源地爲黃河流域；原始的漢語形成之後，其內部既進一步統一，也不斷出現分化，其外部則與其他民族語言不斷接觸，甚至同化。分化和同化是漢語方言最初形成的兩種基本方式。"[②]

從這些論述出發，我們可以將"原始華夏語"作爲漢語的"史前母語"。在"原始華夏語"產生的同時，"原始華夏方言"也隨之產生。"原始華夏方言"可能是當時語言未完全融合的一些分支，也可能是融合後華夏語內部差異的再分化。

[①] 周祖謨："商代距今只有三四千年，但語言的產生遠在有文字之前。據史書所載，商代以前是夏代，夏人和商人活動的地區主要在黃河中下游南北地帶，推想漢語的發源地就在黃河流域。商代的語言是從史前的母語發展而來的。這種母語可以稱之爲'原始的漢語'。"（周祖謨：《漢語發展的歷史》，載《周祖謨語言學論文集》，商務印書館2001年版，第6頁）
[②] 華學誠：《周秦漢晉方言研究史》（修訂本），復旦大學出版社2007年版，第5頁。

先秦文獻典籍中保存着周秦時期中國地域內語言狀況的相關記載。通過這些記載,可以知道當時存在一種使用範圍較廣的共同語——雅言,同時也在不同的封邑甚至更大的地域範圍內存在着"齊語"、"楚言"等各種方言。周祖謨認爲,春秋時代"是列國爭霸的時期,由於戰爭頻繁、生產發達、商業興盛等原因,各地人民的往來增劇,鄰近國家的語言會更接近,至少周、鄭、曹、許、陳、宋、魯、衛、齊這一廣袤地區有了區域的共同語。這一區域共同語到了戰國時期就發展成爲黃河流域以至長江流域的共同語了。這件事實可以從春秋戰國時代的古典著作在語法、詞彙方面的基本一致性得到證明。這種共同語就是漢代以後發展爲全民共同語的基礎"①。董達武從甲骨文、社會史、都城史等不同的方面論證"周秦共同語——雅言的基礎方言大約是河南—山西—陝西這一三角地帶中的方言";並從口語使用情況、書面語的同一性及語言交融情況三個角度,考察了周秦時期雅言和方言的關係:"周秦雅言在人們的社會交際中占有主導的地位,它和方言的關係不是平行的,而是領屬的,一切方言都是它的低級形式,地方變體。"②

相對於方言而言,雅言在使用範圍、適用場合,以及對其他方言產生影響等方面確實有其"主導的地位"。但是,對"一切方言都是它(雅言)的低級形式,地方變體"的理解應該有歷史的眼光。原始華夏語不是一個單純的語言系統,而是包含着諸多優勢和劣勢方言的統一語言。周秦共同語"雅言"是原始華夏語的繼承和發展,是以某一方言爲基礎方言而確立並發展起來的;周秦的方言也是原始華夏語和原始華夏方言的繼承和發展。我們不能在一個絕對的共時平面上認爲周秦方言是周秦雅言的地方變體。周秦雅言對方言的"領屬",是基於雅言及其所依據的基礎方言在政治、經濟、文化交流中的優勢地位而言的。儘管在社會的交際中方言從屬於雅言,但方言"和民族共同語的標準語一樣是同一語言的繼承和發展"③。周秦時期的雅言和方言都是在原始華夏語的基礎上通過整化或分化而產生的④。

兩漢時期的漢語共同語——"通語",是周秦"雅言"的繼承和發展。一方面以秦晉方言爲基礎方言的漢代通語由於政治、經濟、文化的長期統一⑤,進一步增强其地

---

① 周祖謨:《漢語發展的歷史》,載《周祖謨語言學論文集》,商務印書館2001年版,第7頁。
② 董達武:《周秦兩漢魏晉南北朝方言共同語初探》,天津古籍出版社1992年版,第47頁。
③ 袁家驊等:《漢語方言概要》(第二版),語文出版社2001年版,第11頁。
④ 袁家驊等:《漢語方言概要》(第二版),語文出版社2001年版,第3~6頁。
⑤ 周祖謨、黃典誠、劉君惠、華學誠等亦持此說;丁啓陣則認爲周洛方言是漢代漢語共同語的基礎方言;董達武認爲漢代共同語可能以長安—洛陽之間及山西一帶的方言爲基礎方言。

位；另一方面，在《方言》、《小爾雅》、《通俗文》、《釋名》、《說文解字》，以及王逸、何休、鄭玄、高誘等人的經籍注釋中，我們可以看到有關兩漢方言語音、詞彙差異的大量記錄。這些豐富的方言記錄，使我們可以了解兩漢方言區劃的大概，並清楚地認識方言間的語音和詞彙差異。但不論方言的分歧有多大，共同語和方言之間的關係是不變的。董達武結合兩漢時期相關文獻資料和語言發展狀況提出的"通語延展論"，充分說明了"共同語在方言區裏影響的加强"和"共同語向異族地區的傳播，並逐步代替他族語言"的發展趨勢。

綜觀漢語共同語和方言在周秦兩漢的發展，我們應該看到在方言分歧的同時一直存在着一種使用範圍和場合較爲廣泛的共同語；另一方面，通語和方言的分歧不是一種語言和另一種語言的分歧，而是統一的漢語內部，共同語與地域性變體的區別。"方言是語言的地域性變體"，不能理解爲"方言是某一標準共同語（通語）的地域性變體"，而應該理解爲"方言是某一語言的地域性變體"。"相對於'方言'而言，'語言'是一個抽象的概念"①，它並不等同於標準共同語。周秦兩漢的方言不是"雅言"或"通語"的地域性變體，而是更早的原始華夏語的地域性變體。作爲語言的地方變體，方言是某一地域範圍內的社會成員進行交際的工具，它具有自己的語音、詞彙和語法系統；而"雅言"、"通語"或"標準語"也是在某一方言的基礎上形成的、全社會所有成員共同使用的語言交際工具。因此，"在學術上講，標準語也是方言，普通所謂的方言也是方言，標準語也是方言的一種。"②在本書的研究中，我們將兩漢的地方方言和通語看作是同一語言的不同系統，它們都是對周秦漢語的繼承和發展。

二、本書所稱"方言詞"的界定

方言詞彙有廣狹二義，廣義的方言詞彙指"一個方言中使用的全部的詞，既包括與普通話不同的詞，也包括與普通話相同的詞"；狹義的方言詞彙則指"一個方言中說法與普通話不同的詞"③。孫常叙在《漢語詞彙》中對方言詞彙的廣狹二義作了進一步說明："在漢語任一方言裏，除去詞所體現的方音色彩外，還可以看到一些方言同義詞在結構上的本質異同。其中：有一大部分詞在構詞材料、方法和結構各方面是完全一樣的。實際上，它們是全民語詞的地方音變。有一小部分詞在詞素、方法和結構上截然不

---

① 周振鶴、游汝傑：《方言與中國文化》（第二版），上海人民出版社2006年版，第4頁。
② 趙元任：《語言問題》，商務印書館1980年版，第101頁。
③ 董紹克：《漢語方言詞彙差異比較研究》，民族出版社2002年版，第2頁。

同，是同一概念在各方言地區的不同造詞，沒有全民性。""前一類詞可以叫做全民語詞的地方變體，後一類詞可以說是純粹的方言詞彙。"① 孫氏所講的"在構詞材料、方法和結構各方面是完全一樣的"詞就是"與普通話相同的詞"；"在詞素、方法和結構上截然不同"的詞就是"說法與普通話不同的詞"。當然，比較構詞材料、方法和結構方面的異同有一個基本前提，即拿來比較的方言詞和通語詞必須表達"同一概念"。

詞是能夠獨立運用的最小語言單位，具有語音和語義兩個基本要素。表達"同一概念"即詞義相同的情況下，方言與通語中能夠獨立運用的最小語言單位所表現的差異有以下兩種情況：

1. 詞義相同，語音存在對應差異。如：

"一"：普通話 [i^{55}]　　　廣州話 [jɐt^{55}]　　　廈門話 [it^{32}]

"風"：普通話 [fəŋ^{55}]　　蘇州話 [foŋ^{44}]　　廈門話 [hoŋ^{44}]

不同方言及其與通語之間的差異首先表現在語音上。表達同一個概念意義的語言單位，在不同方言和通語中存在語音差異是極爲常見的。不過，上舉兩例所反映的語音差異在不同方言及其與普通話之間是成系統對應的。只要我們了解語音的對應規律，根據這些規律進行語音轉換，就可以將不同方言中的詞與通語中的詞對應起來，進而理解詞義。這種語音對應差異，體現的是方言的"方音色彩"。因此，孫氏認爲它們實質上是"全民語詞的地方音變"。

2. 詞義相同，構詞材料、方法和結構存在差異。如：

"曬"：普通話 [ʂai^{51}]　　　惠州話 [sai^{213}]　　　廈門話 [pʻak^8]

"太陽"：普通話 [tʻai^{51} iaŋ^{35}]　　成都話 [tʻai^{213} iaŋ^{21}]　　廈門話 [lit^8 tʻau^5]

在上舉兩例中，同樣表達"曬"義，惠州話的 [sai^{213}] 和普通話的 [ʂai^{51}] 存在語音對應關係；廈門話的 [pʻak^8] 如果根據語音對應規律進行轉換的話，則相當於普通話中的 [pʻu^{51}]，即"曝"。在表達"太陽"這一概念上，成都話的 [tʻai^{213} iaŋ^{21}] 和普通話的 [tʻai^{51} iaŋ^{35}] 也存在語音對應關係；廈門話的 [lit^8 tʻau^5] 如果根據語音對應規律進行轉換的話則相當於普通話中的 [ʐɿ^{51} tʻou^5]，即"日頭"。可見，在表達"曬"、"太陽"這兩個概念時，廈門話裏用的是與普通話構詞語素、方法和結構不同的詞。前者表現爲對"曬"和"曝"這兩個同義語素的不同選擇；後者不僅表現在對構詞語素選擇的不同，而且還表現在構詞方法和詞語結構上的差異。惠州話中表達

---

① 孫常叙：《漢語詞彙》（重排本），商務印書館2005年版，第280~281頁、第282頁。

"曬"、"太陽"這兩個概念的詞相對於普通話"在構詞材料、方法和結構各方面是完全一樣的",可以看做是"全民語詞的地方音變";而廈門話中的"曝""日頭"則是與它們不同的詞。

當然,把方言中與普通話在構詞材料、方法和結構上完全一致,而只存在語音對應差異的語言單位稱爲"全民語詞的地方音變"並不科學。首先,就廣義的方言詞彙界定來看,{曬[sai^{213}]}是惠州話中的一個詞,與{曝[p'ak^8]}是廈門話中的一個詞,以及{曬[shài]}是普通話中的一個詞並沒有什麼不同。前文討論既已指出,我們在研究中是把方言和通語作爲同一語言的不同系統看待的。{曬[sai^{213}]}、{曝[p'ak^8]}、{曬[ṣai^{51}]}分別是三個不同語言交際系統中能够獨立運用的最小音義結合單位;其次,認爲{曬[sai^{213}]}是{曬[ṣai^{51}]}的"地方音變"不符合漢語發展的歷史事實。現代漢民族共同語(即普通話)和現代漢語方言都是漢語歷史發展的產物,方言音讀不是普通話音讀的地方音變。應該說,普通話音讀和方言音讀都是漢語語音歷史發展的積澱,以歷史的眼光來看,惠州話的[sai^{213}]保存的是比普通話的[ṣai^{51}]更爲悠久的漢語音讀。

實際上,學者們之所以對方言詞彙作廣義和狹義的界定,將廣義方言詞彙劃分爲兩類,稱狹義定義之外的方言詞爲"全民語詞的地方音變",並不是爲了說明方言與通語的歷史層次的先後,也不是無視這些"地方音變"在各自方言中的詞彙地位。廣狹界定和兩類不同情況的劃分,是爲了强調在方言詞彙與通語詞彙之間存在着兩種不同性質的差異:一是方言與通語之間的語音差異,一是方言與通語之間的詞彙差異。

爲了避免誤解,我們將構詞材料、方法和結構完全一致,"詞義相同,語音存在對應差異"的方言詞稱爲存在"語音差異"的方言詞,這種差異是方言與通語或其他方言之間語音比較研究的內容,是方音和語音史研究的寶貴材料;將"詞義相同,構詞的材料、方法和結構存在差異"的方言詞稱爲存在"語素差異"的方言詞,這種差異是方言與通語或其他方言之間詞彙比較研究的內容,是方言詞彙研究的主要對象。狹義的方言詞彙指的是與通語存在語素差異的方言詞的總彙;廣義的方言詞彙在狹義方言詞彙的基礎上還應該包括與通語存在語音差異的方言詞。

現代漢語方言研究可以通過即時的方言調查較爲全面地區別方言及其與通語之間的語音差異和語素差異,從而確定狹義方言詞彙的範圍。因此,現代漢語方言詞彙研究的對象通常都是指狹義的方言詞彙。本文所研究的兩漢方言詞無法通過即時的調查來辨別和獲取,只能依靠揚雄和許慎對方言詞的揭示。由於取材條件的限制,本書所稱的"方言詞彙"不是嚴格意義上的狹義概念，同時也不是絕對意義上的廣義概念。

本書所研究的"方言詞"是指《方言》和《說文》中明確指出地域分布的詞。這其中主要是某一方言與通語或其他地域方言表達同一概念意義而在"構詞材料、方法和結構"等方面存在差異的詞，同時也不排除部分只存在語音差異的詞。

另外，《方言》、《說文》所揭示的方言詞具有可靠性、共時性強，數量大等特點①，這些方言詞在相當程度上可以代表我們今天所能確定的兩漢方言詞。因此，本書所稱兩漢方言詞即指《方言》與《說文》中所揭示的方言詞。

還需要說明的是，通過《方言》和《說文》所揭示的方言材料，我們所判定的絕大部分方言詞都只有一個明確的意義，該方言詞在某一區域使用時的其他意義由於材料來源的限制，我們無法了解。只有極個別的方言詞我們可以通過《方言》和《說文》了解到它們所具有的幾個相關意義。因此，我們所研究的兩漢方言詞從更為嚴格的意義上講只是兩漢時期在某些方言區域使用的詞項，即詞的語音形式和一個義項的結合體②。我們在判定和整理兩漢方言詞的過程中，實際上是以詞項為單位，而不是以詞為單位。

第三節　兩漢方言詞的判定與整理

一、兩漢方言詞的判定

根據上文對方言詞的界定，我們以揚雄《方言》③和許慎《說文》為基本材料範圍，對其中的兩漢方言詞進行判定和整理。所謂"判定"即確定某詞在《方言》和《說文》中是指明地域分布的。

揚雄在《方言》中使用"標題羅話法"來記錄方言④。標題的公式是"A、B、C、

---

① 參見上文"兩漢方言整體研究"部分的相關介紹。
② 王寧在《先秦漢語實詞的詞彙意義與語法分類》中提出："要想把詞彙語義與語法類別統一起來找到它們的對當關係，必須確立另一個單位——詞項（Lexical item）。詞項是指載負一個義項的語音或書寫形式。"（王寧：《訓詁學原理》，中國國際廣播出版社1997年版，第222頁）本書所使用的"詞項"概念遵從王寧在該處的界定，而與邏輯學和西方語言學所稱的"詞項"有所區別。方言詞的語音形式在我們的研究中表現為書寫形式，而書寫形式並不能完全記錄方言詞在使用區域的準確讀音。另外，義項的概括和分合在當前詞義學、辭書學研究中仍是存在諸多意見分歧的難題，關於確立方言詞"義項"的相關問題，下文在整理兩漢方言詞的過程中會作進一步說明。
③ 本書引用《方言》時以數字標明卷數及條目位置。如"《方言》3.49"表示《方言》卷3第49條。每卷內的條目序號以華學誠等《揚雄方言校釋匯證》（上冊）所編列的序號為據。引用《方言》連郭璞注時，在相應位置後用"（）"將注文標示。
④ 魏建功：《方音研究》講義第21頁，北京大學排印本。轉引自周祖謨：《方言校箋·自序》，《方言校箋》，中華書局1993年版。

D：X也"。羅話的公式是"X，a地謂之A，b地謂之B，cd之間謂之C……"或"X，a地曰A，b地謂之B……"或"a地謂X爲A……"①。由於《方言》是揚雄生前最終沒能完成的書稿，所以很多條目只有標題而無羅話。據黃典誠統計，全書僅有標題而無羅話的條目（330條）占到全書條目總數（675條）的48%②。本書研究的是《說文》、《方言》中指明分布地域的方言詞，因此，在選擇材料時，我們首先將沒有羅話的條目排除在外③。

揚雄在調查方言詞時也重視其他相關的語言現象。在記錄方言詞地域分布的同時，他還經常連類而及地說解相關的詞語，或者說解某一詞語的其他意義。這些詞語的說解由於沒有明確的地域分布說明，我們沒有辦法判定其是否爲某一區域的方言詞，因此，本書也將這些詞語排除在外。如：

《方言》5.19：碓機，陳魏宋楚自關而東謂之梴。䂳或謂之硁。

揚雄在說明"陳魏宋楚自關而東"謂"碓機"爲"梴"的同時，連帶着指出"䂳"有另一個名稱"硁"。"梴"是方言詞，我們從揚雄的描寫中可以判定，但是從條目中我們無法判斷"硁"的地域分布，無法判定其是否爲方言詞，所以將"硁"排除在外。

《方言》10.25：譴，過也。南楚以南凡相非議人謂之譴，或謂之䜋。䜋又慧也。

揚雄在說明南楚以南"相非議人"或謂之"䜋"的同時，還連帶着解釋"䜋"的另一個意義。表示"慧"義的"䜋"由於沒有明確的地域分布說明，我們無法確定其是否爲方言詞，因此，本書將表"慧"義的"䜋"排除在兩漢方言之外。

揚雄在《方言》中還注重對同義詞進行辨析，有些條目所辨析的同義詞由於沒有明確的地域分布說明，本書也不將它們納入研究範圍。如：

《方言》1.11：鬱悠、懷、惄、惟、慮、願、念、靖、慎，思也。晉宋衛魯之間謂之鬱悠。惟，凡思也；慮，謀思也；願，欲思也；念，常思也。東齊海岱之間曰靖，秦晉或曰慎。凡思之貌亦曰慎，或曰惄。

《方言》2.14：餬、託、庇、寓、媵，寄也。齊衛宋魯陳晉汝潁荊州江淮之間曰庇，或曰寓。寄食爲餬，凡寄爲託，寄物爲媵。

---

① 高小方：《中國語言文字學史料學》，南京大學出版社2005年版，第165頁。黃典誠對《方言》條目編寫形式的概括也大致如此，參見黃典誠：《〈方言〉及其注本》，載《辭書研究》1982年第3期。
② 黃典誠：《〈方言〉及其注本》，載《辭書研究》1982年第3期。
③ 當然，這並不是說無羅話條目對方言詞彙和本書的研究沒有任何價值，我們將其排除在外主要是限於本書篇幅和主旨，探討《方言》中無羅話條目的性質應當在另外的文章討論。華學誠認爲："條目中沒有方言分布描寫，既可能是沒有調查到相關語詞的具體分布情況，也可能是還沒有來得及完成調查。前11卷中屬於前一種情況的可能性較大，12、13兩卷屬於後一種情況的可能性較大。"（華學誠：《周秦漢晉方言研究史》（修訂本），復旦大學出版社2007年版，第97頁）

其中"惟,凡思也;慮,謀思也;願,欲思也;念,常思也","寄食爲餬,凡寄爲託,寄物爲媵"是在辨析意義相近的詞語,但揚雄並沒有明確地說明它們的地域分布,因此,本書也將這些詞語排除在研究範圍之外。

此外,丁啓陣、王智群等在相關的研究中也判定了《方言》中的方言詞,本書判定具體材料時也參考了他們的意見[1]。由於對《方言》某些條目的理解存在差異,在個別方言詞的判定上大家的意見也有所不同。我們結合《漢語方言大詞典》的收錄情況,將不同意見及本文判定情況附於書後(參見附錄二"收錄意見分歧詞表"),以方便研究者進一步審核。

前賢對《說文》方言材料和方言詞做過很多鉤沉整理工作[2],其中以華學誠在《周秦漢晉方言研究史》中所列"《說文》方言詞表"最爲完備。本書研究所涉及的《說文》方言詞即以該表所收詞語爲准。因此,對《說文》方言詞的判定不再作詳細說明。

二、兩漢方言詞的整理

如上所析,我們在判定和整理兩漢方言詞的過程中,實際上是以詞項爲單位的。詞項是詞的語音或書寫形式和一個義項的結合體。整理兩漢方言詞,首先要確立方言詞的義項,即不同方言區域中不同語言形式所表達的"同一概念"。只有確立所要溝通的義項,不同區域中使用的方言詞項才能通過意義的線索類聚成組,方言詞項之間才有比較的基礎。同時,許多沒有對應詞項的方言詞也才能夠進一步確認。因此,所謂"整理",即通過確定方言詞項的意義類聚同義方言詞項,確立方言詞項之間的對應關係,同時探討與方言詞項對應的通語詞項的確定原則。

結合《方言》、《說文》的編撰體例,我們對兩漢方言詞的整理主要分如下幾個程序進行:

(一)《方言》異條母題的類聚及其所溝通詞義的確定

對於《方言》中既有標題又有羅話的條目,濮之珍在《〈方言〉與〈爾雅〉的關係》中提出:爲了便於稱引,可以假定"雅詁"、"群詁例字"、"訓詁字"即"母題"、"方言"等名詞以作爲討論的標幟。以《方言》卷一第一條爲例:

---

[1] 丁啓陣有"《方言》方言字(詞)表"。王智群博士論文《〈方言〉與揚雄詞彙學思想研究》附有"《方言》十二區方言詞表"。

[2] 詳細介紹可參見緒論"相關研究概況"部分。

黨、曉、哲，　知、也。　　楚謂之黨，或曰曉。齊宋之間謂之哲。

群詁例字　詁訓字即母題　　　方言

雅詁

　　爲了方便稱引和討論，我們沿用濮之珍對標題羅話條目內部結構的分析和各部分名稱的約定。

　　同樣的母題在《方言》中經常分置於同卷中的不同條目或不同卷次的條目中，這就是濮之珍所指出的"母題重見"現象。通過研究，他認爲"母題重見"的原因主要有三個：第一，由於方言區域的不同；第二，由於義類的不同；第三，群詁例字音類的不同①。需要注意的是，濮之珍所講的"母題"相同，是指"詁訓字"相同，即僅就文字形體而言。古代訓詁材料中"字"和"詞"、"義"和"訓"有錯綜複雜的關係②；並且"方言"部分往往不限於對同一概念意義的方言詞和通語詞的溝通。因此，"母題"相同並不意味着群詁例字的詞義完全相同，也不能確定同一母題下"方言"部分所溝通的詞語意義完全相同。

　　1. 母題重見的不同條目中，相同的母題代表各自不同的意義。例如：

　　《方言》2.15：逞、苦、了，快也。自山而東或曰逞，楚曰苦，秦曰了。

　　《方言》3.13：逞、曉、恔、苦，快也。自關而東或曰曉，或曰逞。江淮陳楚之間曰逞。宋鄭周洛韓魏之間曰苦。東齊海岱之間曰恔。自關而西曰快。

　　錢繹《方言箋疏》於2.15條下云："此條有三義，'逞'爲快意之快，'苦'爲快急之快，'了'爲明快之快，而其義又相通。……卷三云：逞、苦，快也。江淮陳楚之間曰〔逞，宋鄭周洛韓魏之間曰〕苦，自關而西曰快。復申釋此條之義也。"華學誠《校釋匯證》："'逞'之訓快，謂快樂也。……錢繹《方言箋疏》云：'此條有三義'，非是。然言'逞爲快意之快'則得之。"華學誠《校釋匯證》於3.13條下云："此條所訓之'快'，乃謂通達、明快之意，由下文'自關而東或曰曉、或曰逞'可以得知，與卷二快樂、快意之義相通而有別。"母題同爲"快"的兩條中，錢繹認爲的"有三義"與華學誠的"義相通而有別"在具體的意見上雖然存在分歧，事實上他們都清楚地看到了《方言》母題本身的多義性。同一母題，不一定代表同一個意義。

---

① 濮之珍：《〈方言〉母題重見研究》，載《中國語文》1966年第1期。
② 王寧：《訓詁學》，高等教育出版社2004年版，第135~141頁。

再如：

《方言》1.04：烈、枿，餘也。陳鄭之間曰枿，晉衞之間曰烈，秦晉之間曰肄，或曰烈。

《方言》2.28：孑、蓋，餘也。周鄭之間曰蓋，或曰孑。青徐楚之間曰孑。自關而西秦晉之間炊薪不盡曰藎。孑，俊也。遵，俊也。

《說文·木部》："欁，伐木餘也。……櫱，欁或从木辥聲。"段玉裁注："枿者，亦櫱之異文。"《廣雅·釋詁》："櫱，始也。"王念孫疏證引《書·盤庚》："若顛木之有由櫱。"王引之《經義述聞·毛詩中》"其灌其栵"："栵，讀爲'烈'。烈，枿也，斬而復生者也。"戴震《方言疏證》："《詩·周南》：'伐其條肄。'毛傳云：'肄，餘也。斬而復生曰肄。'"由此可見，1.04中訓"餘"之"烈""枿""肄"是指"斬而復生者"，即"樹木被砍伐後重生的新芽"。而2.28中訓"餘"之"孑""蓋"則是指殘餘、剩餘。《詩·大雅·雲漢》："周餘黎民，靡有孑遺。"毛傳："孑然遺失也。"陳奐傳疏："《方言》《廣雅》皆云：孑，餘也。靡有孑遺，即無餘遺。"揚雄《太玄·文》："雄之不祿而雞蓋穀。""自關而西秦晉之間炊薪不盡曰藎"也說明"藎"是殘餘、剩餘之義。可見，儘管母題都是"餘"，但兩個條目所要溝通的詞義是不同的。

2. 同一條目中，母題包含群詁例字的不同意義。例如：

《方言》3.49：樸、鋌、澌，盡也。南楚凡物盡生者曰樸生。物空盡者曰鋌，鋌，賜也。連此樸斯皆盡也。鋌，空也。語之轉也。

該條目雅詁中"樸、鋌、澌"均訓"盡"。但是，"盡"作爲母題，包含兩個不同的意義。"樸生"之"樸"的意思是"物盡生"之"盡"，即"都、皆"；而"鋌"的意思是"物空盡"之"盡"，即"空"。華學誠《校釋匯證》："揚雄云：'鋌，空也，語之轉也。'此指義轉，非音轉。'空'與'盡'義相因。《說文·皿部》：'盡，器中空也。'由此引申爲'悉也'，又引申爲凡物之'空盡者'。"

又如：

《方言》6.03：陂、傜，衺也。陳楚荊揚曰陂。自山而西凡物細大不純者謂之傜。

該條目雅詁中"陂、傜"均訓"衺"。但是，陳楚荊揚謂"衺"曰"陂"之"衺"，是"偏頗"之義，即"傾斜、不正"；而自山而西謂"衺"曰"傜"之"衺"，是"物細大不純"之義，即"長短高下不齊"。"陂"和"傜"在不同的方言區域中分別對應"衺"的兩個不同的意義。

当然，《方言》同一母题包含不同意义的现象和我们通常所讲的《尔雅》"二义同条"现象是有区别的：

第一，我们说《方言》同一母题包含不同的意义，首先是受对母题的界定的影响。我们把诂训字书写形式相同的条目称爲母题相同，忽略了字形与字形所记录词语之间的复杂关系。母题相同只是我们对《方言》"雅诂"部分的一种现象表述，我们所指称的母题相同并不等同於扬雄认爲词义相同。

第二，《方言》的编撰体例不同於《尔雅》。儘管《方言》的雅诂部分可能受《尔雅》的影响①，但《方言》与《尔雅》是有着本质上的区别的：《尔雅》只是对训诂材料的类聚和纂集，《方言》则是对汉代方言词的调查和比较。因此，扬雄在《方言》中通过条目的分置可以将母题相同而意义不同的现象相区别。此外，即使是在同一条目中，扬雄也可以通过"方言"部分的进一步说明来区别母题所包含的不同意义，从而将具有相同意义的方言词準确对应。《尔雅》的"二义同条"是受其编撰体例限制而产生的字、词、义混杂的现象，如果能够将《尔雅》中的训诂还原到先秦的文献典籍中，诂训字相同的群诂例字的词义异同就可以很好地显现出来。

针对扬雄在"方言"部分对群诂例字意义所作的进一步说明，日本学者松江崇提出："把解释各条文的意义的部分称作'母题'（即表示该条文的词彙项目的部分），并把附加於母题的更具体的意义特徵的部分称作'意义限定'"。"意义限定"可以分爲两种：一种是在《方言》词彙系统中具备区别性（distinctive）性质的意义限定，如：拌，〔弃〕也。楚〈凡挥弃物〉谓之拌，或谓之敲。……（卷十）〈凡挥弃物〉=意义限定类型A。另一种是在《方言》词彙系统中不具备区别性的意义限定，如：俊、艾，〔长〕也。……南楚瀑洭之间〈母〉谓之媓，谓〈妇妣〉曰母姼，称〈妇考〉曰父姼。（卷六）〈母〉〈妇妣〉〈妇考〉=意义限定类型B。"意义限定类型A〈凡挥弃物〉只是对母题〔弃〕附加了更具体的意义特徵而已，其有无并不影响到方言词彙的不同。而意义限定型B〈母〉〈妇妣〉〈妇考〉等，形式上可视爲意义限定，但是功能上则相当於一种母题，是因爲其有无影响到方言词彙的不同。由此可见，某个条文中有类型B时，其条文中实际上包括几个不同的词彙项目，其中母题只表示条文中这些词彙的共通

---

① 濮之珍认爲："《方言》的雅诂是从《尔雅》中来的。也就是说，《方言》是根据《尔雅》先立下雅诂，然后再去求方言的。"（濮之珍：《〈方言〉与〈尔雅〉的关係》，载《学术月刊》1957年第12期）王智群通过进一步的比较认爲：《方言》的雅诂与《尔雅》相同的量并不多，以少量的证据来判断《方言》的雅诂本之於《尔雅》是不足信的。同时指出"《方言》与《尔雅》在体例上确实很相似……《方言》很可能在按类归卷、依义成条、释义方式等体例上模倣《尔雅》"。（王智群：《〈方言〉与扬雄词彙学思想研究》，华东师範大学博士论文，2007年，第179页）

意義。"① "意義限定類型A"實際上是在羅話中進一步說明方言詞的詞義特徵,所揭示的方言詞與母題仍然是相對應的;而"意義限定類型B"則是在同一母題下分出的幾個不同詞義,所揭示的方言詞不是與母題相對應,而是與"意義限定"的詞相對應。松江崇的這一分類,對我們確定同一母題下所要溝通的準確詞義是有幫助的,同時也有利於我們確定方言詞及其與通語詞之間的對應關係。

不過"母題"畢竟是"義類的統領"。將"母題"相同的條目類聚在一起,有助於我們對表達同一詞義的方言詞的類聚(主要是第一個原因的母題重見)和對方言詞義的比較辨析。因此,在整理方言詞時,我們首先將《方言》中有羅話即"方言"部分且"母題"相同的條目類聚到一起。然後參考前人的相關疏證,進一步確定每個條目中"方言"部分所要溝通的詞義。下文就不同的情況舉例說明:

1. 母題相同,詞義不同

(1) 母題爲"殺"的一組

《方言》1.16:虔、劉、慘、琳,殺也。秦晉宋衛之間謂殺曰劉,晉之北鄙亦曰劉。秦晉之北鄙、燕之北郊、翟縣之郊謂賊爲虔。晉魏河內之北謂殘曰婪,楚謂之貪,南楚江湘之間謂之欲。

《方言》3.24:虔、散,殺也。東齊曰散。青徐淮楚之間曰虔。

以上兩條母題相同,且均有羅話方言。將其類聚後,我們對羅話方言部分再做分析:

《方言》1.16的羅話實際上包含了3個訓條:

A. 秦晉宋衛之間謂殺曰劉,晉之北鄙亦曰劉。

B. 秦晉之北鄙、燕之北郊、翟縣之郊謂賊爲虔。

C. 晉魏河內之北謂殘曰婪,楚謂之貪,南楚江湘之間謂之欲。

同樣是在"晉之北鄙"("秦晉之北鄙"、"晉魏河內之北")謂{殺}曰{劉}②,謂{賊}曰{虔},謂{殘}曰{婪}。{殺}、{賊}、{殘}屬於松江崇所講的"意義限定類型B",方言詞{劉}、{虔}、{婪}分別與它們相對應。可見{殺}、{賊}、{殘}有詞義的差別。這種差別我們可以結合文獻用例和前人的相關注疏進行辨析:

從漢代的文獻用例來看,{殺}除了泛指任何奪取生命的動作即一般的殺戮外,還

---

① [日]松江崇:《漢代方言中的同言綫束——也談根據〈方言〉的方言區劃論》,載《揚雄方言校釋匯證》(下冊),中華書局2006年版,第1524頁。
② 爲便於行文區別,本書在指稱某詞時,用"{}"號標明。

用於指大規模的屠殺，如：《史記·項羽本紀》："門下大驚，擾亂，籍所擊殺數十百人。"《史記·梁孝王世家》："吳楚先擊梁棘壁，殺數萬人。"{賊}重在表達"懷着不可告人的目的或用不公開的手段去殺害人，多是壞人殺害好人"[①]，如：《史記·秦本紀》："出子六年，三父等復共令人賊殺出子。"因此，{殺}在這條方言的羅話中應該是"屠殺"義，而{賊}則是"殺害"義。{殘}在古代文獻中儘管也有"殺戮"義，如《周禮·夏官·大司馬》："放弒其君，則殘之。"鄭玄注："殘，殺也。"但在此條羅話中，{婪}、{貪}、{欿}均未見有"殺"義，郭璞注："言欿婪難猒也。"可見，{殘}、{婪}、{貪}、{欿}應該是表達"貪婪"義在不同地域的方言詞。

《方言》3.24"東齊曰散，青徐淮楚之間曰虔"，應該與1.16中的"秦晉之北鄙、燕之北郊、翟縣之郊謂賊爲虔"補充關照。前一條調查記錄的是東齊、青徐淮楚之間的方言，後一條調查記錄的却是秦晉之北鄙等地的方言。同樣的母題，都表達"賊殺"義却分置二處。這屬於濮之珍所言母題重見的第一種原因。

通過母題的類聚和詞義的辨析，我們可以得到以下幾組類聚（如表0.1）：

表 0.1

詞義	方言詞（地域分布）
①屠殺	{劉}（秦晉宋衛之間、晉之北鄙）；{殺}（通語）
②殺害，暗殺	{虔}（秦晉之北鄙、燕之北郊、翟縣之郊、青徐淮楚之間）；{散}（東齊）；{賊}、{殺}（通語）
③貪婪	{婪}（晉魏河内之北）；{貪}（楚）；{欿}（南楚江湘之間）

（2）母題爲"大"的一組

《方言》1.12：敦、豐、厖、夼、憮、般、嘏、奕、戎、京、奘、將，大也。凡物之大貌曰豐。厖，深之大也。東齊海岱之間曰夼，或曰憮。宋魯陳衛之間謂之嘏，或曰戎。秦晉之間凡物壯大謂之嘏，或曰夏。秦晉之間凡人之大謂之奘，或謂之壯。燕之北鄙、齊楚之郊或曰京，或曰將。皆古今語也。初別國不相往來之言也，今或同。而舊書雅記故俗，語不失其方。而後人不知，故爲之作釋也。

《方言》1.21：碩、沈、巨、濯、訏、敦、夏、于，大也。齊宋之間曰巨，曰碩。凡物盛多謂之寇。齊宋之郊、楚魏之際曰夥。自關而西秦晉之間凡人語而過謂之過，或曰僉。東齊謂之劍，或謂之弩。（弩猶怒也）陳鄭之間曰敦，荆吳揚甌之郊曰濯，中齊西楚之間曰訏。自關而西秦晉之間凡物之壯大者而愛偉之謂之夏，周鄭之間謂之嘏。郴，齊語也。

[①] 王鳳陽：《古辭辨》，吉林文史出版社1993年版，第802頁。

于,通語也。

以上兩條的母題均爲"大"。但在方言羅話部分揚雄又作了許多意義限定說明,包括"物之大貌"、"物之壯大"、"人之大"、"物盛多"、"人語而過"等。首先,"人語而過"即"夸大"與"物之壯大"、"人之大"、"物盛多"有較大的意義差別。盧文弨在《重校〈方言〉》中提出:"'陳鄭之間曰敦'至末,當接前'曰巨曰碩'之下爲一條,中間'凡物盛多謂之冦'至'弩猶怒也'當提出別爲一條,舊本皆誤。"這也說明"人語而過"的"夸大"義應該作爲單獨的一個義項來類聚方言詞。戴震《〈方言〉疏證》:"《說文》:'齊人謂多爲夥。'又'夥'字下云:'讀若楚人名多夥。'夥、夥一字,而前言齊人,後言楚人,據《方言》齊宋之郊楚魏之際,則兩處皆通。"《說文》中用"多"來訓釋和對應方言詞"夥(夥)","多"和"大"在意義上雖然有相通之處,但一個強調盛多,一個強調壯大。因此,我們將"盛多"與"壯大"區別爲兩個義項來分別類聚方言詞。

接下來的問題是,"物之壯大"與"人之壯大"是歸納爲一個義項,還是區分爲兩個義項?從先秦文獻的使用情況來看,"壯"並不僅限於表示"人之壯大"。《孟子·萬章下》:"孔子嘗爲委吏矣,曰:'會計當而已矣。'嘗爲乘田矣,曰:'牛羊茁壯長而已矣。'"不過,文獻用例反映的可能只是通語書面語的情況。從揚雄的表述來看,在"(自關而西)秦晉之間""物之壯大"與"人之壯大"是分別用不同詞項來表達的,這兩個概念是區分得比較清楚的。對於這類在同一方言區內構成詞義區別的近義詞項,我們認爲應該作爲兩個不同的義項分別類聚。

綜上所析,1.12、1.21兩個條目的方言詞可以做如下類聚(如表0.2):

表 0.2

詞義	方言詞(地域分布)
①(物)壯大	{奔}、{幠}(東齊海岱之間);{假}、{戎}(宋魯陳衛之間);{假}、{夏}秦晉之間;{京}、{將}(燕之北鄙、齊楚之郊);{巨}、{碩}(齊宋之間);{敦}(陳鄭之間);{濯}(荊吳揚甌之郊);{訏}(中齊西楚之間);{假}(周鄭之間);{椰}(齊語);{于}(通語)
②(人)壯大	{奘}、{壯}(自關而西秦晉之間)
③盛多	{夥}(齊宋之郊、楚魏之際)
④夸大	{遏}、{斂}(自關而西秦晉之間);{劒}、{弩}(東齊)

2. 母題相同,詞義相同

（1）母題爲"好"的一組

《方言》1.03：娥、㜲，好也。秦曰娥，（言娥娥也）宋魏之間謂之㜲，（言㜲㜲也）秦晉之間凡好而輕者謂之娥。自關而東河濟之間謂之媌，或謂之姣。（言姣潔也，音狡）趙魏燕代之間曰姝，或曰妦。（言妦容也，音蜂）自關而西秦晉之故都曰忓。好，其通語也。

《方言》2.01：釥、嫽，好也。青徐海岱之間曰釥，或謂之嫽。（今通呼小姣潔喜好者爲嫽釥）好，凡通語也。

《方言》10.08：娪、嫷、鮮，好也。南楚之外通語也。

《方言》13.04：純、毳，好也。

《方言》13.32：姚娗，好也。

《方言》13.126：俎，好也。

上舉13.04、13.32、13.126諸條僅有標題雅詁而無羅話方言，未指明詞語的地域分布，根據本文對方言詞的界定先將其排除。1.03、2.01、10.08中的{娥}、{㜲}、{媌}、{姣}、{姝}、{妦}、{忓}、{釥}、{嫽}、{娪}、{嫷}、{鮮}，儘管在詞義來源和詞義特徵上存在細微差別，但都與通語中的{好}相對應。《說文》："好，美也。"{娥}、{㜲}、{媌}、{姣}、{姝}、{妦}、{忓}、{釥}、{嫽}、{娪}、{嫷}、{鮮}諸詞是表示"人的相貌、體態美麗"這一意義在不同地域的對應詞。通過"好"這一母題的類聚，我們既可以找到它們在詞義上的共同點，同時也可以通過郭璞的注比較它們在詞義上的相互區別，加深我們對方言詞彙差異的認識。

（2）母題爲"愛"的一組

《方言》1.06：憮、㦛、憐、牟，愛也。韓鄭曰憮，晉衛曰㦛，汝潁之間曰憐，宋魯之間曰牟，或曰憐。憐，通語也。

《方言》1.17：亟、憐、憮、㦛，愛也。東齊海岱之間曰亟，自關而西秦晉之間凡相敬愛謂之亟，陳楚江淮之間曰憐。宋衛邠陶之間曰憮，或曰㦛。

《方言》7.26：憐職，愛也。言相愛憐者，吳越之間謂之憐職。

以上三條母題均爲"愛"。1.06中"汝潁之間曰憐"，"韓鄭曰憮"；1.17中"陳楚江淮之間曰憐"，"宋衛邠陶之間曰憮"。兩條之間有方言區域重合且所用方言詞相同的情況，可以說明1.06與1.17的母題"愛"表示同一個意義。而7.26中的"吳越之間謂之憐職"則正好與前兩條形成方言區域的互補。因此，母題同爲"愛"的三條群詁例字是不同方言區域表示"愛憐"義的方言詞。我們可以將這些方言詞類聚起來。

（3）母題爲"草"的一組

《方言》3.08：蘁、芥、莽，草也。江淮南楚之間曰蘁，自關而西或曰草，或曰芥，南楚江湘之間謂之莽。

《方言》10.38：茦、莽，草也。東越揚州之間曰茦，南楚曰莽。

以上兩條母題均爲"草"。3.08中的"南楚江湘之間謂之莽"與10.38中的"南楚曰莽"所揭示的方言詞相同，且地域分布有重合。10.38"東越揚州之間曰茦"與3.08形成方言區域互補。可見，兩條中的母題"莽"同爲"草莽"義。我們可以將這兩條中的方言詞類聚起來。

3. 母題不同，詞義相同

《方言》3.18：迨、遝，及也。東齊曰迨，關之東西曰遝，或曰及。

《方言》7.13：蝎、噬，逮也。東齊曰蝎，北燕曰噬，逮，通語也。

以上兩條母題不同，但通過對文獻和訓詁材料的調查，我們可以確定"及"與"逮"意義是相同的。

《說文·辵部》："逮，唐逮，及也。从辵隶聲。"《公羊傳·成公二年》："郤克眣魯衛之使，使以其辭而爲之請，然後許之，逮于袁婁而與之盟。"何休注："逮，及也，追及國佐于袁婁也。"——"逮"、"及"義同。

《說文·隶部》："隸，及也。从隶臬聲。《詩》曰：'隸天之未陰雨。'"段注："《釋言》、《毛傳》、《方言》皆曰：'迨，及也。'此與歹部'殆'音義皆同。'殆，危也。'危猶及也。……今《詩》作'迨'，俗字也。"黃侃《爾雅音訓》："迨作隶、逮、隸俱通。《七月》'迨及公子同歸'連言，故此以'及'釋'迨'。迨與下文二逮聲轉。'迨'今曰'遝'，俗字作'搭'。"——"隸"、"逮"、"迨"義同。

《爾雅·釋言》："逮，遝也。"邢昺疏："亦謂相及，方俗語異爾。"郝懿行《義疏》："遝、逮俱訓及，逮、遝聲又相轉。"——"逮"、"遝"義同。

通過7.13母題"逮"與3.18中諸方言詞的義同關係，我們可以確定兩個條目所溝通的方言詞的意義是相同的。因此，在整理方言詞的過程中將母題不同的兩個條目中的方言詞類聚在"逮及"義下。

（二）《方言》同條母題義項的確定及條目內方言詞的類聚

在上文的分析中，我們把{殺}的詞義分爲"屠殺"、"殺害（暗殺）"兩個義項來分別類聚不同的方言詞，而把{好}的詞義確定爲"美麗、漂亮"一個義項來類聚不同條目中的方言詞。這就引出一個問題，即在確定《方言》所要溝通的方言詞詞義，對不同方言中表達同一義項的方言詞進行類聚的時候，首先要解決義項的確定問題。

在同一語言系統中，意義完全相同的詞是很少的，即使是我們通常認爲的同義詞，同義義項之間也會有或多或少的意義差別。除了一些"同實異名"的方言異稱詞外，要想在不同的語言系統中找到意義甚至是義項完全切合的對應詞同樣也是相當困難的。"基本詞義相對應的方言詞之中，詞義上有種種差異的則是普遍存在的，甚至可以說，不同方言詞儘管基本意義可以相對應，如果就義項的多少以及在語句中的組合功能、色彩的差別說，意義完全相同的方言詞幾乎是找不到的。"①對《方言》中的方言詞來說，確定方言詞間的同義義項所要面對的困難更多：一方面由於對詞義義項的概括本身就帶有相當的主觀性；另一方面是由於我們對兩漢方言詞意義的把握只能通過揚雄的記錄來獲取。

此外，我們還必須明確一個理論前提："一個詞的詞義單位（用狹義的'義項'表示）是在一個語言系統內部對詞義的劃分。"②在本書的研究中，我們要確定的實際上是不同方言系統中表達對應義項的對應詞項。這裏所說的確定義項，並不是爲不同方言中的詞項歸納出一個共同的義項，而是爲了確定方言詞項之間的對應關係而確定它們在各自語言系統中所負載義項的同義和對應關係。

基於上述情況，我們在確定方言詞比較義項的時候首先依據的是揚雄在《方言》中的表述，在此基礎上，我們再參考當前詞義研究的一些意見來具體確定。

1. 不同方言中詞義差別較小的方言詞項在同一個義項下類聚

揚雄在同一母題下溝通不同區域方言詞時，經常對不同方言詞的意義進行限定說明。但意義的限定說明並沒有影響不同詞詞義的基本對當關係。這種情況相當於松江崇所分析的"意義限定類型A"。對於這種類型的條目，我們將存在意義限定差別的不同方言中的詞項類聚在同一個義項下。例如：

《方言》1.30：饟、飵，食也。陳楚之間相謁而食麥饘謂之饟。楚曰飵。凡陳楚之郊南楚之外相謁而飧或曰飵，或曰餂。秦晉之際、河陰之間曰饙饙，此秦語也。

條目中揚雄作了兩個意義限定："相謁而食麥饘"、"相謁而飧"。《說文・食部》："饟，餁也。从食非聲。陳楚之閒相謁食麥飯曰饟。""飵，楚人相謁食麥曰

---

① 李如龍：《漢語方言學》，高等教育出版社2001年版，第100頁。
② 符淮青：《詞義的分析和描寫》，語文出版社1996年版，第171頁。

飿。""饙，秦人謂相謁而食麥曰饙饀。"可見，不論食的是"麥饘"、"麥飯"還是
"飱"，這些方言詞都有一個共同的基本意義，即"相謁而食"。"食"的對象的細微
差別並不在同一方言區域構成詞義和詞項差異，不影響它們之間基本意義的對當關係。
因此，我們將這些方言詞類聚到同一個義項下。

《方言》2.07：儓、渾、肨、朧、䐃、泡，盛也。儓自關而西秦晉之間語也。陳宋
之間曰䐃，江淮之間曰泡，秦晉或曰朧，梁益之間凡言人盛及其所愛，偉其肥賊
謂之朧。

條目中揚雄對梁益方言詞{朧}作了"凡言人盛及其所愛，偉其肥賊"的意義限定。
《說文·肉部》："朧，益州鄙言人盛諱其肥謂之朧。"① 可見，{朧}在梁益之間指稱
"人肥盛"時是有褒義色彩的。而其他方言區域中的{儓}（秦晉之間）、{䐃}（陳宋之
間）、{泡}（江淮之間）、{朧}（秦晉）等則沒有明顯的感情色彩。我們認爲，揚雄對
褒義感情色彩義的限定說明，並不影響該條目下諸方言詞基本意義的對當關係。因此，
我們將這些方言詞類聚到同一個義項下。

2. 同一條目中詞義差別較大的方言詞項在不同義項下分別類聚

上文分析已經指出，即使在同一條目中，揚雄所溝通的詞義有時候也不限於一個。
這種情況就是松江崇所講的"意義限定類型B"。揚雄的意義限定說明有時候起到的是
另起母題的作用。此時，同一條目中的不同方言詞有較大的意義差別，我們應該根據具
體的情況將它們分別類聚在不同義項下。例如：

《方言》1.10：慎、濟、矜、恁、濕、桓，憂也。宋衛或謂之慎，或曰矜。陳楚或曰濕，
或曰濟。自關而西秦晉之間或曰恁，或曰濕。自關而西秦晉之間凡志而不得、欲而不獲、
高而有墜、得而中亡謂之濕，（濕者，失意慘怛之名）或謂之恁。

在這一條目中，揚雄首先溝通了不同方言區表示"憂愁、憂傷"義的方言詞，
然後連帶著說明秦晉方言中的{濕}、{恁}還有"志而不得、欲而不獲、高而有墜、
得而中亡"即"失意慘怛"之義。"憂愁、憂傷"與"失意慘怛"是秦晉方言中相
互區別的兩個義項，並且條目中揚雄沒有描寫與秦晉表"失意慘怛"義的{濕}、
{恁}相對應的方言詞。因此，我們將這一條目中的方言詞分作兩個義項來類聚（如
表0.3）。

---

① 據華學誠《校釋匯證》所析，《說文》此處"諱"亦當爲"偉"之訛。

表 0.3

詞義	方言詞（地域分布）
①憂愁、憂傷	{愃}、{醔}（宋衛）；{濕}、{濟}（陳楚）；{怒}、{濕}（自關而西秦晉之間）
②失意	{濕}、{怒}（自關而西秦晉之間）

《方言》6.11：矔、眮，轉目也。梁益之間瞋目曰矔，轉目顧視亦曰矔。吳楚曰眮。

在這一條目中，揚雄說明了梁益方言詞{矔}具有"瞋目"、"轉目顧視"兩個不同的意義。從母題的表述來看，吳楚方言中的"眮"只與梁益方言中表"轉目"義的{矔}相對應。《説文·目部》："眮，吳楚謂瞋目、顧視曰眮。"段玉裁注："瞋目、顧視是二事，梁益皆曰矔，吳楚皆曰眮也。"可見在"轉目顧視"義上，吳楚的"眮"也與梁益的"矔"相對應。不過由於"瞋目"與"轉目顧視"的意義差別比較大，是段玉裁所講的"二事"，因此，在整理方言詞時我們於兩個義項下分別類聚（如表0.4）。

表 0.4

詞義	方言詞（地域分布）
①瞋目	{矔}（梁益之間）；{眮}（吳楚）
②轉目顧視	{矔}（梁益之間）；{眮}（吳楚）

3. 同一條目中存在詞類差別的方言詞項在不同義項下分別類聚

同一個母題所代表的可能是具有詞類差別的不同詞項。對於這類材料，我們根據詞類的不同將方言詞分別類聚到相應的義項和詞類下。例如：

《方言》2.06：嫢、笙、揱、摻，細也。自關而西秦晉之間凡細而有容謂之嫢，或曰俚。凡細貌謂之笙，斂物而細謂之揱，或曰摻。

在這一條目中，通過揚雄的意義限定說明，我們可以確定母題"細"在訓釋"嫢、笙、揱、摻"時實際上屬於兩種不同的詞類。在表達"細而有容"、"細貌"義時，{細}及其對應的{嫢}、{俚}、{笙}是形容詞；而在表達"斂物而細"義時，{細}及其對應的{揱}、{摻}則是動詞。因此，我們將該條目中的方言詞再分爲兩個不同的詞類義項進行類聚（如表0.5）。

表 0.5

詞義	方言詞（地域分布）
①〈形〉細小	{嫢}、{俚}、{笙}（自關而西秦晉之間）
②〈動〉斂細	{揱}、{摻}（自關而西秦晉之間）

《方言》6.06：謇、展，難也。齊晉曰謇。山之東西凡難貌曰展。荆吳之人相難謂之展，若秦晉之言相憚矣。齊魯曰燀。

在這一條目中，揚雄所作的意義限定說明"難貌"及"相難"顯示了母題"難"具有形容詞和動詞兩種不同詞性。從方言詞分布描寫來看，{謇}所分布的"齊晉"與{燀}所分布的"荆吳"，{展₁}所分布的"山之東西"與{憚}所分布的"秦晉"在地域上有重合之處，這也進一步說明，該條目包含了對"難貌"和"相難"兩個義項的不同方言詞的溝通。因此，我們將這些方言詞分別類聚到兩個具有詞性差别的義項下（如表0.6）。

表 0.6

詞義	方言詞（地域分布）
①〈形〉難貌	{謇}（齊晉）；{展₁}（山之東西）
②〈動〉相難	{展₂}（荆吳）；{憚}（秦晉）；{燀}（齊魯）

4. 同一方言中具有意義區別的方言詞項在不同義項下分別類聚

《方言》2.24：鍬、揻，裁也。梁益之間裁木爲器曰鍬，裂帛爲衣曰揻。鍬又斲也，晉趙之間謂之鍬鍬①。

《方言》6.48：緧、劓，續也。秦晉續折木謂之緧，繩索謂之劓。

《方言》6.51：杼、柚，作也。東齊土作謂之杼，木作謂之柚。

以上三個條目中所溝通的都是動詞，揚雄的意義限定說明顯示了某些方言區域因爲動作對象的不同而分別使用不同的方言詞。這些方言詞在同一個方言系統中形成了彼此的對立和區别，與通語或者是其他方言相比，體現了該方言中對動作概念分類以及相應的詞項設置的差異。因此，我們將不同對象的動詞分別類聚到相應的義項下（如表0.7）。

表 0.7

梁益之間	通語	秦晉	通語	東齊	通語
①裁木爲器：{鍬}	剪裁：{裁}	①續折木：{緧}	接續：{續}	①土作：{杼}	勞作：{作}
②裂帛爲衣：{揻}		②續繩索：{劓}		②木作：{柚}	

此外，同一方言中還有因動作方式不同而使用不同詞項的，如《方言》2.30："挼、略，求也。秦晉之間曰挼，就室求曰挼；於道曰略，略，強取也。攓、撫，取

---

① "鍬又斲也，晉趙之間謂之鍬鍬"屬於松江崇所講的"意義限定類型B"，與前面的"裁木爲器"和"裂帛爲衣"義項不同。

也。此通語也。"《方言》7.17："脑、饪、亨、爛、糦、酋、酷，熟也。自關而西秦晉之郊曰脑，徐揚之間曰饪，嵩嶽以南陳潁之間曰亨。自河以北趙魏之間火熟曰爛，氣熟曰糦，久熟曰酋，穀熟曰酷。熟，其通語也。"等。我們將這些條目中形成詞義差別的不同詞項分別類聚。

有些方言區域爲不同性狀的事物專門設置了詞項。這些專門的詞項之間以及專稱詞項與類詞項之間形成了區別。我們在整理方言詞過程中也將它們分別在不同的義項中類聚。例如：

《方言》3.09：蕻、蕘，蕪菁也。陳楚之郊謂之蕻，魯齊之郊謂之蕘；關之東西謂之蕪菁；趙魏之郊謂之大芥，其小者謂之辛芥，或謂之幽芥，其紫華者謂之蘆菔。東魯謂之菈蘧。——趙魏之郊區別蕪菁之大小及華之顏色，而分別有｛大芥｝、｛辛芥｝、｛幽芥｝、｛蘆菔｝等專稱，這些方言名物詞不能簡單地與其他方言中對"蕪菁"的泛稱對應類聚。

《方言》5.14：甌，陳魏宋楚之間謂之題。自關而西謂之甌，其大者謂之甌。——關西特別爲甌之大者設置了詞項｛甌｝；與｛題｝（陳魏宋楚之間）相對應的是｛甌｝（自關而西）。｛甌｝是關西特有的方言詞，在陳魏宋楚之間沒有對應詞項。

（三）《說文》所揭方言詞的處理

《說文》所揭示的194個方言詞與《方言》中的方言詞相比照有以下幾種情況：

1. 《說文》所揭示的與《方言》完全一致。例如：

A. 《說文·艸部》："蔑，青齊沇冀謂木細枝曰蔑。"

《方言》2.08："木細枝謂之杪……青齊沇冀之間謂之蔑。"

B. 《說文·辵部》："適，之也。从辵啻聲。適，宋魯語。"

《方言》1.14："嫁、逝、徂、適，往也。……適，宋魯語也。"

上舉兩組中《說文》所揭示的方言詞的詞形、詞義和分布地域均與《方言》一致。在整理過程中，我們將《說文》的這類方言詞類聚到《方言》相關的條目下。

2. 《說文》所揭示的與《方言》微異而實同。這類條目又可分爲以下幾種不同的情況。

（1）方言詞形相異而實同。例如：

A. 《說文·木部》："梠，楣也。……齊人語也。㮰或从里。"

《說文·木部》："枱，兩刃臿也。……宋魏曰枱也。釪或从金从于。"

《方言》5.24："舌……宋魏之間謂之鏵，或謂之鐸。……東齊謂之梩。"①

B.《說文·手部》："捪，自關以東謂取曰捪。一曰覆也。"

《方言》6.19："掩、索，取也。自關而東曰掩。"②

上舉兩組中，《說文》用於記錄方言詞的字形雖然與《方言》不同，但"舌—鏵""相—梩"是異體字關係，"捪—掩"爲本字與通假字關係，所記方言詞的詞義及地域分布基本一致。因此，我們在整理的過程中也將這些詞形相異而實爲一詞的方言詞類聚到《方言》的相應條目下。

（2）方言詞訓微異而實同。例如：

A.《說文·足部》："蹠，楚人謂跳躍曰蹠。"

《方言》1.26："踏、蹠、踊，跳也。……楚曰蹠。"

B.《說文·疒部》："癆，朝鮮謂藥毒曰癆。"

《方言》3.12："凡飲藥傅藥而毒……北燕朝鮮之間謂之癆。"

上舉兩組中，《說文》所揭示的方言詞的地域分布與《方言》一致，只是在方言詞義的訓釋上有所不同。不過訓釋表達的差異並不影響方言詞基本意義的一致。在整理過程中我們也將它們類聚到《方言》相應的條目下。

（3）方言詞分布地域有所不同。例如：

A.《說文·目部》："盱，張目也。从目于聲。一曰朝鮮謂盧童子曰盱。"

《方言》2.05："顐、鑠、盱、揚、䐉，矑也。䮪瞳之子……燕代朝鮮洌水之間曰盱，或謂之揚。"

B.《說文·目部》："睎，望也。从目稀省聲。海岱之間謂眄曰睎。"

《說文·目部》："矘，戴目也。从目矘聲。江淮之間謂眄曰矘。"

《說文·目部》："眄，目偏合也。一曰衺視也，秦語。从目丏聲。"

《說文·目部》："睇，目小視也。从目弟聲。南楚謂眄曰睇。"

《方言》2.22："矘、睇、睎、略，眄也。陳楚之間南楚之外曰睇，東齊青徐之間曰睎，吳揚江淮之間或曰矘，或曰略，自關而西秦晉之間曰眄。"

C.《說文·竹部》："籍，飯筥也。受五升。从竹稍聲。秦謂筥曰籍。"

---

① 《說文》"舌"下段玉裁注："兩刃舌者，謂舌之兩邊有刃者也。……按：賦、鏵古今字也。《方言》渾言之，許析言之耳。"《廣雅·釋器》："鏵，鍫也。"王念孫："'舌'、'釪'、'鏵'、'鍥'並字異而義同。"

② 《說文》"捪"下段玉裁注："按許所據《方言》蓋作'捪'。李善注《子虛》《上林賦》引《方言》亦作'捪'也。今《廣雅》：'掩，取也。'字作'掩'。"馬宗霍《說文解字引方言考》："然則取之一義，《說文》作'捪'，《方言》作'掩'者，楊用借字，許用本字也。"

《方言》13.149："籝，南楚謂之筲，趙魏之郊謂之笙籯。"①

上舉三組中，有《說文》所說分布區域較《方言》狹小者，如：A組{盯}之"朝鮮"與"燕代朝鮮洌水之間"，B組{眵}之"秦"與"自關而西秦晉之間"，{瞯}之"江淮之間"與"吳揚江淮之間"；有《說文》所說分布區域與《方言》絕異者，如：B組{睇}之"南楚"與"陳楚之間南楚之外"，C組{籯（筲）}之"秦"與"南楚"。兩書對同一方言詞分布地域的說明雖然有所不同，但並不構成矛盾，反而可以相互補充，更爲全面地揭示方言詞的分布區域②。

3.《說文》獨自揭示的方言詞。這類方言詞具體又包括以下幾種情況：

（1）《說文》所揭示的方言詞未見於《方言》。例如：

《說文·艸部》："蘮，楚謂之蘺，晉謂之蘮，齊謂之茞。"

《說文·䰜部》："䰞，齊謂之炊䰞。"

《說文·肉部》："脈，齊人謂臞脈也。"

《說文·木部》："杇，所以涂也。秦謂之杇，關東謂之槾。"

（2）《說文》所揭示的方言詞見於《方言》，但《方言》中無"方言說解"。例如：

《說文·巾部》："帍，楚謂大巾曰帍。"

《方言》4.37："幜，巾也。大巾謂之帍。"③

（3）《說文》所揭示的方言詞與《方言》方言詞詞形相同，但詞義和地域分布均不同。例如：

A.《說文·金部》："錯，九江謂鐵曰錯。从金皆聲。"

---

① 《說文》"籯"下段玉裁注："《方言》曰：'籯，南楚謂之筲。'郭曰：'盛餅筥也。'按'籯'即'笞'字，'筲'即'籯'字也。《論語》：'斗筲之人。'鄭曰：'筲，竹器，容斗二升。'與許說受五升異。"馬宗霍《說文解字引方言考》："同一筥也，楊子舉南楚謂之筲，許君舉秦謂之籯，又知秦楚之語，蓋有相合者矣。……鈕氏謂《廣雅》有'籯'無'筲'，不悟'筲'、'籯'之爲一字也。又《方言》'筲'亦省作'筲'，此由楊書主於別語，用字自可從通，許書主於解字，訓義必求其本，故不同也。"

② 郭豫才《〈說文〉方言迻錄後記》在談及兩書方言詞地域分布說明差異時指出："至其地名不同，如許言朝鮮，揚曰燕代朝鮮洌水；許言江淮，揚曰吳楚江淮；許乃特核簡其辭，所指則仍係一地。至東夷、東齊之名，關西、山西之稱，實皆名異而實同，無關宏旨者也。"（載《河南博物館館刊》1937年7、8集合刊）

③ 馬宗霍《說文解字引方言考》："戴震《方言疏證》引《說文》此條，以爲本之《方言》。但《方言》不以裕繫之楚，得許說可以補之。"

《方言》2.26："鍇、鑙，堅也。自關而西秦晉之間曰鍇，吳揚江淮之間曰鑙。"①

B.《說文·虫部》："蛩，蛩蛩，獸也。一曰秦謂蟬蛻曰蛩。从虫巩聲。"

《方言》11.04："蜻蛚，楚謂之蟋蟀，或謂之蛬。（梁國呼蛬，音鞏。）南楚之間謂之蚟孫。"②

C.《說文·言部》："訏，詭譌也。从言于聲。一曰訏謩。齊楚謂信曰訏。"

《方言》1.21："碩、沈、巨、濯、訏、敦、夏、于，大也。（訏亦作芋，音義同耳，香于反。）齊宋之間曰巨，曰碩。……陳鄭之間曰敦，荊吳揚甌之郊曰濯，中齊西楚之間曰訏。"③

上舉三組，《說文》所揭示的方言詞在詞形上雖然與《方言》中的方言詞同形（或爲異體字關係），但在方言詞義和地域分布上却有着明顯的差異。對於這些方言詞，我們不能簡單認爲是兩書互相矛盾。同樣的情況我們在《方言》中也可以見到，如同一"懷"字，所記或爲"自關而東周鄭之郊齊魯之間"表"來"之詞（2.13），或爲"齊楚之會郊"表"至"之詞（1.13）；同一"聳"字，所記或爲"荊吳之間"表"強欲"之詞（6.01），或爲"自關而西秦晉之間"表"相勸"之詞（6.01），又爲"陳楚江淮之間"表"生而聾"之詞，"荊揚之間及山之東西"表"雙聾者"之詞（6.02）。同一"廝"字，或爲"楚"地表"噎"之詞（6.13），或爲"東齊"表"聲散"之詞，又爲"秦晉"表"聲變"、"器破"之詞（6.34）。同一"鍋"字，所記或爲"燕齊海岱之間"表"車釭"之詞，或爲"自關而西"表"盛膏者"之詞（9.20）。

如上所舉，都是同形方言詞。這其中有的是不同方言間詞義引申的分歧，有的是不同方言間事物命名的偶同，有的則僅僅是方言詞記錄形體的通借。"五方之音，複雜最甚，傳聞不同，兼有參差者，自屬常理。"④字形的相同，並不代表方言詞的同一性，因此也不說明兩書所揭示的方言詞相互矛盾。

---

① 《廣雅·釋器》："金、錯，鐵也。"王念孫《疏證》："《說文》：'九江謂鐵曰鍇。'《史記·高祖功臣侯表》索隱引《三倉》同。……鍇之言劼也。《爾雅》云：'劼，固也。'《方言》云：'鍇，堅也。自關而西。秦晉之間曰鍇。'"馬宗霍《說文解字引方言考》："《史記·高祖功臣侯表》司馬貞《索隱》引《三倉》云：'九江人名鐵曰鍇。'與《說文》本條正合，或即許之所出。……錢繹《方言箋疏》引《說文》本條證之，蓋以鐵之質堅故爾。愚謂堅好義近，可作鍇爲好鐵之證。"

② "蛩"字"一曰"下段玉裁注："方俗殊語也。蛩之言空也。"《廣雅·釋蟲》："蛊，蜻蛚。"王念孫《疏證》："'蛊'一作'蛬'，一作'蛩'。……《古今注》云：'蟋蟀一名吟蛩，一名蛬。''蛩'與'蛊'同。今人謂之屈屈，則蛊之轉聲也。"

③ 段玉裁注："按'信'當作'大'。《釋詁》：'訏，大也。'《方言》：'訏，大也。中齊西楚之間曰訏。'許語本楊。"王筠《說文句讀》曰："譌言不信，亦有以訏爲信者，則沮存也之比。"

④ 郭豫才：《〈說文〉方言迻錄後記》，載《河南博物館館刊》1937年7、8集合刊。

以上所舉的三種情況都應該看作是《說文》獨自揭示的方言詞，材料整理的過程中參照前文的相關論述，在確定溝通義項後將其與《說文》中的相關方言詞類聚。

　　從上文的分析來看，《說文》所揭示的方言詞與《方言》雖詳略不同，互有參差，但相互矛盾者極少。關於《說文》所引證的方言的材料來源，我們同意馬宗霍的意見，即："採集方言，古有其制，漢代搆綴方言者，亦不止楊子一人。許君之書，旁咨博訪，又嘗校書東觀，得窺祕籍，是其所引，自不必專本楊書。既非主於一書，故亦不得標舉書名矣。然所引者，州國交攬，今古兼羅，實與楊書㴱原從同，波瀾莫二。故其合於楊者，固可資之以相參證，其爲楊書所不具者，更足補楊書之遺。"①因此，本書將《說文》所揭示的方言詞材料與《方言》方言詞材料收集整理到一起，作爲兩漢方言詞研究的基本材料。

　　此外，還有一組方言詞情況比較複雜：

　　《說文·木部》："槌，關東謂之槌，關西謂之㭙。从木追聲。"

　　《說文·木部》："㭙，槌也。从木特省聲。"

　　《說文·木部》："栚，槌之橫者也。關西謂之㯭。"

　　《方言》5.30："槌，（縣蠶薄柱也。）宋魏陳楚江淮之間謂之植，自關而西謂之槌，齊謂之样。其橫，關西曰㯭，宋魏陳楚江淮之間謂之栚，齊部謂之㭙。"

　　馬宗霍《說文解字引方言考》："《說文》所偁與《方言》本條'槌'同字而地異，《說文》曰'關東'，《方言》曰'關西'。'㭙'同字而義異，《說文》㭙即是槌，《方言》以爲㭙是槌之橫者。又《方言》所舉宋魏陳楚江淮之間，皆關東之地，而謂槌曰植；齊亦關東之地也，而謂槌曰样。植、样二名，則《說文》所未及。"馬宗霍認爲"《說文》所偁，愚疑或別有所據，不必本之楊書"，但二書所記錄的方言詞在詞義和地域分布上出入較大，我們難以判定是非。因此，本文只依據揚雄《方言》所記錄的情況收錄這些方言詞，《說文》所記錄的方言詞情況暫且存疑。

（四）方言詞與通語詞對應關係的確定

　　方言是相對於通語（共同語）而言的，方言詞也是與通語詞相比較而言的，即在某一方言區域使用的與通語詞存在語音差異或語素差異的詞。方言詞與通語詞的比較研究是方言詞研究的重要內容。因此，在判定整理兩漢方言詞的過程中，我們也需要探尋與

---

① 馬宗霍：《說文解字引方言考·序》，載《說文解字引方言考》，科學出版社1959年版。

方言詞相對應的通語詞，爲後文的比較研究作準備。

秦漢時期的通語是在周代雅言的基礎上形成和發展起來的。我們對秦漢通語的認識主要來自傳世的秦漢書面語材料，以及《方言》、《說文》所提供的一些信息。不過，書面語材料中可能夾雜着方言的因素，《方言》、《說文》所提供的信息也需要進一步分析鑒別。因此，與兩漢方言詞對應的通語詞的確定，對本文來說是一個難題。下文就嘗試討論與此相關的幾個問題，以期能够較爲準確地認識兩漢通語並進而確立與兩漢方言詞相對應的兩漢通語詞。

1.《方言》中的"通語"、"凡語"

談到與方言相對應的通語，我們很自然地首先注意到揚雄在《方言》中使用的"通語"、"凡語"、"通名"等名稱。沈兼士在《國語問題之歷史的研究》一文中將《方言》所收語言分爲五類，其中"通語，凡語，凡通語，通名""是沒有地域性的普通話"；"某地某地之間通語，四方之通語，四方異語而通者""是通行區域較廣的方言。"① 此後，胡樸安、周定一、王力、周祖謨、齊佩瑢、黃典誠、張永言、劉葉秋等均贊同此說，遞相傳述②。

對於"某地某地之間通語"類的詞語，學者們一致認同其爲通行區域較廣的方言詞。但是，對於沒有地域限定或地域限定不明確的"通語"、"凡語"、"凡通語"、"通名"，有的學者提出了不同意見。

冷玉龍在詳細分析《方言》中標明"通語"、"凡語"、"凡通語"、"通名"的條目後認爲：揚雄標明"通語"的詞語有時出現在被釋詞中，這與揚書的體例相矛盾，將"通語"、"凡語"、"凡通語"、"通名"所指稱的詞語作爲"沒有地域性的普通話"的詞語不符合《方言》條目的通例，不符合揚雄使用"通語"這一表達的本意。他提出："揚雄用'通語'一詞要說明的是某詞語在各方言區中存在及其通行的情況，他並未涉及，也不可能用一個詞語同時涉及共同語與非共同語的問題。因而在此書的說解中經常出現共同語出現於被釋詞中的情況。"③ 柳玉宏同意冷玉龍的觀點，並進一步指出："仅就揚雄《方言》来说，'通語'至少在《方言》裏当指'通行的說

---

① 沈兼士：《國語問題之歷史的研究》，載《沈兼士學術論文集》，中華書局1986年版，第34頁。
② 胡樸安：《中國訓詁學史》，中國書店1983年版，第245頁。周定一：《揚雄和他的〈方言〉——中國語言學史話之一》，載《中國語文》1956年5月號。王力：《中國語言學史》，山西人民出版社1981年版，第24頁。周祖謨：《方言校箋·自序》，《方言校箋》，中華書局1993年版。齊佩瑢：《訓詁學概論》，中華書局2004年版，第264頁。黃典誠：《〈方言〉及其注本》，載《辭書研究》1982年第3期。劉葉秋：《中國字典史略》，中華書局1983年版，第47頁。
③ 冷玉龍：《〈方言〉"通語"再研究》，載《南充師院學報（哲社版）》1988年第1期。

法'。""'通語'衹是說明了某个地区或幾个地区之間最通行的說法而已。所以揚雄《方言》裏的'通語'並不是指共同語。"①

通過前人的研究，我們可以清楚地認識到"通語"一詞在《方言》中的使用主要是爲了標明詞語通行的區域和程度，揚雄的"通語"並不等同於"共同語"。這些觀點是通過分析《方言》具體材料而揭示出來的揚雄使用"通語"這一術語的內涵，是符合學術史客觀事實的②。

不過，正如柳玉宏所說"'通行的說法'可以是共同語的詞語，也可以是某地的方言"。標明"通語"的詞語出現在被釋詞中與該詞爲共同語的詞語並不矛盾。儘管《方言》中的訓釋詞通常是更爲明確的共同語詞語（下文具體討論），但這並不影響被釋詞中的某些詞語同樣可以具有共同語詞語的性質。與方言詞相對應的表達同一意義的通語詞並不一定是唯一的，在任何一個語言系統中，都會存在相當數量的同義詞。出現在被釋詞中的"通語"詞很可能就是來源於某些方言的與訓釋詞同義的共同語詞語。例如：

《方言》3.26：庸、恣、比、㑫、更、佚③，代也。齊曰佚。江淮陳楚之間曰㑫。餘四方之通語也。（今俗亦名更代作爲恣作也。）

該條中作爲"四方之通語"的"餘"所指不是很明確，不過從郭璞的注來看，至少包括{更}、{代}。{代}是訓釋詞，表"更替、替代"義，在秦漢文獻中經常使用，可以認爲是通語詞。而被釋詞{更}表"更替、替代"義亦常見於先秦兩漢文獻：

《禮記·儒行》："遽數之不能終其物，悉數之乃留，更僕未可終也。"鄭玄注："更，代也。"

《淮南子·時則訓》："祭不用犧牲，用圭璧更皮幣。"高誘注："更，代也。以圭璧皮幣代犧牲也。"

《史記·滑稽列傳》："陛楯得以半更，豈不亦偉哉！"張守節《正義》："更，代也。"

{更}訓{代}是常訓，{代}訓{更}也是常訓：

《說文·人部》："代，更也。"

---

① 柳玉宏：《說"通語"——揚雄〈方言〉術語商榷》，載《蘭州學刊》2007年第5期。
② 本書使用"通語"主要指稱與周代"雅言"、現代"普通話"相對應的秦漢共同語，與揚雄在《方言》中使用該術語時的具體指稱或有不同。
③ 華學誠《校釋匯證》："《西都賦》李善注引《方言》、玄應《一切經音義》卷一七引、慧琳《一切經音義》卷三二、卷三八、卷五一、卷七〇、卷七七、卷八九、卷一〇〇引《方言》並作'迭'，是古本作'迭'也。迭、佚古通用，今仍其舊。"

《左傳·昭公十二年》:"寡人中此,與君代興。"杜預注:"代,更也。"

《儀禮·士喪禮》:"乃代哭,不以官。"鄭玄注:"代,更也。"

《國語·鄭語》:"及平王之末,而秦、晉、齊、楚代興。"韋昭注:"代,更也。"

{更}還與{代}、{迭(佚)}連用對用:

《史記·項羽本紀》:"彼趙高素諛日久,今事急,亦恐二世誅之,故欲以法誅將軍以塞責,使人更代將軍以脱其禍。"

《史記·十二諸侯年表序》:"四海佚興,更爲伯主。"

{代}亦與{迭(佚)}對用:

《戰國策·燕策一》:"且夫三王代興,五霸迭盛,皆不自覆也。"

由此可見,{更}在先秦兩漢的書面語中是作爲{代}的同義詞經常使用的,我們將其看作通語詞也是有依據的。

《方言》10.28:㐿、孋,短也。江湘之會謂之㐿。凡物生而不長大亦謂之鱉,又曰瘠。桂林之中謂短孋①。孋,通語也。東揚之間謂之府。

表示"短小、短矮"的{孋}(或寫作"罷"),很少見用於先秦兩漢的文獻。但却出現在漢人的經注中:

《周禮·夏官·司弓矢》:"庳矢,用諸散射"鄭玄注引漢鄭司農曰:"庳矢讀爲人罷短之罷。"

《周禮·春官·典同》:"陂聲散。"鄭玄注:"陂讀爲人短罷之罷。"(陸德明《經典釋文》:"桂林之間謂人短爲孋矮。")

鄭司農及鄭玄在注釋《周禮》時,用"罷短之罷"爲"庳"注音,用"短罷之罷"爲"陂"注音,可見"罷短"或"短罷"應該是當時口語中人們熟悉的詞語,{孋(罷)}對於漢代人來說並不像文獻使用情況所反映的那麼陌生,而很可能也是通語中與"短"同義的詞語。

除了作爲被釋詞之外,還有相當一部分標明"通語"、"凡語"的詞語本身就是雅詁中的訓釋詞。這些作爲訓釋詞的"通語"、"凡語",應該就是兩漢時期的共同語詞語。如:

《方言》3.14:謬、譎,詐也。……詐,通語也。

《方言》4.39:扉、屨、麤,履也。……履,其通語也。

---

① 周祖謨《方言校箋》:"'短'下疑脱'曰'字。"華學誠按:"《周禮·典同》鄭興注:'人短罷',《釋文》引《方言》:'桂林之間謂人短爲孋矮。''短'下有'爲'字。又本條雅詁亦不作'短孋',是'短孋'本不連文,'短'下脱'曰'或'爲'。"

《方言》4.40：絅、襀，絞也。……絞，通語也①。

《方言》1.14：嫁、逝、徂、適，往也。……往，凡語也。

基於以上的分析，在判定和整理方言詞的過程中，本書根據不同的情況對《方言》中標明"通語"、"凡語"、"凡通語"、"通名"（下文簡稱"通語"）的材料作如下處理：

A. 某詞所標明的"通語"之前沒有明確地域說明或難以判斷其地域限定的，不將其作爲方言詞收錄②。如：1.03、2.01{好}；1.21{于}；2.02{豐}；2.30{取}；3.14{詑}；3.26{代}；4.39{履}；4.40{絞}；5.05{栖}；5.10{罌}；7.13{逮}；7.17{熟}；7.34{逗}；10.03{姡}、{猾}；10.34{頤}；13.146{簏}；13.159{麴}；1.14{往}（凡語）。

B. 同一條目中先說明某詞的地域分布，後又標明其爲"通語"的，收錄該詞爲先前說明地域的方言詞③。如：1.06{憐}；3.52{知}；10.09{嚩咩}；10.28{孎}；10.44{闢}。

C. 某詞所標明的"通語"之前有明確地域限定的，收錄該詞爲限定地域的方言詞。如：1.09{傷}；3.50{葉}；4.36{倒頓}、{狡衯}；4.38{幘巾}、{承露}、{覆髳}；9.29{筏}；10.08{娟}、{嬽}、{鮮}；10.18{晞}、{曬}；10.31{悅}、{舒}；10.32{眠娗}、{脉蝎}、{賜施}、{茭媞}、{譠謾}、{憴忚}；13.158{餳}；11.01{蚓蟥}、{蜆蟥}、{蛵蚨}（通名）。

2. 訓釋詞（母題）與通語詞

即使同意將《方言》中沒有地域限定的"通語"、"凡語"、"凡通語"、"通名"看作是通語詞，我們所能確定的通語詞數量也是相當少的。因爲在絕大多數的條目中，揚雄並沒有特意指明某詞爲通語詞。不過，沒有指明並不代表揚雄在收集和對比漢代方言詞彙的時候沒有通語詞的觀念。揚雄說明某詞爲某地方言詞，是將其與相對應的通語詞進行比較後作出的判斷。從《方言》的條目結構來看，雅詁部分的訓釋詞（母題）通常就是以資比較的通語詞。這一點前人也多有論述。

王力認爲，《方言》中"有時候，雖不明說是通語，但是說在前頭，然後再羅列各地的稱呼，自然也是通語。例如卷十說雞、說豬，然後說各地對雞、豬怎樣稱呼，雞、豬當然是通語了"。"擔任解釋的詞，自然也是通語。例如先說：'憮、俺、憐、牟、

---

① 王念孫手校《方言疏證》："《御覽》'通'上有'其'字。"
② 這一類詞語見收於丁啓陣的"《方言》方言字（詞）表"，表中"地域"項注明通語。松江崇《揚雄〈方言〉逐條地圖集》不收這類詞語。本書亦不將它們作爲兩漢方言詞收錄。
③ 這一類詞語見收於丁啓陣的"《方言》方言字（詞）表"，表中"地域"項除了注明原地域分布外，另注明爲通語。松江崇《揚雄〈方言〉逐條地圖集》不收這類詞語。本書亦不將它們作爲兩漢方言詞收錄。

愛也。'再說：'韓鄭曰憮，晉衛曰俺，汝穎之間曰憐，宋魯之間曰牟，或曰憐。'最後說：'憐，通語也。''憐'固然是通語，而'愛'也是通語。"①

黃典誠指出："《方言》的編寫，採用的是所謂'標題羅話法'。標題的公式是A、B、C、D：X也。……而X是當代（西漢末年長安一代流行的）普通話的說法。"②

關於《方言》雅詁部分訓釋詞的通語詞性質，我們可以從以下三個方面加以認識：

第一，從訓詁工作的性質來看。

中國古代的訓詁工作是以掃除文字障礙，減少語言隔閡爲實用目的的。時有古今，地有南北，語言文字會因時地的變化而產生差異。用今語去解釋因時而異的古語，用通語去解釋因地而異的方言是訓詁工作的重要內容和方式③。《方言》的纂集也不外乎如此。揚雄深刻認識到語言變化在時間和空間上的交錯，因此，他"不但由縱的方面觀其蟬變之迹，且能由橫的方面明其推衍之勢，以方言釋古語，以通語釋方言，縱橫兩面兼貫匯通，實開時地綜合研究的先聲"④。

第二，從先秦兩漢的訓詁材料來看。

我們現在所能了解到的最早的訓詁材料見於先秦文獻正文，到春秋戰國時期，隨文釋義的訓詁材料已經出現⑤。並且在公元前400—300年左右的戰國時期出現了《爾雅》這樣的訓詁纂集⑥。關於《爾雅》的題名，劉熙《釋名》："爾雅：爾，昵也；昵，近也。雅，義也；義，正也。五方之言不同，皆以近正爲主。"黃侃認爲："雅之訓正，誼屬後起，其實即夏之借字。""明乎此者，一可知《爾雅》爲諸夏之公言，二可知《爾雅》皆經典之常語，三可知《爾雅》爲訓詁之正義。"⑦可見，《爾雅》"在釋詞上有三大任務：（1）標準語釋方言俗語；（2）當代語言釋古語；（3）常用語釋難僻詞語"⑧。因此，《爾雅》在對春秋戰國時期訓詁材料進行彙聚的時候，是很注意訓釋詞的選擇的。這些訓釋詞應該儘可能地滿足"標準語"、"當代語"、"常用語"幾個要求。這不僅僅是《爾雅》編纂的一個通例，也是和傳統訓詁工作的性質相一致的。《方

---

① 王力：《中國語言學史》，山西人民出版社1981年版，第25頁。
② 黃典誠：《〈方言〉及其注本》，載《辭書研究》1982年第3期。
③ 黃侃認爲："訓詁者，用語言解釋語言之謂"，"訓詁之所有事"包括了"以此地之語釋彼地之語，或以今時之語釋昔時之語"。（黃侃：《黃侃國學講義錄》，中華書局2006年版，第231頁）
④ 齊佩瑢：《訓詁學概論》，中華書局2004年版，第264頁。
⑤ 周大璞主編：《訓詁學初稿》（第三版），武漢大學出版社2007年版，第399頁。
⑥ 關於《爾雅》的成書時代，學術界有不同的看法。我們這裏採用的是王寧的意見。（王寧：《訓詁學原理》，中國國際廣播出版社1997年版，第163~164頁）
⑦ 黃侃：《爾雅略說·論爾雅名義》，載《黃侃國學文集》，中華書局2006年版，第257頁。
⑧ 王寧：《訓詁學原理》，中國國際廣播出版社1997年版，第162頁。

言》中的雅詁有一些是可以和《爾雅》相對照的,特別是作爲訓釋詞的母題,通常是與《爾雅》相一致的①。此外,《方言》中的許多方言詞訓釋可以與《說文》所揭示的方言詞相印證,並且被《廣雅》及後來的文獻訓詁工作所徵引。可見,儘管從戰國到兩漢經歷了相當長的一段時期,但許多訓詁材料却保持了相當的一致性,彼此之間是可以互證互補的。這一情況說明這一時期的訓詁工作有一個較爲穩定的語言基礎,尤其是較爲統一的通語基礎。在這一語言基礎上,《爾雅》、《方言》的訓釋詞所具有的通語詞性質可以得到進一步確認。

第三,從實際的文獻測查來看。

通過對訓釋詞和被釋詞在傳世文獻特別是在兩漢文獻中使用情況的測查,我們可以更爲清楚地了解和認識《方言》中訓釋詞的常用性和通用性,進而確認它們的通語詞性質。如:《方言》1.02中表"慧黠"義的方言詞{謾}(秦)、{㦟}(晉)、{倢}(宋楚之間)、{譎}(楚)、{黠}(自關而東趙魏之間)②、{鬼}(自關而東趙魏之間)在先秦兩漢文獻中的使用都沒有作爲訓釋詞的{慧}頻繁。10.28中表"短小"義的方言詞{㑳}(江湘之會)、{㜽}(桂林之中)、{䟽}(東揚之間)在先秦兩漢文獻中的使用也遠遠地少於訓釋詞{短}。這一情況一方面說明揚雄調查所得的方言詞確實具有區域使用的特點,同時也進一步說明先秦兩漢書面語是以當時的雅言、通語爲基礎的,《方言》的訓釋詞通常就是通語詞。

當然,從先秦到兩漢是一個較爲漫長的歷史時期,期間雅言、通語也是有所變化和發展的。不同的文獻表達同一意義也有因各種原因而選擇不同同義詞的可能。因此,我們在結合文獻使用情況確認通語詞時要注意這些文獻的時代性,以及不同文獻之間的綜合考察。

以1.14中的{徂(退)}(齊)、{往}爲例。僅就《詩經》而言,{徂(退)}的使用並不比{往}少(26:16);不過如果就先秦的文獻來看,{往}的使用要遠遠多於{徂(退)},特別是在兩漢的文獻中,就《史記》、《漢書》的情況來看,除了一些引書的文句中仍然使用{徂(退)}之外,{往}的使用已經顯示出絕對的優勢。因此,在揚雄調查方言時,通語中使用的詞應該是{往}。

綜上所述,我們可以看到:"《方言》雅詁部分的解釋語基本上都是通語(方言詞數量很少),這是《方言》的通例。這些詞大多是自古相承的,它們在漢代書面語中也

---

① 濮之珍:《〈方言〉與〈爾雅〉的關係》,載《學術月刊》1957年第12期。
② 《漢書》多用{黠}表"慧黠"義,多與"桀"連用,作"桀黠"。

得到廣泛運用。"①

3. 通語中的同義詞

在上文的分析中我們一直強調，通語在表達某一意義時可能不僅僅使用一個詞語，有時會使用幾個同義詞。也就是說，與兩漢方言詞對應的通語詞有時候並不是唯一的。舉例如下。

（1）《方言》1.03：娥、嬴，好也。秦曰娥，宋魏之間謂之嬴，秦晉之間凡好而輕者謂之娥。自關而東河濟之間謂之媌，或謂之姣。趙魏燕代之間曰姝，或曰妦。自關而西秦晉之故都曰妍。好，其通語也。

《方言》2.03：娃、嫷、窕、豔，美也。吳楚衡淮之間曰娃，南楚之外曰嫷，宋衛晉鄭之間曰豔，陳楚周南之間曰窕。自關而西秦晉之間凡美色或謂之好，或謂之窕。故吳有館娃之宮，秦有榛娥之臺。秦晉之間美貌謂之娥，美狀爲窕，美色爲豔，美心爲窈。

《說文·女部》："好，美也。"《說文·羊部》："美，甘也。"段注："引申之凡好皆謂之美。"《呂氏春秋·慎行論》："王爲建取妻於秦而美。"高誘注："美，好也。"{美}、{好}互訓，均可表"美麗"義，且在不同的條目中均爲訓釋詞，常見用於先秦兩漢文獻。{美}、{好}應該是漢代通語中表"美麗"義的同義詞。與《方言》1.03諸方言詞對應的通語詞是{好}，也可以是{美}；同樣，與《方言》2.03諸方言詞對應的通語詞是{美}，也可以是{好}②。

（2）《說文·肉部》："脙，齊人謂臞脙也。"

{脙}爲與{臞}相對應的齊方言詞。《爾雅·釋言》："脙，瘠也。"（{脙}在上古僅見於《爾雅》、《說文》，未見用於其他文獻。）《說文·肉部》："膌，瘦也。"（段注："膌亦作瘠。"）《說文·肉部》："臞，少肉也。"可見，除了齊方言詞{脙}之外，{臞}、{膌}、{瘦}是上古漢語表達"消瘦"義的同義詞。王鳳陽認爲："'瘠'、'臞'、'瘦'是方言同義詞，詞義無別。就使用順序說：'瘠'是先秦的通語；'瘦'是漢以後的通語。"③汪維輝進一步指出："跟'肥'相對的詞，上古主要是'瘠'（字又作膌）和'臞'（先秦寫作臞），今天則是'瘦'。'瘦'

---

① 華學誠：《周秦漢晉方言研究史》（修訂本），復旦大學出版社2007年版，第159頁。
② 《廣雅·釋詁》："嬴、娃、嫷、姚、娧、窈、窕、妦、妍、妧、媌、嫽、嫷、鮮、釟、嫽、姣、姝、婗、姼、嬖，好也。"合《方言》數條爲一，而均以"好"爲訓，不分"好也"、"美也"，亦可見{好}、{美}爲通語中之同義詞。
③ 王鳳陽：《古辭辨》，吉林文史出版社1993年版，第789頁。

取代'瘠'、'癯'的時間不會晚於東漢中後期。""'瘠'（膌）最古老，也最常用。""'臞'和'瘦'則到戰國末期才出現，'臞'的用例多於'瘦'。""'瘠'應該是上古漢語中歷史悠久的通語詞，出現頻率高，義項也多。……'臞'和'瘦'則詞義單一，開始時可能是方言詞。"① 從這些研究來看，{脙}在兩漢只作爲齊方言詞使用，與之相對應的通語詞不止一個，至少有{臞}、{膌（瘠）}這兩個同義詞。

由於本書主要對兩漢方言詞進行研究，因此在確定與方言詞相對應的通語詞時主要參考《方言》和《說文》的訓釋，通語中可能存在的同義詞無法一一羅列。我們在附錄表格中只根據《方言》和《說文》列出基本的對應通語詞。

4. 詞與非詞的對應

表達同一概念意義，在不同的語言系統中可以使用詞、短語等不同的語言單位。與某一方言詞表達同一概念意義的語言單位在通語中可能是詞，也可能是短語。

（1）與方言詞對應的是通語中的詞，如：

《說文·豕部》："豛，上谷名豬豝。从豕役省聲。"{豛}——{豬}

《說文·田部》："阭，境也。一曰陌也。趙魏謂陌爲阭。从田元聲。"{阭}——{陌}

《方言》1.06：憮、㤁、憐、牟、愛也。韓鄭曰憮，晉衛曰㤁，汝潁之間曰憐，宋魯之間曰牟，或曰憐。憐，通語也。{憮}、{㤁}、{憐}、{牟}——{憐}

《方言》1.09：悼、惄、悴、憖，傷也。自關而東汝潁陳楚之間通語也。汝謂之惄，秦謂之悼，宋謂之悴，楚潁之間謂之憖。{惄}、{悼}、{悴}、{憖}——{傷}

（2）與方言詞對應的不是通語中的詞，如：

《說文·茻部》："莽，南昌謂犬善逐莵艸中爲莽。从犬从茻，茻亦聲。"{莽}——×

《說文·穴部》："窳，北方謂地空因以爲土穴爲窳戶。从穴皿聲。讀若猛。"{窳戶}——×

《方言》3.51：斟，益也。南楚凡相益而又少謂之不斟。凡病少愈而加劇亦謂之不斟，或謂之何斟。{不斟}——×；{何斟}——×

《方言》10.05：誺，不知也。沅澧之間凡相問而不知答曰誺，使之而不肯答曰吉。秕，不知也。{誺}——×；{吉}——×

綜上所析，在整理兩漢方言詞的過程中，根據《說文》、《方言》對方言詞及其與通語詞對應關係的揭示，參考兩漢的訓詁材料，結合文獻測查和前人的相關研究，我們

---

① 汪維輝：《東漢—隋常用詞演變研究》，南京大學出版社2000年版，第330~331頁。

便可以爲方言詞找到對應的通語詞（當然，有部分方言詞沒有對應的通語詞），以形成詞對①，爲後文的比較和討論作準備。

通過判定和整理，我們總共從《方言》和《説文》中提取有明確地域使用説明的兩漢方言詞1 228個，共計539組。

第四節　研究目標與價值預期

一、研究目標

本書主要借鑒漢語詞彙史及方言學研究的相關思路和方法，以《方言》和《説文》所揭方言詞爲對象，對兩漢方言詞進行多角度的研究。研究所要達到的目標主要有：

全面收集和整理《方言》和《説文》中的有明確地域使用説明的兩漢方言詞，以表達同一義位爲標準對這些方言詞進行類聚；考察兩漢方言詞的地域分布情況及其意義範疇、詞性類別和音節結構的構成狀況，展現兩漢方言詞的基本面貌；結合傳世文獻考察兩漢方言詞的歷史來源；分析兩漢方言同義詞項之間的對應關係；探討同義異形對應詞的語音差異和語素差異；考察兩漢方言詞在書面語中的歷史發展及其對通語的影響；通過兩漢秦晉方言詞與通語詞的比較，探討先秦兩漢通語的方言基礎。

二、價值預期

漢語史研究是漢語發展歷史及規律的研究。漢語方言是漢語歷史發展過程中形成的地域性變體。與漢語方言對應的是漢語共同語，它是漢語發展過程中以某一方言爲基礎逐漸形成的。漢語方言與漢語共同語有着同樣悠久的歷史，它們都是漢語史研究的重要內容。本書以兩漢方言詞作爲研究對象，屬於漢語詞彙史和漢語方言史研究範疇。

現有的漢語史研究主要是對漢語共同語語音、詞彙、語法等基本要素發展歷史的研

---

① 通過對兩漢方言詞的整理，我們最終得到的是表達同一義項的一組組方言詞和通語詞的類聚。儘管它們表達的意義基本相同，但是它們分別屬於不同的語言交際系統，因此，我們不將其稱爲同義詞，而將其稱作對應詞。石安石："同義詞是同一語言或方言的詞彙系統中的現象；不同語言或方言間在語義上對應的詞不宜稱爲同義詞。……無妨叫做語言或方言間的語義對應詞。"（石安石：《語義論》，商務印書館2005年版，第94~95頁）

究，對歷史方言以及歷史方言與歷史共同語關係的探討還相對不足。本書對兩漢方言詞的系統研究具有以下幾方面的價值：

（一）漢語詞彙史研究價值

《方言》是我國第一部比較方言詞彙著作，《說文》中也記錄了可靠的方言詞。對《方言》和《說文》中的方言詞進行全面研究，有助於拓展漢語詞彙史的研究範圍。本書以兩漢方言詞爲研究對象，通過對《方言》、《說文》方言詞的全面收集和整理，可以了解兩漢方言詞的基本狀況，進而探討方言之間以及方言與通語之間的差異；對方言詞的歷史來源、使用狀況的考察，有助於了解漢語詞彙的歷史構成，以及方言詞與通語詞彙之間的互動。

同義詞研究是當前漢語詞彙史研究的一個熱點。方言詞進入通語與原來的對應詞形成同義關係是漢語同義詞產生的重要原因。現有的同義詞研究主要是專書同義詞研究，對因吸收融合方言詞而產生同義現象的討論還較爲零散。本書對兩漢方言詞與通語詞同義對應關係的全面考察，有助於加深對這類同義詞的認識。

方言詞是漢語新詞的重要來源之一，"從某種意義上說，漢語常用詞在歷史上的新舊更替，就是方言詞跟方言詞或方言詞跟通語詞之間此消彼長的結果"。"古代漢語的方言問題在漢語史研究中向來是一個老大難問題，在常用詞演變研究中也不例外。歷史上每個時期的常用詞都存在着方言差別，這一點應該是可以肯定的；但這種差別具體表現在什麼地方，一個詞在某一時期流行的地域究竟有多廣，它的消長情況又是怎樣的，這些都是不好回答的問題。……這個問題的深入有賴於現代漢語方言研究和漢語方言史研究的全面推進。"① 本書的研究能夠加深我們對方言詞進入通語的認識，能夠爲漢語詞彙的更替、方言詞及其與通語詞之間的彼此消長提供一些具體的語言實例。

（二）方言史及通語史研究價值

《方言》和《說文》中保存着大量有確切地域分布的方言詞，這些方言詞是我們研究兩漢方言和漢語方言史的可靠材料。由於有關兩漢方言語音和語法的文獻記載較少，所以兩漢方言的地理區劃主要以方言的地域分布爲依據。從林語堂開始就不斷有學者從事這一工作，取得了一些基本結論，同時也存在諸多分歧。兩漢方言地理研究的深入同樣有待對兩漢方言詞的全面研究。松江崇在對"漢代方言中的斷絕性與連續性"進行統計時指出："由於在《方言》中漢字和方言詞彙之間的關係較爲複雜，所以只從漢字

---

① 汪維輝：《東漢—隋常用詞演變研究》，南京大學出版社2000年版，第401頁、第409~410頁。

字面上看難以準確地測量相鄰地區之間在語言上的距離。比如，同一條文中出現了用不同漢字表示幾個方言詞彙時，難以確定漢字和方言詞彙之間的具體關係屬於以下哪種情況：一、用不同漢字表示的幾個方言詞彙之間互相沒有任何詞源上的關係；二、用不同漢字表示的幾個方言詞彙之間有直接或間接的派生關係（第二種情況包括方言詞彙因'民間語源'等現象而產生不規律的語音變化的情況）；三、用不同漢字表示的幾個方言詞彙可視爲同一個詞彙，漢字的不同只反映出其在各地區中的音韵系統的不同。按理說，應該先區別第一種情況與第二種、第三種情況；可能的話，最好是把第二種和第三種情況也區別開來，然後再進行測量。"① 本書將努力釐清方言詞與所用記錄文字的關係，區分方言間的語音差異和語素差異，通過理論上的討論和材料上的辨析，盡量區別松江崇所講的三種不同情況，爲兩漢方言區劃的進一步深入提供可靠的詞彙材料。

"對於方言之間的相互影響、滲透，除了從方言地名的並舉以及歷史文化等方面去研究外，還應當從具體的方言詞語入手，一個詞一個詞地仔細進行研究，才能得出具體可靠的結論。"② 本書通過對兩漢方言詞在先秦兩漢文獻中的使用情況的測查來考察兩漢方言詞的歷史來源，通過秦晉方言詞與通語詞及周洛方言詞的對比分析來探討兩漢方言與先秦兩漢通語的關係，有助於加深我們對漢語歷史方言與歷史共同語關係的認識。

（三）漢語語音史研究價值

清代以來，漢語語音史的研究取得了許多可喜的成就，同時也在不斷尋求深入開拓的思路。從"三點一綫式"、"九點一綫式"到"散點多綫式"的研究框架，從專注縱斷面的直綫分期研究到關注橫斷面的歷史分區研究③，漢語語音史越來越重視對某一歷史時期語音狀況的分區研究，越來越重視對不同歷史時期的方言語音研究。從關注傳世文獻中體現方音特點的韵語，到以作家籍貫爲標準的分區歸納，再到利用出土文獻的諧聲通假，各歷史時期漢語方音的研究已成爲語音史研究的重要課題。兩漢方言詞中的"轉語"，特別是《方言》中的"標音材料"是兩漢方音研究的重要材料。本書通過分辨方言同義異形對應詞之間的語音差異和語素差異，討論與語音差異即"標音材料"判定和選取相關的問題，能夠爲更好地利用方言同義對應詞之間的語音差異開展歷史方音的研究提供借鑒。

---

① [日] 松江崇：《漢代方言中的同言綫束——也談根據〈方言〉的方言區劃論》，載《揚雄方言校釋匯證》（下册），中華書局2006年版，第1524~1525頁。
② 李恕豪：《揚雄〈方言〉與方言地理學研究·後記》，載《揚雄〈方言〉與方言地理學研究》，巴蜀書社2003年版。
③ 何九盈：《漢語語音通史框架研究》，載《民俗典籍文字研究》2003年第1輯。

第一章　兩漢方言詞的分布、構成及來源

第一節　兩漢方言詞的分布與構成

一、兩漢方言詞的地域分布

（一）兩漢方言區劃與地名標示語

1. 兩漢方言的整體區劃

本書對兩漢方言詞的判定主要借助《方言》和《說文》對方言詞地域分布的說明。這些說明指明了方言詞的使用區域，是方言詞之間及其與通語詞相互區別的重要標誌。因此，全面考察兩漢方言詞的地域分布情況，盡可能明確各方言詞使用的區域，是方言詞研究的基礎。

《方言》和《說文》中用來標示方言詞分布區域的地名系統是相當複雜的。其中既有古方國名、漢代郡名、國名、縣名、邑名等行政區劃名，又有古代州名、山嶽名、水名等自然地理名。古代方國郡縣的界域由於戰爭或中央政府的廢置而時常變化，有些具體地名的位置由於歷史久遠、古代地理圖志水平的局限也衆說紛紜，此外還有相當一部分區域範圍模糊的地名標示無法確切定位。爲了進一步研究的需要，有必要將這些紛繁複雜的地名標示盡可能地確定到客觀的地理區域上。爲此，學者們傾注了較多的力量，並取得了相當的成果。有關兩漢方言詞區域分布和方言區劃，本書主要參考李恕豪《揚

雄〈方言〉與方言地理學研究》中的研究成果①。根據李恕豪的研究，我們將有明確使用區域標示的兩漢方言詞分列到以下12個方言區的28個次方言區中：

（1）秦晉方言區：秦、晉、梁益；

（2）周韓鄭方言區：周、韓、鄭；

（3）趙魏方言區：趙、魏；

（4）衛宋方言區：衛、宋；

（5）齊魯方言區：齊、魯；

（6）東齊海岱方言區：東齊、海岱；

（7）燕代方言區：燕、代；

（8）北燕朝鮮方言區：北燕、朝鮮；

（9）楚方言區：楚郢、北楚、江淮；

（10）南楚方言區：江湘、沅澧、九嶷湘潭；

（11）南越方言區；

（12）吳越方言區：吳、越、甌。

2. 地名標示的處理

《方言》、《說文》中方言詞的地名標示與上列次方言區相同的可直接歸入相應的次方言區域。另外還有相當部分的地名標示需要結合歷史地理的實際，轉換成相對應的次方言區區域。這一工作主要參考：周祖謨《方言校箋》所附"方言地名簡要圖"，丁啓陣《秦漢方言》"關於地名的轉換說明"②，李恕豪《揚雄〈方言〉與方言地理學研究》③，嚴耕望《揚雄所記先秦方言地理區》④，華學誠《揚雄方言校釋匯證》下冊"《方言》地理名詞釋"⑤，松江崇《揚雄〈方言〉逐條地圖集》，以及其他相關的史地研究論文⑥。

在進行具體轉換處理的過程中有以下幾點需要進一步說明：

---

① 參見李恕豪《揚雄〈方言〉與方言地理學研究》"兩漢方言區劃研究概況"部分，巴蜀書社2003年版。
② 丁啓陣：《秦漢方言》，東方出版社1991年版，第15~27頁。
③ 李恕豪《揚雄〈方言〉與方言地理學研究》第三章"《方言》中的地名研究"及第四到十五章介紹各方言區各章中有關地名標示歸屬的說明。
④ 嚴耕望：《嚴耕望史學論文選集》（上），中華書局2006年版，第60~79頁。
⑤ 華學誠：《揚雄方言校釋匯證》（下冊），中華書局2006年版，第1001~1031頁。
⑥ 邢義田：《試釋漢代的關東、關西與山東、山西》，載《秦漢史論稿》，東大圖書股份有限公司1987年版；勞榦：《關於'關東'及關西的討論》，載《古代中國的歷史與文化》，中華書局2006年版，第131~133頁；辛德勇：《漢武帝徙民會稽史事證釋》，載《歷史研究》2005年第1期，等等。

（1）《方言》、《說文》標示"某某之間"的，視同"某某"地區①。

（2）"自關而東"（"自山而東"）、"自關而西"（"自山而西"）後接"某某之間"的，視同"某某之間"②。

（3）獨用"自關而東"（"自山而東"）的，根據同一條目中所列舉方言詞分布區域的對立情況作具體處理：

A. "自關而東"（"自山而東"）在同一條目中未與任何地名或者只與"自關而西"（"關西"、"自山而西"、"自關之西"、"秦晉"、"秦晉之間"等）對舉時，該方言詞的分布區域定爲關東（山東）的周鄭韓、趙魏、宋衛、齊魯、楚。

B. "自關而東"（"自山而東"）在同一條目中如果與其他關東地區的地名對舉，則該方言詞的分布在晉、周鄭韓、趙魏、宋衛、齊魯、楚區域的基礎上，排除對舉的關東區域。如：《方言》3.13："逞、曉、恔、苦，快也。自關而東或曰曉，或曰逞。江淮陳楚之間曰逞。宋鄭周洛韓魏之間曰苦。東齊海岱之間曰恔。自關而西曰快。"該條目中"自關而東"與"江淮陳楚"、"宋鄭周洛韓魏"、"東齊海岱"、"自關而西"對舉，因此，此處"自關而東"所包括的具體區域要相應地扣除廣義"關東"（包括"周鄭韓、趙魏、宋衛、齊魯、楚"）中的"江淮陳楚"、"宋鄭周洛韓魏"，只標列於"趙""衛""齊""魯"次方言區下。

（4）"自關而西"（"關西"、"自山而西"）獨用時，該方言詞的分布區域定爲秦、晉③。

---

① 丁啓陣認爲："'之間'本意應該是指交接處、交界。《方言》用語不會有那麼精確，一種語言現象也不會只存在於很窄小的地帶上。所以，這'之間'應指相鄰的一片方圓內。"（丁啓陣：《秦漢方言》，東方出版社1991年版，第15頁）嚴耕望認爲："《方言》標地，常云'某某之間'凡數百見，義謂某某地區，如'秦晉之間'，即謂秦晉地區，非謂秦晉兩國接境地區。至於'秦晉梁益之間''陳魏宋楚之間'更非接境地區，屬意尤顯。"（嚴耕望：《揚雄所記先秦方言地理區》載《嚴耕望史學論文選集》，中華書局2006年版，第62~63頁。）《方言》中標示"某某之間"的，《說文》或直接稱"某某"。如：《方言》1.29{摣}（"拾取"義）標示"陳宋之間"，《說文·手部》："拓，拾也。陳宋語。……摣，拓或从庶。"；《方言》3.02{倩}（"女婿"義）標示"東齊之間"，《說文·人部》："倩，人字。……東齊壻謂之倩。"亦可佐證嚴氏之說。因此，本書採用嚴耕望的意見。
② 李恕豪：《揚雄〈方言〉與方言地理學研究》，巴蜀書社2003年版，第63~64頁。
③ 李恕豪："關西無疑屬於秦，也可以包括晉的一部分，即黃河轉彎處的河曲一帶。問題在於，關西和秦在地域上是否完全一致。我們認爲關西祇是戰國時秦國的一個部分，與《禹貢》中的雍州相當，不包括南邊的梁益地區在內。"（李恕豪：《揚雄〈方言〉與方言地理學研究》，巴蜀書社2003年版，第62頁）"關西和'自山而西'的單獨出現，說明這些詞語一般祇是在秦方言中使用，晉方言一般不使用。"附注中又說："關西也可能包括晉的一部分，即黃河在今晉、陝、豫之間轉彎處的河曲地區。"（李恕豪：《揚雄〈方言〉與方言地理學研究》，巴蜀書社2003年版，第78頁）可見他對於"自關而西（關西）"獨舉時是否包括晉（《方言》中晉有與趙魏並舉的情況，因此，晉不包括趙魏韓。李恕豪認爲《方言》中凡是提到晉時，一般都指以今山西西南爲中心的比較狹小的地區，即漢代河東郡及周圍的地區。）在內並沒有十分確定的意見。本書以"自關而西（關西、自山而西）"獨舉時包括晉在內。

（5）"關之東西"、"自關東西"、"自關而東西"、"關東西"、"關西關東"、"自山之東西"，定爲"以函谷關爲中心的東西兩側，大致包括關西的全部地區和關東的周、鄭、韓一帶"①。

（6）《說文》標示方言詞分布區域所用地名與《方言》相同的，參照上文相關說明，轉換爲相應的次方言區。此外，還有相當一部分地名未見用於《方言》，其中主要是漢代的郡縣名。這一部分地名參考《中國歷史地名辭典》②及《簡明中國歷史地圖集》③確定其所在的次方言區。

《說文》中還經常使用"江南"、"東方"、"西方"、"南方"、"北方"等方位地名來標示方言詞的使用區域。對於這些地名本書作如下處理：

A. 江南

《說文·彡部》："鬄，髮兒。从彡爾聲，讀若江南謂酢母爲鬄。"段注："此江南之方言也。漢之江南謂豫章、長沙二郡。"又《說文·艸部》："芺，艸也，味苦，江南食以下气。"段注："漢人謂豫章、長沙爲江南。"依照段玉裁的意見，我們將《說文》中的"江南"確定爲漢代的"豫章、長沙二郡"，參考《中國歷史地名辭典》及《簡明中國歷史地圖集》進一步確定漢代"豫章、長沙二郡"所對應的大致爲"江湘"、"沅澧"次方言區。

B. 東西南北四方

西漢曾分全國爲司隸部、兗州刺史部、豫州刺史部、青州刺史部、徐州刺史部、并州刺史部、冀州刺史部、幽州刺史部、荊州刺史部、揚州刺史部、益州刺史部、涼州刺史部、朔方刺史部、交阯刺史部十四個監察吏治的部。王莽時改十四部爲十二州，後將朔方部並入并州部，改稱交阯部爲交州部，分全國爲十三州（部）④。許慎在《說文》中所使用的"東方"、"西方"、"南方"、"北方"是相對於"中"而言的。所謂的"中"應該是兩漢東西二都所在及周邊地區，即東漢的司隸和豫州地區。參考先秦兩漢典籍的相關文獻，我們將漢代十三州（部）的方位作如下處理，並將各方位地名所對應的次方言區分列如下：

---

① 李恕豪："《方言》中'自關東西'、'自關而東西'、'關之東西'、'關西關東'、'關東西'所代表的地區是一致的，一共出現13次，都不與其他地名並舉。'（自）山之東西'與上述地區相同，都是指以函谷關爲中心的東西兩側，大致包括關西的全部地區和關東的周、鄭、韓一帶。"（李恕豪：《揚雄〈方言〉與方言地理學研究》，巴蜀書社2003年版，第64頁）
② 復旦大學歷史地理研究所編：《中國歷史地名辭典》，江西教育出版社1986年版。
③ 中國社會科學院主辦，譚其驤主編：《簡明中國歷史地圖集》，中國地圖出版社1991年版。
④ 中國社會科學院主辦，譚其驤主編：《簡明中國歷史地圖集》"西漢時期圖說"及"東漢時期圖說"。

中部：司隸、豫州①——周、鄭、韓、衛、魏、晉

東方：青州、徐州、兗州②——宋、齊、魯、東齊、海岱

西方：涼州、益州③——秦、梁益

南方：荊州、揚州、交州（交阯）④——楚、南楚，吳、越、南越、甌

北方：冀州、并州（朔方）、幽州⑤——趙、代、燕、北燕、朝鮮洌水

C. 匈奴

《說文·手部》："控，引也。从手空聲。《詩》曰：'控于大邦。'匈奴名引弓控弦。"段注："此引匈奴方語以證控、引一也。《漢書》於匈奴或言'引弓'，或言'控弦'，一也。"{控弦}爲匈奴方言詞，"匈奴"未在上文28個次方言區範圍之內，且僅一見，本書列表暫將其附於梁益方言下。

（二）兩漢方言詞的地域分布

結合上文有關方言詞判定整理及地域分布的相關討論，我們將納入本書研究範圍的兩漢方言詞按照地域分布製成"兩漢方言詞區域分布表"（見"附錄一"）。以該表爲基礎，我們對各方言區方言詞的數量進行統計。統計以詞項爲單位，凡在兩漢方言詞區域分布表中分屬不同橫行的詞項，不論同形與否均作不同的詞項計算。表1.1是我們統計得到的兩漢各方言區方言詞的數量及其比重。

表 1.1

序號	方言區域	詞量	比重	序號	方言區域	詞量	比重
1	秦	291	8.21%	8	齊	164	4.63%
2	北楚	288	8.13%	9	魏	155	4.37%
3	江淮	274	7.73%	10	沅澧	155	4.37%
4	楚郢	269	7.59%	11	九嶷湘潭	130	3.67%
5	晉	266	7.51%	12	周	123	3.47%
6	江湘	179	5.05%	13	趙	116	3.27%
7	宋	168	4.74%	14	鄭	113	3.19%

---

① 《釋名·釋州國》："豫州地在九州之中，京師東都所在，常安豫也。"
② 《釋名·釋州國》："青州在東，取物生而青也。州，注也，郡國所注仰也。"《周禮·夏官·職方氏》："正東曰青州。"《爾雅·釋地》："濟東曰徐州。"《周禮·夏官·職方氏》："河東曰兗州。"《呂氏春秋·有始覽》："河、濟之間爲兗州，衛也。"
③ 《釋名·釋州國》："涼州，西方所在寒涼也。"《周禮·夏官·職方氏》："正西曰雍州。"
④ 《周禮·夏官·職方氏》："東南曰揚州。""正南曰荊州。"《爾雅·釋地》："漢南曰荊州，江南曰揚州。"
⑤ 《說文解字》："冀，北方州也，北方名冀，因而以名其州也。"《釋名·釋州國》："幽州，在北幽昧之地也。"《周禮·夏官·職方氏》："乃辨九州之國……正北曰并州，其山鎮曰恒山。"

續表

序號	方言區域	詞量	比重	序號	方言區域	詞量	比重
15	魯	108	3.05%	23	梁益	44	1.24%
16	衛	106	2.99%	24	朝鮮洌水	40	1.13%
17	韓	101	2.85%	25	南越	36	1.02%
18	東齊	100	2.82%	26	燕	31	0.87%
19	吳	76	2.15%	27	代	16	0.45%
20	北燕	66	1.86%	28	甌	8	0.23%
21	海岱	64	1.81%	合計		3 543	1
22	越	56	1.58%				

綜合上表的統計數據和"兩漢方言詞區域分布表",可以看到兩漢方言詞的地域分布主要有以下兩個特點:

1. 各方言區方言詞數量不平衡

就上表統計數據來看,我們收集整理得到的兩漢各方言區域方言詞項的數量參差不齊。其中秦、北楚、江淮、楚郢、晉等地區的方言詞項數量較多,均占到總數量的7%以上。而燕、代、甌等地區的方言詞項較少,所占比重均不到1%。各方言地區方言詞項數量的不平衡可能有兩個方面的原因:

第一,《方言》及《說文》所收方言詞材料的來源有限。揚雄和許慎所收方言詞材料的來源主要有兩個。其一是前代留存下來的方言調查記錄。揚雄繼承了嚴君平、林閭翁孺掌握的部分方言資料[①]。此外,周秦的一些輶軒奏籍可能還收藏於"石室",揚雄曾"得觀書於石室"[②],許慎"嘗校書東觀,得窺祕籍"[③]。他們都有機會接觸並利用一些有關方言記載的文獻。其二是兩人各自方言調查所得。揚雄《答劉歆書》:"故天下上計孝廉及內郡衛卒會者,雄常把三寸弱翰,齎油素四尺,以問其異語,歸即以鉛摘次之于槧,二十七歲于今矣。而語言或交錯相反,方復論思,詳悉集之,燕其疑。"這是他親自從事方言調查的具體工作。而許慎在作《說文》時,"旁咨博訪"[④],在他所記錄的方言材料中,有許多方言詞的使用地域是具體到漢代郡縣的,還有一些方言詞是

---

① 揚雄《答劉歆書》:"嘗聞先代輶軒之使奏籍之書皆藏於周秦之室。及其破也,遺棄無見之者。獨蜀人有嚴君平、臨邛林閭翁孺者,深好訓詁,猶見輶軒之使所奏言。翁孺與雄外家牽連之親,又君平過誤,有以私遇,少而與雄也,君平財有千言耳。翁孺梗概之法略有。"

② 揚雄:《答劉歆書》,載《揚雄集校注》,上海古籍出版社1993年版,第264頁。

③ 馬宗霍:《說文解字引方言考·序》,《說文解字引方言考》,科學出版社1959年版。

④ 馬宗霍:《說文解字引方言考·序》,《說文解字引方言考》,科學出版社1959年版。

許慎自己所熟悉的汝南方言詞。這些都是他引證方言詞時經過了自己的調查和核實的明證。這兩個材料來源導致了方言詞收集和調查的局限性。揚雄和許慎所能繼承的前人方言調查資料是十分有限的，而自身的方言調查又不是像"輶軒使者"那樣周遊各地實地採風，而只是向經過首都長安的各地"上計孝廉"和"內郡衛卒"咨詢調查。這種調查不能不受到各地前往或途經首都長安的人員數量的限制。方言調查與各地同首都長安之間的人員流動密切相關。可以肯定的是，與首都距離較近的地區人員流動較爲頻繁，可供調查的對象較多，所記方言詞也就比較詳細。相反，有些邊遠地區與首都的人員交流稀少，可供調查的對象就十分有限，所記的方言詞也就相應較少。揚雄對以長安爲中心的秦晉方言比較熟悉，因此所揭示的秦晉方言詞數量較多；而許慎在《說文》中對汝南地區方言詞的較多揭示也與其出身有關。

第二，不同方言區域與通語的方言差異程度不同。不同方言區域所記錄的方言詞數量參差，除了與材料來源和實際調查的局限有關外，還可能和不同地區方言與通語之間的詞彙差異程度不同有關。"北楚"、"江淮"、"楚郢"和"江湘"是除"秦"、"晉"之外記錄方言詞最多的地區，這與楚地方言和當時通語之間的差異是密切相關的。楚方言是先秦時期比較有特色的方言之一。《荀子·儒效》："居楚而楚，居越而越，居夏而夏，非天性也，積靡使然也。"《荀子·榮辱》："越人安越，楚人安楚，君子安雅。是非知能材性然也，是注錯習俗之節異也。"可見，當時楚地的生活習俗、文化語言和中原地區有較大的差異。有的學者認爲早期楚方言是與華夏語不同的異族語言，後來經過和華夏語的交融成爲華夏語的一種方言。楚方言在發展的歷史過程中，由於所處的南方地區少數民族多，因此也可能吸收和融合了許多少數民族語言的詞語[①]。這些都使得楚方言在漢代與北方其他方言特別是通語存在較大的詞彙差異，這些詞彙差異在揚雄和許慎的方言調查中自然得到充分的反映。

2. 不同方言詞項的分布區域廣狹不一

從"兩漢方言詞區域分布表"中我們可以很明顯地看到，不同方言詞項在漢代的分布區域廣狹不一。有的方言詞只分布在某一個特定的地區，尤其是《說文》所揭示的方言詞有許多只能確定其在漢代某些郡縣中使用。而有些方言詞項的分布區域却很廣。如《方言》1.29中表"取"義的{撏}廣泛地使用於衞魯揚徐荆衡之郊等地區，《方言》2.14中表"寄"義的{庇}、{寓}則在"齊衞宋魯陳晉汝潁荆州江淮"等廣大地區使用。方言

[①] 李恕豪：《揚雄〈方言〉與方言地理學研究》，巴蜀書社2003年版，第167頁。

詞項使用區域的廣狹不一不僅反映了這些詞項在不同方言口語中通行狀況的差別，同時也是方言間關係疏密的一種表現。

二、兩漢方言詞的意義範疇

中國最早的詞語類聚始於《爾雅》。从類聚的標準來看，前三篇主要是根據詞義所作的同訓纂集，後十六篇主要是根據事物類別所作的分類纂集。《方言》的編纂，特別是《方言》的雅詁或部分取自《爾雅》，或在編纂體例上模仿《爾雅》。因此，雖然我們今天看到的還只是一個未定稿，但其每卷的主要內容已大概反映出揚雄類聚纂集的整體框架。前人參照《爾雅》各卷內容，對《方言》各卷的主要內容進行歸納，並作如下分類（如表1.2）：

表 1.2

	《方言》	《爾雅》
普通詞語	第1、2、3、6、7、10、12、13卷（動詞、形容詞、名詞等）	釋詁、釋言、釋訓
專有名詞	釋服制：第4卷	釋器
	釋器物：第5卷（器皿、傢具、農具）	釋器
	釋　獸：第8卷（飛鳥、走獸、家禽）	釋鳥、釋獸、釋畜
	釋　器：第9卷（車、船、兵器）	釋器
	釋　蟲：第11卷（昆蟲）	釋蟲

明代陳與郊借鑒《爾雅》以義類、物類分卷的原則，對《方言》進行重新的類聚，作《方言類聚》四卷。該書"取揚雄原本，依《爾雅》篇目分爲《釋詁》、《釋言》等十六門。別爲編次，使以類相聚。"①

根據物類或義類對方言詞進行分類比較符合《方言》編纂的基本體例，同時也可以將方言詞的分歧情況投射到相應的社會生活領域，以了解不同領域方言詞彙差異的情況。

不過，由於方言詞的意義較爲複雜，陳與郊在重新類聚時並沒有對各類方言詞的劃分標準做相應的說明和討論。方言詞義類、物類的歸屬時有矛盾。如：

《方言類聚》以"1.03 娥、𡠦，好也。秦曰娥，宋魏之間謂之𡠦，秦晉之間凡好而輕者謂之娥。自關而東河濟之間謂之媌，或謂之姣。趙魏燕代之間曰姝，或曰妦。自

---

① 永瑢等：《四庫全書總目》，中華書局1965年版，第371頁。《方言類聚》所分十六門爲：釋詁、釋言、釋人、釋衣、釋食、釋宮、釋器、釋兵、釋車、釋舟、釋水、釋土、釋草、釋獸、釋鳥、釋蟲。

關而西秦晉之故都曰忓。好，其通語也。"入"釋人"類；而母題同爲"好"的"2.01 鈔、嫽，好也。青徐海岱之間曰鈔，或謂之嫽。好，凡通語也。"、"10.08 娙、嬹、鮮，好也。南楚之外通語也。"則入"釋言"類。（今將2.01、10.08歸入"釋人"類）

《方言類聚》以"10.44 䁔、䀩、䀠、貼、占，伺視也。凡相竊視，南楚謂之䀠，或謂之䁔，或謂之貼，或謂之占，或謂之䀩。䀩，中夏語也。䀠，其通語也。自江而北謂之貼，或謂之覘。凡相候謂之占，占猶瞻也。"入"釋詁"類，而同爲看視類動作的"2.22 䁝、睇、睎、䁦，眄也。陳楚之間南楚之外曰睇，東齊青徐之間曰睎，吳揚江淮之間或曰䁝，或曰䁦，自關而西秦晉之間曰眄。"則入"釋人"類。（今將10.44、2.22歸入"釋人"類）

《方言類聚》以"11.13 蚍蜉，齊魯之間謂之蚼蟓，西南梁益之間謂之玄蚼，燕謂之蛾蛘。其場謂之坻，或謂之埮"入"釋蟲"類，而同樣是昆蟲之場的"10.24 埮、封，場也。楚郢以南蟻土謂之埮。埮，中齊語也"則入"釋詁"類。（今將11.13、10.24歸入"釋蟲"類）

另外，由於陳與郊類聚方言詞時是以條目爲單位，而不是以詞（詞項）爲單位，因此，有些條目中揚雄連類而及的其他義類的方言詞也被一並歸到了母題義類之下。如：

《方言類聚》以"6.34 厮、披，散也。東齊聲散曰厮，器破曰披。秦晉聲變曰厮，器破而不殊其音亦謂之厮，器破而未離謂之璺。南楚之間謂之㪣"入"釋器"類。但其中"東齊聲散曰厮"、"秦晉聲變曰厮"與器物無關，當與"6.13 厮、喑，噎也。楚曰厮；秦晉或曰喑，又曰噎"同入"釋人"類。

除了對上文談到的存在歸類矛盾的方言詞做相應調整外，我們主要參考陳與郊的類聚，將《方言》所揭方言詞歸入相應的類目。《說文》所揭方言詞參考《爾雅》、《廣雅》及《方言類聚》的分類情況，歸入相應的類目。最後我們統計得到以下數據（如表1.3）：

表 1.3

義類	釋言	釋器	釋人	釋蟲	釋衣	釋鳥	釋草	釋食	釋兵	釋車	釋獸	釋土	釋宮	釋舟	釋水	合計
數量	518	174	159	72	60	57	43	34	23	23	18	16	12	13	6	1 228
比重 %	42.18	14.17	12.95	5.86	4.89	4.64	3.50	2.77	1.87	1.87	1.47	1.30	0.98	1.06	0.49	100

從上表的數據來看，兩漢方言詞中普通詞語占多數（42.18%）。與人的活動相關的（釋人）以及與人的日常生活關係密切的器物、衣食類（釋器、釋衣、釋食）詞語所占

比重較大。此外,動物名稱(釋蟲、釋鳥、釋獸)和植物名稱(釋草)也占有一定的比重。這一方面說明當時的方言調查更多地關注與人們生活關係較爲密切的詞彙的差異,另一方面也顯示出動物和植物名稱在兩漢各方言間的差異。

三、兩漢方言詞的詞性類別

語法上所說的詞類,是指詞的語法分類,即根據詞的語法特點劃分出來的詞的類別。漢語詞類的劃分是一個老大難問題。詞類劃分到底應該以詞的意義、詞的形態,還是詞的語法功能爲標準,學術界有過幾次集中的討論,並達成了一些基本共識。"對漢語來說,比較現實的,是根據詞的語法功能來劃分詞類。這一點20世紀80年代以來已成爲大家的共識。"① 所謂"詞的語法功能"主要包括"詞充當句法成分的功能","詞跟詞結合的功能"以及"詞所具有的表示類作用的功能"三個方面。但這三個方面的功能對於我們判定兩漢方言詞的詞性類別來說操作性並不強。

首先,兩漢方言詞在句子中的使用我們只能通過傳世文獻來把握,而這些材料是很有限的,相當一部分方言詞根本無法找到文獻用例,因此也就無從談它們的句法成分功能以及跟其他詞結合的功能。其次,我們整理所得的兩漢方言詞中,具有"表示類作用的功能","如是否有指代功能,是否有計數功能,是否有擬聲功能,是否有連續功能等等"的詞語極少②,大量的詞語無法通過這一功能來判定它們的詞性類別。

因此,要想從詞性類別的角度對兩漢方言詞作基本分類,除了一些文例比較豐富的方言詞可以依據其語法功能來判定外,相當部分方言詞的詞類主要還要參考詞的意義來判定③。不過,前人的訓詁在對詞義進行說解的同時,也通過某些固定的用語來表明詞語所具有的某種類別屬性。如"××貌"可標示形容詞性詞語,"××者"可標示名詞性詞語,等等④。這樣的一些用語也可以幫助我們盡可能對兩漢方言詞作詞類

---

① 陸儉明:《關於漢語詞類的劃分》,載《語法研究入門》,商務印書館1999年版,第399頁。
② 陸儉明:《關於漢語詞類的劃分》,載《語法研究入門》,商務印書館1999年版,第400頁。
③ 王力:"所謂'詞彙·語法範疇'的理論,就是認爲我們在劃分詞類的時候,不但要重視結構方面(形態方面),而且要重視意義方面。應該把結構和意義看成一個有機的整體。"(王力:《關於詞類的劃分》,載《王力文集》第十六卷,山東教育出版社1990年版,第315頁)張斌:"許多語法書講到詞類的時候,總是說詞類是根據詞的意義和詞的語法特點來劃分的。意義是詞類的依據,或者說是基礎,但不是標準。……要重複說明的是,劃分詞類以功能爲標準,並不否認詞類有意義的依據。"(張斌:《現代漢語語法十講》,復旦大學出版社2005年版,第46頁)
④ 孫良明認爲:"漢人注釋書中表現出了詞的類別劃分,可看出漢人已有了詞的類別觀念。這種詞的類別劃分,主要不是靠什麼術語,而是在詞的不同訓釋方式中表現出來的。"(孫良明:《中國古代語法學探究》,商務印書館2002年版,第49~66頁)

判定。

参考殷國光《〈呂氏春秋〉詞類研究》的詞類劃分，我們將兩漢方言詞分爲11類，並分別進行統計（如表1.4）：

表 1.4

詞類	名詞	動詞	形容詞	副詞	嘆詞	數詞	量詞	代詞	介詞	連詞	助詞
數量	587	354	276	9	2	—	—	—	—	—	—
比重 %	47.80	28.83	22.48	0.73	0.16	—	—	—	—	—	—

需要注意的是，上表統計的兩漢方言詞各詞類數量及其所占比重並不代表兩漢某一區域方言所使用的詞語語法類別的構成，而是兩漢不同方言在各詞類上所存在的方言詞彙差異大小的反映。

從詞性類別來看，《方言》、《說文》所揭示的兩漢方言詞主要是名詞、動詞和形容詞，三者占總數的99.10%。此外有副詞9個[①]，嘆詞2個[②]。副詞和嘆詞都是比較特殊的詞類，應該歸屬於實詞還是虛詞，學術界有不同的意見和處理。不論作何種歸屬，我們都可以肯定兩漢方言詞的差異主要是實詞的差異。

在各類方言詞中，名詞數量最多，所占比重最大。這充分說明了方言間對事物命名指稱的差異。其中既有因命名理據不同而產生的同物異名，也有不同方言區對事物類屬詞項設置不同而導致的差異。具體情況後文再作討論。兩漢方言詞中，動詞和形容詞所占比重也均在20%以上，動詞差異略大於形容詞。從總體上看，這與現代漢語方言詞彙差異的狀況是基本一致的[③]。

所不同的是，現代漢語方言間"封閉性詞類（筆者按：包括時間詞、方位詞、稱謂詞、指代詞、量詞及各類虛詞）因爲常用，往往方言差異大，因而也多體現方言特徵"[④]。而《方言》、《說文》並沒有反映兩漢方言詞在代詞、量詞及其他虛詞詞類上的差異。出現這一情況可能有以下幾個方面的原因：

第一，從各詞類在漢語詞彙系統中的地位來看：代詞、量詞及其他虛詞是封閉性的詞類，成員數量較少，在整個詞彙系統中所占的比重較小。這些封閉性的詞類雖然數量

---

① 兩漢方言詞中的9個副詞是：7.08{僉}、{胥}；10.02{曾}、{嘗}、{何爲}；10.19{棄}、{突}；10.36{湘}12.120{獨}。
② 兩漢方言詞中的2個嘆詞是：10.42{欸}、{譬}。
③ 李如龍："根據《漢語方言詞彙》所反映的方言差異作初步考察，……非封閉性詞類中，方言差異最多的是人體名稱、動物名稱。……動詞和形容詞相比，動詞的方言差異多。"（李如龍：《論漢語方言特徵詞》，載《漢語方言的比較研究》，商務印書館2001年版，第114頁）
④ 李如龍：《論漢語方言特徵詞》，載《漢語方言的比較研究》，商務印書館2001年版，第114頁。

有限，但它們在具體的語言交際中扮演着重要角色，在不同歷史階段和不同漢語方言中都是常用的、較爲穩定的基本詞彙。王力認爲："在現代方言裏，單位詞（按：相當於本書所講的量詞）基本上是一致的。""漢語的數詞屬於基本詞彙之列，所以幾千年來很少變化。"① 由於數量封閉且常用、穩定，方言之間的差異相對較小，因此這些詞類的方言詞差異在《方言》、《說文》中沒有反映。

第二，從漢語詞類發展的歷史來看：這些詞類，特別是漢語的量詞和虛詞在漢語史上有一個逐漸發展的過程。以量詞爲例，"先秦時代是量詞的萌芽與發生階段，魏晉六朝時代可以說是量詞發展初熟階段，兩漢介在兩者之間，正是處於一種過渡時期。"② 漢語的虛詞有許多是從動詞、形容詞虛化而來的，虛化的過程需要經歷一定的時間。兩漢處在由上古漢語向中古漢語發展的轉折階段，許多新的語言現象正處在產生和發展的過程中，這些發展中的詞類在兩漢不同方言間的差異可能還沒有很充分地顯現出來。

第三，從虛詞本身的特徵來看：虛詞一般只有語法意義而沒有詞彙意義，虛詞的意義相對於實詞來說更難以把握。在方言調查的過程中，虛詞的差異一般通過言語材料的對比和辨別來提取，實詞的方言調查相對虛詞而言來得更爲直接。因此，揚雄、許慎及其之前的方言調查可能主要以意義比較實在的實詞爲主，對方言間虛詞的差異沒有太多的揭示。

四、兩漢方言詞的音節結構

從以單音節詞爲主體到以雙音節詞爲主體是漢語詞彙發展的重要趨勢和歷史事實。春秋戰國時期是漢語複音詞迅速發展的第一個時期③。兩漢方言詞有許多是古語詞在不同方言區域的留存，其中也包含一定數量的複音詞。通過整理測查兩漢方言詞中複音詞的數量和比重，對方言複音詞的結構進行分析和統計，可以爲漢語詞彙發展的研究提供數據參考，同時也有助於我們把握兩漢方言詞的特點及其所處的歷史地位。

對兩漢方言詞的音節結構類型進行分析，最爲困難的是雙音節單純詞和雙音節複合

---

① 王力：《漢語史稿》（修訂本），中華書局1980年版，第246、247頁。
② 黄盛璋：《兩漢時代的量詞》，載《中國語文》1961年第8期。
③ 郭錫良認爲："春秋戰國時期複音詞的數量增加很大，成爲漢語複音化迅速發展的第一個時期，此後結構構詞成了漢語構詞的主要方式。"（郭錫良：《先秦漢語構詞法的發展》，載《漢語史論集》（增補本），商務印書館2005年版，第165頁）

詞的區分,以及雙音節複合詞結構類型的判定①。參考前人的相關討論②,我們分析統計了兩漢1 228個方言詞的音節結構構成情況(如表1.5):

表 1.5

音節結構	單音節	雙音節					多音節
	單純詞	合成詞					
		偏正結構	聯合結構	動賓結構	重疊結構	偏正結構
數量	927	118	100	57	22	3	1
比重 %	75.49	9.61	8.14	4.64	1.79	0.24	0.08
	85.10	14.90					

　　從上表的數據來看,兩漢方言詞中單音節詞共有927個,占總數的75.49%;雙音節詞共300個,占總數的24.43%;四音節詞1個③,占總數的0.08%。雙音節詞中單純詞118個,占雙音節詞總數的39.33%;合成詞182個,占雙音節詞總數的60.67%。

　　從漢語複音詞發展的歷史來看,兩漢方言詞中複音詞占總數24.43%的比例相對於先秦其他主要典籍複音詞的比例來說並不算高④。當然,這兩方面的數據並不能簡單對比,畢竟我們統計的兩漢方言複音詞數量及其比重是跨越多種方言(包括通語的基礎方言)的,不能完全反映某一實際交際語言系統的單音詞和複音詞的客觀數量和比重。但我們認爲,揚雄和許慎揭示的這些複音詞在當時人們的交際中都應該是確切結合成詞的,相對於我們通過設置相關標準來判定上古漢語複音詞來說要切實可信一些。

　　從合成詞的結構類型來看,兩漢方言詞中偏正、聯合、動賓結構的複合詞數量較多,而未見有主謂、動補結構的複合詞以及附加式的合成詞。這一情況也是符合漢語複

---

① 現代學者在古漢語研究中經常使用"聯綿詞(字)"來指稱雙音節單純詞。李運富認爲:"古人歸納的和目前公認的'聯綿詞'中,有相當一部分並非一個語素,而是由兩個單音節語素組合而成的。……聯綿詞不全是單純詞,單純詞不能囊括聯綿詞。其實,單純詞和聯綿詞是從不同角度用不同的標準劃分的,它們可以交叉,但不能等同。'單純詞'是現代詞彙學上的分類,它跟'合成詞'對立;在這個體系裏,不應該有'聯綿詞'一類,因爲所有標稱過'聯綿詞'的語詞,都可以根據其語素構成情況分別歸屬於'單純詞'和'合成詞',它自身並不具備區別於這兩類詞的本質特徵,所以不能與之並列。'聯綿字'是傳統語文學中的術語,從它所指稱的事實來看,大致是與'單字'相對立的'複字'(也不完全等於現代語言學的'複音詞'),包括現代意義的部分合成詞和雙音節單純詞,在這個體系中,單純詞和合成詞是不分的。"因此,本書不使用傳統語言文字學術語"聯綿詞(字)",而是依據現代詞彙學的研究框架首先以構成方言詞的語素的數量劃分單純詞和複合詞,在此基礎上再分別考察單純詞和複音詞的音節數量以及複合詞的結構類型。
② 關於單純詞和複合詞的區分主要參考李運富的相關討論。(李運富:《王念孫父子的"連語"觀及其訓解實踐》(上、下),載《漢字漢語論稿》,學苑出版社2008年版,第270~296頁)
③ 四音節偏正結構合成詞爲9.01中的{鉤䦚鏝胡}(東齊秦晉之間,戟之曲者。郭注:"即今雞鳴,勾子戟也。")。
④ 伍宗文統計先秦主要典籍中的複音詞比例:《尚書》19.4%;《詩經》28.2%;《論語》22.2%;《左傳》28.3%;《墨子》33.6%;《孟子》29%;《莊子》38%;《商君書》33%;《荀子》36%;《韓非子》39.7%;《呂氏春秋》28.7%。(伍宗文:《先秦漢語複音詞研究》,巴蜀書社2001年版,第362頁)

音合成詞發展的歷史進程的。程湘清認爲:"在先秦運用詞序方法構成的雙音詞主要是聯合式和偏正式兩種結構形式的詞,另外有少數支配式、個別表達式,補充式則尚處在萌芽狀態。"①

從複音詞的詞類來看,雙音節單純詞中有名詞74個,形容詞34個,動詞10個。雙音節單純詞以名詞和形容詞爲主。雙音節合成詞中有名詞119個(偏正87,動賓18,聯合13,重疊1);動詞35個(聯合24個,偏正8個,動賓2,重疊1);形容詞27個(聯合20,偏正5,重疊1,動賓1);副詞1個(動賓)。偏正式的雙音合成詞主要是名詞性的,聯合式的合成詞以動詞性和形容詞性的居多。

第二節　兩漢方言詞的歷史來源

詞彙是語言中變化最快,受社會影響最大的要素系統。由於語言發展的不平衡性,不同方言區詞彙新陳代謝的速度和狀況也有所差別。有些方言較多地保留了前代漢語的詞彙要素,有些方言則更多地使用具有地域特色和反映詞彙發展趨勢的新詞語。不同方言還會在發展過程中吸收和借用周邊民族或方言的詞彙要素。從歷時的角度看,方言詞的歷史來源是不同的。

揚雄《方言》作爲我國"第一部比較方言詞彙"的著作,重視語言發展時空縱橫兩個方面。它以當時人民口中的活語言作爲研究對象,在橫的方面,對不同方言及其與通語的關係進行溝通,以通語釋方言,反映語言發展的空間狀況;在縱的方面,注意到古語詞在漢代各方言中的留存,以方言釋古語,反映語言發展的歷時狀況。

《方言》1.12:敦、豐、厖、夯、憮、般、嘏、奕、戎、京、奘、將,大也。凡物之大貌曰豐。厖,深之大也。東齊海岱之間曰夯,或曰憮。宋魯陳衛之間謂之嘏,或曰戎。秦晉之間凡物壯大謂之嘏,或曰夏。秦晉之間凡人之大謂之奘,或謂之壯。燕之北鄙、齊楚之郊或曰京,或曰將。皆古今語也。初別國不相往來之言也,今或同。而舊書雅記故俗,語不失其方。而後人不知,故爲之作釋也。

《方言》1.13:假、㐹、懷、摧、詹、戾、艐,至也。邠唐冀兗之間曰假,或曰㐹。齊楚之會郊或曰懷。摧、詹、戾,楚語也。艐,宋語也。皆古雅之別語也。今則或同。

---

① 程湘清:《漢語史專書複音詞研究》,商務印書館2003年版,第72頁。

周祖謨認爲"古今語"、"古雅之別語""都是古代不同的方言"①。華學誠認爲："這是從歷史角度考察時，揚雄所指出的語言生滅之際的古語的殘留，也就是所謂'絕代語'。"②李開在《〈方言〉總體結構及其對〈爾雅〉古今語的記述》一文中則從《方言》（主要是第一、二卷）與《爾雅》（主要是《爾雅·釋詁》）標題相同的部分入手，指出《方言》的編排條例是"古語詞——今語詞——古語留存於今方言或通語中的稱說"，揭示了揚雄在《方言》中以方言釋古語的歷時視角。所謂"古語"、"古雅之別語"，從時間上來看，是產生於《爾雅》編纂之前的相對於秦漢產生的新詞（包括通語詞和方言詞）而言的"古語"；從空間上來看，這些"古語"是存用於漢代不同方言區域的相對於漢代通語而言的"方言"。

李如龍指出："在歸納方言詞彙的特點時，人們首先注意到的往往是古詞語的沿用、方言的創新、外族語的借用，這都是方言詞彙的源流差異。沿用不同年代的古漢語詞彙或運用不同的漢語語素和構詞方式創新的方言詞，都是同屬漢語語源的流的差異；借用別族語言的語素或構詞方式構成的方言詞，這是源的差異。"③同樣是古語詞的沿用，"古詞語有不同的年代，沿用有不同的地域，這就造成了許多方言詞彙差異。""方言的創新"包括"把舊有的詞用來表示相關的新義"和"利用共同語的語素和構詞方式按不同的命名方法去構詞"兩種情況。前者是詞義的創新，後者則是詞形的創新。外族語的借用又可區分爲少數民族語詞的借用即"底層"現象和外來詞的借用。此後，李如龍又對方言詞彙的歷時分類作出一些調整，將原來"方言創新"中的詞義創新和詞形創新區分開，分別稱之爲"變異詞"和"創新詞"④。借鑒這一分類方法，我們可以結合傳世文獻考察兩漢方言詞的不同歷史來源。

一、承傳詞

"所謂承傳詞是從古代漢語直接承傳下來的，其中又包含着自古代通語承傳下來的和古代方言承傳下來的兩種。"⑤由於缺少相關的文獻記載，我們無法確定某個詞語在先秦是否爲方言詞。因此，對兩漢方言詞來說，區分古代通語承傳詞和古代方言承傳詞

---

① 周祖謨：《方言校箋·自序》，《方言校箋》，中華書局1993年版。
② 華學誠：《周秦漢晉方言研究史》（修訂本），復旦大學出版社2007年版，第93頁。
③ 李如龍：《論漢語方言的詞彙差異》，載《漢語方言論集》，北京語言文化大學出版社1997年版，第38~39頁。
④ 李如龍："從歷時的角度看紛繁複雜的方言詞彙，無非是承傳詞、變異詞、創新詞和借用詞四大類。"（李如龍：《漢語方言學》，高等教育出版社2001年版，第119頁）
⑤ 李如龍：《漢語方言學》，高等教育出版社2001年版，第119頁。

幾乎是無法實現的。不過，通過文獻的測查可以推斷漢代的某些方言詞可能是先秦時期某些地域方言詞的承傳。

楚方言是漢代方言中特色十分鮮明的一種。結合先秦楚地文獻的測查，我們可以發現漢代楚方言承傳了許多早期楚語詞①。例如：

{嫷}

《方言》2.03：娃、嫷、窕、豔，美也。吳楚衡淮之間曰娃，南楚之外曰嫷，宋衛晉鄭之間曰豔，陳楚周南之間曰窕。自關而西秦晉之間凡美色或謂之好，或謂之窕。

《說文·女部》："嫷，南楚之外謂好曰嫷。"

揚雄和許慎均以{嫷}爲漢代南楚之外的方言詞。在先秦文獻中{嫷}僅見於宋玉《神女賦》："嫷被服，侻薄裝。"李善注引《方言》："嫷，美也。"{嫷}很可能在戰國時期甚至更早的時候就已經是楚地方言詞，漢代南楚之外仍然承用。

{褋（襟）}

《方言》4.01：襌衣，江淮南楚之間謂之褋，關之東西謂之襌衣。

《說文·衣部》："褋，南楚謂襌衣曰褋。"

揚雄和許慎均以{褋}爲漢代南楚之間方言詞。在先秦文獻中{褋}僅見於《楚辭·九歌·湘夫人》："捐余袂兮江中，遺余褋兮澧浦。"{褋}很可能在戰國時期甚至更早的時候就已經是楚地方言詞，漢代江淮南楚之間仍然承用。

{諑}

《方言》10.15：諑，愬也。楚以南謂之諑。

{諑}在先秦文獻中僅見於《楚辭·離騷》："衆女嫉余之蛾眉兮，謠諑謂余以善淫。"王逸注："諑，猶譖也。"{諑}很可能是戰國時期甚至更早時候的楚方言詞，漢代楚以南仍然承用。

{翥}

《方言》10.22：翥，舉也。楚謂之翥。

{翥}在先秦文獻中僅見於《楚辭·遠游》："雌蜺便娟以增撓兮，鸞鳥軒翥而翔飛。"洪興祖補注："《方言》：翥，舉也。楚謂之翥。"{翥}很可能是戰國時期甚至更早時候的楚方言詞，漢代楚方言仍然承用。

---

① 周振鶴、游汝傑認爲《詩經》時代的楚地"很可能有民族和語言的混合"。"屈原所作的《楚辭》所使用的就很可能是當時當地混化了的語言。"（周振鶴、游汝傑：《方言與中國文化》（第二版），上海人民出版社2006年版，第74頁）

{芰}

《說文·艸部》："薢，芰也。从艸淩聲。楚謂之芰，秦謂之薢茩。"

{芰}在先秦文獻中見於《國語·楚語下》："屈到嗜芰，有疾，召其宗老而屬之。曰：'祭我必以芰。'"（韋昭注："芰，薢也。"）《楚辭·離騷》："製芰荷以爲衣兮，集芙蓉以为裳。"（王逸注："芰，薢也。秦人曰薢茩。"）及《楚辭·招魂》："芙蓉始发，杂芰荷些。"這三處使用都是在楚地文獻中[①]。可見，{芰}很可能是戰國時期甚至更早時候的楚方言詞，漢代楚方言仍然承用。

{閶闔}

《說文·門部》："閶，天門也。从門昌聲。楚人名門曰閶闔。"

{閶闔}在先秦文獻中僅見於《楚辭·离骚》："吾令帝閽開關兮，倚閶闔而望予。"王逸注："閶闔，天門也。"{閶闔}很可能是戰國時期甚至更早時候的楚方言詞，漢代楚方言仍然承用。

可以肯定的是，以上所舉只是漢代方言詞中古方言承傳詞的極小部分[②]。漢代各方言區的詞彙並不是在短暫的歷史時期內瞬間形成的，其中有許多詞語在漢代之前就可能是不同方言區使用的方言詞。只是就現有的材料來看，想要逐一確定漢代方言詞是否爲古方言詞是相當困難的。

在承傳詞中，有些承傳詞的本義即爲方言詞義，有些則是以承傳詞的引申義爲方言詞義。因此，又可以從詞義承傳的角度將其分爲本義承傳詞和引義承傳詞。

（1）本義承傳詞

{芡}

《方言》3.10：葰、芡，雞頭也。北燕謂之葰，青徐淮泗之間謂之芡，南楚江湘之間謂之雞頭，或謂之鴈頭，或謂之烏頭。

《說文·艸部》："芡，雞頭也。"《周禮·籩人》："加籩之實，菱芡栗脯。"鄭玄注："芡，雞頭也。"《呂氏春秋·恃君覽》："夏日則食菱芡，冬日則食橡栗。"高誘注："芡，雞頭也，一名鴈頭，生水中。"{芡}之本義爲"雞頭"，於先秦文獻中既已見用。青徐淮泗之間方言詞{芡}爲本義承傳詞。

---

① 《韓非子·難四》："或曰：屈到嗜芰，文王嗜菖蒲葅，非正味也，而二賢尚之，所味不必美。""屈到嗜芰"當爲轉引，{芰}同樣可以看作是當時的楚方言詞。

② 漢代王逸《楚辭章句》、宋代洪興祖《楚辭補注》，以及清代戴震的《屈原賦注》等注疏都注重對《楚辭》中方言詞的抉發和注解。李翹的《屈宋方言考》更是集大成之作，所考釋方言詞共計68個（據黃建榮統計），由此亦可見漢代方言中的古代方言承傳詞應該爲數不少。

{姣}、{姝}

《方言》1.03：娥、嬿，好也。秦曰娥，宋魏之間謂之嬿，秦晉之間凡好而輕者謂之娥。自關而東河濟之間謂之媌，或謂之姣。趙魏燕代之間曰姝，或曰妦。自關而西秦晉之故都曰妍。好，其通語也。

《說文·女部》："姣，好也。""姝，好也。"《孟子·告子上》："至於子都，天下莫不知其姣也。不知子都之姣者，無目者也。"朱熹《集注》："姣，好也。"《詩·邶風·靜女》："靜女其姝，俟我于城隅。"毛傳："姝，美色也。"{姣}、{姝}本義均爲"好（容貌美麗）"，於先秦文獻中既已見用。自關而東河濟之間方言詞{姣}及趙魏燕代之間方言詞{姝}爲本義承傳詞。

{躋}、{郅}

《方言》1.27：躡、郅、跂、格、躋、踚，登也。自關而西秦晉之間曰躡，東齊海岱之間謂之躋，魯衛曰郅，梁益之間曰格，或曰跂。

《說文·足部》："躋，登也。"《易·震》："躋于九陵。"孔穎達疏："躋，陞也。"《詩·豳風·七月》："朋酒斯饗，曰殺羔羊，躋彼公堂。"陸德明《釋文》："躋，陞也。"《說文·馬部》："騭，牡馬也。从馬陟聲。讀若郅。""騭"從"陟"得聲，"郅"與"陟"音近通假。《說文·𨸏部》："陟，登也。"《書·舜典》："三載，汝陟帝位。"孔傳："陟，陞也。"《詩·小雅·車舝》："陟彼高岡，析其柞薪。"鄭箋："陟，登也。"《爾雅·釋詁下》："騭、假、格、陟、躋、登，陞也。""登"、"陞"義通。東齊海岱之間方言詞{躋}及魯衛方言詞{郅}均爲本義承傳詞。

（2）引義承傳詞

{京}

《方言》1.12：敦、豐、厖、夆、幠、般、嘏、奕、戎、京、奘、將，大也。凡物之大貌曰豐。厖，深之大也。東齊海岱之間曰夆，或曰幠。宋魯陳衛之間謂之嘏，或曰戎。秦晉之間凡物壯大謂之嘏，或曰夏。秦晉之間凡人之大謂之奘，或謂之壯。燕之北鄙、齊楚之郊或曰京，或曰將。

《說文·京部》："京，人所爲絕高丘也。"《詩·小雅·甫田》："曾孫之庾，如坻如京。"毛傳："京，高丘也。"引申有"高大"義。《左傳·莊公二十二年》："八世之後，莫之與京。"孔穎達疏："莫之與京，謂無與之比大。"燕之北鄙、齊楚之郊方言詞{京}爲引義承傳詞。

{間}

《方言》3.52：差、間、知，愈也。南楚疾愈者謂之差，或謂之間，或謂之知，知，通語也。或謂之慧，或謂之憭，或謂之瘳，或謂之蠲，或謂之除。

《說文‧門部》："間，隙也。"《莊子‧養生主》："彼節者有間，而刀刃者無厚；以無厚者入有間，恢恢乎其於遊刃，必有餘地矣。"{間}本義爲"間隙"，引申有"間隔"、"間歇"等義，病情緩和好轉如事物之有間歇，故亦可稱{間}。《禮記‧文王世子》："旬有二月乃間。"鄭玄注："間，猶瘳也。"《論語‧子罕》："子疾病，子路使門人爲臣。病間，曰：'久矣哉！由之行詐也，無臣而爲有臣。吾誰欺？欺天乎？'"何晏《集解》引孔安國曰："少差曰間。"可見，南楚方言詞{間}爲引義承傳詞。

二、變異詞

"所謂變異詞是在傳承前代語詞之後意義或用法發生了較大的變異的方言詞。"[①]即從詞形上看，是歷史的承傳，但在意義和用法上却又顯示出其在某方言中使用時的特點。比較典型的是某些傳承自前代的詞語在方言中有特殊的詞義引申。

這種詞義引申的變異詞和上面所舉的引義承傳詞既有聯繫又有區別。兩者的共同之處在於，它們都是以引申義來充當方言詞義；不同之處在於，引義承傳詞的詞義引申發生在方言承傳之前，而變異詞的詞義引申則發生在方言承傳之後。也就是說，引義承傳詞是某一詞語在未成爲方言詞時就已經發生詞義引申，本義和引申義均爲不同方言區的人們所熟悉和使用；而變異詞的詞義引申是通語或其他方言中所未曾發生的。

要區分引義承傳詞和詞義引申變異詞，需要考察某一詞形的詞義發展和使用情況，同時還需要比較同一詞形在通語和不同方言間的詞義差異。對現代漢語方言詞彙的研究來說，這種區分有較强的可操作性。而對漢代方言詞研究來說，要區分二者就不得不受限於傳世文獻材料而變得更加困難。我們只能根據引申義在先秦兩漢文獻中的使用情況來對二者加以區別。如果引申義在先秦文獻中既已見用，基本上可以判斷其爲引義承傳詞；如果引申義在漢代及漢代以後的文獻中才見用（甚至除了字書、韻書的收錄之外未曾見用），那么我們就將其看作是引申變異詞。例如：

[①] 李如龍：《漢語方言學》，高等教育出版社2001年版，第121頁。

{躡}

《方言》1.27：躡、郅、跂、跻、踖、蹨、踚，登也。自關而西秦晉之間曰躡，東齊海岱之間謂之踖，魯衛曰郅，梁益之間曰跻，或曰跂。

《說文·足部》："躡，蹈也。"又"蹈，踐也。"{躡}之本義爲"踩踏、踐踏"。《戰國策·秦策四》："魏桓子肘韓康子，康子履魏桓子，躡其踵。"自關而西秦晉之間引申而有"登"義。司馬相如《封禪文》："然猶躡梁父，登泰山。"{躡}當是自關而西秦晉之間的方言變異詞。

{旋}

《方言》6.46：摳揄，旋也。秦晉凡作物樹藝早成熟謂之旋，燕齊之間謂之摳揄。

《說文·队部》："旋，周旋，旌旗之指麾也。"{旋}之本義爲"旋轉、轉動"《荀子·天論》："列星隨旋，日月遞炤。"引申有"回轉，回歸"義，又有"不久，隨即"義。《史記·扁鵲倉公列傳》："菑川王病……病旋已。"秦晉方言因謂"作物樹藝早成熟"曰{旋}[①]，{旋}在表達該意義時當爲方言變異詞。

{廓}

《方言》9.07：劍削，自河而北燕趙之間謂之室。自關而東或謂之廓，或謂之削。自關而西謂之鞞。

{廓}本義爲"寬大"。《詩·大雅·皇矣》："上帝耆之，憎其式廓。"毛傳："廓，大也。"《廣雅·釋器》："郭，劍削也。"王念孫《疏證》："郭與廓同。《釋名》云：'弩牙外曰郭，爲牙之規郭也。'義亦與劍郭同。"{郭}之本義爲"外城"，"外城"處於內城之外，較內城更爲開闊，因之引申而指事物的外框。{廓}與{郭}音近義通。內城之外圍可稱{郭}，劍之外鞘亦可稱{廓}。{廓}自關而東方言中引申而有"劍鞘"義，是方言變異詞。

三、創新詞

"所謂創新詞是各方言區在自己長期的社會生活中根據交際的需要新創造的方言詞。這類詞在以往的語言或文獻中很難找到用例。"[②] 創新詞是方言詞的重要組成部分，也是最能反映方言詞彙特色的部分。這種創新既包括爲某一概念意義創製的與通語或其他方言不同的詞形，同時也包括爲某些方言區人民所熟悉、所必需，而在通語或其

---

① 華學誠《校釋匯證》："作物樹藝早熟正涵快疾義，故稱'旋'。"
② 李如龍：《漢語方言學》，高等教育出版社2001年版，第122頁。

他方言中沒有的概念意義創製的詞形。

對於這些各方言區新創造的方言詞，我們也只能依據文獻使用情況的測查來判定。依照李如龍的界定，在漢代以前的文獻中未見用的方言詞，基本上可以看做是方言創新詞。不過，實際的情況要更為複雜，未見用於漢以前文獻的方言詞是否就是方言創新詞，還需要根據具體情況區別看待。

書面文獻是對不同歷史時期口語的文字記錄，但這種記錄不可能反映口語的方方面面。在語音方面，構意漢字無法反映不同歷史時期漢語口語語音的發展變化；在詞彙方面，數量可觀的文獻材料也無法表現不同歷史時期漢語口語詞彙的全部。有些詞語所表達的概念意義和記錄的事物對象沒有進入書面語記錄的範圍，因而也就無從在傳世的文獻中尋找到它們的用例。加上漢以前文獻散佚缺失比較嚴重，許多詞語的用例更是無從查尋。有些漢代方言詞承傳自漢以前的漢語方言，這些歷史悠久的方言詞可能因爲不是當時的通語而未見用於書面文獻。正如布龍菲爾德所說："文獻記載只給我們提供了說過的話語的極微小的一部分，而這微小部分所包括的幾乎總是很講究的雅語，避免了帶有新奇成分的說法。"①

對於兩漢方言創新詞的判定，我們可以借助其他方面的考察來儘量提高判斷的可靠性。通過整理，我們得到了表達同一意義的方言詞對，在尋找文獻用例時，不僅要關注單獨的某一個方言詞是否見用於先秦兩漢的文獻，而且要關注與之相對應的其他方言詞包括通語詞在文獻中的使用情況。如果方言詞對中的方言詞和與之相應的通語詞在漢以前的文獻中均未見用，那麼很可能是這些詞語所表達的概念意義和記錄的事物對象不是古人書面語文獻記錄的重點。我們很難確定這些未見用的方言詞是否爲方言創新詞。例如：

《方言》4.35：複襦，江湘之間謂之䘴，或謂之筒襖。

江湘之間方言詞{䘴}、{筒襖}及通語詞{複襦}均未見用於漢以前文獻。可能是這種"絮有絮綿的短袄"在漢代以前就已經很常見，這些不同的名稱也在日常口語中爲人們所習用，只是這種衣服並沒有成爲文獻記載的內容；或者是已有的文獻記載已經佚失。我們很難判斷江淮之間的方言詞{䘴}、{筒襖}到底是方言承傳詞還是方言創新詞。

《方言》13.159：䬴、䬳、䬧、䬼、䬾、䭃、䬻，餉也。自關而西秦晉之間曰䬴。晉

---

① ［美］布龍菲爾德：《語言論》，商務印書館1980年版，第545頁。

之舊都曰䵃。齊右河濟曰䴭，或曰䵶。北燕曰䵓。麴，其通語也。

《說文・麥部》："䴷，酒母也。""䴷"，《方言》作"麴"。{麴}爲通語詞，漢代方言或稱{䵃}、{䴭}、{䵶}、{䵓}等，諸詞均未見用於漢以前文獻。酒母爲釀酒所用之發酵物，中國的釀酒歷史悠久，不可能到漢代才使用，因此這些指稱酒母的詞語可能在先秦就已經產生，只是沒有被書面語所記錄。

相反地，如果通過測查發現同一方言詞對中有些方言詞或與之相應的通語詞較爲頻繁地見用於秦漢文獻，而另外一些方言詞却從未見用，那麼我們基本上可以確定這些方言詞所表達的概念意義和記錄的事物對象是古人書面語文獻記錄的重點，那些未曾見用的方言詞是方言創新詞的可能性是很大的。例如：

《方言》1.31：釗、薄，勉也。秦晉曰釗，或曰薄。故其鄙語曰薄努，猶勉努也。南楚之外曰薄努。自關而東周鄭之間曰勔釗，齊魯曰勖兹。

表"勸勉、勉勵"義，通語用{勉}，常見用於漢以前文獻。《禮記・月令》："周天下，勉諸侯，聘名士，禮賢者。"《左傳・宣公十二年》："王巡三軍，拊而勉之。"諸方言詞中，{釗}、{薄}見用於漢以前文獻。《爾雅・釋詁上》："釗、劭，勉也。"《管子・輕重戊》："父老歸而治生，丁壯者歸而薄業。"{薄努}、{勔釗}、{勖兹}等均未見用，我們大概可以判斷其爲方言創新詞。

《方言》11.16：鼅鼄，鼄蟊也。自關而西秦晉之間謂之鼄蟊。自關而東趙魏之郊謂之鼅鼄，或謂之蠾蝓。蠾蝓者，侏儒語之轉也。北燕朝鮮洌水之間謂之蝳蜍。

指稱"蜘蛛"的諸方言詞中，{鼅鼄}、{鼄蟊}見用於漢以前文獻。《爾雅・釋蟲》："蜘蛛，蛛蟊。"又："次蟗，蜘蛛。""土蜘蛛，草蜘蛛。"《呂氏春秋・孟冬紀》："昔蛛蟊作網罟，今之人學紓。"可見{蜘蛛}、{鼄蟊}應該是戰國時期已經使用的稱呼。其他方言詞{蠾蝓}、{蝳蜍}均未見用於漢以前典籍，大概可以判斷其爲方言創新詞。

僅僅依靠是否見用於漢代以前的文獻來判斷其是否爲創新詞，可能會與語言的客觀事實有出入。但我們暫時找不到更好的辦法和更多的材料來解釋這些方言詞的歷史來源，因此，本書主要還是依據是否見用於漢以前文獻來判定方言創新詞。

四、借用詞

承傳詞是對古漢語詞彙的繼承，變異詞是以古漢語詞彙爲基礎進行的詞義和用法的變異，創新詞是不同方言區有特色的漢語詞的創造。從源頭上講，它們都是來自歷史漢語的詞彙成分或者是利用漢語構詞要素進行的詞語創造。除此之外，漢語方言還會在漢民族與其他民族交流、融合的過程中借用其他民族的詞語。這就是方言中的借用詞①。

趙元任在《語言問題》中指出，早期的"方言"作爲一個廣義概念，"也當根本不同的語言講"。魯國堯在《"方言"和方言》中進一步指出："直至19世紀末，漢語裏的'方言'意指各地的語言，它既包括現在意義的漢語各方言，也包括中國境內的少數民族語言，甚至被用來指稱國外的語言。"②因此，《方言》、《說文》所記錄的方言材料中，應該也包含了當時中國境內的一部分少數民族語詞。關於《方言》、《說文》中記錄的來自少數民族語言的"借用詞"，學者們通過與現代少數民族語言的歷史比較研究，取得了一定的成果。

張永言在《語源札記》、《語源探索三例》③中結合前人論述，梳理了與藏緬語印合的古楚語詞。包括：

貔/豾【狸，《方言》卷八】

穀【乳，《左傳·宣公四年》："楚人謂乳'穀'。"】

於菟/䖘【虎，《左傳·宣公四年》："楚人…謂虎'於菟'。"《方言》8.01】

李父/李耳【《方言》8.01】

李敬忠從《方言》所記錄的"楚"方言詞中，找到了一些和今天壯侗語、土家語的音和義仍然基本保持一致的語詞④。包括：

撟【取，1.29】；摸【張小使大，1.24】；䁮（䀼）【看，2.05】；篾（篾）【小，2.08】；杜【根，3.19】；掩、醜【同，3.22】；知【愈，3.52】；衼（衼）⑤【汗，4.03】；簙【符簙，5.32】；趙【牀杠，5.33】；台【失，6.26】；呂【長，6.39】；靖【高，6.56】；煦【乾，7.29】；煤【火，10.06】；蹇⑥、䡾【吃，10.27】；革【老，

---

① 李如龍指出方言借用詞可分爲"底層現象"和"外來詞"兩種類型。所謂"底層"是指語言中保留着的原住民語言的詞語，所謂"外來詞"是指語言中向其他民族或國家語言借用的詞語。（李如龍：《漢語方言學》，高等教育出版社2001年版，第124頁）我們將兩漢方言詞中可能具有其他民族語言來源的詞語統稱爲"借用詞"。趙振鐸、張永言等在研究中也將漢代方言中的這些"借用詞"稱爲"外來詞"。
② 魯國堯：《魯國堯語言學論文集》，江蘇教育出版社2003年版，第1頁。
③ 張永言：《語文學論集》（增補本），語文出版社1999年版。
④ 李敬忠：《〈方言〉中的少數民族語詞試析》，載《民族語文》1987年第3期。
⑤ 趙振鐸、黃峰案："《方言》第四這段話的原文是：'汗襦，江淮南楚之間謂之䘯，自關而西或謂之衼襦。'作者竟抄漏了'䘯，自關而西或謂之'這些字。結果關西話成了江淮南楚話。材料靠不住，結論也就談不上正確性。而'汗襦'、'衼襦'都是複音詞，把它們拆開來講，'汗'等於'衼'，也未必妥當。'衼襦'的'衼'從'衤'不從'礻'，它和'衹'不是一個字，'衹'沒有'氐'音不能够互相代替。"（趙振鐸、黃峰：《揚雄方言裏的外來詞》，載《中華文化論壇》1998年第2期）
⑥《方言》此條"蹇"之"吃"義，乃指"口吃"。李敬忠將其拿來與壯侗語族中表示"就食"義的"吃"相比較，意義上的對應很難講得通。趙振鐸、黃峰提出質疑。

10.39】；𥄲【視，10.44】；僄【輕，10.47】；拌【棄，10.14】；蛄【杜狗，11.03】；眽（脈）【明，12.59】；充【養，13.72】；諆【詐，3.23】①；湏（須）捷②【醜弊，3.48】；李耳、李父【虎，8.01】；艑【舟，9.29】③

赵振铎、黄峰在《揚雄〈方言〉裏面的外來詞》④中肯定了揚雄《方言》中存在"絕域重譯之語"即"外來詞"。同時也就探求古方言中的外來詞的科學方法提出了三點意見：首先，"要讀懂《方言》這部書提供的材料的含義"，把原文的意思理解清楚；第二，要考慮到語言發展的不平衡性，語音形式的比較要考慮兩漢方言詞與現代少數民族語詞的歷史層次是否對應；第三，不能僅僅依靠語音形式的對比，要"注意使用語言人民的歷史"，"盡可能多的吸收旁證材料"。曾經考證的漢代方言借用詞可參見王彩琴《揚雄〈方言〉用字研究》附錄三"《方言》譯音字表"。

古漢語方言對周邊少數民族語言詞彙的借用，在漢民族"華夏語"形成的過程中就已經存在。有些詞語（如{於菟}等）至遲在春秋戰國時就已經借入。方言中這些借詞的存在，再一次證明漢語在形成發展過程中與周邊民族語言有過交流和融合，同時也爲中國古代民族關係的探索提供了語言方面的證據。

對於這些"借用詞"能否看做是漢語詞彙的組成要素，學者們觀點不一。李敬忠認爲："不管怎樣，即使只有一個民族保留說法，也就足以證明這個語詞是少數民族語言而不是漢語方言。儘管有些少數民族詞的語音外殼（用漢字記錄像是漢語的書面語）同漢語很相似，但在意義上是各不相干的。我們決不能因此就認爲它們不是少數民族語言。"⑤張永言則主張對借用的詞語區別看待。他認爲："有的外來成分已經進入漢語詞彙並不同程度地穩固下來，應當算作漢語詞彙裏的外來詞，而有的則只是在特定場合的臨時借用，未必能算作漢語詞彙裏的外來詞。"他同時指出："古代中國是一個多種民族雜居共處的國家，在遠古和上古時期，民族、文化、語言交流融合的情況錯綜複雜。以華夏語爲核心而逐步形成的'漢語'實際上是一個混合體，其中容納了不同民

---

① 李敬忠認爲以上諸詞來源於壯侗語族。
② 赵振铎、黄峰："《方言》第三的原文是'須捷'，字作'須'。'須'字是《說文》的一個部首，從彡，從頁，是一個常用字。而'湏'從水，從頁。根據《說文·水部》，它是'沬'的古文，徐鉉音'荒内切'，與須的讀音迥然不同。這個字比較生僻，常用字表裏面沒有它。排字師傅遇到這種字會非常注意，因爲沒有字釘子，一般會請編者把字寫大些，寫清楚些，以便刻字。這類字倒反而不容易出錯。要把這類錯字歸結爲'手民之誤'是說不過去的。"（赵振铎、黄峰：《揚雄方言裏的外來詞》，載《中華文化論壇》1998年第2期）
③ 李敬忠認爲"湏（須）捷"、"李耳"、"李父"、"艑"爲土家語。
④ 赵振铎、黄峰：《揚雄〈方言〉裏的外來詞》，載《中華文化論壇》1998年第2期。
⑤ 李敬忠：《〈方言〉中的少數民族語詞試析》，載《民族語文》1987年第3期。

族語言的成分。在先秦時代的'上古漢語'裏就可以考察出來從鄰近語言吸收的外來詞彙成分。"①

我們傾向於將《方言》、《說文》中記錄的這些可能來自少數民族語言的詞彙成分看作是漢語詞彙裏的借用詞。主要有以下兩個方面的原因：

第一，詞彙的借用是任何一種語言在發展過程中都會發生的現象。兩漢方言詞中確實存在部分來源於其他民族語言的詞語。不過，漢語方言在借入這些詞語之後又對其進行了語源的重新分析和理據的重構。

《方言》8.01：虎，陳魏宋楚之間或謂之李父。江淮南楚之間謂之李耳，（虎食物值耳即止，以觸其諱故）或謂之於䖘。自關東西或謂之伯都。（俗曰伯都事神虎說）

在現代語言學視野下，學者們對方言詞"李父"、"李耳"的來源有較爲一致的意見。張永言："清嚴如熤《苗防備覽》（1820年序）卷九'風俗考下'記湖南永保'土人'方語：'虎曰力，父曰阿把，母曰阿捏。'今土家語稱虎爲 li 即'力'，公虎爲 li pa 即'力把'，母虎爲 li ni 即'力捏'；li pa/li ni 正與'李父'、'李耳'古讀相當。'李父'和'李耳'的區別在於所指公母不同而不是通行地域之異。……土家語屬於藏緬語族。土家語的 li，與彝語支中彝語的la/lo、納西語的la、緬語支中阿昌語的lo，乃至與藏語康方言的（wə）li（虎），當同出一源。可見所謂楚語或南楚語的'李父'、'李耳'乃是屬於藏緬語族的某種古代語言裏的詞。"②

利用語言間的語音對比來探索語言間詞語的借用，進而科學地揭示名源，這對於古代學者來說是無法做到的。不過他們也不曾放棄對這一問題的思考：

《太平御覽》卷八百九十一"獸部三·虎上"引應劭《風俗通》："呼虎爲李耳。俗說，虎本南郡中廬李氏公所化爲，呼'李耳'因喜。"

《方言》郭璞注："虎食物值耳即止，以觸其諱故。"

《本草綱目》卷五十一上"獸之二·虎"："'李耳'當爲'狸兒'，蓋方言'狸'爲'李'、'兒'爲'耳'也。"③

---

① 張永言：《漢語外來詞雜談》，載《語文學論集》（增補本），語文出版社1999年版，第290~291頁。
② 張永言：《語源探索三例》，載《語文學論集》（增補本），語文出版社1999年版，第273~274頁。
③ 張永言："虎並非狸，上古'兒'無此用法，李說純屬臆測。"（張永言：《語源探索三例》，載《語文學論集》（增補本），語文出版社1999年版，第273頁）

这些在后人看来近乎臆测,失之穿鑿①的名源解析,從另一個側面反映了當時漢民族對這些借入的少數民族語詞的認識。{李父}、{李耳}最初是以音譯的形式借入的,伴隨着語言的發展,人們對這些借詞的來源已經逐漸模糊,於是開始用漢語事物命名的一般思維來爲這些詞語重新創造理據。這一方面說明人們已經淡忘了這些借詞的異語來源,另一方面也恰恰說明了方言區人民將其作爲本民族詞彙成分來理解和使用的事實。

第二,其他民族語言詞語的借用,主要是採用音譯的形式,也有個別詞語的借入採用意譯的形式。這也說明漢語方言對其他民族詞語的借用是以本民族的語言要素爲基礎的,是將這些詞彙要素作爲本民族語言詞彙的組成要素來看待的。例如:

《說文·手部》:"控,引也。从手空聲。《詩》曰:'控于大邦。'匈奴名引弓控弦。"

秦漢之前稱"拉弓"爲{引弓},《戰國策·楚策四》:"臣爲君引弓,虛發而下鳥。"匈奴名"拉弓"曰{控弦},始見於《史記》(凡8見)。池昌海認爲:"估計該詞是戰國後期隨着漢人與匈奴族的頻繁接觸而引入並常用的,《說文》中也收入並指出其來源,但是其引入方式是音譯還是意譯,迄今尚無史料可證。"②按:《詩·鄭風·大叔于田》:"抑磬控忌,抑縱送忌。"毛傳:"騁馬曰磬,止馬曰控。"《詩·鄘風·載馳》:"我行其野,芃芃其麥,控于大邦,誰因誰極。"毛傳:"控,引也。"③可見"控"在先秦文獻中既有"拉扯、牽制"義,與"引"義相通。"弦"爲弓上所繫之繩索,可指代"弓"。因此,匈奴名{引弓}曰{控弦},應該不是音譯,所用語素均爲先秦漢語固有④,很可能是意譯⑤。

我們認爲,前人對《方言》、《說文》中存在少數民族語詞的揭示和探索是符合《方言》、《說文》材料事實和語言發展規律的。由於社會政治的統一和經濟文化交流的加強,不同民族語言相互間會發生滲透甚至是融合。漢語在其發展的歷史過程中,也會不斷吸收少數民族語言中的要素,來豐富自身系統、滿足語言表達的需要。這些來自

---

① 《廣雅·釋獸》:"於䖘、李耳,虎也。"王念孫疏證:"'李耳'、'李父'語之變轉,而《御覽》引《風俗通義》云:'俗說虎本南郡中廬李氏公所化爲,呼李因喜,呼班便怒。'《方言》注又云:'虎食物值耳即止,以觸其諱故。'皆失之鑿矣。"
② 池昌海:《〈史記〉同義詞研究》,上海古籍出版社2002年版,第26頁。
③ 馬瑞辰通釋:"《傳》、《箋》訓控爲引,未免迂曲。《一切經音義》卷九引《韓詩》曰'控,赴也',是也。赴、訃古通用。《說文》有'赴'無'訃'。《既夕》注:'赴,走告也。'控于大邦,即謂走告于大邦耳。"
④ 班固《西都賦》:"弦不再控,矢不單殺。"可見"控"可指"引",而"弦"可指代"弓"。
⑤ 馮蒸:"'控'義爲'引',似乎很早就進入漢語古文獻,此詞(指'控弦')到底是不是匈奴語還有待進一步深考,可能是義譯詞,不一定是借詞。"(馮蒸:《〈說文〉同義詞研究》,首都師範大學出版社1995年版,第57頁)

少數民族語言的要素，在被吸收進入漢語後成爲漢語語言系統中的有機組成部分，在漢語語言系統中發揮表情達意的語言功能。我們在承認它們是少數民族語詞來源的同時，也不能否認它們作爲漢民族語言要素的地位。從共時的角度來看，這些少數民族語詞分布在漢語不同的方言地域中，是漢語方言詞彙的重要組成部分。

根據以上有關來源分類的討論，我們結合傳世文獻對1 228個兩漢方言詞的歷史來源進行了全面考察。表1.6是各來源類型方言詞的數量及其所占的比重：

表 1.6

類型	承傳詞	變異詞	創新詞	借用詞①	存疑②
數量	472	93	633	25	5
比重（%）	38.44%	7.57%	51.55%	2.04%	0.40%

從上表的統計數據來看，兩漢方言詞中創新詞的數量最多，占到總數的51.55%。《方言》、《說文》所揭的兩漢方言詞有一半以上可能是兩漢時期不同方言區創造並使用的。當然，這些創新詞也可能只是沒有出現在書面文獻中的方言口語詞。承傳詞的數量僅次於創新詞，占總數的38.44%。在472個承傳詞中，見用於戰國以前文獻的有177個，由此可見兩漢方言詞悠久的歷史。

表1.7是對各區域方言詞歷史來源情況的數據統計：

表 1.7

序號③	方言區域	承傳詞		創新詞		變異詞		借用詞		存疑	小計
1	代	8	50.00%	8	50.00%	—		—		—	16
2	甌	4	50.00%	4	50.00%	—		—		—	8
3	魯	53	49.07%	44	40.74%	8	7.41%	2	1.85%	1	108
4	衛	51	48.11%	41	38.68%	11	10.38%	2	1.89%	1	106
5	晉	126	47.37%	113	42.48%	24	9.02%	1	0.38%	2	266
6	齊	77	46.95%	67	40.85%	19	11.59%	—		1	164
7	秦	135	46.55%	126	43.45%	27	9.31%	—		2	290
8	海岱	29	45.31%	29	45.31%	5	7.81%	1	1.56%	—	64
9	北楚	130	45.14%	131	45.49%	20	6.94%	6	2.08%	1	288
10	江淮	122	44.53%	121	44.16%	19	6.93%	11	4.01%	1	274

---

① 參考前人研究，此處統計的25個借用詞包括：{穆}1.20；{笢}2.08；{知}3.52；{呂}6.39；{煦煆}7.29；{台}6.26；{杜}7.02；{掩}3.22；{醜}3.22；{於艍}8.01；{僄}10.47；{控弦}手•控}10.39；{摸}1.24；{撏}1.29；{膳}2.05；{簡}5.32；{趙}5.33；{李父}8.01；{李耳}8.01；{貀}8.02；{鞲}9.29；{拌}10.14；{鸞}10.44；{蛉蛄}11.01。
② {賴}、{鑴}【《方言》2.33 予、賴，鑴也。南楚之外曰賴，秦晉曰鑴】、{斟}、{協}、{汁}【《方言》3.07 斟、協，汁也。（謂和協也，或曰潘汁，所未能詳）北燕朝鮮洌水之間曰斟，自關而東曰協，關西曰汁】。
③ 本表以各方言區承傳詞所占比重的大小爲序依次排列。

續表

序號	方言區域	承傳詞		創新詞		變異詞		借用詞		存疑	小計
11	鄭	48	42.48%	52	46.02%	12	10.62%	—	—	1	113
12	楚郢	113	42.01%	128	47.58%	20	7.43%	7	2.60%	1	269
13	韓	42	41.58%	46	45.54%	12	11.88%	—	—	1	101
14	東齊	41	41.00%	48	48.00%	9	9.00%	2	2.00%	—	100
15	周	50	40.65%	60	48.78%	11	8.94%	1	0.81%	1	123
16	宋	67	39.88%	86	51.19%	12	7.14%	2	1.19%	1	168
17	吳	27	35.53%	43	56.58%	4	5.26%	2	2.63%	—	76
18	燕	11	35.48%	16	51.61%	3	9.68%	1	3.23%	—	31
19	越	19	33.93%	33	58.93%	2	3.57%	2	3.57%	—	56
20	趙	38	32.76%	63	54.31%	14	12.07%	—	—	1	116
21	江湘	57	31.84%	105	58.66%	7	3.91%	10	5.59%	—	179
22	梁益	14	31.82%	26	59.09%	3	6.82%	1	2.27%	—	44
23	沅澧	49	31.61%	90	58.06%	7	4.52%	9	5.81%	—	155
24	魏	46	29.68%	95	61.29%	11	7.10%	2	1.29%	1	155
25	九嶷湘潭	38	29.23%	79	60.77%	5	3.85%	8	6.15%	—	130
26	北燕	18	27.27%	36	54.55%	10	15.15%	1	1.52%	1	66
27	南越	7	19.44%	26	72.22%	—	—	2	5.56%	1	36
28	朝鮮洌水	7	17.50%	26	65.00%	5	12.50%	1	2.50%	1	40
合計	—	1 427	40.29%	1 742	49.18%	280	7.91%	74	2.09%	19	3 542

從表中的數據來看，魯、衛、晉、齊、秦等地區方言詞中承傳詞所占的比重較大；南越、朝鮮洌水、魏、九嶷湘潭、梁益、越、江湘、沅澧、吳、北燕、趙、燕、宋等地區方言詞中創新詞所占的比重較大①。當前研究大概確定的兩漢方言借用詞主要分布在九嶷湘潭、沅澧、江湘、南越、江淮、越等地區。衛、魯、齊、晉、秦等地區方言詞中承傳詞的比重大於創新詞；南越、朝鮮洌水、魏、九嶷湘潭、梁益、北燕、江湘、沅澧、越、趙、吳、燕等地區方言詞中創新詞的比重大於承傳詞。

從方言詞歷史來源的類型構成情況來看，兩漢秦晉齊魯地區的方言與文獻記錄的上古漢語關係比較密切；相比之下南方及其他邊疆地區，如南越、吳越、北燕、梁益等地區的方言與文獻記載的上古漢語關係較爲疏遠。

---

① 我們所能收集到的兩漢代、甌地區的方言詞數量極少，兩地承傳詞占各自方言詞總數的50%，就這一數據來講，高於兩漢其他方言區。不過，另外50%爲創新詞，承傳詞和創新詞所占比重持平。此處和下文的分析暫且不將這兩個地區考慮在內。

第二章 兩漢方言詞的對應關係

在整理兩漢方言詞的過程中,我們以表達同一個意義作爲出發點來類聚各方言區表達該意義所使用的詞彙單位,將收集到的1 228個兩漢方言詞分爲539組。本章主要以表達同一個意義作爲立足點,考察經過整理的各組方言詞之間的對應關係。

第一節 詞項無對應

所謂詞項無對應,是指有些概念意義在某一方言中獨立成詞,而在另外一些方言或通語中不獨立成詞,須用詞組來表達,或者根本不存在該概念意義。從根本上講,詞項無對應是指方言及其與通語之間在義位上不構成對應,是在比較義位上此有彼無或此無彼有而形成的差異。從意義的角度來看,是義位的非對應;從構詞的角度來看,是詞項的非對應,即詞項的有無。因此,詞項無對應是方言及其與通語之間語義差異的重要表現。我們將這些沒有其他方言或通語對應詞項的兩漢方言詞稱爲無對應詞項方言詞。

具體來講,無對應詞項方言詞主要包括以下兩種情況:

一、詞項完全無對應

甲方言中有/a/義位,其他方言或通語中未必有相應的義位。從詞彙的角度來看,甲方言中有專門表達/a/義位的詞項A,而其他方言或通語中要表達與義位/a/相當的意義則需要使用詞組或短語。這時候，A就是甲方言中完全無對應詞項的方言詞。

由於《方言》的調查是以表達某一共同意義的方言詞差異爲出發點，因此，在大部分義位上都有不同方言詞項的對應。完全無對應的方言詞通常不出現在雅詁的被釋詞中，而是在方言說解中通過特別的限定說明來連帶記述。如：

1. {母姼}"婦妣"；{父姼}"婦考"——南楚瀑洭之間

《方言》6.55：俊、艾，長老也。東齊魯衛之間凡尊老謂之俊，或謂之艾。周晉秦隴謂之公，或謂之翁。南楚謂之父，或謂之父老。南楚瀑洭之間母謂之媓，謂婦妣曰母姼，稱婦考曰父姼。

《禮記·曲禮下》："生曰父，曰母，曰妻；死曰考，曰妣，曰嬪。"{考}、{妣}是對已經過世的父母的專稱。南楚瀑洭之間稱妻之考妣有專門的詞語{父姼}、{母姼}。通語及其他方言中未見爲妻之考妣設置專門詞項。

2. {楇}"盛膏者"——自關而西

《方言》9.20：車釭，燕齊海岱之間謂之鍋，或謂之錕。自關而西謂之釭，盛膏者乃謂之楇。

《說文·木部》："楇，盛膏器。从木咼聲。讀若過。"據揚雄《方言》，自關而西稱車上盛膏之器爲{楇}①，其他方言及通語均未設置專門詞項。

3. {盱}"人相侮以爲無知"——揚越之郊

《方言》10.29：鉗、疲、憋，惡也。南楚凡人殘罵謂之鉗，又謂之疲。癡，騃也。揚越之郊凡人相侮以爲無知謂之盱。盱，耳目不相信也。或謂之斫。

"凡人相侮以爲無知"即輕視之義，漢代揚越之郊專門用{盱}來表達。《列子·黄帝》："顧見商丘開年老力弱，面目黎黑，衣冠不儉，莫不盱之。"即此義②。

《說文》以小篆字形即主要以該字形所記錄的詞語爲首，其中的方言詞大部分有相對應的通語詞，也有一部分方言詞沒有表達相應意義的通語詞或其他方言詞與之對應③。如：

1. {莽}"犬善逐菟草中"——南昌

《說文·艸部》："莽，南昌謂犬善逐菟艸中爲莽。"

---

① 《說文》"楇"下段注："《孟子荀卿列傳》：'談天衍，雕龍奭，炙轂過髡。'劉伯莊云：'轂字衍。'裴駰云：'《劉向別錄》過字作輠。輠者，車之盛膏器。炙之雖盡，猶有餘流者，言淳于髡不盡如炙輠也。'"

② 華學誠《校釋匯證》按："西南官話中猶有此語。一九二九年《榮縣志》：'今語不相信曰那，諾駕切，即盱也。'"

③ 馮蒸在《〈說文〉同義詞研究》中已注意到部分方言詞無直接對應通語詞的現象。（馮蒸：《〈說文〉同義詞研究》，首都師範大學出版社1995年版，第55頁）

許慎以"犬善逐菟艸中"爲{莽}之本義，然先秦兩漢典籍未曾見用。其他方言及通語中亦無與之相對應的詞語。{莽}應該是當時南昌方言特有的一個方言詞。

2. {氐}"山岸脅之旁箸欲落墢者"——巴蜀

《說文·氐部》："氐，巴蜀山名岸脅之㫄箸欲落墢者曰氐。氐崩，聞數百里。象形，乁聲。凡氐之屬皆从氐。楊雄賦：'響若氐隤。'"

許慎以"山岸脅之旁箸欲落墮者"爲{氐}之本義，並引揚雄《解嘲》"功若泰山，嚮若氐（今本或作"阺"）隤"爲證。{氐}應該是當時巴蜀方言特有的詞語，其他方言及通語中均未爲"岸脅之旁箸欲落墮"者設置專門詞項。

3. {鑑}"舌頭金"——河內

《說文·金部》："鑑，河內謂舌頭金也。"

許慎以"舌頭金"爲{鑑}之本義。《方言》5.24"舌"條郭璞注："江東又呼鐅刃爲鑑。"①"舌頭金"即"鐅刃"也，許慎作《說文》時河內之地稱之爲{鑑}，而其他方言則稱之爲"舌頭金"（或稱"舌金"②）或"鐅刃"，未設置專門詞項。

4. {漊}"飲酒習之不醉"——汝南

《說文·水部》："漊，雨漊漊也。从水婁聲。一曰汝南謂飲酒習之不醉爲漊。"段玉裁注："謂不善飲者每日飲少許，久久習之，漸能不醉，其方言曰漊。"

漢代汝南方言稱"飲酒習之不醉"爲{漊}，先秦兩漢典籍未曾見用。其他方言及通語均未見有專門表"飲酒習之不醉"義的詞語，{漊}是漢代汝南地區無對應詞項的方言詞。

5. {縛衣}"女子無絝，以帛爲脛空，用絮補核"——薉貉中

《說文·糸部》："縛，薉貉中，女子無絝，以帛爲脛空，用絮補核，名曰縛衣，狀如襜褕。"

《急就篇》卷二："襌衣、蔽膝、布母縛。"顏師古注："布母縛者，薉貉女子以布爲脛空（腔），用絮補核，狀如襜褕。薉貉者，東北之夷也。""縛衣"之形制較爲特別，是薉貉中少數民族女子製作和穿着的，與其他地區的服裝有一定差別。因爲該服飾爲薉貉地區少數民族所特有，因此，其他方言或通語中未見有與之相對應的概念和詞語。

---

① 馬宗霍《說文解字引方言考》："鑑之一語，漢時行於河內，晉時行於江東，則又方語隨時地而迻者也。……愚意'鎞'爲舌頭金之正字，而'鑑'則爲河內稱舌頭金之俗字。方音隨方語而變，故'鎞'、'鑑'義同而音別，許君以其合於六書，因以方語存之，故本訓在'鎞'下，而'鑑'下則系之河內，亦兩篆互見之例也。"

② 《說文·金部》："鎞，舌屬。"徐鍇《繫傳》、王筠《句讀》及段玉裁注並改爲："鎞，舌金也。"

不同方言區的人們生活在不同的自然和社會環境中，彼此的物質和文化生活必然存在一定差異。爲了表達方言中某些特有的事物對象或文化事項，不同的方言會創造出極具方言特色的詞語。例如：漢代巴蜀方言稱"山岸脅之旁箸欲落墮者"爲{氐}，這與西南地區多懸崖峭壁的自然地理環境密切相關，在中原和西北地區沒有這種自然地貌，因此也就不會專門爲這樣的事物創製詞語。又如，漢代北方方言中稱"鳥臘"爲{䐿}，這可能與"鳥臘"在當時祭祀禮儀中的特殊用途有關；而薉貊中（東北之夷）稱女子穿着的"無絝，以帛爲脛空，用絮補核"的服裝爲{縛衣}，顯然也是對方言區特有服飾的專稱。這些方言詞沒有對應的其他方言或通語詞項，是方言詞彙差異的重要表現。

從語言表達效率的角度來看，通語似乎更有必要吸收這些自身詞彙系統中沒有對應詞項的方言詞以提高表達效率。從語言接觸的角度來看，這些在通語和其他方言中沒有對應詞項的方言詞應該更有機會滲入其他語言社團的詞彙系統中擴展自己的使用區域。但上文所分析的方言詞除{鍋}、{氐}、{䐿}在先秦兩漢的文獻中偶爾見用外，其餘方言詞均未見使用。究其原因，有以下幾種可能：

第一，沒有對應詞項的方言詞主要是漢代南方及西南地區的方言詞，由於當時的通語主要以黃河流域地區的方言爲基礎方言，因此，這些南方方言詞雖然在通語中沒有對應詞項，但它們也未能得以廣泛行用。

第二，這些方言特有詞項表達的概念和指稱的事物與當時社會生活和生產的聯繫並不是很緊密，如：{莽}"犬善逐菟草中"，{氐}"山岸脅之旁箸欲落墮者"，{漊}"飲酒習之不醉"等；或者它們所記錄的意義在通語中可以通過詞組的形式很好地表達，如：{母妳}"婦妣"，{父妳}"婦考"，{鏊}"舌頭金"等。因此，以通語爲基礎的書面語並不需要吸收這些方言特有的詞項來滿足語言表達的需要。

當然，這些無對應詞項方言詞未見使用還可能有另外一個原因，即該詞項所表達的概念意義在傳世的先秦兩漢文獻中本身就很少記錄。傳世文獻中不僅沒有使用這些方言詞，同時也未出現表達該詞項意義的詞組或短語。

二、下位詞項無對應

石安石指出："遠非所有上位概念和下位概念在語言中都有相應的詞。任何語言詞彙系統中都有不少空白位置，不同語言的空白位置各不相同，這是各種語言詞彙系統或詞義系統所表現的重要特點之一。"①漢語各方言雖然都同屬於漢語這一語言類型，但由於中國地域廣闊，地形複雜，方言的產生和發展有悠久的歷史，因此，漢語不同方言間的差異有時候並不比兩種語言間的差異小。不同方言區的人們因爲社會文化、生活環境的不同會對某些事物給予特別關注，還會根據不同的標準和區別特徵對這些事物進行分類認知。甲方言中用一個義位/a/來指稱的事物或表達的概念，在其他方言或通語中可能要分別用兩個(/a/、/b/)或多個(/a/、/b/……)義位來指稱或表達。即不同方言或者方言與通語之間對同一個上位概念所作的下位切分存在差異。在形成獨立的概念和義位後，人們便會爲其創製專門的詞項。這種義位切分的差異造成了方言詞項之間錯綜複雜的對應關係。其他方言中表達下位概念的詞項{a}、{b}或{c}在甲方言中找不到與之完全對應的詞項。我們可以將這類沒有對應詞項的方言詞稱爲無對應詞項的下位概念方言詞。

《方言》及《說文》對同屬於某一上位概念的不同下位概念詞項的訓釋通常採用義界的方式。"主訓詞+義值差"是傳統訓詁材料中典型的義界方式。主訓詞一般是類義素，義值差則反映表義素（也可能反映核義素）②。我們借鑒王寧總結的中國傳統訓詁學的義素分析法來分析方言及其與通語之間對某一上位概念的不同下位切分，以及這些下位概念所凝聚的義素，進而考察方言詞項之間的對應關係。

兩漢方言中無對應詞項的下位概念方言詞主要是名詞、形容詞和部分動詞。以下依次分析：

1. 名詞類

《方言》4.01：襌衣，江淮南楚之間謂之襦，關之東西謂之襌衣。有袌者，趙魏之間謂之袓衣；無袌者謂之裎衣。古謂之深衣。

分析結果如表2.1：

表2.1

{袓衣}	/有袌/+/襌衣/	性狀+類屬	{襌衣}
{裎衣}	/無袌/+/襌衣/	性狀+類屬	

江淮南楚之間、關之東西分別將"襌衣"統稱爲{襦}、{襌衣}，趙魏之間則根據其形制區分，稱有袌③襌衣爲{袓衣}，稱無袌襌衣爲{裎衣}④。

---

① 石安石：《語義論》，商務印書館2005年版，第87頁。
② 王寧：《訓詁學原理》，中國國際廣播出版社1997年版，第62~64頁。
③ 戴震《方言疏證》："袌亦作袍。《春秋》哀公十四年《公羊傳》：'反袂拭面涕沾袍。'何休注云：'袍，衣前襟也。'"
④ 錢繹《方言箋疏》："即今之對袷衣，無右外袷者也。"

《方言》4.36：大袴謂之倒頓，小袴謂之校衪。楚通語也。

分析結果如表2.2：

表2.2

{倒頓}	/大/+/袴/	性狀+類屬	{袴}
{校衪}	/小/+/袴/	性狀+類屬	

通語及其他方言中將套褲統稱爲{袴}，楚方言則根據其大小區分，稱大袴爲{倒頓}①，稱小袴爲{校衪}。

《方言》9.01：戟，楚謂之釨。凡戟而無刃，秦晉之間謂之釨，或謂之鏔。吳揚之間謂之戈。東齊秦晉之間謂其大者曰鏝胡，其曲者謂之鉤釨鏝胡。

分析結果如表2.3：

表2.3

{釨}	/無刃/+/戟/	性狀+類屬	{戟}
{鏔}	/無刃/+/戟/	性狀+類屬	
{鏝胡}	/大/+/戟/	性狀+類屬	
{鉤釨鏝胡}	/曲/+/戟/	性狀+類屬	

《說文·戈部》："戟，有枝兵也。"秦晉方言特稱其無刃者爲{釨}、爲{鏔}②。東齊秦晉之間又因其"戈胡"之大小、侈斂之不同而有{鏝胡}、{鉤釨鏝胡}之專名③。

《說文·羽部》："翬，大飛也。从羽軍聲。一曰伊、雒而南，雉五采皆備曰翬。《詩》曰：'如翬斯飛。'"

分析結果如表2.4：

表2.4

{翬}	/五采皆備/+/雉/	性狀+類屬

《爾雅·釋鳥》："伊洛而南，素質，五彩皆備成章曰翬。"郭注："翬亦雉屬，言其毛色光鮮。"孫炎曰："翬雉白質五采爲文也。""雉"爲諸方之通名，伊雒而南特稱其"五采皆備"者爲{翬}。《詩·小雅·斯干》："如鳥斯革，如翬斯飛。"鄭玄箋："伊洛而南，素質，五色皆備成章，曰翬。翬者，鳥之奇異者也。"

---

① 華學誠《校釋匯證》："套褲之大者，其制蓋包及上衣"，"套褲之小者，其制蓋僅上過膝而不及腰胸。"
② 戴震《方言疏證》："鏔本作戜。《說文》云：'長槍也。'《廣韻》云：'鏔，戟之無刃者，出《方言》。'蓋戟無刃，故漢時或稱長槍，字書遂分戜、鏔爲二，非也。"
③ 該條中所及戈戟形制的討論可參見董志翹、汪禕：《〈方言〉校釋的集大成之作——評華學誠〈揚雄方言校釋匯證〉》，載《杭州師範大學學報》2007年第6期。

以上所舉都是方言中根據事物性狀的不同而對上位類屬概念進行下位種屬切分，這一類方言詞數量較多，表列如下（如表2.5）：

表2.5

詞項	義素分析	結合類型	方言區域	出處
{辛芥}	/小/+/蕪菁/	性狀+類屬	趙魏之郊	3.09
{幽芥}	/小/+/蕪菁/	性狀+類屬	趙魏之郊	3.09
{蘆菔}	/紫華/+/蕪菁/	性狀+類屬	趙魏之郊	3.09
{襜褕}	/短/+/襜褕/	性狀+類屬	自關而西	4.02
{㼶}	/小/+/甖/	性狀+類屬	零桂之郊	5.10
{甄}	/大/+/甖/	性狀+類屬	自關而西晉之舊都河汾之間	5.10
{瓿甄}	/中/+/甖/	性狀+類屬	自關而西晉之舊都河汾之間	5.10
{升甌}	/小/+/盎/	性狀+類屬	自關而西	5.13
{甌}	/大/+/瓿/	性狀+類屬	自關而西	5.14
{鶌鳩}	/大/+/鳩/	性狀+類屬	自關而西秦漢之間	8.08
{鸊鳩}	/小/+/鳩/	性狀+類屬	自關而西秦漢之間	8.08
{鷄鳩}	/小/+/鳩/	性狀+類屬	自關而西秦漢之間	8.08
{鶏鳩}	/小/+/鳩/	性狀+類屬	自關而西秦漢之間	8.08
{鶻鳩}	/小/+/鳩/	性狀+類屬	自關而西秦漢之間	8.08
{鶻蹄}	/大/+/野鳧/	性狀+類屬	南楚之外	8.14
{鷿鷉}	/小而好沒水中/+/野鳧/	性狀+類屬	南楚之外	8.14
{蛤解}	/大而能鳴/+/守宮/	性狀+類屬	桂林之中	8.15
{舸}	/大/+/船/	性狀+類屬	南楚江湘	9.29
{艖}	/小/+/舸/	性狀+類屬	南楚江湘	9.29
{艒}	/小/+/舸/	性狀+類屬	南楚江湘	9.29
{艒𦩨}	/小/+/艖/	性狀+類屬	南楚江湘	9.29
{艇}	/小/+/艒𦩨/	性狀+類屬	南楚江湘	9.29
{艑}	/長而薄/+/艇/	性狀+類屬	南楚江湘	9.29
{艀}	/短而深/+/艇/	性狀+類屬	南楚江湘	9.29
{㯩}	/小而深/+/艇/	性狀+類屬	南楚江湘	9.29
{塿}	/小/+/冢/	性狀+類屬	自關而東	13.162
{丘}	/大/+/冢/	性狀+類屬	自關而東	13.162

此外，還有因領屬不同而作的下位切分，如：

《方言》5.33：牀，齊魯之間謂之簀；陳楚之間或謂之第。其杠，北燕朝鮮之間謂之樹，自關而西秦晉之間謂之杠，南楚之間謂之趙，東齊海岱之間謂之樣。其上板，衛之北郊趙魏之間謂之牒，或曰牖。

分析結果如表2.6：

表2.6

{牒}	/牀/+/板/	領屬+類屬
{牑}	/牀/+/板/	領屬+類屬

諸方之言及通語中並沒有爲"牀板"設置專門的詞項，而衛之北郊趙魏之間則特名之曰{牒}、曰{牑}。

《方言》6.30：坻、坦，場也。梁宋之間蚍蜉䵂鼠之場謂之坻，螾場謂之坦。

《說文·土部》："坦，益州部謂螾場曰坦。"

分析結果如表2.7：

表2.7

{坻}	/蚍蜉䵂鼠/+/場/	領屬+類屬
{坦}	/螾/+/場/	領屬+類屬

"場"是指螞蟻、田鼠、蚯蚓等翻起的鬆散泥土或堆在穴口的小土堆的通稱。但在梁益之間，則專稱"蚍蜉䵂鼠"所翻起的小土堆爲{坻}，專稱"螾"所翻起的小土堆爲{坦}①。

《說文·肉部》："腒，北方謂鳥腊曰腒。从肉居聲。傳曰：堯如腊，舜如腒。"

分析結果如表2.8：

表2.8

{腒}	/鳥/+/腊/	領屬+類屬

《廣雅·釋器》："腊，脯也。"《說文·肉部》："脯，乾肉也。"《儀禮·士昏禮》："舉肺脊二、祭肺二、魚十有四、腊一肫。"鄭玄注："腊，兔腊。"又《士昏禮》："特豚，合升，側載，無魚腊，無稷。"可見"腊"爲乾肉之通稱，然北方特稱"鳥腊"爲"腒"。《周礼·天官·庖人》："夏行腒鱐，膳膏臊。"鄭玄注引鄭司農曰："腒，乾雉。"《儀禮·士相見禮》："冬時雖死，形體不異，故存本名，稱曰雉；夏爲乾腒，形體異，故變本名，稱曰腒也。"

從數量上看，名詞類無對應詞項的下位概念方言詞較多。名物類概念是人們對世界上某一類型事物對象的概括，這種概括的抽象程度在不同的語言社團中存在較大差異。不同地區的人可以從不同的角度出發，根據不同的性狀特徵或領屬關係對同一種屬的事物進行分類和概括，形成參差不齊的類屬概念，並賦予它們單獨的名稱。

---

① 《荀子·勸學》："螾無爪牙之利，筋骨之強，上食埃土，下飲黃泉，用心一也。"楊倞注："螾與蚓同，蚯蚓也。"

這些名詞類無對應詞項的下位概念方言詞反映了不同方言區對事物分類細密程度的差異。分類的細密程度與該方言區人們對事物的熟悉度以及這些事物與方言區人們生活關係的密切度有關。方言區人們對自己熟悉的，與生活關係密切的事物的分類往往較爲細密。例如：南方楚方言對各種形制的船隻分類詳細，這與南方楚地水系繁多的地理環境以及人們日常生活中對船的使用和熟悉程度是密切相關的。

2. 形容詞類

《方言》1.12：敦、豐、厖、夰、憮、般、嘏、奕、戎、京、奘、將，大也。凡物之大貌曰豐。厖，深之大也。東齊海岱之間曰夰，或曰憮。宋魯陳衛之間謂之嘏，或曰戎。秦晉之間凡物壯大謂之嘏，或曰夏。秦晉之間凡人之大謂之奘，或謂之壯。燕之北鄙、齊楚之郊或曰京，或曰將。皆古今語也。初別國不相往來之言也，今或同。而舊書雅記故俗，語不失其方。而後人不知，故爲之作釋也。

分析結果如表2.9：

表2.9

{嘏}	/物/+/大/	對象+性狀
{夏}	/物/+/大/	對象+性狀
{奘}	/人/+/大/	對象+性狀
{壯}	/人/+/大/	對象+性狀

{大}可泛指人或事物在體積、數量等方面的特徵，而秦晉之間根據形容對象的不同稱"物壯大"爲{嘏}、{夏}，稱"人之大"爲{奘}、{壯}，其他方言中則未見有專稱"人之大"的詞語。

《方言》2.03：娃、嫷、窕、豔，美也。吳楚衡淮之間曰娃，南楚之外曰嫷，宋衛晉鄭之間曰豔，陳楚周南之間曰窕。自關而西秦晉之間凡美色或謂之好，或謂之窕。故吳有館娃之宮，秦有榛娥之臺。秦晉之間美貌謂之娥，美狀爲窕，美色爲豔，美心爲窈。

分析結果如表2.10：

表2.10

{豔}	/色/+/美/	對象+性狀
{好}	/色/+/美/	對象+性狀
{窕}	/色/+/美/	對象+性狀
{娥}	/貌/+/美/	對象+性狀
{窕}	/狀/+/美/	對象+性狀
{窈}	/心/+/美/	對象+性狀

秦晉之間對於人（主要是女性）的體貌心性的美的評價分類很細，着眼於美的不同方面，分別用不同的詞項來表達。其他方言或通語中則通用{美}來表達。

《說文·十部》："尀，尀尀，盛也。从十从甚。汝南名蠶盛曰尀。"段玉裁注："小徐曰：'《詩》：宜爾子孫，蟄蟄兮。毛曰：蟄蟄，和集也。與尀尀義近。……此汝南方言也。今江蘇俗語多云密尀，尀音如蟄。"

分析結果如表2.11：

表2.11

| {尀} | /蠶/+/盛/ | 對象+性狀 |

馬宗霍《說文解字引方言考》："盛爲通義。蠶盛曰尀，惟汝南方語爲然，特義之一端。"

《方言》6.02：聳、䏁，聾也。半聾，梁益之間謂之䏁。秦晉之間聽而不聰、聞而不達謂之䏁。生而聾，陳楚江淮之間謂之聳。荆揚之間及山之東西雙聾者謂之聳。聾之甚者，秦晉之間謂之䐉。吳楚之外郊凡無有耳者亦謂之䐉。其言䐉者，若秦晉中土謂墮耳者耵也。

分析結果如表2.12：

表2.12

{䏁}	/半/+/聾/	程度+性狀
{䏁}	/聽而不聰、聞而不達/+/聾/	程度+性狀
{聳}	/生/+/聾/	程度+性狀
{聳}	/雙/+/聾/	程度+性狀
{䐉}	/甚/+/聾/	程度+性狀

以上所舉爲形容詞類無對應方言詞項。從數量上看，主要是某些方言中根據性狀所修飾對象的不同而單獨設置詞項。還有少數是根據性狀的具體特徵和程度的不同而單獨設置詞項。

3. 動詞類

《方言》2.24：鏃、攬，裁也。梁益之間裁木爲器曰鏃，裂帛爲衣曰攬。鏃又斷也。晉趙之間謂之鏃鏃。

分析結果如表2.13：

表2.13

| {鏃} | /裁/+/木/ | 動作+對象 |
| {攬} | /裁/+/帛/ | 動作+對象 |

《鶡冠子・天則》："夫裁衣而知擇其工，裁國而知索其人，此固世之所公哉。"《論衡・幸偶篇》："長數仞之竹，大連抱之木，工技之人，裁而用之，或成器而見舉持，或遺材而遭廢弃。"可見，通語中表達衣帛或竹木的"裁制、剪裁"均可用{裁}。而梁益之間因剪裁對象的不同分別爲"裁木"、"裂帛"設置單獨的詞項{鋠}、{摫}來表達。

《方言》6.48：繝、剿，續也。秦晉續折木謂之繝，繩索謂之剿。

分析結果如表2.14：

表2.14

{繝}	/續/+/折木/	動作+對象
{剿}	/續/+/繩索/	動作+對象

《說文・糸部》："續，連也。"字之意符爲"糸"，所續連之物當含絲線、繩索。《說苑・資質》："材器制斷，規矩度量，堅者補朽，短者續長。"所續者即木材。又有"續骨"（《後漢書・崔實傳》："呼吸吐納，雖度紀之道，非續骨之膏。"）等。可見，通語中凡言"接續、連屬"，均可用{續}。而秦晉之間因接續對象的不同分別稱"續折木"、"續繩索"爲{繝}、{剿}。

《方言》6.51：杼、柚，作也。東齊土作謂之杼，木作謂之柚。

分析結果如表2.15：

表2.15

{杼}	/土/+/作/	對象+動作
{柚}	/木/+/作/	對象+動作

"土作"即從事與土地、泥工相關的工作。《周禮・地官・稻人》："稻人，掌稼下地。以瀦畜水，以防止水，以溝蕩水……以涉揚其芟，作田。"《墨子・雜守》："作土不休，不能禁禦，遂屬之城，以禦雲梯之法應之。"此皆"土作"之用{作}者。"木作"即從事木工相關的工作。《孟子・梁惠王上》："仲尼曰：'始作俑者，其無後乎！'爲其象人而用之也。"《周禮・考工記序》："作車以行陸，作舟以行水。"此皆"木作"之用{作}者。而東齊方言分別之，謂"土作"爲{杼}，謂"木作"爲{柚}。

《說文・刀部》："魝，楚人謂治魚也。从刀从魚。讀若鍥。"

分析結果如表2.16：

表2.16

| {劍} | /治/+/魚/ | 動作+對象 |

桂馥《說文解字義證》："讀若鍥者，鍥與契同。治魚即剖魚。故《唐書》有魚符。《元宗紀》：'木契銅魚起兵。'是也。《漢書·高帝紀》：'帝與功臣剖符作誓，丹書鐵契。'"《莊子·逍遙游》："剖之以爲瓢，則瓠落無所容。"《淮南子·齊俗訓》："伐梗楠豫樟而剖梨之，或爲棺椁，或爲柱梁，披斷撥檖，所用萬方，然一木之樸也。"（高誘注："剖，判。梨，分也。"）《晏子春秋·內篇雜下》："景公使晏子于楚，楚王進橘，置削，晏子不剖而並食之。"所"剖分"之物或爲瓠，或爲木，或爲橘，未限於"魚"。楚方言則特稱"剖魚"爲{劍}。

《方言》7.17：胹、餁、亨、爛、糦、酋、酷，熟也。自關而西秦晉之郊曰胹，徐揚之間曰餁，嵩嶽以南陳穎之間曰亨。自河以北趙魏之間火熟曰爛，氣熟曰糦，久熟曰酋，穀熟曰酷。熟，其通語也。

分析結果如表2.17：

表2.17

{爛}	/火/+/熟/	方式+動作
{糦}	/氣/+/熟/	方式+動作
{酋}[①]	/久/+/熟/	程度+動作
{酷}	/穀/+/熟/	對象+動作

"烹煮"食物，自關而西秦晉之郊通言{胹}，徐揚之間通言{餁}；嵩嶽以南陳穎之間通言{亨}。自河以北趙魏之間以火烤熟言{爛}，以氣蒸熟言{糦}，此皆因烹煮方式之不同而析言之。又特謂物之精熟者曰{酋}，特謂五穀之成熟曰{酷}[②]。

《方言》2.18：憑、齘、苛，怒也。楚曰憑，小怒曰齘。陳謂之苛。

分析結果如表2.18：

表2.18

| {齘} | /小/+/怒/ | 程度+動作 |

以上所舉爲動詞類無對應詞項的下位概念方言詞。從數量上看，某些方言中因動作

[①] 戴震《方言疏證》："《月令》：'乃命大酋。'注云：'酒熟曰酋。'《鄭語》：'毒之酋腊者，其殺也滋速。'韋昭注云：'精熟曰酋。'"

[②] 《禮記·月令》："（仲春之月）行冬令，則陽氣不勝，麥乃不熟，民多相掠。""（仲夏之月）行春令，則五穀晚熟，百螣時起，其國乃饑。""（季夏之月）行秋令則丘隰水潦，禾稼不熟，乃多女災。"皆言五穀之"熟"也。

施加的對象不同而專門設置詞項的情況占多數。此外，還有因動作方式和程度不同而專門設置詞項的情況。

這些無對應詞項的形容詞類和動詞類方言詞有部分應該是在日常語言交際中經常使用的，如：形容人和事物大小的{嘏}、{夏}、{奘}、{壯}，和表達對人的形貌和心靈評價的{豔}、{好}、{寃}、{娥}、{窈}等。從揚雄和許慎的記述來看，它們在當時方言口語中有較爲嚴格的具體區分。但從傳世文獻的使用情況來看，它們的區分並非是截然的。如：《孟子·萬章下》："孔子嘗爲委吏矣，曰：'會計當而已矣。'嘗爲乘田矣，曰：'牛羊茁壯長而已矣。'"《漢書·王莽傳上》："公女漸漬德化，有窈窕之容，宜承天序，奉祭祀。"其中，{壯}不限於指"人之大"，{窈}亦不限於狀"心之美"。由此可見，方言口語詞和文獻書面語詞的意義是有差異的。這一情況有可能是通語吸收方言詞後發生了意義變化，使方言口語中的意義區別消失；也有可能是方言在承用通語詞時在自身的詞彙系統內對原來沒有區別的詞語產生了彼此的區別。

值得注意的是，無對應詞項的形容詞類和動詞類方言詞均爲單音節詞，這些詞語大多未曾見用於傳世文獻。這一方面與方言詞或未進入通語有關，另一方面也可能與漢語詞彙從以單音節詞爲主向以雙音節詞爲主發展的趨勢有關。在漢語詞彙的雙音化進程中，許多本來凝聚由一個單音節詞來表達的意義逐漸釋放出來，轉而採用雙音節的形式來表達①。凝聚性狀對象和動作對象的方言單音節形容詞和動詞在其他方言或通語中完全可以通過雙音節語詞（這裏暫時不考慮它們是否已經結合成詞）來表達。因此，通語或其他方言中沒有必要借用這些單音節方言詞。

第二節　同義異形的對應

所謂同義異形的對應，是指表達同一個意義的不同方言詞項以及方言詞項與通語詞

---

① 這樣的一個過程，有的學者稱之爲從"綜合"到"分析"。蔣紹愚在談到詞彙變化對語法的影響時指出："漢語詞彙從古到今有一種從'綜合'到'分析'的趨勢，這種趨勢影響到語法的變化。""所謂從'綜合'到'分析'，指的是同一語義，在上古漢語中是用一個詞來表達的，後來變成或是用兩個詞構成詞組，或是分成兩個詞來表達。"（蔣紹愚：《古漢語詞彙綱要》，商務印書館2005年版，第229~235頁）胡敕瑞認爲漢語詞彙在中古經歷了一個"從隱含到呈現"的本質變化。"上古存在概念融合的詞語主要有三類：修飾成分與中心成分融合、對象與動作融合、動作與結果融合。這三類融合也可理解爲三類隱含，即修飾成分隱含於中心成分、對象隱含於動作（或動作隱含於對象）、動作隱含于結果。中古三類"隱含"紛紛"呈現"：修飾成分從中心成分中呈現出來、對象從動作（或動作從對象）中呈現出來、動作從結果中呈現出來。"他在《從隱含到呈現（上）——試論中古詞彙的一個本質變化》（《語言學論叢》第31輯）一文中的討論雖然與我們此處分析的方言詞彙差異不完全一致，但漢語詞彙在中古發生的這種變化對解釋這些單音節方言詞爲何沒能行用仍然有參考價值。

項之間的對應關係。同義異形的詞項對應關係，在我們收集的方言詞中大量存在。

一、方言間同義異形詞的數量對應

從數量上看，有些方言區中表達某一意義的方言詞數量多，有些方言區表達某一意義的方言詞數量少。不同方言區表達同一意義的同義異形詞在數量上的對應關係有以下三種情況：

（一）一對一

表達同一個意義在不同方言區均只使用一個方言詞項。例如：

《方言》2.88：私、策、纖、葆、稺、杪，小也。……木細枝謂之杪，江淮陳楚之內謂之篾，青齊兗冀之間謂之葆，燕之北鄙朝鮮洌水之間謂之策。故傳曰：慈母之怒子也，雖折葼笞之，其惠存焉。

《方言》1.14：嫁、逝、徂、適，往也。……逝，秦晉語也。徂，齊語也。適，宋魯語也。往，凡語也。

《方言》4.01：襌衣，江淮南楚之間謂之褋，關之東西謂之襌衣。

上文所舉三例中，指稱"木細枝"、"往"、"襌衣"在漢代不同方言中，分別只用一個不同的方言詞項來表達。從數量上看，方言間的同義異形對應詞項是一對一的關係。

（二）一對多

表達同一個意義，在某些方言中只用一個方言詞項，在其他方言中則使用兩個或兩個以上方言詞項。例如：

《方言》1.02：虔、儇，慧也。秦謂之謾，晉謂之㦂，宋楚之間謂之倢，楚或謂之譎，自關而東趙魏之間謂之黠，或謂之鬼。

《方言》3.11：凡草木刺人，北燕朝鮮之間謂之茦，或謂之壯。自關而東或謂之梗，或謂之劌。自關而西謂之刺。江湘之間謂之棘。

上文所舉二例中，漢代不同方言在表達同一意義時所使用的方言詞項的數量是不同的。1.02中秦方言和晉方言分別用{謾}、{㦂}來表達"聰慧"義，宋楚之間方言用{倢}，自關而東趙魏之間則可以用{黠}、{鬼}兩個不同的詞項來表達。3.11中自關而西稱"草木刺人"只用{刺}，而自關而東則用{梗}或{劌}，北燕朝鮮之間用{茦}或{壯}。從數量上看，方言間的同義異形對應詞項是一對多的關係。

（三）多對多

即表達同一個意義在不同方言中均使用兩個或兩個以上方言詞項。例如：

《方言》5.11：罃，陳魏宋楚之間曰甀，或曰瓶。燕之東北朝鮮洌水之間謂之瓺。齊之東北海岱之間謂之甖。周洛韓鄭之間謂之甀，或謂之罃。罃謂之甇，塵謂之𦉥。

《方言》6.55：俊、艾，長老也。東齊魯衛之間凡尊老謂之俊，或謂之艾。周晉秦隴謂之公，或謂之翁。南楚謂之父，或謂之父老。

《方言》8.12：桑飛，自關而東謂之工爵，或謂之過鸁，或謂之女匠。自關而東謂之鶨鳩。自關而西謂之桑飛，或謂之懱爵。

上舉三例中，漢代不同方言在表達同一意義時可以使用兩個甚至兩個以上的方言詞項。從數量上看，方言間的同義異形對應詞項是多對多的關係。

從"兩漢方言詞區域分布表"所展示的方言間同義異形對應詞的數量關係來看，《說文》揭示的主要是方言之間或方言與通語之間同義異形詞的一一對應關係。揚雄《方言》對方言詞的記錄更為全面，通過"或曰"、"或謂之"等揭示方言中表達某一意義的諸多方言詞項。

從《方言》所揭示的情況來看，同一方言中使用兩個甚至兩個以上方言詞項來表達同一個意義的情況還是比較常見的。例如：

《方言》3.52：差、間、知，愈也。南楚疾愈者謂之差，或謂之間，或謂之知，知，通語也。或謂之慧，或謂之憭，或謂之瘳，或謂之蠲，或謂之除。

《方言》8.10：蝙蝠，自關而東謂之服翼，或謂之飛鼠，或謂之老鼠，或謂之儒鼠。自關而西秦隴之間謂之蝙蝠。北燕謂之蟙䘃。

《方言》8.12：桑飛，自關而東謂之工爵，或謂之過鸁，或謂之女匠。自關而東謂之鶨鳩。自關而西謂之桑飛，或謂之懱爵。

《方言》13.162：冢，秦晉之間謂之墳，或謂之培，或謂之堬，或謂之采，或謂之埌，或謂之壠。自關而東謂之丘，小者謂之塿，大者謂之丘，凡葬而無墳謂之墓，所以墓謂之墲。

同一方言中同義方言詞的形成，有可能是因命名理據不同而產生同物異名，如8.10中的自關而東方言的{服翼}、{飛鼠}、{老鼠}、{儒鼠}，8.12中自關而東方言的{工爵}、{過鸁}、{女匠}；也有可能是詞義引申而導致的，如3.52南楚方言中的{差}、{間}、{知}、{慧}、{憭}、{瘳}、{蠲}、{除}。

另外，還有一部分同義方言詞可能是由於方言間詞彙的相互影響導致本來用於不同方言的同義對應詞疊置到某一地區（尤其是那些兩個主要方言的過渡地區）例如：

《方言》1.13：假、洛、懷、摧、詹、戾、艐，至也。邠唐冀兖之間曰假，或曰佫。齊楚之會郊或曰懷。摧、詹、戾，楚語也。艘，宋語也。皆古雅之別語也。今則或同。

——{摧}、{詹}、{戾}均爲楚語，齊楚之會郊或曰{懷}。可見在齊楚交界的區域，表達"至"義，既可以用{摧}、{詹}、{戾}，也可能用{懷}。{懷}可能是齊語對與齊臨界的楚方言的詞彙輸出。

《方言》2.35：剟、蹶，獪也。秦晉之間曰獪，楚謂之剟，或曰蹶，楚鄭曰蔦，或曰姞。

——表達"狡獪"義，楚方言可以用{剟}、{蹶}，楚鄭地區可以用{蔦}、{姞}。{蔦}、{姞}應該是鄭方言對與鄭臨界的楚方言的詞彙輸出。

《方言》5.10：瓶、瓵、甌、㼰、甄、甇、瓵、瓮、瓿甋、甖，瓵也。零桂之郊謂之瓶，其小者謂之瓵。周魏之間謂之甌。秦之舊都謂之甄。淮汝之間謂之㼰。江湘之間謂之甇。自關而西晉之舊都河汾之間其大者謂之瓵，其中者謂之瓿甋。自關而東趙魏之郊謂之瓮，或謂之甖。東齊海岱之間謂之甖。甖，其通語也。

——周魏之間謂"甖"曰{甌}，自關而東趙魏之郊謂之{瓮}或{甖}。{甖}是通語詞，{瓮}應該是趙方言詞，並且對與趙臨界魏有所影響。

從上面所舉的例子可以看到，兩漢方言詞的地域分布並不與政治區劃完全一致。特別是在某些地區與地區之間的交界處，方言詞的使用情況比較複雜，經常會有臨界方言的詞彙輸入。這種現象的存在與這些臨界地區的社會交際情況密切相關。布龍菲爾德指出："方言土語這樣強烈分化的理由顯然要到交際密度原理中去尋找。每個說話的人經常調整他的言語習慣來適應那些同他交談的人；他拋棄了他一向使用的某些形式，另採取一些新形式，而最通常的情形是改變某些言語形式的使用頻率，却並不拋棄任何舊形式，或者採取一些對他的確是新穎的形式。然而一個居民區、村莊或城鎮的人們彼此交談，比起同外地人來往，機會要多得多。說話方式中的任何創新要是在一個地區上傳布開來，這種傳布的界限必然會出現在口語交際網的薄弱的界綫上，這些薄弱的交接綫如果就是地理的界綫，那麼也就是許多城鎮、鄉村、和居民區之間的界限。"① 在A、B兩個方言臨界區的人們與各自中心方言區的交際往往不如與相鄰的其他方言邊界區的交際頻繁。因此，這些臨界地區的人們除了使用與中心方言區相同的方言詞外，出於交際的

---

① ［美］布龍菲爾德：《語言論》，商務印書館1980年版，第411頁。布龍菲爾德甚至認爲："在一個社團中，言語的最重要的差別是由於交際密度不同而產生的。"（第50頁）甘柏茲對此則持較爲審慎的態度，他指出："我們發現布龍菲爾德所說的交際密度雖然很重要，但是交際數量不能決定語言的分布，決定語言分布的社會因素是社會接觸模式。"（高海洋翻譯整理：《甘柏茲教授談社會語言學》，載《語言教學與研究》2003年第1期）

需要，還會逐漸地借用鄰近方言區的方言詞。這就使得方言交界地區的方言詞使用情況變得更爲複雜，尤其是疊置兩個不同方言區的方言詞。

從以上的分析來看，兩漢方言口語中同義詞的存在是較爲普遍的。揚雄《方言》對這些紛繁複雜的方言同義詞作了詳細的調查和記錄，展現了當時實際方言口語的詞彙使用情況，爲我們認識口語同義詞現象提供了寶貴材料。雖然我們很難依據傳世文獻判斷這些同義方言詞使用頻率的差異，但從揚雄在《方言》中的記述來看，同義方言詞在同一方言中的使用頻率應該還是有所差別的。

二、同義異形詞對應關係的性質

在討論本書"方言詞"的具體所指時，我們分析了廣義方言詞彙和狹義方言詞彙兩種不同界定，以及廣義方言詞彙中兩類不同情況的劃分。廣狹界定和兩類不同情況的劃分是爲了強調在方言詞彙及其與通語詞彙之間存在兩種不同性質的差異：一是方言及其與通語之間的語音差異，一是方言及其與通語之間的語素差異[①]。

通過分析和整理，除了上文所討論的沒有確切方言或通語對應詞項的方言詞外，大量兩漢方言詞存在表達同一意義的其他方言或通語對應詞項。我們將這類具有其他方言或通語對應詞項的方言詞和與之對應的其他方言或通語詞稱爲同義異形對應詞。

從外在表現形式上看，同義異形對應詞是表達同一意義的不同文字形體之間的區別對應。文字形體的不同只是表面的差異，其背後可能反映語音和語素兩種不同性質的差異。

（一）《方言》同義異形詞對應關係的性質

《方言》的總體編纂體例是在同一母題下類聚不同方言區以及通語中表達某一意義的語言單位。揚雄對這些語言單位的溝通主要包含以下兩種類型：

第一，語音差異的溝通。這類條目的目的在於揭示表達同一概念意義的某一語言單位在不同方言或方言與通語之間的語音差異。我們現在可以用國際音標準確地标示方言及其與通語之間的語音差異，而揚雄在編纂《方言》時，卻只能用已有的或是新造的漢字來作記音工具。對此，趙振鐸作過精闢的說明："如'雞'這個詞，普通話讀 [tɕi^{55}]。溫州話讀 [tsɿ^{44}]，聽起來象'孜'；廣州話讀 [kei^{55}]，聽起來象'該'；潮州話讀 [koi^{33}]，聽起來象'規'。……這一條現代漢語方言的材料，如果照漢代揚

[①] 參見緒論部分的相關討論。

雄用方塊漢字來作記音工具，它就可以寫成下面這樣子。雞，溫州謂之孜，廣州謂之該，潮州謂之規，雞其通語也。這樣用方塊漢字來表示，它們之間語音上的關係和聯繫看不出來了。揚雄《方言》的情況正是這樣。"①

溫州話的"孜"（[tsɿ⁴⁴]）、廣州話的"該"（[kei⁵⁵]）、潮州話的"規"（[koi³³]）和普通話的"雞"（[tɕi⁵⁵]）這幾個語言單位在讀音上有所差別，記錄文字的形體互不相同。但這種差別反映的只是漢語方言之間及方言與普通話之間某些規律性的語音對應差異。在這種情況下，文字只是純粹的"記音工具"，記錄文字的差異是方言及其與普通話之間語音差異在書面形體上的反映。儘管方言和普通話中存在着"孜"（[tsɿ⁴⁴]）、"該"（[kei⁵⁵]）、"規"（[koi³³]）、"雞"（[tɕi⁵⁵]）等語音形式的差別，但這幾個不同的語音形式在表達"雞"這個概念的時候只能出現在各自的語言系統中。即普通話中不會同時出現"孜"（[tsɿ⁴⁴]）、"該"（[kei⁵⁵]）、"規"（[koi³³]）、"雞"（[tɕi⁵⁵]）四種表達"雞"這一概念的語音形式。因此，它們之間的差異不是語素差異而是語音差異。

揚雄在編纂《方言》時已經注意到方言中存在這類語音差異，他使用了"轉語"的說法：

《方言》10.06：煤，火也。楚轉語也。猶齊言燬，火也。

"火"[xwər]上古音爲曉紐微部，"煤"[xiwər]上古音爲曉紐歌部，"燬"[xmjiwər]上古音爲曉紐微部，三者雙聲，歌微旁轉，"介音不同，其餘全同"②。揚雄講"楚轉語也"、"猶齊言燬"是說"煤"和"燬"分別是"火"在楚、齊方言的音讀。"煤"、"燬"和"火"的字形差異，只是"火"在楚、齊方言和通語之間語音差異的一種表現。

又如：

《方言》11.12："蠅，東齊謂之羊。"

"蠅"[ʎĭəŋ]上古音爲余紐蒸部，"羊"[ʎĭaŋ]古音爲余紐陽部，二者雙聲，主要元音相近③。郭璞注："此亦語轉耳。今江東人呼羊聲如蠅，凡此之類皆不宜別立名也。"可見，郭璞對《方言》中存在溝通方言語音差異的材料是很清楚的。爲此，他提出"凡此之類皆不宜別立名"的意見。"不宜別立名"也就是應該把"羊"看做是

---

① 趙振鐸：《揚雄〈方言〉裏的同源詞》，載《語言文字學術論文集——慶祝王力先生學術活動五十周年》，知識出版社1989年版。
② 王寧：《音轉原理淺談》，載《訓詁與訓詁學》，山西教育出版社1994年版，第401頁。
③ 擬音據郭錫良：《漢字古音手册》（增訂本），商務印書館2010年版。

"蠅"在東齊的方音記録;"羊"和"蠅"的差異,不是語素差異,不能把"羊"看做是與"蠅"不同的另一個詞①。郭璞的意見是符合語言客觀實際的,我們在研究中也應該區分語音差異和語素差異。

第二,語素差異的溝通。這類條目的目的在於揭示方言與通語及其他方言中表達同一概念意義所用語言單位的語素差異。

拿普通話和現代漢語方言打個比方:普通話中"圓形中凹"的"炊事用具"叫做{鍋[guō]},而在閩南方言中則叫做{鼎[tiã²]}(聽起來像"嗲")。按照普通話和閩南話的讀音對應規則:{鍋[guō]}在閩南話中可讀作[e⁴⁴](聽起來像"婀",但不是炊事用的工具,而是"用煲煮或熬"的意思),而閩南話中的{鼎[tiã²]}在普通話中則讀作[dǐng](但在指稱"炊事用的工具"時,一般不單獨使用)。對於普通話和閩方言之間的這些音義對應關係,我們可以作以下兩種表達:

A. 鍋,閩南謂之婀;鼎,閩南謂之嗲。

B. 鼎,鍋也。閩南謂鍋曰鼎。

當然,這兩種表達的出發點是不同的。A條中之所以把"鍋"和"婀","鼎"和"嗲"溝通起來,是爲了說明同一個漢字在不同方言區的語音差異;不過,普通話中的"鍋"和閩南話中存在語音對應關係的"婀"在意義上却相去甚遠。同樣,普通話中的"鼎"和閩南語中的"嗲"雖然存在語音對應關係,意義也完全不同。這與上文趙振鐸所舉的"雞,溫州謂之孜,廣州謂之該,潮州謂之規,雞其通語也"是不一樣的。A條溝通的是普通話和閩南話中表示不同意義,但却可以用同一個漢字記録的兩個同形詞之間的語音對應關係。而趙振鐸所舉的例子,溝通的則是普通話和方言中表示同一意義也可以用同一個漢字記録的同義詞之間的語音對應關係。

基於以上的分析,A條表述不可能出現在《方言》中。因爲《方言》的編纂體例是在同一個母題,嚴格地說是在同一個概念意義下溝通不同方言及方言與通語所用的語言單位。這些語言單位可能只是在語音上存在對應差異,如趙振鐸所舉;也可能是概念意義相同,而語音形式和書寫形式完全不同的同義詞。不管是哪一種溝通,其基本前提是方言與通語中的語言單位表達同一概念意義。因此,上文所舉的材料在《方言》中只能是寫成B條,即"鼎,鍋也。閩南謂鍋曰鼎"。在這一表述中,"鼎"和"鍋"不存在語音對應關係,而是表達同一概念意義時閩南話與普通話的語素差異。

---

① 當然,郭璞在講"不宜別立名"時是帶有"正名"意識的。在操東齊語的人看來,{羊}(表{蠅}義)是一個獨立詞(名),只是這個詞與通語中的{蠅}的本質差異在語音上而不在語素上。

（二）《說文》同義異形對應詞關係的性質

許慎的《說文解字》以"六書"理論爲指導，利用形義統一原則，對小篆結構和本義進行說解。其目的在於"利用漢字的表意特點，用漢字的構形系統來解釋先秦經典的詞義，從而維護古文經學家的研究成果"①。《說文》在分析小篆字形結構和說解本義的過程中，也揭示了一批方言材料。

《說文》"引方俗語都百七十餘事"。從引述方言的目的來看，主要有以下幾種情況：

第一，解本義。

《說文·又部》："敊，楚人謂卜問吉凶曰敊。从又持祟，祟亦聲。讀若贅。"

《說文·土部》："埂，秦謂坑爲埂。从土更聲。讀若井汲綆。"

"敊"、"埂"下直接引述方言，"卜問吉凶"、"坑"即爲"敊"、"埂"之本義，"敊"、"埂"即爲記錄楚語、秦語之本字。

第二，明別義（引申）。

《說文·田部》："畎，境也。一曰陌也。趙魏謂陌爲畎。从田亢聲。"

馬宗霍："許君畎有兩義，以境也爲本義，以陌也爲別義，稱趙魏語在一曰之下，即所以證別義也。"

《說文·目部》："睇，目小視也。从目弟聲。南楚謂眄曰睇。"

段玉裁注："謂眄曰睇也。眄爲邪視，睇爲小邪視者，析言之，此渾言之。"馬宗霍："然則睇之與眄，析言有別，渾言可通，方語渾言之，乃本義之引申耳。"

第三，說假借。

《說文·女部》："媞，諦也。一曰妍黠也。一曰江淮之間謂母曰媞。从女是聲。"又："嫢，媞也。从女規聲。讀若癸。秦晉謂細爲嫢。"

馬宗霍："媞有三義，許君於此義以一曰別之，蓋說假借。"

《說文·虫部》："蛩，蛩蛩，獸也。一曰秦謂蟬蛻曰蛩。从虫巩聲。"

段玉裁注："方俗殊語也。蛩之言空也。"馬宗霍："許君以'蛩蛩，獸也'爲本義，下稱秦語，乃說假借。"

第四，證音讀。

《說文·食部》："餥，飢也。从食非聲。讀若楚人言恚人。"

---

① 陸宗達、王寧：《論章太炎、黃季剛的〈說文〉學》，載《訓詁與訓詁學》，山西教育出版社1994年版，第338頁。

王筠《說文句讀》："以俗語正讀,謂楚人言恚人,其詞似鈂也。非謂讀若志。"朱駿聲《說文通訓定聲》："恚人之詞有聲無字,許時則常語人共知也。今蘇俗如亥短言之。"

《說文·旡部》："㱇,屰惡驚詞也。從旡咼聲。讀若楚人名多夥。"

馬宗霍:"此引方俗語證音讀也。與五篇下食部鈂下'讀若楚人言恚人'同例。"

上文所析是以小篆字形分析和本義說解為中心進行的目的分類。從方言研究的角度看,每一種目的的方言引述都保存着寶貴的方言材料。"解本義"的方言引述不僅揭示了方言詞材料,同時還說明了這些小篆字形本為記錄該方言詞所造;"明別義"的方言引述在揭示方言詞的同時,還為我們點明了方言與通語同形詞之間的詞義關係;而"說假借"和"證音讀"的方言引述實際上也揭示了方言詞材料,只不過記錄這些方言詞所使用的文字形體與方言詞詞義沒有理據聯繫。

值得注意的是,《說文》所揭示的方言材料實際上也包含着方言及其與通語之間不同性質的差異。《說文》中某些小篆形體是為記錄不同地域的方言詞而創造的,如上文"解本義"所舉的"欶"、"埂"等;另外還有個別小篆形體是為記錄通語詞在某一地域的方音變體而創造的。章太炎在《文始》中將這類因方音流轉而另造他字的現象稱為"變易"。

《文始一·陰聲泰部乙》"乙"組:"《說文》:'乙,燕燕,玄鳥也。象形。'對轉寒變易為燕,玄鳥也,簡口、布翄、枝尾,象形。此二皆初文,語有陰陽,畫有疏密,遂若二文。"

《說文·燕部》:"燕,玄鳥也。簡口、布翄、枝尾,象形。凡燕之屬皆從燕。"《乙部》:"乙,玄鳥也。齊魯謂之乙。取其鳴自呼。象形。凡乙之屬皆从乙。鳦,乙或从鳥。"

馬宗霍《說文解字引方言考》:"燕、乙二文初造之時,音本無二,方語流轉,隨世而移,後人讀燕去聲,讀乙入聲。入聲視去聲為促……燕去而乙入,即章先生所謂語有陰陽。惟齊魯之地猶呼玄鳥為乙,如其自鳴之聲,故許君特著之者,蓋他方之語已轉而為燕,其音不與齊魯同,亦即不能如玄鳥自鳴之聲也。"

從聲音關係來看,"乙"上古屬影紐月部[1],"燕"上古屬影紐元部,二者雙聲對轉。章太炎認為:"觀夫言語遷變,多以對轉為樞,是故乙、燕不殊,冘、胡無

---

[1] 除轉引他人論述外,本書有關聲紐韻部的標注均以郭錫良《漢字古音手冊》(增訂本)(商務印書館2010年版)為準。

別。"①張永言認爲："'乙'（ǐĕt）與'燕'（ien）僅韻尾輔音發音方法小異，爲一聲之轉，可能只是方音的差別。"②

陸宗達、王寧將"因語音的差異而書寫另字，其實質仍爲一詞者"稱爲"方言轉語字"③。"方言轉語字"與記錄通語對應詞的字雖然不同，但它們實際上記錄的是同一個詞，字形的不同只是語音差異的表現。

綜上所析，《方言》、《說文》所揭示的方言同義異形對應詞中，既有方言詞及其與通語詞之間的語音差異，也有語素差異。前者是方音的不同，後者則是方語的不同。

三、語音差異與語素差異的關係

語音、詞彙、語法是語言的三大系統。方言之間的種種差異可以歸結爲這三個系統的差異，其中最容易被人察覺到的是語音方面的差異。在經過系統研究整理之前，方言間的語音差異首先表現爲具體音值上的差異。在經過系統的比較研究之後，具有親緣關係的方言及其與通語之間的語音差異是有對應規律的，音值差異背後反映的是音系的對應差異④。

方言間的語素差異表面上也是以語音差別的形式表現的，即不同方言用不同的語音形式表達同一意義。仔細分析不難發現，這些語音形式的差別與成對應規律的語音系統差異是不同的，語音形式差別背後實際上不是音系的差異，而是語素的差異。

以表達"奔跑"義的詞語爲例。閩方言中用{走₁}而普通話用{跑}。表面上看二者的語音形式是有差別的，閩方言中發[tsau⁵³]，普通話中發[pʻau²¹⁴]。但這種語音形式的差別在閩方言與普通話中並不構成系統對應。與閩方言[tsau⁵³]成系統對應的讀音應該是[tsou²¹⁴]，在普通話中對應的是表"行走"義的{走₂}。就三者之間的關係而言，閩方言中的{走}和普通話的{跑}構成同義異形詞的語素差異，而閩方言的{走}[tsau⁵³]和普通話的{走₂}[tsou²¹⁴]構成語音差異⑤。

我們這裏所說的"語音差異"不是指不同方言中表達同一意義而不具有語音對應規

---

① 章太炎：《章太炎全集》（七），上海人民出版社1995年版，第162頁。
② 張永言：《論上古漢語的"五色之名"兼及漢語和台語的關係》，載《語文學論集》（增補本），語文出版社1999年版，第181頁。
③ 陸宗達、王寧：《論章太炎、黃季剛的〈說文〉學》，載《訓詁與訓詁學》，山西教育出版社1994年版，第349頁。
④ 當然，由於方言的發展經歷了漫長的歷史，期間有不同方言甚至是不同語言的相互影響，因而彼此之間的語音對應關係往往是錯綜複雜的。
⑤ 周長楫將這類"詞形與普通話相同，詞義也大體上與普通話相似，只是語音形式上不同"的方言詞稱爲"對音詞"。（周長楫：《閩南話與普通話》，語文出版社1991年版，第129~130頁）

律的表面語音形式的差別，而是指不同方言（或方言與通語）發同一語素或詞語所產生的音值差異，以及這種音值差異背後所反映的音系對應差異。所謂"語素差異"是指不同方言（或方言與通語）表達同一個意義而選擇不同的構詞語素以不同結構方式構詞的差異。

方言間同義異形對應詞的語素差異與語音差異是兩種不同性質的差異。從表現差異的語音形式來看，語音差異是有規律成系統的語音對應差異，而語素差異的語音形式差別往往不符合語音系統間的對應規律。

不過，方言間的語音差異和語素差異也並非毫不相關。從歷史發展的角度看，方言間的語音差異可能向語素差異發展。董紹克在討論方言詞彙差異比較研究與其他學科的關係時指出：語音的變化會影響方言詞差異的形成，歷史音變和語流音變都可能形成方言詞彙差異[①]。

語音的變化不是一瞬間在所有地域所有人的語言中發生，不同地域的語音變化也不是完全的步調一致。因此，變化前後的語音形式可能共存於不同的方言區域，而各方言區又以此爲基點經歷漫長而繁複的語音演變。這是方言間語音差異形成的基本原因。

語言的融合和分化是同時進行的。隨着社會政治、經濟、文化等各方面交流的日益頻繁和人口的流動遷徙，在漢語發展的過程中，不少方言詞會被通語吸收，與通語中原來的對應詞成爲同義詞。這是古漢語同義詞形成的一個重要原因。值得注意的是，在被通語吸收的方言詞中，有一些原來只是由於方言語音差異而產生的方言音讀。這些方言音讀最早只反映方言與通語之間的語音差異，但當一個方言音讀由方言進入通語，成爲通語中對應詞的同義詞時，原來的語音差異就變成語素差異。這種方言音讀進入通語最初可能是由於方言語音差異的叠置。"一個方言向另一個方言吸收結構要素，產生文讀形式，這就在系統中出現了叠置。"[②]現代漢語方言中存在的大量文白異讀就是"叠置式音變"的結果。古今的音變在同一個語言系統中也會出現叠置，進而形成同義詞。如現代漢語中的"父—爸"、"怖—怕"、"母—媽"即屬於這種情況。

方言音讀最初與對應通語詞的意義是完全一致的，它進入通語後與原對應詞構成等義詞。但是在同一個語言系統中，絕對的等義詞是不存在的。在接下來的語言發展中，兩個等義詞在詞義、組合關係和使用場合等方面會逐漸出現差別，最終成爲通語中兩個並用的近義詞。但是在某一方言區中表達相同意義卻只選用其中的某一個詞。經過這一

---

① 董紹克：《漢語方言詞彙差異比較研究》，民族出版社2002年版，第26~32頁。
② 徐通鏘：《歷史語言學》，商務印書館1991年版，第350頁。

過程，方言音讀的叠置最終導致詞的分化，原來的語音差異成爲語素差異。

一個語音差異是否已發展成爲語素差異需要結合先秦兩漢文獻作具體的考察和分析後方能確定。如果一個方言音讀字（"方言音讀字指爲標記語詞的某種方言音讀而創造或借用的漢字"）和原詞（記錄字）一起出現在同一部文獻中，或者較爲經常地共同見用於同時代的不同文獻中，那麽我們可以判定該方言音讀已經被通語所吸收，分化成爲通語中的新詞。這個由方言音讀分化出來的新詞開始時與通語中的詞是完全同義的，但由於經常共用於書面語，所以在後來的發展中會在詞義和組合關係上出現某種差別。透過這種差別，我們可以進一步確定方言音讀是否已經産生詞的分化。如：

《方言》1.13：假、徦、懷、摧、詹、戾、艐，至也。邠唐冀兖之間曰假，或曰徦。齊楚之會郊或曰懷。摧、詹、戾，楚語也。艐，宋語也。皆古雅之別語也。今則或同。

趙彤、王彩琴認爲"假—徦"是漢代方言中存在語音差異的一組同義異形對應詞。王力《同源字典》亦以"kea假（徦）：keak格（徦）（魚鐸對轉）"爲同源字。華學誠《校釋匯證》："徦、格同音通用，假、假同音通用。假、徦魚鐸對轉，於'來'、'至'義實爲一詞。""假"、"徦"雙聲（同爲見母）對轉，古音相近。因此，華學誠認爲它們在"來、至"義上是同一個詞的不同方音變體。"假"、"徦"的雙聲對轉可能本出於方音異讀，但這種方音異讀很早就分别用不同的文字形體記録，並在書面語中使用。如：《詩·商頌·玄鳥》："四海來假，來假祁祁。"鄭玄箋："假，至也。"《書·舜典》："帝曰：格汝舜，詢事考言，乃言厎可績。三載汝陟帝位。"孔傳："格，來。"在漢代，"徦（假）"、"徦（格）"仍然並用於書面語中。《史記·司馬相如列傳》："乘虛無而上假兮，超無友而獨存。"裴駰集解引徐廣曰："假，至也。"《淮南子·時則訓》："行春令，則蟲螟爲敗，暴風來格，秀草不實。"結合文獻使用情况，我們認爲，至少在兩漢的書面語中"徦（假）"和"徦（格）"是作爲兩個不同的詞並用的。揚雄指出"邠唐冀兖之間曰徦，或曰徦"並不是説表"來、至"義的同一詞在"邠唐冀兖之間"存在着兩種方言音讀（有的學者認爲，大的一個方言區內還可能存在小的次方言區之間的語音差別），而是説該方言區域可以選用兩個同義詞中的任意一個來表達"來、至"義。因此，"徦（假）"和"徦（格）"雖然從歷時的角度看可能存在音轉關係，但是到了秦漢時期，這種方言間的語音差異，應該已經發展成語素差異了。

四、區分語音差異與語素差異的意義

之所以要提出方言間語音差異和語素差異的區別，除了考慮到這兩種差異有本質的區別之外，對於歷史方言的研究，這一區分還具有以下兩個方面的意義。

1. 有助於深入認識漢字與漢語的關係及漢語詞語的同一性

漢字不僅用於記錄不同時代的漢語，而且用於記錄不同地域的漢語方言。劉師陪《新方言·序》："方言既雜，殊語日滋。或義同而言異，或言一而音殊。乃各本方言，增益新名，或擇他字以為代。"所謂"義同而言異"是指方言之間表達同一意義使用不同的詞語，是方言間的語素差異。所謂"言一而音殊"是指同一詞語在不同方言中有不同的語音形式，是方言間的語音差異。為了記錄這些差異或"增益新名"，或"擇他字以為代"；既可以製造新的文字形體來滿足記錄需要，也可以借用已有的文字來記錄這些差異。這就使得漢字與漢語的關係以及漢字的形音義關係變得更加錯綜複雜。對於發生音轉的方言語音差異而言，有"音即轉而形變更"者，則不同方言中"一義不一字"；有"音轉而形不變者"，則不同方言中"一字不一音"。

由於沒有現代語言學的標音符號系統，揚雄和許慎只能使用不同的文字來描寫和記錄方言間的語音差異。因此，同一個詞語在方言中發生的語音變轉在書面文獻中就表現為用字的不同，即"字隨音異"。對於用"字隨音異"來記錄方音差異的做法，學者們有不同的意見：

《方言》："蠅，東齊謂之羊。陳楚之間謂之蠅。自關而西秦晉之間謂之蠅。"

郭璞《方言注》："此亦語轉耳。今江東人呼羊聲如蠅。凡此之類皆不宜別立名也。"

戴震《方言疏證》："案，蠅、羊一聲之轉，羊可呼蠅，蠅亦可呼為羊。方音既異，遂成兩名，書中皆此類，注以為不宜別立名，非也。"

錢繹《方言箋疏》："注云：此亦語轉，今江東人呼羊聲如蠅者，《說卦傳》'為羊'，鄭本作'陽'。《逸周書·皇門解》云：'乃維有奉狂夫，是陽是繩。'孔晁注云：'言陽舉狂夫以為上人。'莊十四年《左氏傳》云：'繩息媯以語楚子'，猶言譽揚息媯之美以告楚子也。《呂氏春秋·古樂篇》云：'周公旦乃作詩以繩文王之德'，猶言作詩以頌揚文王之德也。羊、陽、揚、繩、蠅古聲並同，揚之轉為繩，猶蠅之轉為羊矣。又云：凡此之類皆不宜別立名。此說非也。蓋音隨地異，遂成兩名，書中此類，十居七八，如郭所言，則方言之作皆為不必，何煩更為之注耶？"

首先必須明確的是，郭璞講"不宜別立名"的"名"是指"字"。即只是聲音稍有變轉的方言詞不宜用另外一個字來記錄。因爲這樣做會使人們被文字所束縛，認爲文字的不同即代表語素的差異。爲此，他從語音上考察方言詞語間的相互關係，對使用漢字記錄漢語方言提出了自己的看法：

《方言》5.33：牀，齊魯之間謂之簀，陳楚之間或謂之第。其杠，北燕朝鮮之間謂之樹，自關而西秦晉之間謂之杠，南楚之間謂之趙。（趙當作桃，聲之轉也。中國亦呼杠爲桃牀，皆通語也）

郭璞認識到"桃"（定紐宵部）和"趙"（定紐宵部）是"聲之轉"。因此，他本着"不宜別立名"的立場指出"趙當作桃"。即用"趙"雖然可以更爲準確地記錄南楚之間的語音，但"趙"實際上是"中國""通語""桃"的聲轉，嚴格來講，南楚之間與"北燕朝鮮之間謂之樹，自關而西秦晉之間謂之杠"相對應的方言詞是"桃"。

相反地，戴震和錢繹認爲"方音既異"、"音隨地異"而"遂成兩名"是應該的。因爲這樣能夠充分利用文字形體來記錄方言間由於聲音變轉而產生的語音差異。雙方立場不同，因此持論各異，實際上並沒有絕對的對錯之分。

不過如上文所析，方言的語音變轉可能形成語素差異。因此，表達同一意義且具有音轉關係的不同文字形體之間到底是語音上的差異還是語素上的差異值得深入討論。郭璞之所以主張"不宜別立名"是考慮到這種語音差異並沒有造成語素差異，方音雖異，但只是同一個詞語在不同方言中的不同語音形式。從這個角度講，語音差異與語素差異的區別是對詞的同一性的判斷。

事實上，對於《方言》和《說文》中具有音轉關係的同義異形對應詞的不同文字到底記錄的是同一個詞的兩種不同讀音或者是兩個詞，現代的學者也有不同的看法：

《方言》1.28：逢、逆，迎也。自關而東曰逆，自關而西或曰迎、或曰逢。

華學誠《校釋匯證》："按：逆、迎疑母雙聲，陽鐸對轉，一詞也；其音稍異，關東西方音之別也。""逆"和"迎"的古音相近，華學誠認爲是一個詞在關東和關西的不同語音形式。對於這條材料，張博認爲：迎、逆"聲母相同，韵部陽鐸對轉，最初當是同一詞位的方音變體。但不論揚雄還是許慎，儘管指明'迎'、'逆'的意義相同，只是通行區域有所不同，可都把它們視爲兩個獨立的詞。原因是，在'迎接'這個義位上，可以和'迎'搭配的詞不一定都能和'逆'搭配，反之，可以和'逆'搭配的詞也不一定和'迎'搭配。……顯然，在'迎接'這個義位上'迎'的組合能力比'逆'強，這是因爲'逆'有一個重要的引申義，即拂逆、背叛，它在很多組合中可能會干擾

'迎接'義位，致使産生歧義。……'迎'和'逆'在迎接義位上不同的組合能力和不完全對應的詞義系統顯示出它們早已各自爲詞。對這類詞絕不應再視爲方音變體，而應視爲音轉同族詞。"①

《方言》3.18：迨、遝，及也。東齊曰迨，關之東西曰遝，或曰及。

"迨"古音定母之部，"遝"古音定母緝部，聲紐相同，韵母的主要元音相同，有雙聲和韵部通轉的關係。張博認爲"最初當爲一詞的方音變體。但古文獻中在'及至'這個義位上，它們的出現頻率都比較高。純粹的方言音讀一般很難進入通語，比如文獻中從未發現用'羊'指稱'蠅'……的語例，因此，那些與通語詞有語音聯繫的方言音讀，如果在以通語爲基礎的書面語中有比較豐富的用例，一般不宜再將其看作純粹的方言音讀字，而應視爲獨立的詞。"②我們認爲這種處理意見是可取的，也是符合語言事實的。本條中"迨"和"遝"應該看作是語素差異，一個是東齊方言詞，一個是關之東西方言詞。

從以上的分析可以看到，不同學者判定詞的同一性的出發點和所持標準是不同的，得出的結論也就大相徑庭。華學誠立足於考察方言以及方言與通語之間的古音遠近，尋找方言間表達同一意義的不同語言單位所反映的語音對應規律，強調不同方言中同義對應的語言單位在來源上實爲一詞③。而張博則立足於考察同義語言單位在以通語爲基礎的書面語中的使用情況，在承認這些不同的語言形式最初實爲一詞之方音變體的同時，強調不同語言形式在共時書面語中的獨立性。

每一個詞在語言中都有其發展的歷史，對待詞的同一性問題也應該有歷史的眼光。蘇聯語言學家斯米爾尼兹基在談到詞的同一性問題時提出了"詞的歷史同一性"即詞在歷史發展過程中的同一性問題。他指出："在區別詞在詞源上的同一性及其在當代的同一性（現實中的同一性）時應該注意一點，即爲了得到關於該詞發展的完整印象就必須對這兩者都加以注意。如果說現代俄語中的пopox及пpax是一個詞那就不對了，因爲這是把過去與現在相混淆，這是僞歷史主義，是對詞的同一性的形而上學的理解。但是把它們看成是兩個獨立的毫無聯繫的詞也是不全面的，從而整個說來也是不正確的。真正的歷史的態度就應該把這些單位看成這種樣子：過去是一個詞，而現在已成爲兩個詞。這是因爲它們的過去是同一的，而它們的現在則不是同一的。所以在更一般和更深

---

① 張博：《漢語同族詞的系統性與驗證方法》，商務印書館2003年版，第70~71頁。
② 張博：《漢語同族詞的系統性與驗證方法》，商務印書館2003年版，第71頁。
③ 關於《揚雄方言校釋匯證》中對"詞的同一性"的處理，汪維輝提出了一些質疑和值得深入思考的問題。（汪維輝：《〈揚雄方言校釋匯證〉讀後》，載《燕山大學學報（哲社版）》2009年第3期）

刻的意義上來講，不僅它們詞源上的同一性，而且它們在現實中的非同一性也都是一種歷史性現象。"①

蔣紹愚在《古漢語詞彙綱要》中對詞的歷史同一性問題也作了精要的討論。他指出："從歷時的角度看，同一個詞在語言的不同歷史時期，音和義都會有變化。只要它的讀音變化符合語音發展的規律，意義古今有歷史的聯繫，就是一個詞。"而以下的幾種情況則應該看作是兩個詞："（1）有的詞，如'父'和'爸'、'無'和'嗎'，從歷史演變的角度看，應該是同一個詞，後者是由前者發展來的。但是，由於它們共存於某一語言平面中，在這個平面上它們還應該說是兩個詞。（2）有的詞，如'刻削'的'刻'和'一刻鐘'的'刻'，從歷史發展來看，詞義是有聯繫的，開始時應該認爲是一個詞的兩個義項。但發展到今天，人們一般已經意識不到它們意義的聯繫了，所以應該看做兩個詞。（3）……有的字古今相同，但它所表示的意義截然不同，而且找不到任何歷史的聯繫，如'找'，古代是'划'的異體字，現代是'尋找'。'綢'，古代是'綢繆'之義，現代是'綢子'。'搶'，古代是'碰撞'，現代是'搶奪'。既然它們的意義毫無關係，就不應該看做一個詞，而應該看做兩個完全不同的詞，只是湊巧用了同一個書寫形式罷了。"②

從語音差異向語素差異轉變需要經歷一個歷史過程，期間有一個階段到底是語音的差異還是語素的差異可能很難斷定。不過我們認爲，將詞的歷史同一性和共時同一性區分開來是必要的，特別是當我們的研究是立足於一個相對共時的平面時。因此，本書在判定詞的同一性的標準上，較多地吸收張博的意見③。

2. 有助於我們對方言語音差異的認識和運用

區分同義異形對應詞之間的語音差異和語素差異，不僅可以深化對詞的同一性問題的認識，而且有益於我們對這些語音差異的理解和運用。

語音差異是不同方言語音系統的對應差異，不同的語音形式只出現在各自的方言系統中；語素差異則不同，不同方言表達同一意義的不同語言單位可能在同一個語言系統中（特別是在漢語書面語中）共存，這些不同的語言單位在不同的方言系統中有各自對應的語音形式，而它們在同一個語言系統中又有彼此的語音形式。以"父—爸"、"母—媽"、"迎—逆"爲例④（如表2.19）：

---

① [蘇] 斯米爾尼茲基：《關於詞的問題（詞的同一性問題）》，載《語言學譯叢》1959年第1期。
② 蔣紹愚：《古漢語詞彙綱要》，商務印書館2005年版，第34頁。
③ 張博：《漢語同族詞的系統性與驗證方法》，商務印書館2003年版，第68~71頁。
④ 上古和中古的擬音參考郭錫良：《漢字古音手册》（增訂本），商務印書館2010年版。

表2.19

廈門話	?〈[bǐwa]父〈[pa]爸〈[pe²²]爸
普通話	?〈[bǐwa]父〈[pa]爸〈[pA⁵¹]爸
普通話	?〈[bǐwa]父〈[bǐu]父……〈[fu⁵¹]父
廈門話	?〈[mə]母〈[məu]母〈[bu⁵³]母
普通話	?〈[mə]母〈[məu]母〈[mu²¹⁴]母
普通話	?〈[mə]母〈[ma]媽……〈[mA⁵⁵]媽
普通話	?〈[ŋiǎk]逆〈[ŋǐɐk]逆〈[ni⁵¹]逆
廈門話	?〈[ŋiǎk]逆〈[ŋǐɐk]逆〈[niak]逆
普通話	?〈[ŋiɑŋ]迎〈[ŋǐɐŋ]迎〈[iŋ³⁵]迎
廈門話	?〈[ŋiɑŋ]迎〈[ŋǐɐŋ]迎〈[gia⁻²⁴]迎

"父—爸"、"母—媽"、"逆—迎"最初可能都是同一詞語在不同時代或不同方言中的語音變轉，反映的是古今或方言的語音差異。但當可能存在的語音差異發展成爲語素差異時，"父"和"爸"、"母"和"媽"、"迎"和"逆"在通語中有各自的語音形式，在方言與通語之間它們彼此並不構成語音對應，而"爸"、"母"、"迎"、"逆"分別在方言與通語之間形成對應差異。

語音差異是具有親緣關係的方言或方言與通語之間的語音對應關係，是歷史比較語言學研究的重要材料。從歷史比較語言學的研究思路來看，同一語音系統中的語音關係和不同語音系統中的語音關係應該是有所區別的。當我們利用語音差異來構擬原始語的時候，通語中的"父—爸"、"母—媽"、"迎—逆"雖然存在語音差異，但由於它們處於同一個語音系統中，因此，比較的價值遠遠不如廈門話與普通話之間"爸"、"母"、"迎"、"逆"分別形成的語音差異。

對漢語研究來說，區分這兩種不同性質的差異，還有助於我們採用不同的有針對性的方法開展研究。對於兩漢方言同義異形對應詞的語音差異，我們要通過歸納和比較總結出歷史方言之間語音差異的狀況，探索漢語歷史方音的音系，並進而討論更早時期的漢語語音系統面貌。對於同義異形對應詞的語素差異，我們主要考察這些詞語語素差異的情況及其產生的原因，並通過歷史考察探討方言及其與通語之間的詞彙接觸[①]。

[①] 李如龍："區別兩種不同性質的方音異讀（按：指"別義"的文白異讀和"非別義"的文白異讀）是十分重要的，因爲研究語音現象和詞彙現象有不同的方法。作爲語音現象，或者是古今音的流變或方言和共同語語音的共變，用的是音韻學的方法；或者是聯合音變，用的是語音學的方法。作爲詞彙現象，主要是考察詞彙衍生的過程和途徑，用的是訓詁學和語義學的方法。"（李如龍：《漢語方言的比較研究》，商務印書館2001年版，第50頁）

第三章 同義異形對應詞的差異

第一節 語音差異

一、語音差異的歷史關注——轉語

1. 揚雄的"轉語"、"語之轉"①

學者們認爲,揚雄已經注意到方言同義對應詞之間的語音差異,並用"轉語"、"語之轉"來指稱同義對應詞之間的語音差異。許威漢指出:"在許多情況下,方言詞彙的差異實際上只是語音的對應關係。同是一個詞,在不同的方言裏,有不同的語音形式。《方言》是注意到這種現象的。它把這種現象叫做'轉語'。"②何九盈也認爲:"揚雄已經敏銳地覺察到,某些方言詞的區別是方音不同造成的,他把這種情況稱之爲'轉語'。""所謂'轉語'是指兩詞聲母相同,或韻相同,或聲韻相近,它們在意義上是相同的,是同一詞的不同寫法。"③

我們先將揚雄指明爲"轉語"或"語之轉"的具體材料列如表3.1:

---

① 王智群認爲揚雄在《方言》中還使用了"猶"、"若"、"代語"、"古今語"等形式來說明不同方言詞在語音和詞義上的緊密聯繫。參見王智群:《〈方言〉與揚雄詞彙學思想研究》,華東師範大學博士學位論文,2007年,第106~109頁。
② 許威漢:《訓詁學導論》(修訂版),北京大學出版社2003年版,第158頁。
③ 何九盈:《中國古代語言學史》,廣東教育出版社2000年版,第54~55頁。

表3.1

組別	轉語詞	古音	古音關係	方言區域	《方言》表述	出處
1	鋌	定耕	旁轉①	南楚	語之轉	3.49
	空	溪東		——		
2	煤	曉歌	雙聲旁轉②	楚	轉語	10.06
	火	曉微				
3	蠣蝓	章屋 余侯	上：雙聲對轉 下：旁紐疊韻③	自關而東趙魏之郊	語之轉	11.16
	侏儒	章侯 日侯		——		
4	支	章支	上：準旁紐④ 下：旁紐旁轉	南楚	轉語	10.09
	註	端侯				
	詀	端談				
	譴	定支				
5	繰	心月	？⑤	南楚	轉語	10.43
	端	端元				
	紀	見之				
	末	明月				
6	倯	心東	疊韻⑥	？	轉語	3.47
	庸	余東				

　　從上表可以看到，互爲"轉語"、"語之轉"的兩個詞語的古音大多具有聲韻上的相同或相近關係（除第5組外）。就"轉語"所溝通的兩個語言單位的性質來看，"轉語"、"語之轉"有時候用於指稱方言與通語之間的音近關係，如第1、2、3組；有時候則指某一方言中不同説法的音近關係，如第4、5組；此外還有未指明確切方言區域的，如第6組。從"轉語"的意義關係來看，有的"轉語"與相應的詞語具有相同的基本意

---

① 何九盈："鋌，耕部；空，東部。二字韻相近。"（何九盈：《中國古代語言學史》，廣東教育出版社2000年版，第55頁）
② 何九盈："'火'、'煤'、'焜'三字爲雙聲；'火'、'焜'歸微部，'煤'歸歌部，微歌旁轉。"（何九盈：《中國古代語言學史》，廣東教育出版社2000年版，第55頁）
③ 何九盈："'蠣蝓'是'侏儒'的音轉。鼇，端母；蠣、侏，章母。端章二母相近。鼇、蝓、儒，都屬侯部，三字韻部相同。"（何九盈：《中國古代語言學史》，廣東教育出版社2000年版，第55頁）
④ 華學誠《揚雄方言校釋匯證》："揚雄云'轉語也'，乃指'支註'與'詀譴'之關係。支，古音章母支部；註，古音端母侯部。詀，古音端母談部；譴，古音定母支部。'支'與'詀'、'註'與'譴'準雙聲。"
⑤ 此組"轉語"，戴震《方言疏證》、錢繹《方言箋疏》均未作疏證。
⑥ 何九盈："'庸'、'倯'疊韻……庸、倯在遠古時代可能爲復聲母。庸爲喻四、倯屬心母，遠古當爲S詞頭。"（何九盈：《中國古代語言學史》，廣東教育出版社2000年版，第54頁）

義，如："㷉—火"、"支註—詀䜋"；有的"轉語"與相應的詞語具有意義聯繫，但詞義並不完全相同，如："鋌—空"、"蠾蝓—侏儒"①。

從詞義的引申系列來看，互爲"轉語"的詞語有些是本義相同，有些則是引申義相同。如："端"的本義是"頂端"，後引申有"端緒、頭緒"義；"紀"的本義是"清理絲緒"，後引申指事物的"端緒、頭緒"；"末"的本義是"樹梢"，引申而有"端緒、頭緒"義②。由此可見，具有共同意義的"轉語"其本義或有差別，這些詞語的來源也有所不同。它們只是具有音近關係的方言同義詞，不一定是同一詞語在不同方言中的語音變轉。

綜上所析，揚雄的"轉"是對語言單位之間所具有的音同音近關係的指稱。"轉語"是指在不同方言或同一方言中具有相同義位或存在意義聯繫，並且在語音上具有相近關係的詞語。"轉語"可能是與通語詞或其他方言詞存在語音對應關係的同一個詞語在方言中的不同語音形式（如"火—㷉"）；也可能是方言中語音偶然相近的同義詞（如"端—紀—末"）；甚至只是具有意義聯繫、語音相近的非同義對應方言詞（如"蠾蝓—侏儒"）③。

從揚雄調查方言的實際過程來看，他對方言詞之間的語音對應差異應該有比較直觀的感受。但由於他的主要目的不在研究方音，因此，並沒有使用專門的術語來指稱方言間的語音對應差異。一方面，"轉語"、"語之轉"不是專門用來指稱方言詞之間的語音對應差異的；另一方面，還有許多實際上是方言詞之間語音對應差異的現象並沒有使用"轉語"、"語之轉"指稱④。"轉語"、"語之轉"的使用，只能說明揚雄對方言

---

① 劉世俊、張博認爲："'鋌'只指空盡，與兼表空盡、空虛、空洞、空曠等義的'空'在詞義上有所不同。""'蠾蝓'爲短蟲，'侏儒'爲短人，二者特徵相同，本質相異。"（劉世俊、張博：《說"轉語"》，載《寧夏社會科學》1993年第5期）華學誠《校釋匯證》："蠾蝓之言侏儒也，以其身短取名也。""揚雄云：'鋌，空也，語之轉也。'此指義轉，非音轉。"

② 《說文·耑部》："耑，物初生之題也。上象生形下象其根也。"段注："題者，額也。人體額爲最上，物之初見即其額也。古發端字作此，今則端行而耑廢，乃多用耑爲專矣。"《說文·糸部》："紀，絲別也。"段注："'別絲'各本作'絲別'。《棫樸》正義引：'紀，別絲也。'又云：'紀者，別理絲縷。'今依以正。'別絲'者，一絲必有其首，別之是爲紀；衆絲皆得其首，是爲統。'統'與'紀'義互相足也，故許不析言之。"《說文·木部》："末，木上曰末。"

③ 鍾如雄認爲：揚雄的"轉語"包括了"音轉""形轉""義轉"。"'轉語'的本質是'轉'，故揚雄也稱'語之轉'。……'轉語'就是漢語的古語與今語之間，共同語與方言之間可以相互替換的字詞，所以揚雄也稱'代語'。"（鍾如雄：《"轉語"方法論》，載《西南師範大學學報（社科版）》2003年第6期）我們認爲：具有相同的義項是兩個"轉語"得以對立的基本前提，而具有形體關聯的"形轉"只是"轉語"在書寫形式上的表面關聯。二者之所以稱"轉語"，均在於揚雄看到了它們具有共同的語音變轉。

④ 當然，這裏的結論只是就《方言》中的"轉語"和"語之轉"材料所展開的分析和討論。何九盈："在《方言》一書中，有不少未注明爲'轉語'的，事實上也存在語音上的聯繫……"（何九盈：《中國古代語言學史》，廣東教育出版社2000年版，第55頁）對於這些隱含的方音材料，下文討論"標音材料"時再作分析。

詞之間語音差異有所認識，並力圖對這些語音差異的產生作出解釋。"轉語"不能簡單地等同於方言及其與通語之間同義異形對應詞的"語音差異"。

2. 郭璞的"語轉"、"聲之轉"

郭璞在《方言注》中使用"語轉"3次，"語聲轉"1次，"聲轉"、"聲之轉"12次。現將各組材料列如表3.2[①]：

表3.2

組別	轉語詞	古音	古音關係	方言區域	郭注表述	出處
1	苗	溪屋	雙聲韻轉	宋魏陳楚江淮之間	楚語聲轉	5.28
	麹	溪覺				
2	怐	溪侯	雙聲韻轉	吳越	語楚聲轉	7.28
	巧	溪幽				
3	蠅	余蒸	雙聲韻轉	——	語轉	11.12
	羊	余陽		東齊		
4	假	見魚	疊韻聲轉	秦晉之間	語聲轉	1.12
	夏	匣魚				
5	奘	從陽	疊韻聲轉	秦晉之間		
	壯	莊陽				
6	京	見陽	疊韻聲轉	燕之北鄙齊楚之郊		
	將	精陽				
7	[蘆][②]	清魚	疊韻聲轉	[——]	語轉	3.08
	蕠	心魚		江淮南楚		
8	鏊	清宵	疊韻聲轉	燕之東北朝鮮洌水之間	聲轉	5.24
	㼕	透宵		趙魏之間		
9	挐	泥魚	疊韻聲轉	宋魏之間	語轉	5.25
	疏	山魚				
10	鵀	日侵	疊韻聲轉	自關而東	語楚聲轉	8.09
	南	泥侵		東齊海岱之間		

---

① 此外，在《爾雅注》中使用"語之轉"2次，"語轉"1次，"語聲轉"1次，"語之變轉"1次。在《山海經注》中使用"語聲轉"1次：

《爾雅·釋詁》："卬、吾、台、予、朕、身、甫、余、言，我也。"郭注："卬猶姎也，語之轉耳。"

《爾雅·釋親》："夫之兄為兄公。"郭注："今俗呼兄鐘，語之轉耳。"

《爾雅·釋器》："不律謂之筆。"郭注："蜀人呼筆為不律也。語之變轉。"

《爾雅·釋草》："葒，蘢古，其大者蘬。"郭注："俗呼紅草為龍鼓，語轉耳。"

《爾雅·釋鳥》："鸋鴂，戴鵀。"郭注："鵀即頭上勝，今亦呼為戴勝。鸋鴂猶鶪鴂，語聲轉耳。"

《山海經》："共工臣名曰相繇。"郭注："相柳也，語聲轉耳。"

② 表中加"［ ］"號的詞語或方言地區分布代表該詞語未在揚雄《方言》中出現或為郭注所言晉代方言地域分布。

續表

組別	轉語詞	古音	古音關係	方言區域	郭注表述	出處
11	蔫	匣歌	疊韻聲轉	——	聲之轉	3.06
	訛	疑歌				
	化	曉歌				
12	子	精之	疊韻聲轉	——	聲之轉	10.04
	崽	心之		湘沅之會/東齊		
13	[憨]	曉談	疊韻聲轉	[——]	聲之轉	10.36
	湴	匣談		沅澧之間		
14	獪	見月	聲韻皆轉	秦晉之間	聲之轉	2.35
	蔫	匣歌		楚鄭		
15	[倦]	群元	聲韻皆轉	[——]	聲之轉	13.37
	瘃	曉月		——		
16	[痴]	透之	聲韻皆轉	[——]	聲之轉	10.05
	[咨]	精脂		[江東]		
17	譁	疑魚	聲韻皆轉	——	聲之轉	3.06
	化	曉歌				
18	[桃]	定宵	聲韻皆同	[——]	聲之轉	5.33
	趙	定宵		南楚之間		

就"聲轉"、"語轉"所溝通的兩個語言單位的性質來看，有的是方言與通語之間的語音變轉，如第3、12組；有的是某一方言內的語音變轉，如第1、2、4、5、6、9組。

郭璞在《方言注》中使用"語轉"、"聲轉"並不限於對揚雄《方言》中方言語音變轉的揭示，而且還注意晉代方言的實際情况，對晉代方言與通語的語音變轉進行揭示。如：

《方言》3.08：蔌、芥、莽，草也。（《漢書》曰：樵蔌而爨。蔌猶蘆①，語轉也）江淮南楚之間曰蔌，自關而西或曰草，或曰芥。【蘆（？）—蔌（江淮南楚之間）】

《方言》10.36：湴，或也。（酒酣）沅澧之間凡言或如此者曰湴如是。（此亦憨聲

---

① 宋本"蘆"作"蔖"。王念孫手校《方言疏證》於"蘆"旁點墨記，於天頭墨注"蔖"字。《廣雅·釋草》："蔖，草也。"王念孫《疏證》引郭注字亦作"蔖"。周祖謨《方言校箋》："蔖乃枯草之名，與蔌音義相似，故郭云語轉。蘆者葦也，與蔌不類，不得謂之語轉。""王氏校本蘆作蔖是也。蔌、蔖形近而訛。"華學誠："當據王、周校改'蘆'作'蔖'。"論此條語轉者，多據宋本以"蔌"爲"蔖"之語轉，今依王念孫、周祖謨意見，以"蔌"爲"蔖"之語轉。

之轉耳。①）【憖（？）—湘（沅澧之間）】

《方言》10.05：諜，不知也。（音癡眩。江東曰咨，此亦癡聲之轉也）沅澧之間凡相問而不知答曰諜，使之而不肯答曰吂。䛢，不知也。【癡（？）—咨（江東）】

《方言》13.37：瘵，極也。（巨畏反。江東呼極爲瘵，倦聲之轉也）【倦（？）—瘵（江東）】

其中"薸"、"憖"、"癡"、"咨"、"倦"均未見於揚雄《方言》，且"咨"爲晉代江東方言詞。

由此可見，郭璞的"聲轉"、"語轉"主要用於揭示方言之間或方言與通語之間的語音變轉。這其中既有揚雄《方言》中沒有說明的音轉，也有郭璞從他當時的方言中發現的音轉②。後者是他從晉代方言中可以直接感受到的方音差異，前者則可能是漢代方言語音差異在晉代方言中仍有所保存。也就是說，郭璞是結合當時的方言語音差異情況來爲《方言》作注的。

郭璞不僅使用"讀曰、讀若、音如、聲如、音同、音近"及直音、反切等多種方式爲《爾雅》、《方言》注音，同時特別關注當時的方言語音變化。如：

10.02：曾、訾，何也。湘潭之原荊之南鄙謂何爲曾，或謂之訾。（今江東人語亦云訾，爲聲如斯）若中夏言何爲也。【訾：精支—斯：心支】

3.09：蘴、（舊音蜂，今江東音嵩，字作菘也）蕘，蕪菁也。陳楚之郊謂之蘴，魯齊之郊③謂之蕘，關之東西謂之蕪菁。【蘴：滂東—嵩：心冬】

8.04：雞，陳楚宋魏之間謂之䳶鴟。桂林之中謂之割雞，或曰鷄。北燕朝鮮洌水之間謂伏雞曰抱。爵子及雞雛皆謂之鷇。（恪遘反。關西曰鷇，音顧）其卵伏而未孚始化謂之涅。【鷇：溪屋—顧：見魚】

湘潭之原荊之南鄙方言中的"訾"，到了晉代的江東方言中"聲如斯"；陳楚方言"蘴"本音"蜂"，而在晉代江東方言中則音"嵩"；"鷇"在通語中音"恪遘反"，而在晉代的關西方言則音"顧"。這些方言語音的變轉藉由郭璞的注音才得以揭示和顯

---

① 戴震《方言疏證》："或、湘一聲之轉。……'此亦憖'三字有舛誤。湘、憖語輕重異耳，當是亦言憖。《廣韻》：'䛢，江湘人言也。''言'下應脫一'或'字。"此處主要討論郭璞的"語轉"、"聲轉"，我們認爲郭注此處指的是"憖"與"湘"有語音變轉關係。

② 前文所舉郭璞在《爾雅注》《山海經注》中也使用了"語之轉"、"語轉"、"語聲轉"。這幾處使用中，除了"妭—𩳁"、"柳—騮"兩組無法確定其是否爲方言俗呼的音轉之外，其他的幾組如："筆—不律"、"鴟鴞—鸋鴂"、"兄—鍠"、"蠱古—龍鼓"都是指方言或俗呼與通語的音轉。

③ 華學誠《校釋匯證》："陳楚之郊。周祖謨《方言校箋》：'《倭名類聚抄》卷八"蔓菁"條引作"陳宋之間"，《禮記·坊記》鄭注云："葑，蔓菁也。陳宋之間謂之葑。"亦云"陳宋"。'按：慧琳《一切經音義》卷五二'菘菁'條引、《集韻·東韻》'蘴'字下引並作'陳楚'，與宋本同，今仍其舊。"

現①。從這一點來看,郭璞對晉代方音的記錄是相當自覺的。

郭璞所揭示的"聲轉"、"語轉"詞語在古音關係上有雙聲韻轉、疊韻聲轉、聲韻皆轉及聲韻皆同四種情況。董志翹認爲郭璞注中"言'聲轉'者都是雙聲的關係,韻部不同;而言'語轉'者都是疊韻的關係,聲類不一"②。通過上文分析,可以發現郭注中的"聲轉"不一定是雙聲的韻轉,而"語轉"也不一定是疊韻的聲轉,"聲轉"與"語轉"的區別並不在於表示聲母或韻母的不同變轉。總體上來講,郭璞的"語轉"、"語聲轉"、"聲轉"、"聲之轉"旨在說明聲音的變轉,並不嚴格區分聲轉和韻轉。

從"語轉"、"聲轉"所揭示的兩個或幾個語言單位的意義關係來看,由於缺少文獻用例,"聲轉"和"語轉"詞的意義只能通過《方言》及郭注來把握。大部分"聲轉"、"語轉"與其相對應的語言單位意義是相同的。如:"蠅—羊"、"苗—麳"、"鏊—䤸"、"渠挐—渠疏"、"戴鳶—戴南"、"子—崽"、"倦—㺒"、"桃—趙"。

從以上的分析來看,郭璞所使用的"聲轉"和"語轉"主要是用於揭示同一詞語在方言及其與通語之間的語音差異。與揚雄的"轉語"和"語之轉"相比,它具有更強的區別方言及其與通語之間語音差異的自覺性。由於去古未遠,方言間的這些語音差異是他在方言調查中或結合當時方言語音情況可以感受到的③。

3. 清代《方言》注疏中的轉語

清代學者去古已遠,無法像揚雄、郭璞那樣通過調查和比較漢晉活語言來獲得當時方言語音差異的直觀感受和直覺認識。但他們對先秦兩漢傳世典籍和訓詁材料中轉語現象的抉發在數量上卻遠遠超過了前代學者。

清代學者在注疏《方言》、《說文》、《廣雅》等小學專書和其他文獻時,注重對同義詞之間形音義關係的綜合考察,利用上古音研究的成果,進一步揭示音轉材料。這些音轉已經不僅僅局限於《方言》或《說文》所揭同義異形對應詞,而是突破了古今語

---

① 王國維《書郭注〈方言〉後一》:"郭景純於《爾雅》有注、有音,而注中之音則專爲今語而作,前篇既詳之矣。其於《方言》,則音即在注中,體例與音義爲近,其音有爲本文作者,有爲注作者,可一一分別之。蓋所音之字惟見注中而不見於本文者,此音爲注作而不爲本文作,固不待言。即其字並見本文及注中,而其音在注所引今語下,則其音實兼爲注作而不徒爲本文作。蓋注中所出之語,本有音無字者也,景純以其音及義擬之,而以當古之厶(某)字,故必存其音。而古語之音亦可由此音推之,固與注《爾雅》之旨同也。""至今語之音與古語相近而微有別,則亦著之。"(王國維:《觀堂集林》,河北教育出版社2001年版,第140~143頁)
② 董志翹:《郭璞訓釋中的"輕重"、"聲轉、語轉"》,載《中國語文》1980年第6期。
③ 張博認爲:"清代以前,由於缺乏對古音的研究,小學家在指明'語轉'或'聲轉'時,都是從語感出發,而不是用符合實際的音變規律作依據。"(張博:《漢語音轉同族詞系統性初探》,載《寧夏社會科學》1989年第6期)揚雄和郭璞的"轉"雖然是從語感出發的,但也是建立在對當時方言語音比較的基礎上的,因此,這些"轉"應該是符合當時方言的實際音變規律的。

和方俗語的範圍，包含了更爲廣泛的古代書面文獻語詞。

戴震在《方言疏證》中，使用"一聲之轉"、"語之轉"等來揭示轉語現象。具體成果如下表3.3：

表3.3

序號	聲轉對象	聲韻	戴疏表述	聲韻關係	出處
1	格：[感]：[貫]①	見鐸：見侵：見元	一聲之轉	雙聲	2.13
2	裕：猷	余屋：余幽	一聲之轉	雙聲旁對轉	3.23
3	詑：阿	影談：影歌	一聲之轉	雙聲通轉	6.18
4	台：[遺]	余之：余微	一聲之轉	雙聲通轉	6.26
5	戲：（歇）	曉歌：曉月	一聲之轉	雙聲對轉	10.16
6	[蟀]：髳	明幽：明宵	一聲之轉	雙聲旁轉	11.05
7	蠅：羊	余蒸：余陽	一聲之轉	雙聲旁轉	11.12
8	（宵）：[喉]	心宵：心屋	一聲之轉	雙聲旁對轉	13.18
9	蹶：獪	見月：見月	一聲之轉	雙聲疊韻	2.35
10	[交]：篙	見宵：見宵	一聲之轉	雙聲疊韻	9.29
11	[羅]：[連]	來歌：來元	一聲之轉	雙聲對轉	5.26
12	（顛）：（頂）	端真：端耕	一聲之轉	雙聲通轉	6.17
13	[而]：[如]：[若]：[然]	日之：日魚：日鐸：日元	一聲之轉	雙聲	6.59
14	（或）：渉	匣職：匣談	一聲之轉	雙聲	10.36
15	度：[打]	定鐸：端耕	一聲之轉	旁紐旁對轉	5.26
16	（縮）：（籔/篓）	山覺：心侯	一聲之轉	準雙聲旁對轉	5.16
17	苫：（開）	書談：溪微	一聲之轉		6.50
18	[都]：椴	端魚：定元	一聲之轉	旁紐通轉	5.29
19	[焆]：鼙	溪蒸：見東	一聲之轉	旁紐旁轉	7.16
20	（脾）：（鋪）	並支：滂魚	一聲之轉	旁紐旁轉	12.25
21	肄：（餘）	余質：余魚	語之轉	雙聲	1.04
22	蜴：摘	心錫：端錫	語之轉	疊韻	10.32
23	敦：（大）	端文：定月	語之轉	旁紐旁對轉	1.12
24	蟬：（出）	禪元：昌物	語之轉	旁對轉	1.25
25	療：愮	來宵：余宵	語之變轉	疊韻	10.37
26	菟：[寶]	透魚：定屋	語轉	旁對轉	8.01
27	（知）：[咨]②	端支：精脂	聲之變轉	通轉	10.05
28	貉：貍	並之：來之	轉語	疊韻	8.02

---

① 表中凡加"[ ]"者爲該詞未見於《方言》，加"（ ）"者爲雖見於《方言》，但未有方言區域說明。
② 此條郭璞言"聲之轉"，戴震進一步闡明。

從上表可以看到：互爲轉語的詞語有許多沒有確切的方言使用區域，如"5—歇"、"12—顛、頂"、"20—脾、舖"，等等。有些詞語甚至不見於《方言》，如"13—而、如、若、然"、"19—熒"等等。

"《廣雅疏證》中出現'聲之轉'、'一聲之轉'（不包括使用'聲轉'、'轉聲'、'聲近而轉'、'轉'、'語之轉'、'語轉'以及'音近義通'之類術語）的材料共有174條。"其中"一聲之轉"的材料135組，"聲之轉"的材料39組[①]。根據我們的粗略統計，《廣雅疏證》中"一聲之轉"和"聲轉"的雙方（有些時候是三者或四者間的聲轉）均不見於《方言》的有131組，約占總組數（174組）的72%。錢繹在《方言箋疏》也經常使用"聲轉"、"語轉"，據王寶剛統計，"全書中'聲轉'和'語轉'共出現210例。"[②]其中有相當部分"聲轉"和"語轉"也無法確定具體的方言區域。

段玉裁在《說文解字注》中也經常使用"一語之轉"、"語之轉"、"轉語"、"一音轉語"、"音之轉"等。有時候用來說明方俗的語音變轉，如：

《說文·虫部》："蠛，蠢也。"段注："蠢，各本訛作蠹，今正。《方言》曰：'蠓，宋魏之間謂之蚉，南楚之外謂之蠛蠓，或謂之鱀。'郭注：'即螕也。蠛音近詐，蠓音莫梗反。亦呼虸蝱。'按，即今北人所謂蚴蚱，江南人謂之蟥蟲。蠛蠓、虸蝱一語之轉。"

《說文·肉部》："脄，齊人謂臘脄也。"段注："臘，齊人曰脄，雙聲之轉也。"

有時候用於說明古今的語音變轉，如：

《說文·艸部》："芍，鳧茈也。"段注："見《釋艸》，今人謂之葧臍，即鳧茈之轉語。"

還有一部分則沒有明確的地域和古今的限定，如：

《說文·走部》："趍，趍趙，久也。"段注："趍趙雙聲字，與峙躇、籧篨、蹢躅字皆爲雙聲轉語。"

《說文·隹部》："雝，石鳥。一名雝鶋。一曰精列。"段注："《毛傳》曰：'脊令，雝渠也。飛則鳴，行則搖，不能自舍爾。'《釋鳥》作'鸋鴂'，俗字也。精列者，脊令之轉語。"

[①] 華學誠、柏亞東、王智群、趙奇棟、鄭東珍：《就王念孫的同源詞研究與梅祖麟教授商榷》，載《古漢語研究》2003年第1期。

[②] 王寶剛：《〈方言箋疏〉因聲求義研究》，上海辭書出版社2007年版，第32頁。

《說文·丘部》："虛，大丘也。崐崘丘謂之崐崘虛。古者九夫爲井，四井爲邑，四邑爲丘，丘謂之虛。"段注："丘、虛語之轉。"

從以上分析和統計來看，清代學者的"聲轉"、"語轉"已經超越了兩漢方言同義異形對應詞的語音變轉，而更爲廣泛地包括了他們認爲具有音轉可能的古今方俗詞語。這也說明，他們對音轉的理解是相當自覺的。利用語音的變轉來疏通詞義是他們在訓詁工作中運用的重要方法。

因此，我們認爲清代學者的轉語研究與揚雄和郭璞的轉語有所不同。漢魏時期的轉語，是對當時方言間語音差異的直覺感受和盡可能客觀的記錄；而清代的語轉則包含了對古今音變和方音音變的深刻認識，以及對漢語詞彙音義關係的自覺把握。漢魏時期的音轉更多地是用於方言詞的記錄和比較，而清代的音轉則將範圍擴展到方言詞之外的其他漢語書面語詞彙。就揭示轉語的目的而言：揚雄和郭璞旨在描寫並揭示方言同義對應詞之間的語音差異。語音差異是他們發現轉語的線索，而通過這種線索揭示出轉語即方言間語音差異的存在也是他們的最終目的。而清代學者對轉語的揭示是以語音爲線索的，但又不止於對語音對應差異的揭示，語音的變轉只是他們疏證詞義通同的手段，其最終的目的在於訓釋和溝通詞義。"中國傳統的'小學'是以研究意義爲中心的，形和音（文字、音韻）都只是工具，意義是研究的出發點，又是研究的落腳點。"[①]"治經莫重於得義，得義莫切於得音。"（段玉裁《廣雅疏證·序》）"得音"雖然被推到了重要的地位，但"得義"和"治經"是出發點，同時也是最終的歸屬點。不論是戴震的《方言疏證》還是王念孫的《廣雅疏證》和錢繹的《方言箋疏》，清代學者使用"轉語"、"聲轉"、"一聲之轉"的最終目的都在於對秦漢時期的方言和訓詁作出意義上的疏通。從這些差異來看，清代學者的"轉語"研究並不等同於對方言同義對應詞之間語音差異的揭示，它包括了更多更豐富的內容。前人有關"轉語"的揭示只能作爲我們考察方言同義異形對應詞之間語音差異的一種參考。

二、語音差異的記錄手段——漢字的標音作用

兩漢方言同義異形對應詞之間的語音差異是通過文字形體的差異表現的，對語音差異的認識、判斷、選取和利用首先要分析漢字記錄方言詞的不同情況。

---

① 王寧：《紀念我的老師陸宗達先生》，載《訓詁與訓詁學》，山西教育出版社1994年版，第5頁。

漢字是記錄漢語的書寫符號系統，這裏所講的漢語既包括漢語在不同歷史發展階段的通語，同時也包括漢語的各種方言。"中國地域遼闊，方言分布複雜，不同區域的方言在語音、詞彙、語法上都存在着差異。由於種種原因，方言有的也需要由口語轉化爲書面語，漢字也必須承擔記錄方言的任務。爲了適應這個任務，漢字不得不在表音和表義的職務上加以調整。"①

　　作爲構意文字，漢字首先與文字所記錄的詞語的意義相聯繫，進而獲得所記錄詞語的讀音而成爲形音義結合體。漢字不是依據漢語的讀音來拼寫的拼音文字，但每一個字符在與語言中的詞語結合後都可以獲得相應的語音信息，具有表音功能。借助這種表音功能，在記錄不同方言中的詞語時，漢字可以作爲標音符號以其構造時所記錄的本詞的語音來記錄方言中某詞的讀音。

　　羅常培將《方言》中使用漢字記錄方言詞的情況分爲三類："有時沿用古人已造的字，例如，'儇，慧也'，《說文》'慧，儇也'，《荀子·非相篇》'鄉曲之儇子'；有時遷就音近假借的字，例如，'黨，知也'，'黨'就是現存的'懂'字，又'寇、劍、弩，大也'，這三個字都沒有'大'的意思；另外還有揚雄自己造的字，例如'俺'訓愛，'悙'訓哀，'姝'訓好之類。"②

　　其中，使用"古人已造的字"和"揚雄自己造的字"是創製專門的文字形體來記錄方言詞。這些字都是依據方言詞的詞義構造的，因此形體與方言詞義之間有必然聯繫③。而"遷就音近假借的字"則是利用已有文字的表音功能來記錄方言詞。"音近假借的字"與所記方言詞的詞義沒有必然聯繫，只有音同音近的關係。

　　從文字形體與其所記錄詞語音義的關係來看，我們可以把記錄方言詞的漢字分爲兩大類：一類是表義字，一類是記音字。表義字是指文字形體與其所記錄的方言詞在意義上有聯繫的字；記音字是指文字形體與其所記錄的方言詞在意義上沒有聯繫的字。

　　《說文》中在本義說解裏直接引述方言的字就是專爲該方言詞所造的字，也就是"表義字"。《方言》中揚雄所使用的"奇字"有很多也是專門爲所記錄的方言詞創制的"表義字"。不論這些"表義字"所記錄的方言詞有沒有進入通語，有沒有成爲歷代

---

① 王寧：《音轉原理淺談》，載《訓詁與訓詁學》，山西教育出版社1994年版，第395頁。
② 羅常培：《方言校箋·序》，中華書局1993年版。
③ 羅常培："除了第一類還跟意義有關係外，實際上都是標音符號。"認爲第三類即"揚雄自己造的字"跟意義沒有關係。華學誠考察146個《方言》"奇字"，發現除了14個字的義素義與《方言》詞義不一致外，大部分"奇字"的義素義與《方言》詞義是基本一致的。可見，揚雄創製的用於記錄方言詞的文字形體與方言詞義是有關係的。從羅常培此處所舉"俺"、"悙"、"姝"三字來看，意符與方言詞義也是有關係的。

字書收録的對象，從文字形體與方言詞音義的關係來看，這些"表義字"都是該方言詞的"本字"。《說文》中引述方言以"解本義"、"明別義（引申）"的均屬此類。《方言》中有如：

《方言》1.14：嫁、逝、徂、適，往也。自家而出謂之嫁，猶女出爲嫁也。逝，秦晉語也。徂，齊語也。適，宋魯語也。往，凡語也。

《說文·女部》："嫁，女適人也。"又《辵部》："逝，往也。""退，往也。从辵且聲。徂，齊語。徂，退或从彳。遣，籀文从虘。""適，之也。"（《爾雅·釋詁上》："之，往也。"）可見，在表"往"義上，秦晉語之"逝"、齊語之"徂"、宋魯語之"適"，用的都是表義的本字，或者是本字的異體字。

由於大部分方言詞主要使用於某一地域，且具有較強的口語色彩，人們並沒有爲它們創制專門的文字形體。因此，更多情況下揚雄和許慎只是用一個與方言詞詞義沒有聯繫的文字形體來記録該方言詞的讀音。這些文字我們稱之爲"記音字"，相當於通常所講的"通假字"。《說文》中引述方言以"說假借"、"證音讀"的均屬此類。《方言》中有如：

《方言》1.31：釗、薄，勉也。秦晉曰釗，或曰薄。故其鄙語曰薄努，猶勉努也。南楚之外曰薄努。自關而東周鄭之間曰勔釗，齊魯曰勖茲。

《說文·艸部》："薄，林薄也。一曰蠶薄。"本義與"努力"義無涉。《方言》僅以"薄"記音，蓋秦晉之地言"努力"聲如"薄"。《管子·輕重戊》："父老歸而治生，丁壯者歸而薄業。"

此外，《方言》中記録雙音節單純詞（通常講的"聯綿詞"）以及外來語的用字，也大多屬於"記音字"。這些以"記音字"記録的方言詞，大部分是沒有"本字"的。

但有些是有本字而揚雄作《方言》時沒有使用本字。對此，前人在爲《方言》作注時多有揭示。例如：

《方言》3.26：庸、恣、比、伀、更、佚，代也。齊曰佚。江淮陳楚之間曰伀。餘四方之通語也。

戴震《方言疏證》："佚、迭古亦通。《春秋》文公十一年《穀梁傳》：'兄弟三人，佚害中國。'范寧注云：'佚猶更也。'班固《西都賦》：'更盛迭貴。'李善注引《方言》：'迭，代也。'"《廣雅·釋詁》："迭，代也。"王念孫《疏證》："迭與佚通……凡更代作必以其次。……代謂之遞，猶次謂之第也；代謂之迭，猶次謂之秩也。"《說文·人部》："佚，佚民也。从人失聲。一曰佚忽也。""佚"之本義與《方言》"更代"義無涉。郭璞注："蹉跌。"即以"跌"音"佚"。古音"跌"、"达"同爲定母質部。《說文·辵部》："达，更达也。从辵失聲。一曰達。"可見，在表"更代"義上，"达"當爲本字，而《方言》則借用同音字"佚"來記錄。對於齊方言詞{达}（"更代"義）來說，"佚"是記音字，"达"是表義字。

《方言》3.16：慰、虜、度，尻也。江淮青徐之間曰慰。東齊海岱之間或曰度，或曰虜，或曰踐。

戴震《方言疏證》："古音宅，讀如度，故宅、度古多通。《詩·大雅》：'宅是鎬京。'《坊記》引作'度是鎬京。'《周禮·縫人》注引《書》'度西'，今《書》作'宅西'。……"《爾雅·釋言》："宅，居也。"郝懿行《義疏》："（宅）又通作度。《方言》云：'度，尻也。'……古書宅多作度……宅、度古同聲，度、居聲又近。"《說文·又部》："度，法制也。"《宀部》："宅，所託也"，段玉裁注："引伸之凡物所安皆曰宅。""宅"、"度"古音同爲定母鐸部，在"居處"義上，當以"宅"爲本字，揚雄借用同音字"度"來記錄。對於東齊海岱之間的方言詞{宅}（"居處"義）來說，"度"是記音字，"宅"是表義字。

將漢字作爲標音符號來記錄方言詞的讀音，並不始於揚雄，在先秦的典籍中就已經存在大量由於方音不同而產生的文字假借。陸德明《經典釋文序錄》引鄭玄云："其始書之也，倉卒無其字，或以音類擬方假借爲之，趣於近之而已。受之者非一邦之人，人用其鄉，同言異字，同字異言，於茲遂生矣。"這是鄭玄對文字通假產生原因的認識，他明確指出"受之者非一邦之人，人用其鄉"而導致典籍"同言異字，同字異言"的現象。所謂"同言異字"，即由於方音的不同而使用不同的文字記錄同一個詞語，所謂"同字異言"，即同一個字所記錄的是不同方言中聲音相近的兩個不同詞語[①]。這都是由於方言之間的語音差異而導致的文字假借。

正因爲深刻地認識到方言語音的差異會導致文字假借和同詞異形，所以鄭玄在箋《詩》注"禮"的過程中，經常通過方言語音差異的考察來破假借，從而訓釋詞義，溝通文意。如：

《詩經·小雅·瓠葉》："有兔斯首，炮之燔之。"鄭玄箋："今俗語斯白之字

[①]《戰國策·秦策三》："鄭人謂玉未理者璞，周人謂鼠未臘者樸。周人懷璞，過鄭賈曰：'欲買樸乎？'鄭賈曰：'欲之。'出其樸視之，乃鼠也。因謝不取。"（《後漢書·應劭傳》："昔鄭人以乾鼠爲璞，鬻之於周。""樸"字作"璞"。李賢注引《尹文子》亦並作"璞"）至遲在戰國時期人們就已經注意到方言間"同字異言"的現象。

作鮮，齊魯之間聲近斯。""鮮"古音心母元部，"斯"古音心母支部。齊魯之間音"鮮"如"斯"，故《詩經》借"斯"爲"鮮"。《說文·雨部》："霹，从雨鮮聲，讀若斯。"亦可佐證①。

《禮記·中庸》："壹戎衣而有天下。"鄭玄注："衣讀如殷，聲之誤也。齊人言殷聲如衣。""殷"，古音影母文部；"衣"古音影母微部。"齊人言殷聲如衣"，故借"衣"爲"殷"。《呂氏春秋·慎大覽》："夏民親郼如夏。"高誘注："郼讀如衣。今兗州人謂殷氏皆曰衣。"亦可佐證②。

以上二例是由於"陽聲元部真部（文部）有些字齊魯青徐之間沒有韻尾輔音-n"③，而導致文獻寫定時的文字假借。

《禮記·緇衣》："《君雅》曰：'夏日暑雨，小民惟曰怨；資冬祁寒，小民亦惟曰怨。'"鄭玄注："資當爲至，齊魯之語，聲之誤也。"④"至"古音章母質部，"資"古音精母脂部。齊魯言"至"音如"資"，故借"資"爲"至"⑤。俞樾《禮記鄭讀考》於《緇衣》此條下云："鄭以爲齊魯語，蓋鄭君親驗，當時語言如此。漢初傳經大儒多出齊魯，故齊魯之語得入經傳也。"⑥

可見當時流傳的先秦典籍有許多是由不同方言區的學者寫定的，其中難免會有因方言語音差異而產生的文字通假和版本異文。這些方言語音差異在鄭玄注經時還能在實際的語言中找到線索，因此，他可以利用對當時方言語音差異的認識來破通假、定異文，進而訓釋詞義，疏通文意。

揚雄和許慎利用漢字來記錄方言詞與傳統所講的通假（包括"本無其字"的通假和"本有其字"的假借）有相似之處：文字的形體與它所記錄的詞的意義都沒有直接的聯

---

① 關於古齊魯方言中"元支、元脂、文脂、真脂的韻轉關係"可參考虞萬里：《文獻中的山東古方音》，載《古漢語研究》1988年第1期。
② 張樹錚《"齊人言殷聲如衣"補釋》："'殷''衣'是典型的陰陽對轉。換言之，齊人把-n尾的陽聲字說成了同主要元音的陰聲字（-n>-d? /-0?）。"（張樹錚：《歷史方言探索》，內蒙古人民出版社1999年版，第19~26頁）
③ 羅常培、周祖謨：《漢魏晉南北朝韻部演變研究》（第一分冊），科學出版社1958年版，第74頁。
④ 鄭玄注又云："祁之言是也，齊西偏之語也。"即認爲"祁"（古音群母文部）在齊西偏音轉如"是"（古音禪母支部），故假借爲"是"。《書·君牙》："夏暑雨，小民惟曰怨咨；冬祁寒，小民惟曰怨咨。"孔傳："冬大寒亦天之常道，民猶怨咨。"《禮記》孔穎達疏：'資冬祈（校勘記認爲當作"祁"）寒，小民亦惟曰怨'者，至於冬日是大寒之時，小人亦惟曰怨。猶言君政雖日得當，人怨之不已，是治民難也。"均以"祁"；爲"大"義，"祁寒"即"大寒"。《詩經·小雅·吉日》："瞻彼中原，其祁孔有。"毛傳："祁，大也。"鄭玄此處言"祁之言是也，齊西偏之語也"或可商。
⑤ 黃易青："齊魯方言至字作資，所以借資爲至。至，章母。資，精母。"認爲這是齊魯方言中"（源自舌尖中音的）舌面音向舌尖前音的演變"。（黃易青：《上古與元音變化同步的聲母舌位變化》，載《北京師範大學學報（社科版）》2008年第5期）
⑥ 王先謙編：《清經解續編》第5冊，上海書店1988年版，第1004頁。

繫，而文字所記錄的本詞的讀音與它實際記錄的詞語的語音相同或相近。二者都是發揮漢字的表音功能使用漢字來記錄與構形意義無關的詞語，都是"純粹以文字當做音符來用"。

　　同時，它們又有一些差異：首先，通常所講的通假，是由於倉猝無其字或方言語音的變轉而導致書寫時音同或音近字的借用。雖然這種借用有時候也反映方言語音差異，如上文所舉鄭玄注所揭示的材料。但這類文字借用不是秦漢典籍對當時方言語音差異的自覺記錄，而是文獻從口耳相傳到最終寫定的過程中對方言語音差異的無意識記錄。它們在反映方言語音差異的同時，也給文獻的解讀帶來障礙。而使用記音字來記錄方言詞，是有意識地將文字作爲表音符號來使用，對方言語音的記錄是有意識的、自覺的和積極主動的。揚雄使用記音字，是有目的地"純粹以文字當做音符來用"，從而標記出他所調查到的方音。其次，通假字的使用是爲記錄同一語言交際系統中的語詞而出現的文字形體借用；而記音字的使用則是爲了記錄不同語言交際系統中的詞語，因而顯示的是不同語言交際系統中的語素或語音差異。

　　羅常培："這（《方言》）真是中國語言學史上一部'懸日月不刊'的奇書，因爲它是開始以人民口裏的活語言作對象，而不以有文字記載的語言作對象的。正因爲這樣，所以《方言》裏所用的文字有好些只有標音的作用。……這三類中，除了第一類還跟意義有關係外，實際上都是標音符號。至於像'無寫'、'人兮'一類語詞的記載，更是純粹以文字當作音符來用的。假如當時揚雄有現代的記音工具，那麼，後代更容易了解他重視活語言的深意了。"① 他對《方言》的表彰，正是在肯定揚雄利用漢字表音功能，以漢字作爲"記音工具"記錄當時不同活語言的功績。他認爲只有第一類用字跟意義有關係，而其他的兩類用字實際上都是標音符號。這是從漢字記錄方音的準確性上來講的，而不是從文字形體與所記詞義的關係來說的。事實上，第三類用字即"揚雄自己造的字"跟方言詞的意義是有關繫的②。不過後兩類與第一類在標音的能力上是有所差別的。

　　第一類"沿用古人已造的字"，說明這些字已經使用了相當長的時間。從詞彙的角度來講，漢代方言中使用的某些方言詞有悠久的歷史，早在漢代以前就已經使用，並有專門的記錄形體。只不過這個詞語到了漢代只在某些方言區使用（或者在方言中具有某

---

① 羅常培：《方言校箋·序》，《方言校箋》，中華書局1993年版。
② 揚雄創製的用於記錄方言詞的字中形聲字是占多數的，而這些形聲字的形符與方言詞的意義通常來講都有某種程度上的關係。因此，揚雄創製的這些字的形體與方言詞的詞義是有聯繫的。（華學誠：《周秦漢晉方言研究史》（修訂本），復旦大學出版社2007年版，第198~199頁）

一特殊的意義，而在通語中不具有該意義），成了方言詞。這種情況下，用來記錄這個方言詞的已有漢字是通語中曾經使用過的，它的形體與方言詞的意義有聯繫。從語音上講，在沒有反切或讀若的情況下字形無法顯現它在漢代某方言中的確切讀音，我們了解到的是它在通語中的讀音。（當然，有可能這個詞在某方言中的讀音與通語的讀音是一致的）而第三類字是揚雄爲了記錄方言詞專門創製的，因此，在創製之初，所要記錄的音和義是方言詞的音和義，儘管有些字在後代存用並經過歷史音變，但當我們將它們的讀音盡可能恢復到漢代的讀音時，這些字的讀音與當時所要記錄的方言詞的讀音應該是較爲切合的。

拿漢字記錄現代漢語方言的情況打個比方：我們可以用"走"來記錄閩南話中表"跑、逃跑"義的方言詞，這就是"沿用古人已造的字"來記錄閩方言詞。但通語的語音系統中"走"的讀音是［tsou²¹⁴］，而不是閩方言中的［tsau⁵³］，二者的讀音差別較大。當我們爲了記錄東北、北京官話表"不用"（"不用"的合音，表示不需要或勸阻）義的方言詞而創製"甭"字時①，這個字的普通話讀音［pəŋ³⁵］與它所記錄的方言讀音［pəŋ³⁵］是一致的。

因此，從實際的標音度來看，第一類和第三類用字的情況是有所區別的。從這個意義上講，第三類和第二類用字一樣，是更加準確的"標音符號"。

以上是就漢字記錄方言詞的情況對漢字標記方言詞讀音的功能所作的分析和討論，從中可以了解到漢字與漢語方言詞讀音的關係是十分複雜的。對每一個漢字記錄方言詞的情況進行分析，我們能夠大概判斷不同情況下漢字標示方言詞讀音的準確度，從而了解當時某些方言詞的讀音。這一點與《說文》用讀若形式揭示的方言詞材料是相一致的。不過，個別方言詞讀音的標示對方言語音研究來說並不是最重要的，因爲再準確的標音經過一千多年的歷史演變後，都已經無法準確地還原。更被研究者看重的是漢字的表音功能所反映出來的方言之間或方言與通語之間的語音關係。因此，兩漢方言同義異形對應詞之間的語音差異逐漸引起現代研究者的關注。

三、語音差異的現代認識——標音材料

丁啓陣認爲，"要把文字當做記音符號來使用，有個立足點的問題。也就是說，標

---

① 《現代漢語詞典》（第五版）於{甭}下標明"〈方〉"，即以{甭}爲方源詞。另外《龍龕手鑑·不部》："甭，音棄。"錢大昕《十駕齋養新錄·宋時俗字》："《龍龕手鑑》多收鄙俗之字，如……甭爲棄。"可見宋代已有"甭"字，音"棄"。《現代漢語詞典》（第五版）中的"甭"字與《龍龕手鑑》中的"甭"字音義皆異，當爲同形字。

音字是代表音值的，字與音之間是有固定關係的。這些標音字的音值即是公元前30年至公元初漢語共同語的讀音。"①根據現在研究所得到的上古音系統，我們可以確定這些表義字和記音字在當時的讀音，進而了解當時某些方言詞的讀音。當然，據此得到的表義字和記音字的上古語音都帶有擬測的假說性，它們所記錄的方言詞讀音也相應地帶有假說性；並且，這些方言詞的讀音在數量上是相當有限的，我們無法借此全面掌握漢代各地方言詞彙的語音狀況。

根據現在所得到的上古音系統及開展的古音構擬工作，我們可以嘗試將記錄方言的文字形體，用國際音標加以構擬，構擬的結果可以顯示不同的方言詞在當時可能的讀音（當然只是一種構擬），同時還可能進一步顯示表達同一意義的詞語在不同方言中的語音對應關係。

黃綺說："漢字受形體的限制，記音不會太準確，但我們還可利用漢字形體的特點看出語音的異同來。""揚雄《方言》里很多關於鼻音尾的字，應該說是詞，它用了漢字記音，同一個詞，因方音的不同而寫出不同的字形來。拿《方言》所記的音跟秦漢前後文獻所記載的對照，有時候完全一致，說明了古文獻中過去語言學家們認為是字義訓詁的問題，實際上是方音差異的問題。"②

何九盈也認為："《方言》不是研究方音的，可是它記載的某些詞在語音上是有聯繫的，如果當時有了音標，這些詞的語音對應關係就顯示出來了。"③

可見，學者們已經不僅僅關注個體漢字在記錄方言時的標音功能，而是更多地關注不同文字形體所標示的語音之間的"差異"及其存在的"聯繫"。這種能夠反映方言語音差異的材料被稱為"標音材料"。

較早明確使用"標音材料"來指稱方言詞之間的語音差異，並對其加以收集和整理的是丁啓陣。他在《秦漢方言》中收集了《方言》中的"標音材料"，但並未對"標音材料"進行界定，只是談到了獲取"標音材料"的途徑："這一部分所分析的和將要分析的標音事例基本上都是前人的發現。根據指出的人，《方言》標音材料可以分為三個部分。第一個部分是《方言》本身已經指出是轉語的。……第二部分是郭璞在注中指出的'轉語'。……第三部分是錢繹在箋疏中指出的。"④不過結合書中的相關討論及其

---

① 丁啓陣：《秦漢方言》，東方出版社1991年版，第61頁。
② 黃綺：《關於上古漢語鼻音尾的問題——"揚雄方言音辨"問題之一》，載《河北大學學報（社科版）》1962年第3期。
③ 何九盈：《中國古代語言學史》，廣東教育出版社2000年版，第54頁。
④ 丁啓陣：《秦漢方言》，東方出版社1991年版，第62~63頁。

對"標音材料"的運用,我們還是能夠較爲清楚地把握"標音材料"的內涵:

"對揚雄的《方言》,歷來的研究者多把它當做漢代漢語方言詞彙的總集看待。當然也有可能雜進一些少數民族語言的成分。事實上,《方言》裏所列舉的各地所謂詞彙差別,有相當一部分是語音差別,並非真正的詞彙差別,即方言本字是一樣的。"①

"用今天考本字的方法及方音折合(對應換算)的方法得出是同一個詞(字)(即"同源語素")的,只要語音有所不同,《方言》就用不同的字去表示。文字起了相當於音標的作用,它們表音,不表詞。即字形差別表示語音有不同,不一定詞也有差別。"②

從上引論述來看,丁啓陣明確區分了方言同義異形對應詞之間的語音差異和語素差異。通過字形差異顯示同義對應詞之間的語音差異,而非語素差異的材料就是"標音材料"。所謂的"標音材料",實際上是指能夠反映古漢語方言之間或方言與通語之間語音對應關係的材料③。在他看來,這類材料中最爲主要的就是前人研究中指出的"轉語"。

值得注意的是,丁啓陣在書中提到的"語音差別"、"考本字"、"同源語素"都是歷史比較語言學的重要概念。西方歷史比較語言學的研究提倡"通過兩種或幾種方言或親屬語言的差別的比較,找出相互間的語音對應關係,確定語言間的親屬關係和這種親屬關係的親疏遠近,然後擬測或重建(reconstruction)它們的共同源頭——原始形式"④。"標音材料"的提出和運用顯然與歷史比較語言學的研究思想和方法密切相關。

"標音材料"的提出有其積極意義。首先,"標音材料"的提出標誌着對漢字超方言記錄功能,對漢字形音義關係,及其在不同時代不同地域的表音功能有了進一步的認識。第二,"標音材料"是在明確區分方言詞之間的語音差異和語素差異的基礎上提出的,這一區分不僅將方言之間語言差異的認識推向深入,對兩漢方言區劃的研究也有積

---

① 丁啓陣:《秦漢方言》,東方出版社1991年版,第57頁。
② 丁啓陣:《秦漢方言》,東方出版社1991年版,第58頁。
③ 在《秦漢方言》中丁啓陣還使用了"標音字"這一概念。他說:"《方言》文字有不少是標音的。要把文字當作記音符號來使用,有個立足點的問題。也就是說,標音字是代表音值的,字與音之間是有固定關係的。這些標音字的音值即是公元前三十年至公元初漢語共同語的讀音。"(丁啓陣:《秦漢方言》,東方出版社1991年版,第61頁)可見,"標音字"是指能夠以當時的語音準確標記方言或通語中詞語讀音的字。而"標音材料"是指這些記錄同一詞語的不同"標音字"形成的對應關係及其總和。"標音字"是從漢字形音義關係出發所提出的概念,而"標音材料"是在此基礎上從方言及其與通語之間的語音對應關係出發提出的概念。"標音字"給我們透露的是個體方言詞的可能讀音,而"標音材料"是通過語音對應關係透露方言語音之間及其方音與雅音之間的關係。
④ 徐通鏘:《歷史語言學》,商務印書館1991年版,第71~72頁。

極意義。第三，"標音材料"的提出是將方言詞間的語音差異作爲獨立研究對象加以深入探析的基礎，有利於漢語古方音的研究和漢語語音歷史演變的研究。"標音材料"的提出還深化了對"轉語"的認識。傳統的"轉"是對文字形體差異所蘊涵的古今方俗語音變化的一種認識和解釋。清代學者研究轉語，主要是利用音轉關係來溝通詞義；傳統同源詞討論轉語，主要是爲了利用這種語音變轉所反映的漢語詞彙來源關係來系聯同源詞。語音的變轉都只是研究的一個切入口和一種手段。"標音材料"的提出是對方言之間詞彙語音差異本身的認識以及對這種差異可能帶來的研究價值的肯定。透過這些差異可以考察漢代方言及其與通語之間的語音關係，並借此探討更早的漢語語音狀況。從這個角度講，"標音材料"的提出，是在歷史比較語言學研究視野下對傳統"轉語"材料的進一步認識。

當然，學者們對《方言》中"標音材料"即反映方言詞語音差異的材料的數量有不同看法。有的學者認爲，整部《方言》基本上都是方言詞的語音差異。戴震在討論"蠅"、"羊"是否別立名的問題時指出："方音既異，遂成兩名，書中皆此類。"錢繹進一步闡發說："蓋音隨地異，遂成兩名，書中此類，十居七八。"這種音轉字異即是現代研究中的"標音材料"，在戴、錢二人看來，《方言》中的"標音材料"是相當豐富的。在利用《方言》開展方音研究時，"有的學者把整部《方言》都看做標音材料，如黃綺、董達武二先生。"① 他們通常直接將《方言》同一條目中記錄同一意義的不同文字作爲標示方言之間及方言與通語之間的語音差異的材料來開展古方音研究。

有的學者則對《方言》所包含的方言詞語音差異材料持相對謹慎的態度。趙振鐸認爲："《方言》記錄的材料裏確實有同源詞②。但是就目前的研究水平來看，它的數量不會很大。"③

---

① 楊建忠：《秦漢楚方言韵部研究》，南京大學博士學位論文，2004年，第13頁。
② 張博："'同源詞'（cognate）或稱'詞源同源詞'（etymological cognate），這一概念產生於印歐系語言的歷史比較研究中。它指親屬語言中由原始共同語的某一詞源形式（etymon）派生出來的在語音、形態和意義上相關的詞。這種相關是指同源詞的語音差異必須符合親屬語言之間的語音對應規律；構詞要素（即詞根、詞綴、詞尾）有規律地對應；詞的意義要相同或相近。……我國語言學工作者在應用歷史比較語言學的理論和方法研究漢藏系語言時，也沿用'同源詞'這一術語指稱親屬語言間有同一來源的詞。"她建議將中國傳統詞源學研究的"同源詞"稱作"同族詞"（"同族詞指一種語言內部由源詞及其孳生詞、或同一來源的若干個孳生詞構成的詞語類聚。這類詞有源流相因或同出一源的族屬關係，因而聲音和意義多相同相近或相關），以區別於西方歷史比較語言學研究的"同源詞"。（張博：《漢語同族詞的系統性與驗證方法》，商務印書館2003年版，第30~36頁）趙振鐸所論"同源詞"，不僅局限於傳統詞源學所稱的同源詞，而且還包含了西方歷史比較語言學所稱的同源詞。《方言》研究中的"標音材料"就是西方歷史比較語言學中所講的同源詞。
③ 趙振鐸：《揚雄〈方言〉裏的同源詞》，載《語言文字學術論文集——慶祝王力先生學術活動五十周》，知識出版社1989年版。

四、標音材料的辨析

（一）選取標音材料的標準

根據丁啟陣的介紹，美國學者柯蔚南（W.South Coblin）最早對《方言》中的標音字進行整理，共找出95組標音字①。丁啟陣則是"國內對《方言》標音字所反映的語音事實進行系統探討的第一人"②。他借助《方言》本身、郭璞《方言注》以及錢繹《方言箋疏》所指出的"轉語"來判定和收集《方言》標音材料。他認爲揚雄、郭璞以及錢繹所指出的語轉基本上是可信的，這些轉語都可以看做是標音材料。不過他在《秦漢方言》中捨去了"《方言》本文不說出地域的"以及"《方言》指出地域的語詞，其'轉語'另一方不在《方言》本文出現，只是郭璞或錢繹指出的"兩類材料。最後共選擇了能够說明漢代方音問題的75組標音字材料③。

趙彤的《漢代方音研究》從《方言》和《說文解字》中找出229對標音字，以標注相同本字的爲一組，共計146組標音字④。他在論文中介紹了確定標音字所根據的幾條原則：

"（1）《方言》或者注疏中指出"聲轉"或"語轉"的，可能是標音字。

（2）字形與詞義無關的，可能是標音字。如果被釋字的本義與母題無關，而且一般也不會引申出母題的意義，那麼就很可能是標音字。

（3）揚雄新造的字幾乎一定是標音字，但其本字究竟是什麼，有的現在可以判定，如上面舉的煤字，而相當一部分還需要進一步的研究。

（4）基本詞是語言中最穩定的部分，因此方言中對於基本詞的不同說法很可能只是語音的變化，那麼這個所謂的方言詞其實是個標音字。如卷二第14條：'儀、佲，來也。陳潁之間曰儀，自關而東周鄭之郊齊魯之間或謂佲，或曰懷。'這裏的'儀'和'懷'，根據我們的研究，本字都是'來'（詳見3.1.1.1）。

上述原則只是給我們判定標音字提供了一些線索，最後要確定標音字與其本字的語源關係，還要靠語音上嚴整的對應規律。"

"確定標音字依據的是語音對應，但是由於材料的缺乏，加上標音字是用漢字

---

① 丁啟陣：《秦漢方言》，東方出版社1991年版，第62~63頁。
② 華學誠：《周秦漢晉方言研究史》（修訂本），復旦大學出版社2007年版，第132頁。
③ 丁啟陣：《秦漢方言》，東方出版社1991年版，第62~63頁。
④ 趙彤：《漢代方音研究》，北京大學碩士學位論文，2000年。

記音，不能十分準確地記錄實際的讀音，因此我們在確定對應關係上也要適當地考慮這些因素。總的來說，聲母的問題比較複雜，而韻部相對來說容易把握一些。周祖謨（1984）研究了漢代竹書和帛書中的通假字，發現其中的通假字除了同音字以外，在韻部上以同部的居多。也就是說，不同音的假借其差別主要在於聲母。因此我們確定標音字首先是根據韻部。"

由此看來，趙彤認爲確定標音字最重要的依據是"語音上嚴整的對應規律"，而傳統的"聲轉"或"語轉"是不是都是標音字還需要論證，另外還有一些標音字需要通過其他途徑進一步判定。

楊建忠《秦漢楚方言韵部研究》整理了《方言》中楚方言標音字154組，這些標音字材料不僅包括傳統的"轉語"，而且還包括羅常培所指出的漢字記錄方言詞的"三種情形"以及李開所指出的"或曰"材料①。

謝榮娥《秦漢時期楚方言區文獻的語音研究》認爲透露出當時語音信息的楚方言詞主要表現在兩個方面："一部分楚方言詞與當時的通語詞之間存在語轉、同源關係，這些詞也必然在一定程度上反映出當時的語音情況；一部分記載楚方言詞的文字具有標音作用，尤其是《方言》中的那部分楚方言詞。論文將這兩類材料統稱爲廣義的標音材料，對其進行了系統地梳理。"②論文整理了包括揚《方言》、《楚辭章句》、《釋名》、鄭玄注、《淮南子》許慎注、《淮南子》高誘注在內的"秦漢傳世文獻中楚方言的標音材料"共139組。

王彩琴的《試論〈方言〉用字中的方音標音材料》"在先賢和前輩研究的基礎上，對《方言》用字中的方音標音材料作進一步的整理，具體步驟和方法是：首先剔除兩類不能說明問題的材料，一是《方言》文本中沒有標明地域的，二是'轉語'另一方沒有在《方言》文本出現的。其次按方言與共同語之間的語音差異、方言地域內部之間的語音差異，以及方言地域之間的語音差異分出三個類別，着重對有關方言與共同語之間存在音轉關係的詞語進行分析"③。他所排除的兩類材料與丁啓陣是一致的。

---

① 楊建忠："主要包括：轉語；羅先生所指出的三種情形；業師李開先生所指出的'或曰'材料。（我們自己作了些考證，因爲這些"或曰"的材料並不都具有音轉關係）"（楊建忠：《秦漢楚方言韻部研究》，南京大學博士論文，2004年，第16頁）我們認爲，羅常培所指出的揚雄使用漢字記錄當時活語言的三種情形，是對揚雄《方言》用字的分類概括，不同情況對當時方言語音的標記程度是不同的，不能簡單地將這三種情形作爲判定標音字的標準。

② 謝榮娥：《秦漢時期楚方言區文獻的語音研究》附錄說明1："所謂標音字與通語用字的說法還有待斟酌，因爲文中所用之材料不僅僅有標音字，還包括能反映語音關係的材料，諸如同源關係、音轉關係等，這些材料都在不同程度上流露了當時的語音信息，因此我們都將其作爲考察與研究對象。"（謝榮娥：《秦漢時期楚方言區文獻的語音研究》，華東師範大學博士學位論文，2007年，第205頁）

③ 王彩琴：《試論〈方言〉用字中的方音標音材料》，載《洛陽工業高等專科學校學報》2007年第4期。

從上文的引述可以看到，學者們整理和利用"標音材料"都是爲了考察和研究古漢語方言及其與通語之間的語音差異。但"標音材料"具體應該包括哪些內容，在"標音材料"的選取上應該有什麽樣的判定標準却見仁見智。

丁啓陣認爲柯蔚南的收例較寬，有牽強之處①。華學誠則認爲，丁啓陣"的原始材料（標音字組）的個別採集途徑以及所採集的材料本身，都還存在某些缺點甚至錯誤"②。趙彤指出丁氏"確定標音字沒有嚴格的標準，簡單地運用音轉的學說，沒有找出方言間嚴整的對應規律，有的例子不能成立"。楊建忠則指出："我們雖然把《方言》中屬於楚方言的標音字作了一番整理，但未能就此歸納出一個據以鑒別的條例，並且見仁見智之處實多。"③由此看來，"揚雄《方言》中的標音字的判定很難有一致的認同。"④

儘管標音材料的判定難以取得一致的認同，但對一些原則和現象進行討論却是必要的。即便我們無法從正面提出判定的標準，也可以對其中所包含的複雜現象以及這些現象所帶來的判定困擾作深入的探討和分析。下文主要結合前人的判定標準和選材範圍作一些分析和討論。

如上文所析，從揚雄、郭璞到清代學者，"轉語"的實例不斷擴充，包含的現象也不一而同。但其中貫穿着一個不變的內涵即語音變轉。不過，語音變轉的原因是多方面的，音轉並不等同於方言之間的語音對應差異。

首先，前人所揭示的轉語有許多沒有明確的方言地域說明，我們無法判斷其是否是方言之間或方言與通語之間的語音變轉。因此，學者們在選取"標音材料"時大多排除"《方言》文本中沒有標明地域的"轉語。在利用"標音材料"開展古方音研究時，這一點得到大家的普遍認同。

而對於"另一方沒有在《方言》文本出現的""轉語"能否算做"標音材料"則顯然存在分歧。丁啓陣和王彩琴主張將這類"轉語"排除在外。其他的學者對這類材料是否可以歸入"標音材料"沒有作具體的說明。不過從實際歸納的"標音材料"來看，他們並不絕對排除這類材料。如：楊建忠所集中有"黨—懂"（1.01）⑤一組，"懂"

---

① 丁啓陣："柯氏找出《方言》中能够用來比較的標音字共有九十五組，比本書（筆者按：指《秦漢方言》）七十五組要整整多出二十組。收例寬了容易牽強。柯氏的許多說法，我們都不能同意。"（丁啓陣：《秦漢方言》，東方出版社1991年版，第59頁）
② 華學誠：《周秦漢晉方言研究史》（修訂本），復旦大學出版社2007年版，第135頁。
③ 楊建忠：《秦漢楚方言韻部研究》，南京大學博士學位論文，2004年，第102頁。
④ 謝榮娥：《秦漢時期楚方言區文獻的語音研究》，華東師範大學博士學位論文，2007年，第25~26頁。
⑤ 錢繹《方言箋疏》："今人謂知爲懂，其黨聲之轉歟？"

字未見於《方言》；謝榮娥所集中有"趙—桃"（5.33）①、"憑—滿"（2.18）②、"伛—頂"（3.26）③三組，其中"桃"、"滿"、"頂"未見於《方言》；趙彤所集中有"瞢—挴"（2.16）④、"相—胥"（6.07）⑤、"星—笙"（2.06）⑥、"遺—台"（6.26）⑦等，其中"瞢"、"相"、"星"、"遺"亦未見於《方言》。除此之外，趙彤還盡可能地爲《方言》中的方言詞尋找"本字"，這些"本字"也多未見於《方言》。

由於《方言》是一部未最終完成的書稿，限於當時條件，揚雄所開展的方言調查也並非窮盡性的。加之他對方言之間的語音差異和語素差異還沒有絕對科學的認識。因此，有一些可以作爲"標音材料"的"轉語"未曾揭示，甚至部分"轉語"的對應形式沒有出現在《方言》中，是完全可能的，也是可以理解的⑧。

實際上，問題的關鍵並不在於"轉語"的另一方是否出現在《方言》中，而在於前人所揭示的"轉語"與我們所要收集的"標音材料"是怎樣的一種關係。前人尤其是清代學者在《方言》注疏中所指出的"轉語"包含了由於各種不同原因產生的同義音轉現象。

第一，轉語可能是同一個詞語在不同時代和不同方言中的語音變轉。

漢語語音的變轉可能是同一個詞語在不同方言間的語音變轉；也可能是同一個詞語在不同時代的語音變轉。如：

《方言》10.4：崽者，子也。（崽音枲，聲之轉也）湘沅之會（兩水合處也。音獪）凡言是子者謂之崽，若東齊言子矣。（聲如宰）

---

① 郭璞《方言注》："趙當作桃，聲之轉也。"
② 錢繹《方言箋疏》："《楚辭·離騷》：'憑不厭乎求索。'王逸注：'憑，滿也。楚人名滿曰憑。'此云楚謂怒曰馮，是'滿'與'怒'義相通也。……凡恚怒者，氣必盛滿，怒氣盛滿謂之馮，亦謂之弸，猶弓之盛滿者謂之弸，德之盛滿者謂之馮，其義同也。"
③ 《說文·人部》："長兒。一曰箸地。一曰代也。从人廷聲。"朱駿聲《說文通訓定聲》："今頂冒字以頂爲之。"一九三五年《臨朐續志》："俗爲伛替，以頂爲之。"
④ 《廣雅·釋詁》："挴，瞢，慙也。"王念孫疏證："《小爾雅》：'瞢，慙也。'襄十四年《左傳》云：'不與於會，亦無瞢焉。'《晉語》：'臣得其志而使君瞢。'韋昭注云：'瞢，慙也。'《魏都賦》云：'有靦瞢容。'瞢與挴聲相近。"
⑤ 《爾雅·釋詁》："胥，相也。"郝懿行義疏："胥者，'相'之皆也。下文云：'胥，相也''相'與'皆'義近。'相''胥'又一聲之轉也。"
⑥ 《廣雅·釋詁》："笙，小也。"王念孫疏證："笙之言星星也。《周官·內饔》：'豕盲眂而交睫，腥。'鄭注云：'腥，當爲星，肉有如米者似星。'星與笙聲近義同。"
⑦ 戴震《方言疏證》："台、遺一聲之轉。"
⑧ 華學誠："揚雄所說的轉語……應該區分爲兩種類型，一種是無法確定時空關係的轉語……一種是可以明確肯定屬于方音之間的轉語。"（華學誠：《周秦漢晉方言研究史》（修訂本），復旦大學出版社2007年版，第124~125頁）

郭璞注云："崽音枲，聲之轉也。""子〔tziə〕"、"崽〔tzə〕"古音並爲精紐之部，據王力《同源字典》，二者的區別只在有無介音。"崽"應該是漢代湘沅之會方言中言"子"的聲音變轉。我們可以認爲在當時的通語和湘沅之會間存在"tzi-tz"的對應差異。

《廣雅·釋親》："爸，父也。"

"爸"古音爲幫紐魚部，"父"古音爲並紐魚部，二者旁紐疊韻。因此，王念孫《疏證》說："爸者，父聲之轉。"王力《同源字典》按："'爸'的元音a是保存下來的魚部古音。"① 可見，"父"、"爸"是同一個詞語的歷史語音變轉。《集韻·禡韻》："爸，吳人呼父曰爸。"這是不同時代的語音變化在方言中的存留。

此外，諸如"pha怖（悑）：pha怕（叠韵）"②、"mə母：ma媽（之魚旁轉）"③ 等雖然可以確定是同一個詞語的語音變轉，但却沒有辦法確定方言區域。蔡鳳圻《方言轉語說》："語言變易，類皆如此。一源濫觴，化成千百，聲轉較遠，統系乃失。如考其輾轉相通之道，不難溯流究源。不獨方言爲聲轉，即古今語也不能例外。"我們可以將這些音轉看作是古今音變的反映，却不能將其作爲方言語音對應差異的"標音材料"。從這個角度講，轉語雙方均無法確定方言區域的材料不能作爲"標音材料"是嚴格挑選"標音材料"必須秉持的一條原則。

第二，轉語可能是由於意義引申而產生的義衍同源詞之間的語音變轉。

面對古漢語的書面材料，我們看到的音轉既可能是通語與方言之間的語音差異，也可能是漢語書面語由於詞彙派生的需要而產生的語音變轉。例如：

《方言》3.01：陳楚之間凡人嘼乳而雙產謂之釐孳，秦晉之間謂之僆子，自關而東趙魏之間謂之孿生。

《說文·子部》："孿，一乳兩子也。"段玉裁注："孿之言連也。"《廣雅·釋詁》："釐孳、僆、孿也。"王念孫《疏證》："《衆經音義》卷十七引《倉頡篇》云：'孿，一生兩子也。'《說文》作'孿'。徐鍇傳云：'孿猶連也。'《呂氏春秋·疑似篇》云：'夫孿子之相似者，其母常識之。'《太玄·玄挽》：'兄弟不孿。'范望注云：'重生爲孿。'孿亦雙也，語之轉耳。"

---

① 王力：《同源字典》，商務印書館1982年版，第177頁。
② 王力《同源字典》："'怕'是保存了'怖'的古音。怕就是怖。'怕'是中古的新字。"（王力：《同源字典》，商務印書館1982年版，第176頁）
③ 王力《同源字典》："《玉篇》：'媽，莫補切，母也。'按，'媽'是'母'的音轉，莫補切正是'媽'的古音。"（王力：《同源字典》，商務印書館1982年版，第104頁）

《說文·隹部》："雙，隹二枚也。"《兩部》："兩，再也。"段玉裁注："《再部》曰：再者，一舉而二也。凡物有二，其字作兩不作兩。兩者，二十四銖之偁也。今字兩行而兩廢矣。"

事物數量爲二成對稱"雙"，一胎生產二子則謂之"孿"。"雙"和"孿"具有共同的意義特徵"二、兩"①。王念孫認爲"孿"、"雙"是"語之轉"，它們可能是由於詞義引申而分化產生的義衍同源詞。

此外，還有不同的事物因爲具有相同的特徵而被賦予相同的命名。這種由於命名理據相同而產生的不同事物名稱在語音上往往也會存在一些差異。例如：

《方言》11.16：䵷䵺，䵺蟊也。自關而西秦晉之間謂之䵺蟊。自關而東趙魏之郊謂之䵷䵺，或謂之蠣蝓。蠣蝓者，侏儒語之轉也。

《禮記·王制》："瘖聾、跛躃、斷者、侏儒、百工，各以其器食之。"鄭玄注："侏儒，短人也。"《釋名·釋宮室》："棳儒，梁上短柱也。棳儒猶侏儒短，故以名之也。"錢繹《方言箋疏》："短柱謂之棳儒，亦謂之侏儒，猶䵷䵺謂之蝃蟊，亦謂之蟠蜍，亦謂之蠣蝓。"

"䵷䵺"和"侏儒"的形體具有共同的特徵"短"。因此，稱個頭矮小人爲"侏儒"，稱形體短小的"䵷䵺"爲"蠣蝓"②。即王念孫所言："蓋凡物形之短者，其命名即相似，故屢變其物而不易其名也。"③從古音關係上看，"侏"、"蠣"雙聲對轉，"儒"、"蝓"疊韻，命名理據相同而稱名音稍轉。揚雄說"語之轉"雖然反映了二者之間的古音關係，但這種聲音變轉的根本原因是對具有共同特徵的不同事物的稱名。從這個角度講，這是義衍同源詞之間的語音變轉。

從以上兩方面的分析來看，傳統語言學研究中的"轉語"和"聲轉"等是對意義相同或相關的字詞之間的語音關係的指稱。他們主要是爲了揭示字詞之間的語音變轉關係，並沒有嚴格區分造成這種語音變轉的不同原因。漢語語音變轉有兩個方面的原因——"意義分化"和"方音差異"。音轉關係的可能是意義的衍生分化造成的，也可能是方言差異導致的。從詞語的角度看，音轉有造詞與不造詞、分化與未分化，即是"產生兩個詞"還是"只是同一詞"的差別。"在中國的訓詁學史上，不論是因義衍而

---

① "孿"古音爲來紐元部，"雙"古音爲山紐東部。從今天的古音系統來看，二者的古音似乎相距較遠。大概也因爲古音較遠，因此現代的學者選取標音材料時均不收錄"孿—雙"一組。華學誠《校釋匯證》按："'孿生'即'連生'之轉語。"
② 華學誠《校釋匯證》："蠣蝓之言侏儒也，以其身短取名也。"
③ 《廣雅·釋詁》："侏儒，短也。"

至音變從而引起字變，還是由方音差異直接引起字變，都早在漢代就已被發現，而且引起了充分的注意。這兩種不同的現象，後來發展出了兩方面的研究課題：前者發展爲同源字的研究，後者發展爲方言詞的研究，兩種研究都是卓有成效的。後人總結的'音近義通'規律，是對這兩種現象的總括說明，清代才開始完備的'因聲求義'訓詁方法，就是針對這兩種現象提出來的。"①這一總結對於古人的"轉語"和"聲轉"研究同樣適用。

第三，轉語可能是語音偶然相近而來源不同的同義詞。例如：

《方言》4.04：帬，陳魏之間謂之帔，自關而東或謂之襬。

錢繹《方言箋疏》："'襬'與'帔'聲之轉耳。"

《說文·巾部》："帔，弘農謂帬帔也。"《釋名·釋衣服》："帔，披也，披之肩背不及下也。"馬宗霍《說文解字引方言考》："然則謂帬曰帔也，帔之言披，謂羣幅圍繞要下披披然也。或謂之襬者，襬之言擺，擺猶披也，今人衣不殊裳，下垂至跗，俗猶謂衣下緣邊向左右袨者曰下襬，蓋古之遺語也。"華學誠《校釋匯證》按："'襬'之言擺也。古人帬子謂之'襬'，後人謂衣服前後幅之下端爲'襬'。《正字通·衣部》：'襬，今衣被下幅有襞積者皆曰襬，讀若擺。'"

王力《同源字典》以"皮被：披帔"爲同源字②。"被、披、帔"均有"披加、披覆"義，爲同聲符義衍同源詞。下裳謂之"帔"，以其用爲披覆下體。名之"襬"，以其行走時呈搖擺之狀。"帔"古音爲旁紐歌部，"襬"古音爲幫紐歌部，二者雖爲旁紐疊韻音近，但同物異稱，命名之義各有所自，並非音轉同源詞。

《方言》3.04：楚東海之間亭父謂之亭公。（亭民）卒謂之弩父，（主擔幔弩導引，因名云）或謂之褚。（言衣赤也。褚音赭）

蔡鳳圻《方言聲轉說》："褚，《廣韻》'丁呂切'，古音如屠，爲亭父之合音。父或作公由義變，弩父亦由義變非關聲轉。"

趙振鐸按："'亭父'和'褚'得名由來各不相同。東漢末年應劭對'亭父'的得名有明確的解釋。他在《風俗通義》裏說：'漢家因秦，大率十里一亭。亭，留也。蓋行旅宿會之所館。亭吏舊名負弩，改爲長，或謂亭父。'又《漢書·高祖本紀》顏師古注引應劭曰：'舊時亭有兩卒。一爲亭父，掌開閉掃除，一爲求盜，掌捕盜賊。'至於'褚'的得名，郭璞注《方言》已經指明：'言衣赤也。'《周禮·春官·司常》：

---

① 王寧：《音轉原理淺談》，《訓詁與訓詁學》，山西教育出版社1994年版，第392~393頁。
② 王力：《同源字典》，商務印書館1982年版，第446頁。

'司常，掌九旗之名，各有屬。'鄭玄注：'屬謂徽識也。大傳謂之徽號。今城門僕射所被及亭長著絳衣皆其舊像。'更是郭璞注的有力旁證。可見'䘪'得名於衣著的顏色，並不是'亭父'的合音。因此，不能夠把'亭父'和'䘪'看成同源詞。"①

综合以上的分析，"轉語"並不等同於"標音材料"。"轉語"是一個語言學史的概念，不同時期的不同學者用它來指稱範圍不同的語言現象。從章太炎和黃侃開始，"轉語"有了明確的界定，成為一個學理概念，用於指稱"因時間或空間之變動而發生"音異義同的派生詞，成為漢語詞源研究中的"音轉同源詞"②。"標音材料"是一個純粹的學理概念，它是在對漢字記錄方言詞功能有深入認識的基礎上，在西方歷史比較語言學研究方法的推動下，為了從傳世文獻中收集可供開展古漢語方言比較研究和古方音研究的材料而提出的。

"標音材料"的研究與"轉語"的研究是不能相互取代的，而應該是相互促進的。"轉語"是前人在方言調查或文獻訓詁中發現並揭示的音轉現象，以此為基礎我們可以總結出一些音轉的條例，並進而討論音轉的規律。但是這些音轉不僅僅可能發生在方言之間或方言與通語之間，也可能發生在同一語言的不同歷史時期，甚至是不具有來源關係的字詞之間的偶然音近。對不同原因產生的字詞音近音轉材料要注意區別對待，前人認為是"轉語"的材料也不能不加抉擇地一概收集為"標音材料"。

"標音材料"是反映古方言語音對應差異的研究材料。利用已有的上古音體系，核實字與字之間的語音關係，通過"語音對應關係"判定"標音材料"也是現代學者在研究中獲取材料的重要方法。這一思路一方面是對前人指出的"轉語"材料的語音關係進行審核，另一方面是利用語音的綫索進一步挖掘可供使用的"標音材料"。

（二）選取標音材料需要注意的問題

在選取"標音材料"時，除了需要在選取標準上做一些理論討論之外，我們還需要

---

① 趙振鐸：《揚雄〈方言〉裏的同源詞》，載《語言文字學術論文集——慶祝王力先生學術活動五十周年》，知識出版社1989年版。

② 黃侃："語言之變化有二：一、由語根生出之分化語；二、因時間或空間之變動而發生之轉語。分化語者，音不變而義有變。原其初本為一語，其後經引申、變化而為別語別義。如顛、天一字，古本一語。蓋以體言，極高者曰顛，其大而最高者則曰天，乃因其義有別，而造兩字。以造字論，顛後于天；以語義論，天則由顛分化而來。又如平之與過，語同而俱在歌部。平變為跨，跨猶過也；過音變而為貫，過、貫爲對轉音。穿貫猶穿過，則貫者，過之分化語也。轉注（"轉注"亦當同"轉語"）則義同而語為二。如女、爾、而、若、乃等字皆爲第二人稱，特其音有轉變。若其變而又別造字者，如朝之與旦，且之與晨皆是。要之文字意義之增多，訓詁之繁衍，不外分化語與轉語二途；又不外以雙聲、疊韵為其變化之軌轍也。語言文字之變，由方音與方言之異。惟以聲訓者，根乎方音之不同；義訓者根乎方言之不同。而方音之變，又只能變韵而不能變聲也。"（黃侃《黃侃國學講義錄》，北京：中華書局2006年版，第256~257頁）張博采用發生學分類的方法，根據漢語同族詞滋生的兩條途徑——詞義引申分化和語音的流轉變化將漢語同族詞分為"音轉同族詞"和"義衍同族詞"。（張博：《漢語同族詞的系統性與驗證方法》，商務印書館2003年版，第39~42頁）

總結前人收集的材料，藉以發現問題，從而提高"標音材料"收集及其運用的科學性和可信度。

1. 注意利用版本校勘的成果，避免《方言》版本的差異影響個別標音材料的判定和運用

（1）宋本《方言》1.16：虔、劉、惨、琳，殺也。秦晉宋衛之間謂殺曰劉，晉之北鄙亦曰劉。秦晉之北鄙、燕之北郊、翟縣之郊謂賊為虔。晉魏河內之北謂琳曰殘，楚謂之貪，南楚江湘之間謂之欺。

分析結果如表3.4：

表3.4

判定者①	A字	古音	B字	古音	聲韻關係	出處
楊	貪	透侵	欿	溪談	旁轉	1.16
趙	貪	透侵	欺	溪侵	疊韻	

戴震《方言疏證》於正文和注文均改"欺"作"欿"，云："各本訛作欺，注內同。《說文》：'欿，食不滿也。讀若坎。'《廣雅》：'欿、婪，貪也。'義本此，曹憲音苦感反。今據以訂正。欿、琳疊韻字也。"王念孫手校明本亦改作"欿"。王念孫《方言疏證補》："《說文》：'欲，欲得也。'《廣雅》：'欲，貪也。'欲與欿通。又《說文》：'胎，食肉不猒也。'亦與欿聲近義同。"

吳予天《方言注商》："《原本玉篇·欠部》引'江湖之間謂貪惏曰欲。郭璞曰：欲惏難猒也。'……'欺'當作'欲'。此字蓋曾經人仍'殺'字義而妄改為'欺'，俗本注'欲'字亦訛為'欺'可證。又有人承'貪'義而易為'欿'。據《說文》云：'欿，食不滿也。從欠、甚聲。讀若坎。'則所易似未可非？但《說文》又云：'欲，慾得也。從欠，谷聲。讀若貪。'是郭注'欲惏'聯言，固承《說文》讀也。郭訓'欲'為'欲惏難猒'，猶'嘉'訓'謗言噂嘉'也。則正文'欺'注文'欺'之當作'欲'亦明矣！今本《玉篇》云：'欿，口感切，貪惏曰欿。'而不云見諸《方言》。則《方言》訛舛後，重訂《玉篇》者，以所引與《方言》不符而改易之。校以原本，猶有斧鑿痕。"

華學誠《校釋匯證》按："當改'欺'作'欲'，注內同。"

趙彤從戴震《方言疏證》作"欿"，楊建忠從吳予天《方言注商》作"欲"。

---
① 下文表格中的"判定者"一列均以姓氏指稱丁啓陣、趙彤、楊建忠、王彩琴、謝榮娥等學者。

"欺"古音在溪紐侵部，"欽"古音在溪紐談部，雙聲旁轉音近。但是二者與"貪"（古音在透紐侵部）的語音關係則有所不同。趙彤作"欺"說明的是通語與南楚江湘方言之間在聲紐上的關係；而楊建忠作"欽"，說明的則是通語與南楚江湘方言之間在韻部上的旁轉關係。

（2）宋本《方言》2.05：顤、鑠、盱、揚、瞵①，隻也。南楚江淮之間曰顤，或曰瞵。好目謂之順，矐瞳之子謂之瞵。宋衛韓鄭之間曰鑠。燕代朝鮮洌水之間曰盱。或謂之揚。

分析結果如表3.5：

表3.5

判定者	A字	古音	B字	古音	聲韻關係	出處
丁	鑠	書藥	雙	山東	旁對轉	2.05
趙	鑠	書藥	矐	曉鐸	旁轉	
王	盱	曉魚	矐	曉鐸	雙聲對轉	
謝	膡	定蒸	矐	曉鐸	旁對轉	

戴震《方言疏證》改"隻"作"雙"，云："案，'雙'各本訛作'隻'，注內'雙耦'訛作'隻耦'。《玉篇》引《方言》：'顤，雙也。'《廣韻》：'膡，雙也。'今據以訂正。"《廣雅‧釋詁》"孿也"條王念孫疏證引《方言》亦作"雙"。

周祖謨《方言校箋》據戴本改"隻"爲"雙"，云："案，戴改隻爲雙是也。《原本玉篇》'陽'下引《方言》：'陽，雙也。燕代朝鮮洌水之間或謂好目爲陽。'又引郭璞曰：'此本記雙耦，因廣其訓復言目也。'足證'隻'爲'雙'字之誤。又《萬象名義‧目部》'膡'字、'盱'字，《頁部》'顤'字，並注云'雙也'，亦本於《方言》無疑。惟此節所列各詞義皆指目而言，非雙偶之異名。洪頤煊《讀書叢錄》卷九《方言》'雙也'一條云：'顤鑠盱揚膡五字，皆是目訓，非雙訓，注義甚迂。雙疑矐字之訛。《說文》："矐，大視也。"……"鑠"言其目光灼鑠。《後漢書‧馬援傳》："矍鑠哉是翁也。"李賢注："《東觀漢記》作矐。"矐鑠連文明其義同也。'按，顤、鑠等詞皆張目美好之貌，洪說是也。自郭璞以來'矐'訛爲'雙'，戴、錢諸家遂不能通其解。"

朱駿聲《說文通訓定聲》"揚"字下亦云："《方言》二：'揚，隻也。'按，'隻'者'矐'之誤字，猶'盱'也。郭注'隻耦'或改爲'雙'，皆失之。"

---

① 戴震《方言疏證》、周祖謨《方言校箋》並作"膡"，下文同。

華學誠《校釋匯證》按："《方言》本作'矈',郭璞所見已訛作'雙',故有'此本論雙耦,因廣其訓,復言目耳'之注語,後世刻本又訛'雙'爲'隻'。戴本改'隻'爲'雙'所以爲是,乃顯郭注本《方言》之真也,然非《方言》原本之真。當據洪說改作'矈'。"

丁啓陣從戴震說作"雙",趙彤、王彩琴、謝榮娥從洪頤煊、朱駿聲說,作"矈"。"雙"古音在山紐東部,"矈"古音在曉紐鐸部,相去甚遠。

就上舉二例而言,由於選擇不同版本的異文或採用前人不同的校勘意見,同一條目中標音字組的選取就會出現分歧,而這種版本和用字分歧不僅會影響標音字組本身的聲韻關係,而且會進一步影響以此爲基礎開展的古方音研究。材料出現分歧,研究的結論也會大相徑庭。因此,充分利用《方言》版本校勘的成果,確保標音材料選取的科學性是方音研究結論可靠性的重要保證。

2. 注意方言語音變轉的時代性

語音的時地變轉可能在漢語發展的不同歷史階段產生,不僅要考慮這些音轉發生的地域性,而且應該注意這些音轉發生的時代性。有些語音的變轉可能在漢以後才發生,我們不能將其視爲漢代既已存在的方言語音差異。例如:

(1)【黨—懂】

《方言》1.01:黨、曉、哲,知也。楚謂之黨(黨朗也,解寤貌),或曰曉;齊宋之間謂之哲。

分析結果如表3.6:

表3.6

判定者	A字	古音	B字	古音	聲韻關係	出處
楊	黨	端陽	懂	端東	雙聲旁轉	1.01

《說文·黑部》:"黨,不鮮也。"段注:"新鮮字當作鱻。《屈賦·遠遊篇》:'時曖曖其矘莽。'王注曰:'日月晻黮而無光也。'然則黨、矘古今字。《方言》曰:'黨,知也。楚謂之黨。'郭注:'黨朗,解寤皃。'此義之相反而成者也。"

楚方言謂之"知曉"爲"黨"。"黨"在先秦文獻中既有此義。《荀子·非相》:"法先王,順禮義,黨學者,然而不好言,不樂言,則必非誠士也。"俞樾《平議》:"黨學者,猶言曉學者。"王先謙《集解》引郝懿行曰:"黨則曉了之意。法先王,順禮義,出言可以曉悟學者,非朋黨親比之義也。"

錢繹《方言箋疏》:"今人謂知爲懂,其黨聲之轉歟?"胡文英《吳下方言考》:

"今諺通謂不曉爲不黨，黨音董。"章炳麟《新方言·釋言》："今謂了解爲黨，音如董。"徐復《補釋》："胡爲清乾隆時武進人，首說黨即吳下方言懂字，後人多承之。"

《方言》之"黨"與現代漢語"懂"之間的音轉關係得到了學者們的普遍認同。不過，"黨"和"懂"之間的語音變轉是否在漢代就已經發生却值得討論。"懂"字最早見收於《古今韻會舉要》："懂……（覩動切）"。《古今小說·沈小霞相會出師表》："老門公故意道：'你說的是甚麼說話？我一些不懂。'"現代漢語方言中雖然有稱"知曉"音"懂"者，但"懂"音與"黨"音是什麼時候發生的變轉，是通語和方言的語音變轉還是方言在不同歷史時期的語音變轉，這些問題都還值得進一步討論。我們認爲，不考慮時地因素，將後人記錄的音轉材料作爲漢代的方言音轉材料是不太恰當的。

（2）【侹—頂】

《方言》3.26：庸、恣、比、侹、（挺直）更、佚，代也。齊曰佚。江淮陳楚之間曰侹。餘四方之通語也。（今俗亦名更代作爲恣作也）

分析結果如表3.7：

表3.7

判定者	A字	古音	B字	古音	聲韻關係	出處
謝	侹	透耕	頂	端耕	準雙聲疊韻	3.26

《說文·人部》："侹，長兒。一曰箸地。一曰代也。从人廷聲。"朱駿聲："今頂冒字以頂爲之。頂、當一聲之轉。"《方言》說漢代江淮陳楚之間謂"代"曰"侹"，朱駿聲認爲與後來"頂"爲聲轉。謝榮娥從其說以"侹—頂"爲標音材料。"頂"字雖然很早就見用，但表"頂替""替代"義則較爲晚出。《漢語大字典》及《漢語大詞典》並引《文獻通考·兵十二》云："又統制官占馬至四十五匹，名料馬，豈特占請馬料，每二匹必有一卒以頂其名而盜取其錢以入己者。"從"侹"到"頂"的語音變轉在秦漢時期應該還沒有發生，將其作爲漢代方言的"標音材料"還需要進一步討論。

3. 注意區別方言之間的語音變轉與不同義衍來源的詞語之間的語音關係

符合音轉條例的音同音近只是判定標音材料的必要條件，並非充分條件。意義上來源各異的兩個詞即使音同音近也不能簡單地判定爲標音材料。在選取標音材料的過程中要充分注意意義的因素。

（1）【梗—劌】

《方言》3.11：凡草木刺人，北燕朝鮮之間謂之茦，或謂之壯。自關而東或謂之梗，（今云梗榆）或謂之劌。（劌者，傷割人名。音鱖魚也）自關而西謂之刺。江湘之間謂之棘。

分析結果如表3.8：

表3.8

判定者	A字	古音	B字	古音	聲韻關係	出處
王	梗	見陽	劌	見月	雙聲通轉	3.11

《廣雅·釋詁》："梗、劌、棘、傷、茦、刺、壯，箴也。"王念孫《疏證》："《說文》：'梗，山枌榆，有束。'束音刺。《說文》又云：'鯁，魚骨也。''骾，食骨留嗌中也。'《晉語》云：'小鯁可以小戕，而不能喪國。'梗、鯁、骾義並相近。"

王力《同源字典》亦以"梗：骾（鯁）哽"爲同源字①。《管子·四時》："謹禱弊梗。"注："梗，塞也。"《說文·骨部》："骾，食骨留咽中也。"《說文·魚部》："鯁，魚骨也。"《後漢書·來歙傳》："太中大夫段襄骨鯁可任。"注："骨鯁，喻正直也。《說文》曰：'鯁，魚骨也。'食骨留咽中爲鯁。"《說文》："哽，語爲舌所介也。"《莊子·外物》："壅則哽。"《釋文》："哽，塞也。"可見，"梗"的"刺"義應該是來自於其所具有的"因直而塞"的內在意義；而"劌"的"刺"義則來自另外的語義特徵。

戴震《方言箋疏》："《聘義》：'廉而不劌。'鄭注云：'劌，傷也。'《釋文》九衛反，引《字林》：'劌，利傷也。'"

《廣雅·釋詁》："劌，利也。"王念孫《疏證》："《說文》：'劌，利傷也。'《聘義》云：'廉而不劌。'《莊子·在宥》篇云：'廉劌彫琢。'《方言》：'凡草木刺人者，自關而東或謂之劌。'亦利之義也。"段玉裁《說文解字注》："利傷者，以芒刃傷物。"《老子》："廉而不劌。"馬王堆漢墓帛書《老子》乙本作"廉而不刺"。《禮記·聘義》："廉而不劌，義也。"鄭玄注："劌，傷也。"孔穎達疏："言玉體雖有廉棱，而不傷割于物。"

從詞義上來看，"劌"重在言"因利而傷"。"梗"、"劌"二者的詞義重點不

---
① 王力：《同源字典》，商務印書館1982年版，第344頁。

同。雖然是雙聲的關係，韻部可以通轉，但它們各有其意義來源，不能將其作爲音轉的"標音材料"採錄。

（2）【格—鉤】【觡—鉤】

《方言》5.23：鉤，宋楚陳魏之間謂之鹿觡，或謂之鉤格。自關而西謂之鉤，或謂之鑡。

分析結果如表3.9：

表3.9

判定者	A字	古音	B字	古音	聲韻關係	出處
王	格	見鐸	鉤	見侯	雙聲旁對轉	5.23
王	觡	見屋	鉤	見侯	雙聲對轉	

《說文·句部》："鉤，曲也。"又"句，曲也。"段玉裁注："凡曲折之物，侈爲倨，斂爲句。"錢繹《方言箋疏》："鉤之言句也……是凡言鉤者，皆屈曲之意。"王力《同源字典》以"句鉤枸軥刨笱：拘疴"爲同源字①。從"句"得聲之字，多有"曲"義，"鉤"之命名源於其形之彎曲。

《廣雅·釋器》："鹿觡，鉤也。"王念孫《疏證》："鹿觡，謂鉤形如鹿觡也。《方言》注云：'或呼鹿角。'《玉篇》：'觡，麋鹿角也。有枝曰觡，無枝曰角。'觡之言枝格也。《史記·律書》云：'角者，言萬物皆有枝格如角也。''格'與'鉤'同義，故鉤或謂之鉤格。《淮南子·主術訓》云：'桀之力，別觡伸鉤。'亦以兩形相近而類舉之矣。"由此可見，"觡"與"格"同源，角之謂觡，在於角有枝如格也。而"枝格"與"鉤""兩形相近"，故"鉤"亦可謂之"格（觡）"。

綜上所析，"鉤"之詞源意義爲"曲"，"格（觡）"之詞源意義爲"枝杈"。二者源各有自，非音轉同源詞。《淮南子·主術訓》"觡"、"鉤"連用，亦可證明"觡"、"鉤"非同一詞語的方音變轉。

4. 儘量避免標音材料選取的主觀性

揚雄、郭璞及清代的《方言》研究者對轉語現象的揭示基本上是不斷發現新轉語的擴充式發展。彼此之間對同一個方言詞的轉語的確定並沒有出現太大的分歧。現代研究者對標音材料性質的認識是一致的，因此對一些標音材料的收集也有相同的意見。如表3.10：②

---

① 王力：《同源字典》，商務印書館1982年版，第183~184頁。
② 表中所列四組標音材料的分析參見下文。

表3.10

判定者	組別	A字	古音	B字	古音	古音關係	出處
楊謝王	1	蹶	見月	獪	見月	聲同韻同	2.35
丁楊趙	2	茁	溪屋	麹	溪覺	雙聲旁轉	5.28
楊王謝	3	悃	見文	惛	曉文	旁紐疊韻	10.30
丁趙	4	憐	來真	倰	來蒸	雙聲	1.07

不過，由於"標音材料"的選取和判定缺乏統一的標準，不同學者對同一方言詞的語音變轉也有不同的意見。依靠音義關係來確定音轉同源關係，進而確定標音材料，難免見仁見智。例如：

（1）《方言》1.05：台、胎、陶、鞠，養也。（台猶頤也，音怡）晉衛燕魏曰台，陳楚韓鄭之間曰鞠，秦或曰陶，汝穎梁宋之間曰胎，或曰艾。（爾雅云：艾，養也）

分析結果如表3.11：

表3.11

判定者	A字	古音	B字	古音	聲韻關係	出處
王	台	余之	養	余陽	雙聲旁對轉	1.05
王	陶	余幽	養	余陽	雙聲旁對轉	
趙	台	余之	胎	透之	旁紐疊韻	
趙	陶	定幽	毓	余覺	旁紐對轉	

根據兩位學者的判定：同一"台"字，或與"養"爲音轉，或與爲"胎"爲音轉；同一"陶"字，或與"養"爲音轉，或與"毓"爲音轉。

《方言》郭璞注："台猶頤也。"戴震《疏證》："台、頤古通用。"錢繹《方言箋疏》："台之言頤也。"《爾雅·釋詁下》："頤，養也。"郝懿行《義疏》："頤者，宧之叚音也……通作頤……又通作台。"《說文·宀部》："宧，養也。"可見，"台"之訓"養"爲其通假義，本字當作"宧"。

《說文·肉部》："胎，婦孕三月也。从肉台聲。"段注："《方言》曰：'胎，養也。'此假借胎爲頤養也。"

錢繹《方言箋疏》："'胎'從'台'聲，'台'訓爲養，故'胎'亦訓爲養也。"徐復《補釋》："段玉裁《說文》'胎'下注云：'《方言》曰：胎，養也。此假借胎爲頤養也。'錢繹《方言箋疏》則謂台與臣通，臣即頤字。博引從臣之字以釋之，則就求本字、探語源方面立論，均可師法。"

趙彤以"台"爲"胎"之音轉。"台"古音爲余紐之部，"胎"古音爲透紐之部，二者爲疊韻準旁紐。華學誠按："是'晉衛燕魏'與'汝潁梁宋之間'言訓'養'之詞音有濁清之異，故揚雄以'台'、'胎'二字區別之，實一詞也。"王彩琴以"台"爲"養"之音轉。"台（宧）"與"養"在古音上雖然是雙聲旁對轉的關係，但這種音轉關係是否與"台（宧）""胎"音轉處於同一個層面還很難斷定。

揚雄《太玄·玄摛》："資陶虛無而生乎規。"范望注："陶，養也。"王念孫《廣雅疏證補正》、錢繹《方言箋疏》皆引《太玄》范望注爲證。王彩琴以"陶"爲"養"之音轉，"陶"、"養"古音爲雙聲旁對轉關係。趙彤以"陶"爲"毓"之音轉，"陶"、"毓"古音爲準旁紐對轉關係。華學誠則認爲："'陶'之所以訓養，當以音求之。'陶'，《廣韻》徒刀切，古屬定母幽部；'陶'與'台'雙聲，之幽旁轉，其音之別，乃方音之別，實爲一詞。"

同一"陶"字，其音轉來源有三種不同的意見。原因在於具有同義關係的"陶"、"養"、"毓"、"台"之間依音轉條例來看都有音近關係。而這種音近關係的形成，是否確實出於語音的方言變轉，四者之間的方音變轉是一個層次的異地變轉，或者是多個層次的異地變轉，依靠我們所掌握的材料和使用的方法是無法得到確切的答案的。因此，諸家的音轉說都存在某種程度的假說性，無法用一個絕對客觀的標準來判別。

另外，"陶"、"養"、"毓（育）"、"台（宧）"用作"養育"義，在先秦兩漢的典籍中均屬常見。四者雖然有音轉的可能，但從共時的平面看，它們之間應該已經構成語素差異。

（2）《方言》3.52：差、間、知，愈也。南楚疾愈者謂之差，或謂之間，（言有間隙）或謂之知，知，通語也。或謂之慧，或謂之憭，（慧、憭，皆意明）或謂之瘳，或謂之蠲，（蠲亦除也。音涓，一音圭）或謂之除。

分析結果如表3.12：

表3.12

判定者	A字	古音	B字	古音	聲韻關係	出處
楊	知	端支	愈	余侯	旁紐旁轉	
楊	蠲	見錫	愈	余侯	旁對轉	
楊	蠲	見錫	除	定魚	旁對轉	
楊	差	初歌	知	端支	？？	3.52
楊	憭	來宵	瘳	透幽	旁紐旁轉	
王	憭	來宵	瘳	透幽	旁紐旁轉	
王	間	見元	蠲	見元	聲同韻同	

根據楊建忠的判定，則"知"可轉"愈"，"愈"可轉"蠲"，"蠲"可轉"除"，"知"又可轉"差"。即"知"、"愈"、"蠲"、"除"、"差"五者皆南楚方音之變轉。而王彩琴則以"蠲"爲"間"之音轉。兩人之說，頗有分歧。

戴震《方言疏證》："《廣雅》：'知、瘥、蠲、除、慧、閒、瘳，愈也。'義本此。差、瘥古通用。"《說文·疒部》："瘥，瘉也。"徐鍇《繫傳》："今人病差字。"段注："通作差。凡等差字皆引伸於瘥。"徐灝《注箋》："猶言痼疾若失也，又言病去體也。"可見，"瘥"之有"疾愈"義，以其言"痼疾若失""病去體"也。

《禮記·文王世子》孔穎達疏："若病重之時，病恒在身，無少間空隙，病今既損，不恒在身，其間有空隙，故云'間猶瘳也'。瘳是病減損也。"《說文·門部》："閒，隙也。"段注："隙者，壁際也。引申之，凡有兩邊有中者皆謂之隙。隙謂之閒。閒者，門開則中爲際。凡罅縫皆曰閒，其爲有兩有中一也。《考工記》說鐘銑與銑之閒曰銑閒，篆與篆、鼓與鼓、鉦與鉦之閒曰篆閒、鼓閒、鉦閒，病與瘳之閒曰病閒，語之小止曰言之閒。"可見，"間"之有"疾愈"義，以其言病情"少間空隙"也。

《說文·心部》："憭，慧也。"段玉裁注："《方言》：'愈或謂之慧，或謂之憭。'郭云：'慧憭，皆意精明。'按，《廣韻》曰：'了者，慧也。'蓋今字叚了爲憭，故郭注《方言》已云'慧了'，他書皆云'了了'。"錢繹《方言箋疏》："'了'與'憭'同，皆精明快意之義也。凡人病甚，則昏亂無知；既差則明瞭快意。故'愈'謂之'慧'，'知'亦謂之'慧'；'愈'謂之'憭'，'快'亦謂之'憭'，義並相通也。"可見，"知""憭"之有"疾愈"義，以言其疾愈而"意精明"也。

《廣雅·釋詁》："蠲，瘉也。"又《釋詁》三："蠲，除也。"《文選》揚雄《劇秦美新》："摘秦政慘酷尤煩者，應時而蠲。"李善注："蠲，除也。"聯言之則曰"蠲除"。《史記·李斯列傳》："臣請諸有文學《詩》、《書》百家語者，蠲除去之。"《漢書·元帝紀》:"赦天下,有可蠲除減省以便萬姓者,條奏,毋有所諱。"《廣雅·釋詁》:"除,瘉也。"疾愈,猶言疾除,故亦謂之"蠲"。

錢繹《方言箋疏》:"《說文》:'瘳,疾瘉也。'《說命》篇:'若藥弗瞑眩,厥疾弗瘳。'某氏傳云:'如服藥必瞑眩極,其病乃除。'趙岐《滕文公》篇注云:'藥,攻人疾,先使瞑眩憒亂,乃得瘳愈也。'《金滕》篇:'王翼日乃瘳。'傳云:'瘳,差也。'皆愈之意也。"徐鍇《說文繫傳》:"忽愈若抽去之也。""瘳"之有"疾愈"義,或言病去如"抽去"也,而與"憭"之言病去"意精明"義有別,二者音轉之說尚可商榷。

《說文·疒部》:"瘉,病瘳也。从疒俞聲。"段注:"《釋詁》及《小雅·角弓》毛傳皆曰:'瘉,病也。'渾言之謂瘳而尚病也,許則析言之,謂雖病而瘳也。凡訓勝、訓賢之愈,皆引伸於瘉,愈即瘉字也。"據段說"病瘉"之字引申可爲"勝""賢"義,則"瘉"之義或與"逾""踰"通。"瘉"之有"疾愈"義,或以其言"逾越"病痛也。

綜上所析,南楚言"疾愈"之數語,義各有自,側重不同。諸字之古音雖或相近,然未必爲一語之音轉。且一語而轉爲四五聲,一聲而可爲迥異二語之轉,其蓋爲假定之說,難免主觀之見。況且,從秦漢文獻使用情況來看,表"疾愈"諸語均爲常用,從相對共時的角度看,我們更傾向於將其視爲語素差異。

以上所分析的僅僅是諸家標音材料判定分歧的一小部分。這些分歧的產生和存在說明標音材料的判定至今還未有一個較爲統一和可行的操作標準。僅僅依靠音轉條例來分析《方言》及《說文》中同義異形對應詞的語音差異進而選取兩漢方音對應差異材料是不夠的,語音變轉的複雜性及其論證的困難使我們的判定難免帶有假說的性質。加之各人的研究目的不一,比較容易出現各取所需、主觀隨意的情況。這不但會影響我們對兩漢方言差異的認識,也會使據此得到的兩漢方音研究結論或更古老的漢語語音狀況構擬的客觀性和準確性受到影響。

因此,充分認識標音材料判定的困難,努力避免上文分析所指出的問題,繼續深入探討標音材料選取和判定的理論問題和實踐方法,才能在材料選取和結論論證上取得較爲一致、更爲科學客觀的結果。

(三)本書區分語音差異與語素差異的依據

結合上文的相關討論,本書將通過以下原則區分兩漢方言同義異形對應詞之間的語音差異和語素差異。

1. 判定爲語音差異的情況

（1）使用表義字（或奇字）記錄，與同義對應的其他方言詞或通語詞古音關係相近，但在先秦兩漢文獻中未見使用，方言詞意義只保存在訓詁纂集類的字書或韵書中，並且未在方言詞意義的基礎上引申出相關意義的方言詞與相應的方言詞或通語詞，視爲語音差異。如：

【譞—懇】

《方言》1.02：虔、儇，慧也。秦謂之謾，晉謂之懇，宋楚之間謂之倢，楚或謂之譜，自關而東趙魏之間謂之黠，或謂之鬼。

《說文·言部》："譞，欺也。"《墨子·非儒下》："且夫繁飾禮樂以淫人，久喪僞哀以謾親。""譞"之本義爲"欺騙"，引申有"慧黠"義。錢繹《方言箋疏》："蓋人用慧黠以欺譞人，故慧亦謂之譞也。"漢代秦方言表"慧黠"義用"譞"。據華學誠考證，"懇"爲首見於《方言》的奇字。僅見收於《廣雅》、《玉篇》等小學專書，詞義亦未發生變化。"譞"古音爲明紐元部，"懇"古音爲明紐之部，二者雙聲音近。王彩琴以二者爲標音材料，可從。

【憐—倰】

《方言》1.07：倰、憮、矜、悼、憐，哀也。（倰亦憐耳，音陵）齊魯之間曰矜，陳楚之間曰悼，趙魏燕代之間曰倰，自楚之北郊曰憮，秦晉之間或曰矜，或曰悼。

《說文·心部》："憐，哀也。"《商君書·兵守》："壯男壯女過老弱之軍，則老使壯悲，弱使彊憐。""憐"本義爲"哀憐、憐憫"，爲漢代通語詞。《史記·高祖本紀》："沛父兄皆頓首曰：'沛幸得復，豐未復，唯陛下哀憐之。'"

"倰"在先秦文獻中未見使用①。又《方言》6.58："倰、（音陵）慄，憐也。"王念孫《方言疏證補》："真、蒸二部聲相近，故從粦、從夌之字或相轉……故郭云'倰亦憐也。'"錢繹《方言箋疏》："卷六：'倰，憐也。'倰、憐聲之轉。"丁啓陣、趙彤以二者爲標音材料，可從。

【悃—惽】

《方言》10.30：悃、懣、頓愍，惛也。楚揚謂之悃，或謂之懣。江湘之間謂之頓愍，或謂之氏惘。南楚飲藥毒懣謂之氏惘，亦謂之頓愍，猶中齊言眠眩也。愁恚憒憒、

---

① "倰"又有驚恐義。《淮南子·兵略訓》："建鼓不出庫，諸侯莫不悒倰沮膽其處。"張衡《西京賦》："百禽倰遽，騃瞿奔觸。"李善注引薛綜曰："倰，猶怖也。"《集韻·蒸韻》："倰，怖也。""愛憐"義與"怖懼"義無涉，二者或爲同形詞。

毒而不發謂之氐惆。

《說文·心部》："惛，不憭也。"《孟子·梁惠王上》："王曰：'吾惛，不能進於是矣。'"趙岐注："王言，我情思惛亂，不能進行此仁政。""惛"之本義爲"昏亂、神志不清"，是漢代通語詞。《史記·呂太后本紀》："今皇帝病久不已，乃失惑惛亂，不能繼嗣奉宗廟祭祀。"據華學誠考證，"怋"爲首見於《方言》的奇字。僅見收於《廣雅》、《玉篇》等小學專書，詞義亦未發生變化。"惛"古音爲曉紐文部，"怋"古音爲曉見紐文部，二者旁紐疊韻，音近義同。楊建忠、王彩琴、謝榮娥均判定二者爲標音材料，可從。

此外，還有如"愛—俺"（1.06）、"過—遏"（1.21）、"錯—鐕"（2.26）、"㨘—搟"（6.43）等等。

（2）使用記音字記錄，與同義對應的其他方言詞或通語詞古音相同相近，並且在先秦兩漢的文獻中未見使用的方言詞與相應的方言詞或通語詞，視爲語音差異。如：

【獪—蹶】

《方言》2.35：剝、蹶，獪也。秦晉之間曰獪，楚謂之剝，或曰蹶，楚鄭曰蔿，或曰姞。

《說文·犬部》："獪，狡獪也。""獪"之本義爲"狡獪"，爲漢代秦晉方言。《新五代史·唐六臣传序》："唐之亡也，賢人君子既與之共盡，其餘在者皆庸懦不肖、傾險獪猾、趨利賣國之徒也。"《說文·足部》："蹶，僵也。一曰跳也。讀亦若橜。蹷，蹶或从闕。""蹶"之本義爲"跌倒"。《孟子·公孫丑上》："今夫蹶者、趨者，是氣也，而反動其心。""狡獪"義與"跌倒"義無涉，先秦兩漢未見用"蹶"表"狡獪"義。揚雄蓋用"蹶"之音記秦晉方言。"蹶"、"獪"古音並爲見紐月部，戴震《方言疏證》："蹶、獪一聲之轉。"楊建忠、王彩琴、謝榮娥亦並以二者爲標音材料，可從。

【苗—麴】

《方言》5.28：薄，宋魏陳楚江淮之間謂之苗，或謂之麴。（此直楚語聲轉也。）自關而西謂之薄。南楚謂之蓬薄。

《說文·艸部》："苗，蠶薄也。"段注："《豳風》毛傳曰：'豫畜萑葦，可以爲曲也。'《月令》：'季春，具曲植籧筐。'注曰：'曲，薄也。'《方言》：'薄，宋魏陳楚江淮之閒謂之苗，或謂之麴。自關而西謂之薄，南楚謂之蓬薄。'案'曲'與'苗'同。《曲部》云：'或說：曲，蠶薄也。'是許兼用此二形。""苗"

之本義爲"蠶薄（一種以竹篾或葦子等編成的養蠶器具）"，爲漢代宋魏陳楚江淮之間方言。

《說文·米部》："䴷，酒母也。从米䴷省聲。麴，䴷或从麥䪞省聲。"段注："䴷或作㲆，則亦可云㲆聲也。……作麴或以米，或以麥，故其字或从米，或从麥。""麴"本義爲"酒母"，與"蠶薄"義無涉，先秦兩漢未見用"麴"表"蠶薄"義。"苗"古音爲溪紐屋部，"麴"古音爲溪紐覺部，二者雙聲旁轉。揚雄蓋用"麴"記音。郭注："此直楚語聲轉也。"丁啓陣、楊建忠、趙彤並以二者爲標音材料，可從。

【愮—療】

《方言》10.37：愮、療，治也。江湘郊會謂醫治之曰愮。愮又憂也。或曰療。

《說文·疒部》："療，治也。从疒樂聲。療，或从尞。""療"本義爲"醫治、治療"。《周禮·天官·瘍醫》："凡療瘍以五毒攻之。"鄭玄注："止病曰療。"

《爾雅·釋訓》："愮愮，憂無告也。"郭璞注："賢者憂懼，無所訴也。""愮"之本義或爲"憂懼"，"醫治、治療"義與之無涉。先秦兩漢文獻亦未見用"愮"表"醫治、治療"義。《廣雅·釋詁》："搖、療，治也。"王念孫《疏證》："《說文》：'療治也。（从疒樂聲。療或从尞）'《陳風·衡門》篇：'可以樂飢。'鄭箋：'樂作療。'《韓詩外傳》作'療'，並字異而義同。《說文》：'藥，治病草也。'《大雅·板》篇云：'不可救藥。'襄二十六年《左傳》云：'不可救療。'療、搖、藥並同義。搖、療之同訓爲治，猶遙、遼之同訓爲遠，燿、燎之同訓爲照，聲相近，故義相同也。""愮"古音爲余紐宵部，"療"古音爲來紐宵部，二者旁紐疊韻。揚雄蓋以"愮"記江湘郊會之方音。楊建忠、王彩琴亦並以二者爲標音材料，可從。

此外，還有如"兓—劒"（1.21）、"星—笙"（2.06）、"簿—蔽"（5.39）、"超—釗"（7.24）等。

（3）用兩個音義皆同的異體字記錄的方言詞及與之對應的方言詞或通語詞，視爲語音差異。例如：

【担—攎】

《方言》10.46：担、攎，取也。南楚之間凡取物溝泥中謂之担，或謂之攎。

《說文·手部》："担，挹也。从手且聲。讀若樝梨之樝。"段注："《方言》曰：'担、攎，取也。南楚之閒凡取物溝泥中謂之担，亦謂之攎。'……按《方言》'抯'、'攄'實一字也,故許有'抯'無'攄'。"《廣雅·釋詁》:"攄、抯,取也。"王念孫《疏證》:"攄,與下'抯'字同。……《說文》:'抯,挹也。''𢱿,又取也。'《釋名》:'攄,叉也,五指俱往叉取也。'今俗語猶呼五指取物曰攄。張衡《西京賦》:'攄猵狿,批窳狖。'薛綜注云:'攄、批皆謂戟撮之。'攄、𢱿、抯並同。"由此可見,"抯""攄"爲表示"抱取"義的一組異體字(古音皆爲莊紐魚部)。華學誠:"然揚雄既云:'……謂之抯,或謂之攄',二字音在南楚方言中似應有所不同。"楊建忠、王彩琴亦並以二者爲標音材料,可從。

2. 判定爲語素差異的情況

(1)使用表義字記錄,與同義對應的其他方言詞或通語詞用字古音相近,但在先秦兩漢的文獻中經常見用的方言詞與其對應的其他方言詞或通語詞,視爲語素差異。例如:

【豬—豭】

《方言》8.05:豬,北燕朝鮮之間謂之豭。關東西或謂之彘,或謂之豕。南楚謂之豨。其子或謂之豚,或謂之貕。吳揚之間謂之豬子。其檻及蓐曰橧。

《說文·豕部》:"豭,牡豕也。"本專指"公豬",《左傳·哀公十五年》:"既食,孔伯姬杖戈而先,大子與五人介,輿豭從之。"孔穎達疏:"豭,是豕之牡者。"《史記·秦始皇本紀》:"夫爲寄豭,殺之無罪,男秉義程。"司馬貞《索隱》:"豭,牡豕也。"皆其例也。漢代北燕朝鮮之間或泛指豬。《說文·豕部》:"豬,豕而三毛叢居者。"《墨子·法儀》:"此以莫不犓羊、豢犬豬,絜爲酒醴粢盛,以敬事天。""豬"、"豭"在先秦兩漢均常見用,趙彤以二者音近("豬"古音爲端紐魚部,"豭"古音爲見紐魚部)爲標音材料,我們則將其視爲語素差異。

【蟬—蜩】

《方言》11.02:蟬,楚謂之蜩。宋衛之間謂之螗蜩。陳鄭之間謂之蜋蜩。秦晉之間謂之蟬。海岱之間謂之𧑓。

《說文·虫部》:"蟬,以旁鳴者。"又"蜩,蟬也。"《荀子·大略》:"飲而不食者,蟬也。"《禮記·月令》:"涼風至,白露降,寒蟬鳴。"《詩·豳風·七月》:"四月秀葽,五月鳴蜩。"王褒《洞簫賦》:"秋蜩不食,抱樸而長吟兮;玄猿悲嘯,搜索乎其間。""蟬"、"蜩"均常見用於先秦兩漢文獻。趙彤、楊建忠、謝榮娥並以二者音近("蟬"古音爲禪紐元部,"蜩"古音爲定紐幽部)爲標音材料,我們則將其視爲語素差異。

此外，還有如"遠—越"（6.16）、"聳—聾"（6.02）等等。

（2）使用記音字記錄，與同義對應的其他方言詞或通語詞用字古音相近，但在先秦兩漢的文獻中經常見用的方言詞與其對應的其他方言詞或通語詞，視爲語素差異。例如：

【信—展】

《方言》1.20：允、訦、恂、展、諒、穆，信也。齊魯之間曰允，燕代東齊曰訦，宋衞汝潁之間曰恂，荆吳淮汭之間曰展，西甌毒屋黄石野之間曰穆。衆信曰諒。周南召南衞之語也。

"展"表"誠信"義爲記音字。華學誠《校釋匯證》："'展'之訓'信'，訓'誠'，屢見《毛詩傳箋》，然'展'字本義與'誠信'義無涉。《說文·尸部》：'展，轉也。''展'古音端母元部，'允'古音余母文部，兩字聲母韻部皆近，是'展'字所記爲方音也。"然《詩·小雅·車攻》："允矣君子，展也大成。"（鄭箋："展，誠也。"）"允"、"展"對文共見，或非方言之音轉。楊建忠、謝榮娥並以"展（端紐元部）—信（心紐真部）"爲標音材料，段玉裁則謂"展"爲"真（章紐真部）"之音借①。諸說分歧，今以"展"之表"誠信"義多見用於《詩》，將"展"與"信"等諸詞視爲語素差異。

【壯—將】

《方言》1.12：敦、豐、厖、夰、憮、般、嘏、奕、戎、京、奘、將，大也。凡物之大貌曰豐。厖，深之大也。東齊海岱之間曰夰，或曰憮。宋魯陳衞之間謂之嘏，或曰戎。秦晉之間凡物壯大謂之嘏，或曰夏。秦晉之間凡人之大謂之奘，或謂之壯。燕之北鄙、齊楚之郊或曰京，或曰將。皆古今語也。（語聲轉耳）初別國不相往來之言也，今或同。而舊書雅記故俗，語不失其方。而後人不知，故爲之作釋也。

《說文·寸部》："將，帥也。"《方言》以"將"記錄燕之北鄙、齊楚之郊義"大"之詞，爲記音字。《說文·士部》："壯，大也。"謝榮娥以"將（精紐陽部）—壯（莊紐陽部）"爲標音材料。然"將"之表"大"義，多見於《詩》。《詩·小雅·北山》："嘉我未老，鮮我方將。"毛傳："將，壯也。"《詩·商頌·長發》："有娀方將，帝立子生商。"毛傳："將，大也。"鄭玄箋："禹敷下土之時，有娀氏之國亦始廣大。"且見用於秦漢以後文獻，如：《漢書·揚雄傳上》：

---

① 《說文·尸部》："展，轉也。"段注："毛傳曰：'展，誠也。'《方言》曰：'展，信也。'此因展與真音近假借。"

"絪緼玄黃，將紹厥後。"我們傾向於將其看作語素差異。

（3）方言詞義爲詞之引申義，或在先秦兩漢時期已經引申出其他相關意義的方言詞，雖然與同義對應的其他方言詞或通語詞古音相近，仍視爲語素差異。例如：

【京—壯】

1.12：敦、豐、厖、夸、幠、般、嘏、奕、戎、京、奘、將，大也。凡物之大貌曰豐。厖，深之大也。東齊海岱之間曰夸，或曰幠。宋魯陳衛之間謂之嘏，或曰戎。秦晉之間凡物壯大謂之嘏，或曰夏。秦晉之間凡人之大謂之奘，或謂之壯。燕之北鄙、齊楚之郊或曰京，或曰將。皆古今語也。（語聲轉耳）初別國不相往來之言也，今或同。而舊書雅記故俗，語不失其方。而後人不知，故爲之作釋也。

《說文·京部》："京，人所爲絕高丘也。"《詩·小雅·甫田》："曾孫之庾，如坻如京。"毛傳："京，高丘也。""京"之本義爲"高丘"，引申而有"大"義。《左傳·莊公二十二年》："八世之後，莫之與京。"孔穎達疏："莫之與京，謂無與之比大。""大"則爲"壯"之本義。二者詞義系列有別，雖然語音相近（"京"爲見紐陽部，"壯"爲莊紐陽部），但或非方言之音轉。謝榮娥以二者爲標音材料，我們傾向於將其視爲語素差異。

【餘—肄】

《方言》1.04：烈、枿，餘也。陳鄭之間曰枿，晉衛之間曰烈，秦晉之間曰肄，或曰烈。

《詩·周南·汝墳》："遵彼汝墳，伐其條肄。"毛傳："肄，餘也。斬而復生曰肄。"此處"肄"指"樹木再生的嫩枝"，引申而有"殘餘、剩餘"義。《左傳·襄公二十九年》："晉國不恤周宗之闕，而夏肄是屏。"杜預注："夏肄，杞也。肄，餘也。"楊伯峻注："杞爲夏之後，故曰夏肄。肄，餘也。屏，即蕃屏，保護之義。此言晉不憂周室之衰弱而惟護助夏代剩餘之國。"

《說文·食部》："餘，饒也。"本義爲"豐足"。《戰國策·秦策五》："今力田疾作，不得暖衣餘食。"後引申有"殘餘、剩餘"義。《列子·湯問》："以殘年餘力，曾不能毀山之一毛。"

《說文·聿部》："肄，習也。从聿㣇聲。𦘓，籀文肄。肄，篆文肄。""肄"之本義爲"學習"。《禮記·曲禮下》："君命，大夫與士肄。"鄭玄注："肄，習也。"從上文分析可知，"肄"之"殘餘、剩餘"義由"樹木再生的嫩枝"引申而來，表此二義時，"肄"均爲借字。"餘"之"殘餘、剩餘"義則由"豐足"義引申而來。

二者的引申義列不同。並在先秦兩漢的文獻中見用，在書面語中應該是兩個不同的詞。戴震《方言疏證》："肄、餘語之轉也。"丁啓陣以二者爲標音材料，我們則傾向於將二者視爲語素差異。

需要說明的是，以上的分析只是本書寫作過程中區別漢代方言同義異形對應詞之間的語音差異與語素差異的操作規程。轉語和標音材料問題不僅關係到漢代方音研究，同時也是開展漢代方言詞研究需要面對的一個重要問題。我們並不否定有些字詞之間可能具有歷史的方言音轉關係。爲了研究的方便，本書立足於漢代這一相對的共時平面，對區分方言同義異形對應詞的語音差異和語素差異提出以上操作標準。

第二節　語素差異

同義異形對應詞之間的語素差異主要是指對應詞在構詞語素選擇和語素結構方式上的差異。下文主要從單純詞和複合詞語素選擇的不同來分析同義異形對應詞之間的語素差異。

一、單純詞語素選取不同

1. 單音節單純詞語素的選取不同

除了存在語音對應差異的單音節同義異形詞外，其他單音節同義對應方言詞的字形差異反映的就是單音節詞構詞語素的差異。在兩漢方言詞中，單音節同義異形對應詞之間的語素差異十分常見。

從語素的歷史來源上看，許多單音節同義異形對應詞選擇使用歷史比較悠久的單音節語素，即承傳歷史悠久的古漢語單音節詞。如：

《方言》1.14：嫁、逝、徂、適，往也。自家而出謂之嫁，猶女出爲嫁也。逝，秦晉語也。徂，齊語也。適，宋魯語也。往，凡語也。

分析結果如表3.13：

表3.13

逝	秦晉	《詩·邶風·二子乘舟》："二子乘舟，汎汎其逝。"
徂	齊	《詩·小雅·車攻》："四牡龐龐，駕言徂東。"
適	宋魯	《詩·魏風·碩鼠》："逝將去女，適彼樂土。"

《方言》7.08：僉、胥，皆也。自山而東五國之郊曰僉，東齊曰胥。

分析結果如表3.14：

表3.14

僉	自山而東五國之郊	《書·堯典》："僉曰：'於，鯀哉！'"
胥	東齊	《書·多方》："惟夏之恭多士，大不克明保享于民，乃胥惟虐于民。"

　　上舉二組單音節同義異形對應詞分別選擇不同的語素來構詞。從歷史來源上看，這些語素在漢代以前就已經在漢語中使用，漢代不同的方言分別承傳不同的單音節詞來表達同一個意義，原來的通語同義詞變成了兩漢方言間的同義對應詞。

　　同樣是選擇歷史漢語的語素，有些方言區承傳的語素歷史較爲悠久。因此，從歷時的角度來看，單音節同義異形對應詞選擇的語素可能有不同的歷史層次。如：

《方言》2.29：翿、幢，翳也。楚曰翿，關西關東皆曰幢。

分析結果如表3.15：

表3.15

翿	楚	《詩·王風·君子陽陽》："君子陶陶，左執翿。"
幢	關西關東	《韓非子·大體》："萬民不失命于寇戎，雄駿不創壽于旗幢。"

　　同義異形對應詞{翿}及{幢}都是承傳前代漢語的詞語。從歷時的角度看，{翿}要比{幢}歷史更爲悠久。

《方言》9.29：舟，自關而西謂之船。自關而東或謂之舟，或謂之航。

分析結果如表3.16：

表3.16

船	自關而西	《莊子·漁父》："有漁父者，下船而來。"
舟	自關而東	《詩·鄘風·柏舟》："汎彼柏舟，在彼中河。"
航	自關而東	《楚辭·九章·惜誦》："昔余夢登天兮，魂中道而無杭。"

　　同義異形對應詞{船}、{舟}、{航}都是承傳古漢語詞。從歷時的角度看，{舟}的歷史最爲悠久，而{航}則是對較晚時期詞語的承傳。

　　除了承用不同歷史時期的不同漢語語素外，有些單音節同義對應詞是方言中使用全新的語素構詞。如：

《方言》10.34：領、頸，領也。南楚謂之領。秦晉謂之領。頸，其通語也。

分析結果如表3.17：

表3.17

頷	南楚	《莊子·列禦寇》："夫千金之珠，必在九重之淵而驪龍頷下。"
領	秦晉	揚雄《長楊賦》："皆稽顙樹領，扶服蛾伏。"
頤	秦晉	《易·噬嗑》："頤中有物，曰噬嗑。"

該組單音節同義異形對應詞中南楚方言詞{頷}和秦晉方言詞{頤}是古漢語承傳詞；秦晉的另一方言詞{領}[①]應該是創新詞。

《方言》10.33：顲、頷、顏，顙也。江湘之間謂之顲，中夏謂之領，東齊謂之顙，汝潁淮泗之間謂之顏。

分析結果如表3.18：

表3.18

顲	江湘之間	—
領	中夏	《史記·滑稽列傳》："皆叩頭，叩頭且破，額血流地，色如死灰。"
顙	東齊	《儀禮·士喪禮》："吊者致命，主人哭拜，稽顙成踊。"
顏	汝潁淮泗之間	《左傳·僖公九年》："天威不違顏咫尺。"

該組單音節同義異形對應詞中{顏}、{顙}是古漢語承傳詞；中夏方言詞{領}和江湘之間方言詞{顲}則是創新詞。

從語素的意義來看，有些方言詞承傳的是歷史漢語單音節詞的本義，有些承傳的則歷史漢語單音節詞的引申義。例如：

上舉《方言》1.14中各方言同義異形對應詞{逝}、{徂}、{適}和9.29中的對應詞{船}、{舟}、{航}承傳的都是前代漢語單音節單純詞的本義。

《方言》1.02：虔、儇，慧也。秦謂之謾，晉謂之㦟，宋楚之間謂之倢，楚或謂之譄，自關而東趙魏之間謂之黠[②]，或謂之鬼。

《廣雅·釋詁》："譄，慧也。"王念孫《疏證》："譄者，《方言》：楚謂慧曰譄。字或作'詑'，又作'訑'，義見卷二'詑，欺也'下。"《說文·言部》："詑，沇州謂欺曰詑。"《說文·言部》："謾，欺也。"《墨子·非儒下》："且夫繁飾禮樂以淫人，久喪偽哀以謾親。"畢沅校注引《說文》："謾，欺也。""詑

[①] 《廣雅·釋親》："顱、頤，領也。"王念孫《疏證》："領之言合也。"
[②] 《說文·黑部》："黠，堅黑也。"段注："黑之堅者也。石部曰：'硈，石堅也。'亦吉聲也。引申為奸巧之偁。《貨殖列傳》云：'桀黠奴。'謂其性堅而善藏也。"桂馥義證："《漢書·趙充國傳》：'以尤桀黠，皆斬之。'顏注：'桀，堅也。黠，惡也，為惡堅也。'馥謂當為：黠，堅也。桀，惡也。"王鳳陽："'黑'就是煙炱，硬結的煙炱稱'黠'；作聰明、機靈解是它的借義。"（王鳳陽：《古辭辨》，吉林文史出版社1993年版，第886頁）

（譎）"、"謾"均有"欺詐"義，又引申有"慧黠"義。王念孫《方言疏證補》："凡慧黠者多詐欺，故欺謂之訑，亦謂之謾；慧謂之謾，亦謂之訑矣。"

《說文·鬼部》："鬼，人所歸爲鬼。从人，象鬼頭。鬼陰气賊害，从厶。凡鬼之屬皆从鬼。"古人認爲人死後靈魂不滅而變成"鬼"。《禮記·祭義》："衆生必死，死必歸土，此之謂鬼。"也泛指一切神秘的神靈。《論語·爲政》："非其鬼而祭之，諂也。"何晏《集解》引鄭玄曰："人神曰鬼。非其祖考而祭之者，是諂求福。"劉寶楠正義："非其鬼爲非祖考。"《詩·小雅·何人斯》："爲鬼爲蜮，則不可得。有靦面目，視人罔極。"人們認爲這些神秘神靈具有某種超人的力量，因而很敬畏它們，並將其作爲祭祀的對象。《禮記·仲尼燕居》："鬼神得其饗，喪紀得其哀。"孔穎達疏："鬼神得其饗者，謂天神人鬼各得其饗食也。"後來，人們也將人所具有的精敏聰慧的品性稱爲"鬼"。據《方言》，漢代自關而東趙魏之間方言中的"鬼"已經引申有"精明、聰慧"的意思①。

《說文·黑部》："黠，堅黑也。"段注："黑之堅者也。石部曰：'硈，石堅也。'亦吉聲也。引申爲奸巧之偁。《貨殖列傳》云：'桀黠奴。'謂其性堅而善藏也。"

《說文·人部》："倢，佽也。"王筠《說文句讀》："經典皆借捷爲之。"戴震《方言疏證》："倢、捷古通用。""倢"之本義爲便捷靈敏，引申有"聰慧"義。

從以上分析來看，不同的詞語由於詞義的引申都具有相同的詞義，漢代不同方言中即選擇這些本義不同而引申義相同的不同詞語來表達同一意義，形成方言間的同義異形對應。

《方言》1.27：躡、郅、跂、假、躋、踚、登也。自關而西秦晉之間曰躡，東齊海岱之間謂之躋，魯衛曰郅，梁益之間曰假，或曰跂。

《說文·足部》："躡，蹈也。"段注："《史記》：'張良、陳平躡漢王足。'是也。""躡"的本義爲"踩踏"，引申而有"登上"義。司馬相如《封禪文》："然猶躡梁父，登泰山。"

《說文·足部》："躋，登也。从足齊聲。《商書》曰：'予顚躋。'"

《說文·𨸏部》："陟，登也。"《說文·馬部》："騭……讀若郅。"騭從陟得

---

① 趙魏之間"鬼"的"精明、聰慧"也見用於後來的文獻。常璩《華陽國志》卷三："星應輿鬼，故君子精敏，小人鬼黠。"王念孫《方言疏證補》："今高郵人猶謂黠爲鬼，是古之遺語也。"華學誠《校釋匯證》按："今北方話、吳方言、客家方言、粵方言、閩方言中都有謂黠爲鬼的說法。"

聲，又讀若"郅"，則"郅"爲"陟"之通假。

《方言》1.13："佫，至也。"郭注："（佫）古格字。"《爾雅·釋詁上》："格，至也。"又有"登""陟"義，《爾雅·釋詁下》："騭、假、格、陟、躋、登，陞也。"郭注："《方言》曰：'魯衞之間曰騭，梁益曰格。'"

《說文·足部》："跂，足多指也。"朱駿聲《說文通訓定聲》："跂，叚借爲企。"《詩·衞風·河廣》："誰謂宋遠，跂予望之。"馬瑞辰《通釋》："此詩跂即企之叚借，《楚辭·九歎》王逸注引作'企予望之。'"《方言》之"跂"本字當爲"企"，郭注："音企"，亦可證。《說文·人部》："企，舉踵也。""企"之本義爲"踮起脚跟"。《荀子·勸學》："吾嘗跂而望矣，不如登高之博見也。"楊倞注："跂，舉足也。"後引申有"企盼、企求"等義。根據揚雄《方言》的記載，"跂（企）"在梁益之間又引申有"陟登"義①，先秦兩漢文獻均未見使用。

從以上的分析來看，該組同義對應方言詞有些是承傳古語詞的本義，有些則是在古語詞本義的基礎上進行詞義的引申。

2. 雙音節單純詞語素的選取不同

有些雙音節單純對應詞選擇不同的雙音節語素構詞。如：

《方言》2.34：恒慨、蔘綏、羞繹、紛母，言既廣又大也。荆揚之間凡言廣大者謂之恒慨，東甌之間謂之蔘綏，或謂之羞繹、紛母。

錢繹《方言箋疏》："恒慨、蔘綏、羞繹、紛母，並雙聲字，古人凡形容彷彿之辭，罔或不由於是，此皆言其廣大也。""恒慨、蔘綏、羞繹、紛母"都是雙音節單純詞，表達"廣大"義的這些同義方言對應詞都是由不同的雙音節語素構成的。

3. 單音節單純詞語素與雙音節單純詞語素的選取不同

同義異形對應單純詞還可能存在單音節語素和雙音節語素選擇的差異。如：

《方言》5.31：簟，宋魏之間謂之笙，或謂之籧苗；自關而西謂之簟，或謂之笰。

《廣雅·釋器》："笙、笰、籔、簟、籧篨、筵、茵、薦、蔣、筱，席也。"王念孫《疏證》："左思《吳都賦》：'桃笙象簟。'劉逵注云：'桃笙，桃枝簟也，吳人謂簟爲笙。'案：笙者，精細之名。《方言》云：'自關而西秦晉之間凡細貌謂之笙'，'簟'爲籧篨之細者，故有斯稱矣。笰之言曲折也。……《說文》：'簟，竹席也。'《釋名》云：'簟，覃也，布之覃覃然正平也。'《齊風·載驅》傳云：'簟，

---

① 華學誠《校釋匯證》："'跂'之言企也。舉足曰企，陟登亦曰企，義相因也。"

方文席也。'《小雅・斯干》篇：'下莞上簟。'鄭箋云：'莞，小蒲之席也。竹葦曰簟。'籧篨猶拳曲，語之轉也。簟可卷，故有籧篨之名。關西謂之笫，亦此義也。"由此可見，指稱"簟"的方言對應詞分別依據簟席的不同性狀特徵，選擇能夠表達這些性狀特徵的單音節或雙音節語素來構詞。

《方言》6.46：摳輸，旋也。秦晉凡作物樹藝早成熟謂之旋，燕齊之間謂之摳輸。

《說文・方部》："旋，周旋，旌旗之指麾也。""旋"之本義爲"旋轉"，《荀子・天論》："列星隨旋，日月遞炤。"引申有"快疾"義，《史記・扁鵲倉公列傳》："菑川王病……病旋已。"華學誠《校釋匯證》按："作物樹藝早熟正涵快疾義，故稱'旋'。"秦晉方言中承傳古語詞通過詞義引申來表達"作物樹藝早成熟"之義，而燕齊之間方言則選擇雙音節語素"摳輸"構詞表達該義。

二、複合詞語素選取不同

（一）複合詞構詞語素互有異同

即同義對應複合詞的構詞語素部分相同，部分不同。如：

{亭公}—{亭父}

《方言》3.04：楚東海之間亭父謂之亭公。

"亭"是秦漢時鄉以下、里以上的行政機構[①]。《漢書・百官公卿表上》："大率十里一亭，亭有長。十亭一鄉，鄉有三老、有秩、嗇夫、游徼。"《史記・高祖本紀》："令求盜之薛治之。"裴駰《集解》引漢應劭曰："舊時亭有兩卒，其一爲亭父，掌開閉埽除，一爲求盜，掌逐捕盜賊。"《史記・田叔列傳》褚少孫論："安以爲武功小邑，無豪，易高也，安留，代人爲求盜亭父。""亭父"爲秦漢時亭中負責"開閉掃除"的亭卒。楚東海之間稱"亭父"爲"亭公"。"父"與"公"均爲對尊長的敬稱。《書・酒誥》："矧惟若疇，圻父薄違，農父若保。"孔傳："圻父，司馬；農父，司徒。"孔穎達疏："司馬主圻封，故云圻父。父者，尊之辭。"《漢書・溝洫志》："太始二年，趙中大夫白公復奏穿渠。"顏師古注："鄭氏曰：'時人多相謂爲公。'此時無公爵也，蓋相呼尊老之稱耳。"楚東海之間方言選擇與通語不同的同義語素構詞。《方言》6.55："俊、艾，長老也。東齊魯衛之間凡尊老謂之俊，或謂之艾。周晉秦隴謂之公，或謂之翁。南楚謂之父，或謂之父老。"不過，據《方言》該條，南

[①] 顧炎武《日知錄》卷二十二有"亭"條，可參。

楚謂"長老"爲"父",而周晉秦隴謂之"公",就地域分布而言,正與楚東海之間"亭父"謂之"亭公"相反。可見,"父""公"爲"長老"之稱的方言差異並沒有影響到二者作爲語素參與不同方言區詞語的組構。

{甲襦}—{襜襦}—{襌襦}

《方言》4.03:汗襦,江淮南楚之間謂之禪;自關而西或謂之衹裯;自關而東謂之甲襦;陳魏宋楚之間謂之襜襦,或謂之襌襦。

"汗襦"即《釋名》之"汗衣"。《釋名·釋衣服》:"汗衣,近身受汗垢之衣也。《詩》謂之'澤受'、'汗澤'也。或曰鄙袒,或曰羞袒。作之用六尺,裁足覆胸背,言羞鄙於袒而衣此耳。"

《說文·衣部》:"襜,衣蔽前。"段注:"《釋器》曰:'衣蔽前謂之襜。'此謂衣,非謂蔽卻也。引伸之凡衣或曰襜褕,或曰襜襦,皆取蔽義。""汗襦"之稱"襜襦"因其爲遮蔽之衣而名。《釋名·釋衣服》:"襌襦,如襦而無絮也。"《說文·衣部》:"襌,衣不重。""襌"之言"單"也,稱"襌襦"蓋以其無絮輕薄名。{汗襦}、{襜襦}、{襌襦}命名理據不同,因此選擇不同的語素參與構詞。

"汗襦"之名"甲襦"。華學誠《校釋匯證》:"'甲'字未詳。"丁惟汾《方言音釋》:"'甲'爲'遮'之同聲假借,所以掩遮汗襦,故謂之甲襦。""甲"古音爲見紐葉部;"遮"古音爲章紐魚部。兩者聲韻相距甚遠,亦未見有互爲假借之例,丁氏"同聲假借"之說不可從①。《說文·衣部》:"袷,衣無絮。"朱駿聲《說文通訓定聲》:"衣有表裏而不着絮者。……字亦作褶、作袷。""袷"古音爲見紐緝部,"袷"古音爲見紐葉部,二者爲雙聲旁轉。"汗襦"之稱{甲襦},或即{袷襦}、{袷襦}之聲轉。

{絡頭}—{帞頭}—{幧頭}

《方言》4.38:絡頭,帞頭、紗績、鬢帶、鬃帶、帑、帹,幧頭也。自關而西秦晉之郊曰絡頭,南楚江湘之間曰帞頭,自河以北趙魏之間曰幧頭,或謂之帑,或謂之帹。

"絡頭"是古代束髮的頭巾。段玉裁於《說文·髟部》"鬢"下注云:"帞頭之制,自項中而前交于額却繞髻。""絡"有"束縛、纏繞"義。《楚辭·招魂》:"秦篝齊縷,鄭綿絡些。"王逸注:"絡,縛也。"《廣雅·釋詁》:"絡,纏也。"自關

---

① 汪維輝:《〈揚雄方言校釋匯證〉讀後》,載《燕山大學學報(哲社版)》2009年第3期,已指丁說之妄。

而西秦晉之郊謂之"絡頭"，蓋以其束髮之功能命名。《釋名·釋首飾》："綃頭。綃，鈔也，鈔髮使上從也。或曰陌頭，言其從後橫陌而前也。"《廣雅·釋器》："帞頭、帤、鬢帶、髦帶、絡頭，幓頭也。"王念孫《疏證》："鄭注《問喪》：'今時始喪者邪巾貊頭，笄纚之存象也。'《釋文》'貊'作'袹'……帞、袹、陌、貊並通，陌與冒一聲之轉。……《吳越春秋·句踐入臣外傳》：'越王服犢鼻，着樵頭。'《後漢書·向栩傳》：'好被髮，着絳綃頭。'《古陌上桑》詩：'脫帽着帩頭。'並字異而義同。"《釋名》"綃頭"、"陌頭"即《方言》之"幓頭"、"帞頭"。王念孫《廣雅疏證》認爲"帞、袹、陌、貊並通，陌與冒一聲之轉"，"帞頭"或即"冒頭"，蓋以覆籠頭髮而命名，非如劉熙所說因"其從後橫陌而前"得名。《禮記·玉藻》："君子狐青裘豹褎，玄綃衣以裼之。"鄭玄注："綃，綺屬也。""綃"是薄的生絲織品。自河以北趙魏之間稱"絡頭"爲"幓頭"，或以材質命名。{絡頭}、{帞頭}、{幓頭}命名理據不同，因此選擇不同的語素構詞。

{鴚鵝}—{鵁鴚}

《方言》8.11：鴈，自關而東謂之鴚鵝。南楚之外謂之鵝，或謂之鵁鴚。

《說文·鳥部》："鴚，鴚鵝也。"①又"鵝，鴚鵝也。""鴚"古音爲見母歌部，"鵝"古音爲疑母歌部，二者爲旁紐疊韻。鴈之叫聲似"鵝鵝"，擬其聲單呼之爲"鵝"，累呼之則爲"鴚鵝"。

《說文·鳥部》："鵁，麋鴰也。"段注："見《釋鳥》。郭云：'今呼鵁鴰。'師古曰：'今關西呼爲鴰鹿，山東通謂之鵁，鄙俗名爲錯落。'司馬彪云：'鵁似鴈而黑。'"李時珍《本草綱目·禽一·鵁雞》："鵁，水鳥也。食於田澤洲渚之間。大如鶴，青蒼色，亦有灰色者，長頸高脚，群飛。""鵁"之毛羽青蒼色，故名。鴈之毛羽色亦同，故可名"鵁鴚"。《廣雅·釋鳥》："鴯鵝、倉鴚，鴈也。"王念孫《疏證》："鴯鵝以象其聲，倉鴚則兼指其色。"{鴚鵝}、{鵁鴚}命名理據不同，選擇不同的語素參與構詞。

以上所舉4例是不同方言間表達同一意義的不同詞語構詞語素部分相同的情況。同一方言內表達同一意義的不同詞語也經常存在構詞語素有異有同的情況。如：

{辛芥}—{幽芥}

《方言》3.09：蘴、蕘，蕪菁也。陳楚之郊謂之蘴，魯齊之郊謂之蕘；關之東西謂

---

① 段注："'鴚'字亦作'駕'，《太玄》作'鴚鵝'，《子虛》、《上林》、《反離騷》、《南都賦》皆作'駕鵝'，古作'駕'。《山海經》'駕鳥'，魯大夫'榮駕鵝'，皆即'駕鵝'也。古加聲與可聲同音。"

之蕪菁；趙魏之郊謂之大芥，其小者謂之辛芥，或謂之幽芥。

王念孫手校《方言疏證》於本條天頭墨批："辛，幽皆小皃。"錢繹《方言箋疏》："辛者，細小之稱，以其味辛性溫似芥則曰'辛芥'。《說文》：'亲，實如小栗。从木辛聲。'芥之小者謂之辛，猶栗之小者謂之亲也。""幽之言幼也，亦小之名也。《說文》：'魊，魊魚也，讀若幽。'卷十一云：'燕趙之間'謂蟬之小者爲'蚴蛻'，其義一也。""辛"、"幽"皆有"小"義，故蕪菁之小者於趙魏之郊或稱"辛芥"，或稱"幽芥"。{辛芥}、{幽芥}命名理據相同，選取具有共同語義特徵的不同語素參與構詞。

{曲綯}—{曲綸}

《方言》9.18：車紂，自關而東周洛韓鄭汝潁而東謂之䋺，或謂之曲綯，或謂之曲綸。自關而西謂之紂。

《說文·糸部》："紂，馬緧也。"《周禮·考工記·輈人》："不援其邸，必緧其牛後。"鄭玄注引鄭司農曰："關東謂紂爲緧。"孫詒讓《正義》引王宗涑曰："緧以生革縷般牛尾之下，引而前至背上，與繫軛之革縷相接續。""車紂"是駕車時絡於馬尾下的革帶。自關而東周洛韓鄭汝潁而東或謂之"曲綯"、或謂之"曲綸"。

王念孫《經義述聞·毛詩上》"宵爾索綯"條："毛傳曰：'綯，絞也。'（《爾雅·釋言》文）箋曰：'夜作絞索。'引之謹案：索者，糾繩之名，綯即繩也。'索綯'猶言糾繩……《廣雅·釋器》曰：'綯、繩，索也。'（此謂繩索。）字或作'綯'。《小爾雅》曰：'綯，索也。'……是綯爲繩也。《爾雅》訓綯爲絞者，絞亦繩也。"《說文·糸部》："綸，青絲綬也。"段玉裁改作"糾青絲綬也"，注云："各本無糾字，今依《西都賦》李注、《急就篇》顏注補。糾，三合繩也。糾青絲成綬，是爲綸。"《詩·小雅·采綠》："之子于釣，言綸之繩。"陳奐傳疏："綸，有糾合之稱。"可見"綯"、"綸"並指糾合而成的繩索。"車紂"稱{曲綯}、{曲綸}，命名理據相同，選取不同的近義語素參與構詞。

{雞頭}—{鴈頭}—{烏頭}

《方言》3.10：葰、芡，雞頭也。北燕謂之葰，青徐淮泗之間謂之芡，南楚江湘之間謂之雞頭，或謂之鴈頭，或謂之烏頭。

"芡"爲水生植物，"全株有刺，葉圓盾形，浮于水面。花單生，帶紫色，花托形狀像雞頭。"（《漢語大詞典》）"雞"、"鴈"、"烏"在古人看來都是鳥類動物①，三者頭頸部位形體相近。因此，南楚江湘之間"芡"謂之"雞頭"，或謂之"鴈頭"，或謂之"烏頭"。{雞頭}、{鴈頭}、{烏頭}命名理據相同，選取具有同一義類特徵的語素參與構詞。

{裺筸}—{縷筸}

《方言》5.22：飤馬橐，自關而西謂之裺囊，或謂之裺筸，或謂之縷筸。燕齊之間謂之帳。

《廣雅·釋器》："裺筸、縷筸、帳，囊也。"王念孫《疏證》："裺或作裺。《方言》：'飤馬橐，自關而西謂之裺囊，或謂之裺筸，或謂之縷筸。燕齊之間謂之帳。'《說文》：'筸，飤馬器也。'筸猶兜也。今謂以布盛物曰兜，義與此同。……裺、縷、帳皆收斂之名。裺之言掩也。《說文》云：'掩，斂也。'《釋名》云：'綃頭，齊人謂之裺，言斂髮使上從也。'義與裺筸同。縷之言婁也。《小雅·角弓》箋云：'婁，斂也。'帳之言振也。《中庸》：'振河海而不泄。'鄭注云：'振，猶收也。'""裺"、"縷"義通，均有"收斂"意；"囊"、"筸"義近，均爲袋狀容器。"飤馬橐"自關而西稱{裺囊}、{裺筸}、{縷筸}，命名理據相同，選擇具有共同語義特徵的不同語素構詞，並爲偏正結構複合詞。

{鹿觡}—{鉤格}

《方言》5.23：鉤，宋楚陳魏之間謂之鹿觡，或謂之鉤格。自關而西謂之鉤，或謂之鑞。

《說文·句部》："鉤，曲也。""句，曲也。"段玉裁注："凡曲折之物，侈爲倨，斂爲句。"錢繹《方言箋疏》："鉤之言句也……是凡言鉤者，皆屈曲之意。""鉤"之命名因其形貌彎曲。《說文·角部》："觡，骨角之名也。"段注："骨角，角之如骨者……《玉篇》云：'無枝曰角，有枝曰觡。'此取枝挌之意。惟麋鹿角有枝，則其說非異也。"《廣雅·釋器》："鹿觡，鉤也。"王念孫《疏證》："鹿觡，謂鉤形如鹿觡也。《方言》注云：'或呼鹿角。'……觡之言枝格也。《史記·律書》云：'角者，言萬物皆有枝格如角也。''格'與'鉤'同義，故鉤或謂之鉤格。《淮南子·主術訓》云：'桀之力，別觡伸鉤。'亦以兩形相近而類舉之矣。""鉤"於宋楚陳魏之間或稱"鹿觡"，或稱"鉤格"。"鹿觡"即"鹿角"，鹿角有枝格，故謂之"觡"，"鉤"之狀似鹿角，故名"鹿觡"。{鹿觡}爲偏正結構，而

---

① 《說文·隹部》："雞，知時畜也。从隹奚聲。鷄，籀文雞从鳥。"《說文·鳥部》："鴈，䳈也。从鳥、人，厂聲。"
《說文·鳥部》："烏，孝鳥也。"

{鉤格}爲並列結構。

{飛鼠}—{老鼠}—{仙鼠}

《方言》8.10：蝙蝠，自關而東謂之服翼，或謂之飛鼠，或謂之老鼠，或謂之僊鼠。自關而西秦隴之間謂之蝙蝠。北燕謂之蟙䘃。

蝙蝠的頭部和軀體似鼠，因之能飛翔故稱"飛鼠"。《抱朴子·仙藥》："千歲蝙蝠，色白如雪，集則倒縣，腦重故也。此二物（按，另一物爲萬歲蟾蜍）得而陰乾末服之，令人壽四萬歲。"由於古人認爲蝙蝠的壽命可長至五百歲乃至千歲，傳聞食之可以長生。因此，又稱其爲"老鼠""仙鼠"。{飛鼠}、{老鼠}、{仙鼠}命名理據不同，選取不同的語素參與構詞。

從詞性上看，構詞語素部分相同的方言複合詞絕大多數是名詞。對同一事物的命名，不同方言區或同一個方言區的人可以有不同的着眼點，根據不同的理據選取不同的語素來構詞。但是，這種語素的選取往往並非截然不同。人們對同一事物所屬類概念的認識通常是一致的，因此，在構詞中經常採用"種差+類屬"的方式來構詞。種差反映了人們對事物特徵的不同認識，相應地會選擇不同的語素來表達，而表達類屬概念的語素則往往是相同的。如上舉"{甲襦}—{襜襦}—{襌襦}"、"{飛鼠}—{老鼠}—{仙鼠}"等。即使對事物特徵的認識是一致的，人們也可以選擇語言中不同的同義或近義語素來參與構詞。如上舉"{辛芥}—{幽芥}"、"{掩筻}—{嘍筻}"等。種差語素相同而類屬語素不同的情況也是存在的，不過，用來表達類屬概念的不同語素通常也是具有同義或近義關係的語素，如上舉"{亭公}—{亭父}"、"{曲綯}—{曲綸}"。

（二）複合詞構詞語素完全不同

由於命名理據的差異或者是對同義語素選取的不同，方言複合詞中也普遍存在構詞語素完全不同的情況。如：

{釐孳}—{僆子}—{孿生}

《方言》3.01：陳楚之間凡人嘼乳而雙產謂之釐孳，秦晉之間謂之僆子，自關而東趙魏之間謂之孿生。

《廣雅·釋詁》："釐孳、僆，孿也。"王念孫《疏證》："《堯典》傳云：'乳化曰孳。'釐，連語之轉，釐孳猶言連生。……《衆經音義》卷十七引《倉頡篇》云：'孿，一生兩子也。'《說文》作'孿'。徐鍇傳云：'孿猶連也。'《呂氏春秋·疑似篇》云：'夫孿子之相似者，其母常識之。'《太玄·玄摛》：'兄弟不孿。'范望注云：'重生爲孿。'孿亦雙也，語之轉耳。"《說文·子部》："孿，一乳兩子也。"段玉裁注:"此謂人也。孿之言連也。"據王疏及段注,"釐、健、孿"均與"連"義通,而"孳:子:生"又均有"孳生、生育"義。漢趙曄《吳越春秋·越王無餘外傳》:"鯀娶于有莘氏之女,名曰女嬉,年壯未孳。"漢班固《白虎通·爵》:"子者孳也,孳孳無已也。"《詩·小雅·斯干》:"乃生男子,載寢之床。""人罝乳而雙産。"陳楚之間曰{釐孳}、秦晉之間曰{健子}、趙魏之間曰{孿生},名雖有異,但却是選擇具有同源同義關係的語素分別構詞。

{蔽䣛}—{大巾}

《方言》4.05:蔽䣛,江淮之間謂之褘,或謂之袚。魏宋南楚之間謂之大巾。自關東西謂之蔽䣛。齊魯之郊謂之袡。

《急就篇》:"襌衣蔽膝布母縛。"顔師古注:"蔽膝者,於衣裳上着之,以蔽前也。一名韍,又曰韠,亦謂之襜。"《釋名·釋衣服》:"韠,蔽膝也,所以蔽膝前也。"自關東西{蔽䣛}之名,因其功用而命。魏宋南楚之間謂之{大巾},蓋就其形貌而命。{蔽䣛}與{大巾}的命名理據不同,因此選擇不同語素構詞。

{㮇落}—{豆筥}

《方言》5.08:㮇落,陳楚宋衛之間謂之㮇落,又謂之豆筥。自關東西謂之㮇落。

戴震《方言疏證》:"㮇落所以居㮇。"錢繹《方言箋疏》:"盛杯之籠謂之落,猶熏衣之籠謂之笭也。《說文》:'篝,笭也。可熏衣。'下文注云:'篝,今薰籠也。'皆以籠絡爲義也。"盛杯之竹籠,陳楚宋衛之間、自關東西謂之{㮇落},以器物之功用命名。《說文·豆部》:"豆,古食肉器也。"《詩·大雅·生民》:"卬盛于豆,于豆于登。"毛傳:"木曰豆,瓦曰登。豆,薦菹醢也。"《詩·召南·采蘋》:"于以盛之,維筐及筥。"毛傳:"方曰筐,圓曰筥。""豆"、"筥"均爲古代圓形盛器,盛杯之器或與之形似,故陳楚宋衛之間又謂之{豆筥}。{㮇落}與{豆筥}的命名理據不同,因此選擇不同語素構詞。

三、單語素構詞與雙語素複合

在同義異形對應詞中,有些詞是由單音節語素構成的單純詞,有些詞則是由不同語素構成的複合詞。從構成語素的數量上看,方言同義異形對應詞之間存在差異。例如上文所舉《方言》4.05中指稱"蔽膝"的{褘}、{袚}與{蔽䣛}、{大巾};《方言》5.22中指稱"飤馬橐"的{帳}與{淹笩}、{樓笩}、{淹囊};《方言》5.23中指稱"鉤"的{鉤}、{钀}與{鹿觡}、{鉤格},等等。

這種差異中有一類比較特殊的現象，即表達同一意義的方言詞在某一方言中是單音節語素構成的單純詞，而在另一方言中則是包含該單音節語素的複合詞。從結構類型上看，不同方言間的對應詞存在單音節單純詞與雙音節複合詞的差異；從語素上看，則是複合詞包含單純詞語素，單純詞語素融合於複合詞中。如：

{劍}—{勵劍}

《方言》1.31：劍、薄，勉也。秦晉曰劍，或曰薄。故其鄙語曰薄努，猶勉努也。南楚之外曰薄努。自關而東周鄭之間曰勵劍，齊魯曰勖茲。

《說文·力部》："勖，勉也。"段注："《爾雅》、《方言》皆曰：'劍，勉也。''劍'當是'勖'之叚借字。"《漢書·成帝紀》："先帝勖農，薄其租稅，寵其强力，令與孝弟同科。"顏師古注引晉灼曰："勖，勸勉也。"

《說文·心部》："勵，勉也。"錢繹《方言箋疏》："張衡《思玄賦》云：'勵自强而不息兮。'舊注：'勵，勉也。'《說文》：'勵，勉也。'《釋詁》作勵。勵與勵同。"

"劍（勖）""勵"並有"勸勉、勉勵"之義。{劍（勖）}爲秦晉方言，自關而東周鄭之間則連言之曰{勵劍}。

{臺}—{臺敵}

《方言》2.10：臺、敵，匹也。東齊海岱之間曰臺，自關而西秦晉之間物力同者謂之臺敵。

《爾雅·釋詁上》："敵，匹也。"邢昺疏："敵者，相當之匹也。"《爾雅·釋詁下》："敵，當也。"邢昺疏："敵者，仇匹相當也。"《戰國策·秦策五》："秦人援魏以拒楚，楚人援韓以拒秦，四國之兵敵，而未能復戰也。""兵敵"即兵力强弱相等。

《廣雅·釋詁》："臺，輩也。"王念孫《疏證》："臺之言相等也，故門魁下六星，兩兩而比者，曰三台。台與臺同義。"《廣雅·釋詁》："儓，當也。"王念孫《疏證》："亦相當之意也。臺與儓通。"

"臺"、"敵"均有"相對當、相匹配"之義。{臺}爲東齊海岱之間方言，自關而西秦晉之間則連言之曰{臺敵}。先秦文獻中又有以"匹"、"敵"連言者，《左傳·成公二年》："蕭同叔子非他，寡君之母也；若以匹敵，則亦晉君之母也。"

{譙}—{譙讓}

《方言》7.07：譙、讙，讓也。齊楚宋衛荊陳之間曰譙，自關而西秦晉之間凡言相責讓曰譙讓，北燕曰謹。

《淮南子·脩務訓》："困夏南巢，譙以其過，放之厲山。"高誘注："譙，責也。"《左傳·昭公二十五年》："平子怒，益宫于郈氏，且讓之。"杜預注："讓，責也。"{譙}、{讓}並有"責讓"義。《方言》以{讓}爲訓釋詞，{讓}當即漢代之通語，{譙}爲齊楚宋衛荆陳之間方言，自關而西秦晉之間則連言之曰{譙讓}。《史記·樊酈滕灌列傳》："是日微樊噲犇入營譙讓項羽，沛公事幾殆。"

{籅}—{筥籅}

《方言》13.149：籅，南楚謂之筲，趙魏之郊謂之筥籅。

戴震《方言疏證》："'筥'，各本通作'去'。曹毅之本作'筥'。《說文》云：'㔿盧，飯器，以柳爲之。……㔿或从竹去聲。'《士昏禮》：'婦執笲棗栗。'鄭注云：'笲，竹器而衣者，其形蓋如今之筥蕆蘆矣。'《釋文》：'蕆，羌居反。蘆，音盧。''蕆蘆'即'㔿盧'，又即'筥籅'。"《說文·皿部》："盧，飯器也。从皿虍聲。盧，籀文盧。"[1]{籅}、{筲}、{筥}均指竹製盛器。南楚單言之曰{筲}、通語單言之曰{籅}，趙魏之郊則連言之曰{筥籅}。

上舉4例均爲單音節詞與由包含該單音節語素構成的同義並列複合詞之間形成的方言同義異形對應詞。從語素的方言性質來看，這些同義並列複合詞一般是"通語語素+方言語素"（或"通語語素+通語語素"）的結構（如表3.19）。

表3.19

劍（秦晉）	釛（通語）	釛劍（自關而東周鄭之間）	1.31
臺（東齊海岱之間）	敵（通語）	臺敵（自關而西秦晉之間）	2.10
譙（齊楚宋衛荆陳之間）	讓（通語）	譙讓（自關而西秦晉之間）	7.07
筲（通語）	籅（通語）	筥籅（趙魏之郊）	13.149

如果將考察的視角擴展到《方言》、《說文》之外，我們還可以發現數量更多的這類同義並列複合詞。例如：

【貪—惏—貪婪】

《方言》1.16：晉魏河內之北謂殘曰惏，楚謂之貪。

{貪}不僅是漢代楚方言表"貪婪"義的方言詞，同時也是先秦兩漢書面語中表達這一意義的常用詞。

---

[1] 《廣雅·釋器》："筲，籅也。"王念孫《疏證》："'籅'即'筥'字也。《衆經音義》卷十五云：'筥又作籅，同。力與、紀與二反。'古者筥、籅同聲。"

《詩·大雅·桑柔》:"大風有隧,貪人敗類,聽言則對,誦言如醉。"

《吕氏春秋·慎大覽》:"桀爲無道,暴戾頑貪。"

傳世文獻中,漢代晉魏河内之北的方言詞{惏}未見單用,不過"貪婪"連用在先秦的文獻中既已常見:

《左傳·僖公二十四年》:"狄固貪婪,王又啓之,女德無極,婦怨無終,狄必爲患。"

《楚辭·離騒》:"衆皆競進以貪婪兮,憑不猒乎求索。"

伍宗文認爲:"'惏'正是通過與'貪'的結合而由方言進入當時的雅言。"①

【力—膂—膂力】

《方言》6.40:躋、膂,力也。……宋魯曰膂。

《廣雅·釋詁》:"膂,力也。"王念孫《疏證》:"《大雅·桑柔》篇云:'靡有旅力。'《秦誓》云:'番番良士,旅力既愆。'《周語》云:'四軍之帥,旅力方剛。'義並與膂同。膂、力一聲之轉,今人猶呼力爲膂力,是古之遺語也。舊訓旅爲衆,皆失之。"

{膂力}並列複合是先秦書面語中經常使用的詞語,而傳世文獻中"旅(膂)"未見單用。據揚雄《方言》所記,它在漢代齊魯方言的口語中單用。齊魯用"旅(膂)"可能有較爲古老的歷史來源,不過從文獻的使用情況來看,"旅(膂)"已經通過與"力"的結合進入到通語中。

諸如此類的同義並列複合詞還有很多,而且大部分見用於漢代及漢以後的文獻。如:

【知—曉—知曉】

1.01楚謂之黨,或曰曉。

【哀—悼—哀悼】

1.07陳楚之間曰悼。秦晉之間或曰矜,或曰悼。

【餘—孑—孑餘】

2.28周鄭之間曰蓋,或曰孑。青徐楚之間曰孑。

【養—鞠—鞠養】

1.05陳楚韓鄭之間曰鞠。

---

① 伍宗文:《先秦漢語複音詞研究》,巴蜀書社2001年版,第355頁。

【養—頤—頤養】

1.05晉衛燕魏曰台。

【取—攫—攫取】

1.29南楚曰攫。

【美—豔—美豔】

2.03宋衛晉鄭之間曰豔。

【慚—恧—慚恧】

6.05山之東西自愧曰恧。

【取—索—索取】

6.19自關而西曰索。

【改—悛—悛改】

6.29自山而東或曰悛。

【慧—黠—黠慧/慧黠】

1.02自關而東趙魏之間謂之黠。

【勉—勖—勖勉/勉勖】

1.31齊魯曰勖茲。

【曝—曬—曝曬/曬曝】

7.15秦晉之間謂之曬。

【輕—僄—僄輕/輕僄】

10.47楚凡相輕薄謂之相仦，或謂之僄也。

游汝傑將這類由來自不同方言的語素組成的同義並列複合詞稱爲"合璧詞"[①]。這種"通語語素+方言語素"的同義並列複合既是漢語詞彙雙音化發展的表現，更顯示了方言詞及其與通語詞之間的相互交融。

四、同義異形對應詞語素差異的原因

不同方言間表達同一意義的對應詞之所以存在語素差異主要有以下幾個方面的原因：

---

① 游汝傑："方言或書面語中的'合璧詞'是方言雜交在詞彙上的反映。'合璧詞'是筆者提出的一個概念和術語，指一個雙音節合成詞的兩個語素分別來自不同的語言或方言。這裏是指來自不同方言的語素組成一個同義複合的合成詞。這樣的合成詞在方言和書面語中都有。"（游汝傑：《漢語方言學導論》，上海教育出版社1992年版，第145頁）

1. 命名理據的不同

客觀世界的事物和現象具有多種屬性特徵，從不同的角度着眼，人們對同一事物和現象的各種屬性特徵的認識和把握可能存在差異。在將反映這些事物現象的概念以詞語的形式加以固化的過程中，不同方言區的人們會根據自己所認識和把握到的特徵，按照不同的理據，選取不同的構詞要素創造不同的詞語，這是方言間同義異形對應詞語素差異產生的重要原因。如前文所析，同樣是指稱"蔽膝"（3.04），自關東西關注其功用，名之曰"蔽䩜"；魏宋南楚之間則關注其大小，名之曰"大巾"。同樣是指稱"鴈"（8.11），自關而東擬其聲名之爲"駕鵝"；南楚之外則或並重其毛色，名之爲"鶬䳐"。這些都是由於對事物特徵認識的不同而根據不同的理據選擇不同的語素造詞產生的方言間同義異形對應詞的差異。

2. 漢語詞彙的歷史發展累積了一定數量的同義詞和同義語素

漢語詞彙的發展是累積型的，新詞的產生並不意味着舊詞的消亡。因此，漢語在發展的歷史過程中會累積不同時期產生的、甚至是來自不同方言地區的大量同義詞。這一情況在書面文獻中表現得更爲明顯。古人很早就已經注意到詞語之間的同義關係，並在訓詁實踐中加以匯聚。《爾雅》（尤其是《釋詁》、《釋言》）就是這方面的代表。它將一組同義詞匯聚到一起，然後用一個常用的詞去解釋。這些同義詞少則三、五個，多的甚至達幾十個。這樣的匯聚和編排使人感覺到語言中同義詞語的存在似乎很普遍，表達某些意義的詞語是豐富歧異的。《方言》和《說文》對方言詞的記錄則使我們了解到許多同義詞在口語中並不處在同一交際系統中，而是存用於不同的方言交際系統。在口語交際中，不同地域的方言可以選擇其中的某個或某幾個詞來表達某一意義。從歷史發展的角度來看，兩漢表達同一意義的不同方言詞之間的差異是由於對不同歷史時期漢語詞彙的不同承傳而產生的。從歷史來源的角度考察同義異形對應詞之間的源流異同，可以清楚地看到由於詞或語素的不同承傳而產生的對應詞語素差異。

隨着社會的發展和交際的深化，要求表達的意義內容也日益廣泛和精密，僅僅承傳古語詞顯然無法滿足這種需要。因此，各方言在承傳歷史詞語的同時還會根據交際的需要不斷地創造新的詞語來表達新的意義。漢語詞彙累積的大量同義詞和同義語素不僅爲不同方言的承傳提供了不同選擇，還爲不同方言利用同義語素構造不同的詞語創造了條件。即使在命名理據相同的情況下，不同方言或同一方言也可以選用漢語中不同的同義語素來構造詞語。例如上文雙音節複合詞語素差異所舉的"亭公—亭父"（3.04）、"辛芥—幽芥"（3.09）等，都是命名理據相同而選取具有共同語義特徵的語素參與構詞形成的對應詞語素差異。

3. 詞義的引申

引申是"詞義從一點出發，沿着本義的特點所決定的方向，按照各民族的習慣，不斷産生相關的新義或派生同源的新詞"[①]。詞義引申在反映人類共同思維傾向的同時也會具有一定的民族性。漢語使用的地域廣闊，人口衆多，歷史悠久，不同地域的語言使用者在不同的歷史階段都可能對詞義進行創新。同一詞語的詞義引申會因地、因時而異。詞義在不同方言中的不同引申可能導致兩種差異：

第一，{A}詞在a方言中引申有/E/義，而在其他方言或通語中沒有發生這樣的詞義引申。這就使得同一個詞語{A}在不同的方言間存在意義上的差異，出現同形異義的情況。例如前文所析的{鬼}（1.02自關而東趙魏之間："精明、聰慧"義）、{跂（企）}（1.27梁益之間："陞登"義），等等，都是因爲這些詞語在漢代某一方言中特殊的詞義引申而導致同一詞語在不同方言間的詞義差異。

第二，{A}詞在a方言中引申有/E/義，並成爲表達/E/義的主要詞語；而在b方言中，則由本義爲/E/或引申有/E/義的{B}詞來表達。這就使得表達同一詞義/E/時不同的方言使用不同的詞語，出現同義異形對應詞的語素差異。例如前文所析{鬼}在自關而東趙魏之間引申有"精明、聰慧"義，並成爲該方言中表達此義的用詞，而在通語中却用本義爲"精明、聰慧"的{慧}來表達，秦晉方言中則由引申有"精明、聰慧"義的{譞}來表達。由於詞義在不同方言中發生不同的引申，使得本義不同的詞語具有了相同相近的義位，在不同方言間形成同義異形對應詞的語素差異。

[①] 王寧：《訓詁學原理》，中國國際廣播出版社1997年版，第54頁。

第四章　從兩漢方言詞看兩漢通語

第一節　從兩漢方言詞看漢語詞彙的歷史更替

通過對兩漢方言詞歷史來源的分析，可以了解到同義方言詞對中的大多數方言詞實際上是對不同歷史時期漢語詞彙的承傳。這些同義方言承傳詞有不同的歷史層次，反映了漢語詞彙在不同地域方言中發展的不平衡性。從這個角度來講，方言詞彙的地域差異是漢語詞彙歷史發展的產物。兩漢同義對應方言詞在地域分布上的空間差異，相當程度上反映了這些詞語在漢語詞彙發展史上的歷時差異。因此，從同義對應方言詞的空間差異入手，可以探索漢語詞彙的歷時發展[①]。

本節主要結合傳世文獻材料，考察12組同義對應方言詞的歷史發展，討論漢語書面語詞彙的歷史更替及其原因。

一、兩漢方言詞在書面語中的歷史更替

（一）迎/逆/逢

《方言》1.28："逢、逆，迎也。自關而東曰逆，自關而西或曰迎、或曰逢。"

---

① 徐通鏘："如何從方言或親屬語言的差異中推斷其不同形式所反映的年代順序，實質上就是如何從語言的空間差異中去推斷語言在時間上的發展序列。這是歷史比較法的核心。""語言的空間差異反映時間的發展序列。語言史研究中如何把空間的因素和時間的因素結合起來，從空間的差異中找時間，這是一條重要的方法論原則。"（徐通鏘：《歷史語言學》，商務印書館1991年版，第85、88頁）

《說文·辵部》:"逆,迎也。从辵屰聲。關東曰逆,關西曰迎。"又"逢,遇也。"

可見,{逆}、{迎}的本義都是"迎接",{逢}的本義爲"遇見、遇到",引申而有"迎合"、"迎接"義。不過,在漢代方言口語中,表達"迎接"義的這三個詞使用於不同地區,{逆}是自關而東的方言詞,{迎}、{逢}則是自關而西的方言詞。

{逆}表"迎接"義在傳世文獻中最早見於《尚書》①:

以二干戈、虎賁百人逆子釗于南門之外。(《書·顧命》)

{迎}表"迎接"義最早見於《詩經》:

文定厥祥,親迎于渭。(《詩·大雅·大明》)

{逆}和{迎}是表"迎接"義的兩個較爲常用的詞語。相比之下,{逢}則較少用於表"迎接"義。《國語·周語上》:"道而得神,是謂逢福。"韋昭注:"逢,迎也。"② 限於文例,下文主要討論{逆}和{迎}的歷史發展。

我們調查了先秦兩漢部分文獻中表"迎接"義的{逆}和{迎}的使用情況(如表4.1)③:

表4.1

詞項＼文獻	前期		中期									後期		
	尚書	詩經	周禮	儀禮	左傳	國語	孟子	莊子	荀子	呂氏春秋	韓非子	淮南子	史記	新序
逆	2		22		129	8		2	2				2	1
迎		2	1	44	1	4	10	8	4	15	9	17	173	10
逆:迎	2:2		163:96									3:200		

{逆}和{迎}作爲表"迎接"義的同義詞,很早就同時見用於同一文獻,如:中春,晝擊土鼓,龡《豳詩》,以逆暑。中秋夜迎寒,亦如之。(《周禮·春官·籥章》)不

---

① {逆}表"迎接"義在甲骨卜辭中既已見用,李孝定《甲骨文字集釋》:"卜辭用此(逆)有三義:其一爲迎。辭云:'辛丑卜殼貞呂方其來迎伐。'(前四·二四·一)'辛丑卜殼貞呂方其來王勿逆伐。'(後上·十六·十一)……四辭所卜殆係一事。以後數辭徵之。知第一辭應讀爲'方其來'句絕。'逆伐'句絕。言呂方其來,王其往迎擊乎。它辭言呂方其來,王勿往迎擊。蓋下上不順,我其不受祐也。其一爲地名……歧異爲人名……"(轉引自《古文字詁林》)于省吾認爲卜辭"逆羌"中的{逆}正表"迎接"義。(于省吾:《釋逆羌》,載《甲骨文字釋林》,中華書局1979年版,第47~48頁)
② 《孟子·告子下》:"逢君之惡其罪大。"趙岐注:"逢,迎也。"此"逢"當是"迎合"義。
③ 本章討論兩漢方言同義對應詞在漢語書面通語中的歷史發展。有關漢語史分期及上古漢語內部的再分期,我們採用周祖謨、向熹、徐朝華等學者的觀點,以殷商至兩漢爲上古漢語的時限,並將上古漢語詞彙史再分爲上古前期(約公元前14世紀到公元前6世紀,殷商時期到春秋中期)、上古中期(約公元前5世紀到公元前3世紀末,春秋後期到戰國末期)和上古後期(公元前2世紀到公元3世紀初,秦漢時期)三個階段。表中簡稱"前期"、"中期"、"後期"。各階段測查的文獻範圍以徐朝華《上古漢語詞彙史》(商務印書館2003年版)所列各時期語言資料爲主。其他文獻成書時代參考高小方、蔣來娣《漢語史語料學》(高等教育出版社2005年版)的相關介紹。

過，從上表的統計數據來看，二者見用於同一部文獻時使用頻次懸殊，同一部文獻通常側重於使用其中的一個來表達"迎接"義。雖然{逆}和{迎}都已見用於上古前期，但從歷時的角度看，{逆}在戰國以前是表達"迎接"義的主導詞①。戰國中期以後，{迎}則成爲表達該義的主導詞。

《春秋》、《左傳》多以{逆}表"迎接"義②，《公羊傳》（5見）、《穀梁傳》（7見）則均用{迎}表"迎接"義。《周禮》"送逆"常連用對舉，如：

其灋儀各以其等，爲車送逆之節。（《周禮·夏官·齊僕》）

邦有賓客，則與行人送逆之。（《周禮·秋官·訝士》）③

而漢代文獻則多以"送迎"、"迎送"連用對舉，如：

信嘗過樊將軍噲，噲跪拜送迎，言稱臣。（《史記·淮陰侯列傳》）

曆日月而迎送之，明鬼神而敬事之。（《史記·五帝本紀》）④

從《史記》使用《尚書》、《左傳》材料時所作的改動我們也可以清楚地看到這種歷時的替換：

（1-1）今天动威以彰周公之德，惟朕小子其新（親）逆，我國家礼亦宜之。（《書·金滕》）

（1-2）今天动威以彰周公之德，惟朕小子其迎，我國家礼亦宜之。（《史記·魯周公世家》）

（2-1）衛人逆公子晉于邢。冬十二月，宣公即位。（《左傳·隱公四年》）

（2-2）迎桓公弟晉于邢而立之，是爲宣公。（《史記·衛康叔世家》）

上文所舉二組文例中，司馬遷並改《尚書》、《左傳》之{逆}爲{迎}，充分說明了在漢代{迎}已經取代{逆}成爲表"迎接"義的通語主導詞。在西漢時期的文獻中，{逆}雖然還繼續用於表"迎接"義⑤，但在使用次數上要遠遠少於{迎}。

---

① 汪維輝在討論常用詞的新舊更替時指出："在這一組詞中，通常有一個義域最大、出現頻率最高的主導詞，我們不妨稱之爲'代表詞'。"（汪維輝：《東漢—隋常用詞演變研究》，南京大學出版社2000年版，第397頁）本文將一組存在歷史更替關係的詞語中，在書面文獻中使用頻率最高的，或者在通語口語中使用頻率最高的詞稱爲"主導詞"。
② 《左傳·僖公二十二年》："君子曰：'非禮也。婦人送迎不出門，見兄弟不踰閾，戎事不邇女器。'"《春秋》、《左傳》表"迎接"義的{迎}僅此一見。
③ 洪誠《讀〈周禮正義〉》舉《周禮》全書不見鐵、無牛耕及十數與零數之間皆用"有"字連接三事論證"《周禮》非周初之作，然亦非戰國之書。"（洪誠：《洪誠文集·維誦廬論文集》，江蘇古籍出版社2000年版，第205~206頁）《周禮》中表"迎接"義時{逆}（凡22見）、{迎}（僅1見）的使用情況，也可以爲之佐證。
④ "送迎"，《史記》3見，《淮南子》1見；"迎送"，《史記》、《新論》、《新書》各1見。
⑤ 如：《鹽鐵論》卷八："文學曰：'古之用師，非貪壤土之利，救民之患也。民思之，若旱之望雨，簞食壺漿，以逆王師。……'"《新序·善謀上》："晉侯辭秦師而下，三月甲辰，次於陽樊，右師圍溫，左師逆王。"（此用《左傳·僖公二十五年》文），等等。

綜上可見：在書面通語中，{迎}相對於{逆}的優勢從春秋時期開始就有所表現，到戰國中期，已經取代{逆}，成爲表"迎接"義的主導詞。漢代關西方言口語中使用新興的主導詞{迎}，而關東方言則使用歷史更爲悠久的{逆}。

（二）蟬/蜩（螗蜩/蜋蜩/蚱）

《方言》11.02："蟬，楚謂之蜩。宋衞之間謂之螗蜩。陳鄭之間謂之蜋蜩。秦晉之間謂之蟬。海岱之間謂之蚱。"

"蟬"在漢代各地方言中有不同的稱呼，楚方言稱{蜩}，宋衞方言稱{螗蜩}，陳鄭方言稱{蜋蜩}，秦晉方言稱{蟬}，海岱方言稱{蚱}，這是不同方言間的同物異名。

就先秦兩漢的文獻來看，{蜩}最早見用：

四月秀葽，五月鳴蜩。（《詩·豳風·七月》）

如蜩如螗，如沸如羹①。（《詩·大雅·蕩》）

{蟬}則始見於《禮記》：

鹿角解，蟬始鳴。（《禮記·月令》）

涼風至，白露降，寒蟬鳴，鷹乃祭鳥，用始行戮。（《禮記·月令》）

成人曰："蠶則績而蟹有匡，范則冠而蟬有緌，兄則死而子皋爲之衰。"（《禮記·檀弓下》）

{螗蜩}、{蜋蜩}僅見用於《大戴禮記》：

良蜩鳴。良蜩也者，五采具。（《大戴禮記·夏小正》）

唐蜩鳴。唐蜩者，匽也②。（《大戴禮記·夏小正》）

海岱方言詞{蚱}未曾見用。表4.2是我們對先秦及漢代部分文獻中{蜩}、{蟬}使用情況的測查結果：

表4.2

詞項\文獻	前期	中期				後期						
	詩經	禮記	莊子	荀子	呂氏春秋	新書	淮南子	春秋繁露	史記	鹽鐵論	說苑	論衡
蜩	3	1	7					1				
蟬		3	1	3	4	1	9		1	2	4	14
蜩∶蟬	3∶0	8∶11				1∶31						

---

① 毛傳："螗，蝘也。"陸德明《釋文》："蝘，音偃，蟬屬也。"
② 《爾雅·釋蟲》："蜩，蜋蜩，螗蜩。"郝懿行義疏："螗蜩小於馬蜩，背青綠色，頭有花冠，喜鳴，其聲清圓。"段玉裁於《說文》"蜩"下注："許書無螗字。螗蓋蟬之大者也。當依小正作唐。"

从歷時的角度看，{蜩}在戰國中期以前的使用要多於{蟬}。《詩經》{蜩}凡3見，而不用{蟬}；《莊子》{蜩}凡7見，而{蟬}僅1用①。不過在《禮記》中{蜩}僅1見②，而{蟬}3見，{蟬}在同一部文獻中的使用已經超過了{蜩}。此後，{蜩}除轉引和仿用外，極少使用③，而{蟬}作爲新的主導詞則廣泛見用於秦漢典籍。如：

日夏至而流黄澤，石精出，蟬始鳴。（《淮南子·天文訓》）

萬物之生而各異類，蠶食而不飲，蟬飲而不食，蜉蝣不飲不食。（《淮南子·墜形訓》）

自疏濯淖污泥之中，蟬蜕于濁穢④。（《史記·屈原賈生列傳》）

園中有樹，其上有蟬，蟬高居悲鳴飲露，不知螳螂在其後也。（《説苑·正諫》）

從以上討論可以看出：{蜩}是戰國之前指稱"蟬"的書面語主導詞，在戰國中期以後，{蟬}逐漸取代{蜩}成爲書面語主導詞。在漢代的方言中，楚方言保留着歷史更爲悠久的稱呼{蜩}，而秦晉方言使用的則是後起的書面語主導詞{蟬}。

（三）盾/干/瞂

《方言》9.08："盾，自關而東或謂之瞂，或謂之干。關西謂之盾。"

《説文·盾部》："瞂，盾也。"段注："作瞂者，或體也。作伐者，假借字。蘇秦傳作咙。"

《説文·盾部》："盾，瞂也。所以扞身蔽目。"段注："經典謂之干，戈部作戁。"

《説文·戈部》："戁，盾也。"段注："'盾'下曰：'瞂也。'按：瞂字必淺人所改。循全書之例，必當云'戁也'。二篆爲轉注，淺人不識戁爲干戈字，讀侯旰切，乃改爲瞂。瞂，見《毛詩》，非常語，不當以瞂釋盾。干戈字本作戁。干，犯也。戁，盾也。俗多用干代戁，干行而戁廢矣。"⑤

{瞂}、{盾}、{干（戁）}均爲"盾牌"之稱名，在漢代方言口語中，{瞂}、{干}是

---

① 《莊子·山木》："睹一蟬，方得美蔭而忘其身。"
② 《禮記·內則》："爵、鷃、蜩、范、芝、栭、菱、椇、棗、栗、榛、柿、瓜、桃、李、梅、杏、楂、棃、薑、桂。"
③ 《楚辭·九懷》兩見"鳴蜩"，應當是對《詩·豳風·七月》的仿用。
④ 《春秋繁露·天道施》："蜩蜕瘦穢之中，含得命施之理，與萬物頡徙而不自失者，聖人之心也。"先秦文獻但見"蟬蛻"，此處用"蜩蛻"或爲刻意仿古。《楚辭·九懷》："濟江海兮蟬蛻，絕北梁兮永辭。"亦作"蟬蛻"。
⑤ 《説文·干部》："干，犯也。"甲文作￥（前二·二七·五）、丫（鄴三下·三九·一二），毛公鼎作￥。對於"干"的本義，學術界有不同的看法。郭沫若認爲"干""乃圓盾之象形，上有羽飾而下有蹲"。（《兩周金文辭大系考釋·楚王酓忎鼎》）于省吾則認爲"干當爲古兵器之一，注家之説（按：指訓干爲盾）殆未然"。"戰盾主禦，不主犯，謂干爲戁之假，與引申義之犯不合。"（楊樹達：《積微居小學述林·釋干》，中華書局1983年版，第68～69頁）據《方言》則當時關東方言或謂盾爲"干"，本書取漢代注家及郭沫若之説。

自關而東方言詞，{盾}是關西方言詞，三者使用的地域不同。

從歷時的角度看，指稱"盾牌"的{干}最早見用：

稱爾戈，比爾干，立爾矛，予其誓。（《書·牧誓》）

太保命仲桓、南宮毛俾爰齊侯呂伋，以二干戈、虎賁百人逆子釗于南門之外。（《書·顧命》）

{瞂}、{盾}隨後也見於《詩經》①：

蒙伐有苑，虎韔鏤膺②。（《詩·秦風·小戎》）

龍盾之合，鋈以觼軜③。（《詩·秦風·小戎》）

相比之下，{瞂}是"非常語"，較少使用④，以下主要討論{干}、{盾}的歷史發展。

我們調查了先秦兩漢部分文獻中表"盾牌"義的"干"⑤和{盾}的使用情況（如表4.3）：

表4.3

詞項＼文獻	前期		中期									後期			
	尚書	詩經	周禮	儀禮	左傳	墨子	孟子	莊子	呂氏春秋	韓非子	管子	新書	淮南子	史記	鹽鐵論
干	3A	4A	7A	2A	3A	1A 2B	1A	1A	2A 2B	3A 1B		2B	2A 7B	12A 10B	5A 2B
盾		1	12		8	10	1			14	5		1	11	

《周禮·春官·樂師》："樂師掌國學之政，以教國子小舞。凡舞，有帗舞，有羽舞，有皇舞，有旄舞，有干舞，有人舞。"鄭玄注引鄭司農云："干舞者，兵舞。"即手持盾牌跳的一種舞蹈。《周禮》有"司干"、"掌舞器"。"干"不僅僅是戰鬥中使用的防禦盾牌，同時還是跳"干舞"時手持的"舞器"。

《周禮·夏官·司戈盾》："掌戈盾之物而頒之。祭祀，授旅賁殳，故士戈盾。授舞者兵，亦如之。軍旅、會同，授貳車戈盾，建乘車之戈盾，授旅賁及虎士戈盾。及舍，設藩盾，行則斂之。"可見，古代"戈盾"使用的場合不僅限於戰場，在祭祀、干

---

① 關於{盾}的形制及其在出土文獻中的使用情況，可參見于省吾：《釋盾》，載《古文字研究》第三輯。
② 毛傳："伐，中干也。"孔穎達疏："干、伐皆盾之別名也。"
③ 朱熹《集傳》："盾，干也。"
④《墨子·非攻中》："甲盾、撥劫，往往靡弊腑冷不反者，不可勝數。"高亨《新箋》："撥爲大盾，乃借爲'瞂'。"《史記·蘇秦列傳》："革抉咙芮，無不畢具。"《索隱》云："咙與瞂同。"《史記·孔子世家》："於是旍旄羽袚矛戟劍撥鼓噪而至。"司馬貞《索隱》："撥，音伐。謂大楯也。"此外，{瞂}還見用於《潛夫論》（1見）、張衡《西京賦》（1見）、《抱朴子》（1見）、《山海經》（1見）等漢晉文獻。
⑤ 表中統計資料包含"干"作爲單音節詞指稱"盾牌"和作爲語素參與合成構詞的用例，詳見下文討論。

舞等場合中均有使用，各種場合所使用的"盾"有專門的人員和部門統一負責管理。因此，用於防禦的盾牌和作爲舞器的盾牌在當時並無明顯區別。《莊子·讓王》："孔子削然反琴而弦歌，子路扢然執干而舞。"此處的"干"恐怕也是孔子周遊列國時弟子們帶着防禦用的盾牌，而不是專門爲"干舞"而準備的盾牌。不過，爲了便於討論，我們還是將二者區分開來。戰鬥防禦用的"盾牌"用A表示，舞蹈時使用的"盾牌"用B表示，分別於表中注明。

從表中的數據來看，《尚書》、《詩經》、《儀禮》、《禮記》等較早的先秦文獻主要用{干}來指稱"盾牌"。（除《詩經》1用{盾}外）而在《左傳》、《墨子》、《韓非子》、《管子》等戰國文獻中，指稱"盾牌"則主要用{盾}。可見，在戰國時期，{盾}逐漸取代了{干}成爲表"盾牌"義的主導詞。

不過，《淮南子》、《史記》、《鹽鐵論》等漢代文獻中，{盾}的使用次數並不比{干}多。戰國時期發生的{盾}對{干}的替換是否又發生了逆轉呢？結合實際文例來看，有兩點需要注意：

首先，上古書面語中的"盾牌"主要在戰鬥防禦和舞蹈器具兩個方面使用，戰國時期發生的{盾}對{干}的替換是在用於指稱戰鬥防禦用的"盾牌"時進行的。舞蹈時使用的"盾牌"在先秦兩漢的書面語中均用{干}指稱，並且逐漸融合成"干戚"、"朱干"等固定詞語。如：

是月也，命樂師脩鞀鞞鼓，均琴瑟管簫，執干戚戈羽，調竽笙竾簧，飭鐘磬柷敔。（《禮記·月令》）（《禮記》中{干戚}凡10見）

升歌清廟，下管象，朱干玉戚，冕而舞大武，皮弁素積，裼而舞大夏。（《禮記·明堂位》）（《禮記》中{朱干}凡3見）

然即當爲之撞巨鐘、擊鳴鼓、彈琴瑟、吹竽笙而揚干戚，民衣食之財，將安可得乎？（《墨子·非樂上》）（《墨子》中{干戚}凡2見）

《淮南子》中指稱舞蹈時所用"盾牌"的{干}均是"干"、"戚"連用。由此可見，{干}從最初指稱作爲防禦武器用的"盾牌"到兼指舞蹈所用的"盾牌"，在前一指稱功能被{盾}替換後，其仍然保留着舞具"盾牌"的指稱功能。不過這種對舞具的指稱通常是以雙音節詞{干戚}、{朱干}的形式見用的。

其次，上古書面語中用於指稱武器"盾牌"的{干}是早期的主導詞，在文獻中經常單用。如：

役器，甲、冑、干、笮。（《儀禮·既夕禮》）

子夏問于孔子曰："居父母之仇如之何？"夫子曰："寢苫枕干，不仕，弗與共天下也。遇諸市朝，不反兵而鬥。"（《禮記·檀弓上》）

儒有忠信以爲甲胄，禮義以爲干櫓。（《禮記·儒行》）

到了戰國時期，{干}單用來指稱武器"盾牌"的職能逐漸爲{盾}所取代。但是，"干"的歷史用法並沒有完全消失，而是在與"戈"、"戚"連用並舉的過程中逐漸結合成{干戈}、{干戚}等雙音節詞。

思輯用光，弓矢斯張；干戈戚揚，爰方啓行。（《詩·大雅·公劉》）

載戢干戈，載櫜弓矢。（《詩·周頌·時邁》）

詩中的"干"主要用於與"戈"、"戚"、"揚"等兵器並舉，尚未與"戈"合成雙音節詞。後來常連用作"干戈"、"干戚"，並逐漸由指稱"盾"和"戈"或"斧"而泛指所有兵器。如：

句踐入宦於吳，身執干戈爲吳王洗馬，故能殺夫差於姑蘇。（《韓非子·喻老》）

舜執干戚而服有苗，然而征伐者不能釋甲兵而制强暴。（《淮南子·氾論訓》）

還可進一步引申指"戰爭"。如：

然尚有干戈，平定四海，亦未暇遑庠序之事也。（《史記·儒林列傳序》）

其後，干戈不休，軍旅相望，甲士糜弊，縣官用不足。（《鹽鐵論·刺復》）

上舉四例中的"干戈"已經融合成表"武器"、"戰爭"義的雙音節合成詞。表中將這些作爲語素參與構成合成詞的"干"的用例也統計進來，漢代文獻的統計數據中，許多用於表武器"盾牌"義的A類"干"就屬這種情況。《淮南子》的2例均爲{干戚}，《鹽鐵論》中{干戚}1見，{干戈}4見；《史記》中{干戈}凡10見，{干戚}1見①。如果將這些用例扣除的話，在我們所考察的漢代文獻中未見有單用表武器"盾牌"義的{干}。而《淮南子》中{盾}單用1例，《史記》中{盾}單用11例。如：

假之筋角之力，弓弩之勢，則貫兕甲而徑於革盾矣。（《淮南子·兵略訓》）

噲即帶劍擁盾入軍門。交戟之衛士欲止不內，樊噲側其盾以撞，衛士仆地，噲遂入。（《史記·項羽本紀》）

時獨沛公與張良得入坐，樊噲在營外，聞事急，乃持鐵盾入到營。（《史記·樊酈滕灌列傳》）

---

① 《史記·太史公自序》："始皇既立，並兼六國，銷鋒鑄鐻，維偃干革，尊號稱帝，矜武任力；二世受運，子嬰降虜。"此例中"干革"泛指武器，與"干戈"一樣已經是雙音節複合詞。

這一情況進一步證明了書面語中的{盾}在武器"盾牌"義上實現了對{干}的替換①。

從以上討論可以看出：{干}是上古前期書面語中指稱"盾牌"的主導詞。戰國時期開始，{盾}在書面語中逐漸興起，在戰國後期的文獻中已經替換{干}成爲主導詞。漢代關東方言口語中承用歷史悠久的{干}，而關西方言則使用新興的主導詞{盾}。

（四）履/屨/屝

《方言》4.39："屝、屨、麤，履也。徐兗之郊謂之屝，自關而西謂之屨。……履，其通語也。"

"鞋子"在漢代方言口語中有不同的稱呼，徐兗之郊的方言稱{屝}，自關而西的方言稱{屨}，{履}則是當時通語的說法②。

就先秦文獻來看，{屨}始見用於《詩經》，歷史最爲悠久：

葛屨五兩，冠緌雙止。（《詩·齊風·南山》）

糾糾葛屨，可以履霜。（《詩·魏風·葛屨》）

上引《葛屨》中所用的{履}表"踩踏"義，"鞋子"義的{履}最早見用於《墨子》：

作爲衣服帶履，便於身，不以爲辟怪也。（《墨子·辭過》）

今謂人曰："予子冠履，而斷子之手足，子爲之乎？"必不爲。何故？則冠履不若手足之貴也。（《墨子·貴義》）

{屝}除《左傳·僖公四年》："若出于陳、鄭之間，共其資糧屝屨，其可也。"中與{屨}連用表"鞋子"義外，在先秦兩漢的文獻中幾乎不見用。因此，下文主要討論{屨}、{履}的歷史使用情況。

表4.4是表"鞋子"義的{屨}、{履}在先秦及漢代文獻中的使用情況：

---

① 王鳳陽："在漢代，'盾'已經成爲通語，春秋以前，'干'更通用。"（王鳳陽：《古辭辨》，吉林文史出版社1993年版，第247頁）

② 王鳳陽："相對地來說，'履'、'屨'有個大體的分工，即：絲帛製做的有底、有幫、絢頭、緣邊的鞋稱'履'；麻、草編的鞋稱'屨'。《方言·四》'絲作之者謂履'，《玉篇》'屨，履屬，麻作謂之屨'，《左傳·僖公四年》'若出於鄆鄭之間，共（供）其資糧屝屨其可也'，疏'絲作之曰履，麻作之曰屝，粗者謂之屨'。這些都反映着漢魏六朝時期的觀念。"（王鳳陽：《古辭辨》，吉林文史出版社1993年版，第161頁）這種因材質的不同而分別稱謂的現象不一定反映了先秦時期的實際情況。《儀禮·士冠禮》："屨，夏用葛。玄端黑屨，青絇繶純，純博寸。素積白屨，以魁柎之，緇絇繶純，純博寸。爵弁纁屨，黑絇繶純，純博寸。冬，皮屨可也。不屨繐屨。"可見，"屨"的材質並不限於"葛"和"麻草"，"屨"應該是"鞋子"的通稱。

表4.4

文獻 詞項	前期	中期									後期					
	詩經	周禮	儀禮	左傳	墨子	孟子	莊子	荀子	呂氏春秋	韓非子	新書	淮南子	史記	鹽鐵論	新序	說苑
屨	3	8	21	11	7	9	7	6	3	5		1	5		1	7
履						5	1	5		5	6	7	15	2	6	11
屨：履	3：0	77：16									14：47					

從表中數據來看，段玉裁在《說文解字注》中對{屨}、{履}使用情況的分析是大體符合文獻實際的。《說文·尸部》："屨，履也。"段玉裁注："晉蔡謨曰：'今時所謂履者，自漢以前皆名屨。'《左傳》'踴貴屨賤'，不言'履賤'。《禮記》'戶外有二屨'，不言'二履'。賈誼曰：'冠雖敝，不以苴履'，亦不言'苴屨'。《詩》曰：'糾糾葛屨，可以履霜。'屨，爲者一物之別名，履者足踐之通稱。按：蔡說極精。《易》、《詩》、三《禮》、《春秋傳》、《孟子》皆言屨，不言履。周末諸子、漢人書乃言履。《詩》、《易》凡三履，皆謂踐也。然則履本訓踐，後以爲屨名，古今語異耳。許以今釋古，故云古之屨即今之履也。"

如前文所舉，{履}最早見用於《孟子》，蔡謨"自漢以前皆言屨"的說法不够準確，段玉裁"周末諸子、漢人書乃言履"則較爲允當。表中數據清晰地顯示了{屨}、{履}"古今語異"的情形。戰國以前的文獻只用{屨}指稱"鞋子"，用{履}指稱"鞋子"是戰國時期才逐漸興起的。在漢代之前的文獻中，{屨}使用的總次數遠多於{履}。到了漢代，這種情況發生了根本性的變化，{履}的使用次數反而超過了{屨}。通過以下三組文例的對比，我們也可以清楚地看到這種變化：

（1-1）郤克傷于矢，流血及屨，未絕鼓音。（《左傳·成公二年》）

（1-1）射傷郤克，流血至履。（《史記·齊太公世家》）

（2-1）正冠而纓絕，捉衿而肘見，納屨而踵決。（《莊子·讓王》）

（2-2）正冠則纓絕，衽襟則肘見，納履則踵決。（《新序·節士》）

（3-1）有餓者蒙袂輯屨貿貿然來。（《禮記·檀弓下》）

（3-2）有飢者蒙袂接履貿貿然來。（《新序·節士》）

上舉3組材料中，漢代文獻均改先秦文獻之{屨}爲{履}，是以今語易古語。這不僅說明了{履}對{屨}的替換，也顯示了當時通語中{履}的主導地位。王鳳陽說："'鞋'，漢以前稱'屨',漢以後稱'履'。"①是正確的。

從以上討論可以看到:{屨}是戰國中期以前文獻中指稱"鞋子"的主導詞。戰國中期以後,{履}指稱"鞋子"義的用法逐漸興起,並在西漢時期替換{屨}成爲主導詞。漢代關西方言口語中仍然使用歷史悠久的{屨}。

(五)炊/爨

《說文·火部》:"炊,爨也。"

《說文·爨部》:"爨,齊謂炊爨。"

{炊}、{爨}的本義均爲"燒煮(食物)"。從許慎的訓釋來看,在漢代的方言口語中,{爨}是齊方言詞,{炊}是當時的通語詞。

就先秦文獻來看,{爨}最早見於《詩經》:

執爨踖踖,爲俎孔碩,或燔或炙。(《詩·小雅·楚茨》)

但詩中的{爨}並非"燒煮(食物)"義。朱熹《詩集傳》:"爨,竈也。"{爨}表"竈"義,三《禮》中亦多見用:

牲爨在廟門外東南,魚腊爨在其南,皆西面,饎爨在西壁。(《儀禮·特牲饋食禮》)鄭玄注:"爨,竈也。"

職外內饔之爨亨煮,辨膳羞之物。(《周禮·天官·亨人》)鄭玄注:"爨,今之竈,主於其竈煮物。"

而表"燒煮(食物)"義的{爨}最早也見用於《周禮》:

及冬,則以火爨鼎水而沸之,而沃之。(《周禮·夏官·挈壺氏》)鄭司農云:"冬水凍漏不下,故以火炊水沸以沃之,謂沃漏也。"

{炊}在此義上的使用要晚於{爨},較早的用例見於《墨子》、《莊子》:

鼎成三足而方,不炊而自烹,不舉而自臧,不遷而自行。(《墨子·耕柱》)

簡髮而櫛,數米而炊,竊竊乎又何足以濟世哉!(《莊子·庚桑楚》)

表4.5是{爨}、{炊}在先秦兩漢文獻中的使用情況:

---

① 關於現代漢語中"鞋"的發展,王鳳陽認爲:"'鞋',古代多寫作'鞵',是南北朝之後才出現的新詞,唐以後它排擠了'履',成爲'履'的新的通稱。……'鞋'字字形從'革',最初有可能指皮鞋,它的流行可能和東晉以來北方少數民族的統治有關。北方民族多從事畜牧,穿皮革製的鞋。隨着民族語言的融合,'鞋'被吸收到漢語中,而且普及開來。"(王鳳陽:《古辭辨》,吉林文史出版社1993年版,第161頁)

表4.5

詞項＼文獻	中期							後期				
	周禮	左傳	墨子	莊子	呂氏春秋	韓非子	管子	戰國策	淮南子	史記	說苑	漢書	風俗通義
爨	1	2		4	3		11		14	1		1	
炊			1	1		1	1	6	5	9	5	6	3
爨：炊	21：10								16：29				

從歷時的角度看，漢代以前，{爨}是表"燒煮（食物）"義的主導詞。《周禮》、《左傳》中只用{爨}而不用{炊}，《莊子》、《管子》中{爨}、{炊}並用①，但前者的使用次數遠遠多於後者。在漢代的文獻中，這一情況發生了變化。儘管《淮南子》、《論衡》中{爨}的使用多於{炊}（19：8），但在《史記》、《說苑》、《漢書》及《風俗通義》中，{炊}的使用顯然占主導地位（23：2）。透過這些數據變化，我們大概可以得出這樣的結論：{炊}在漢代替代{爨}成爲當時書面語中表"燒煮（食物）"義的主導詞。下面兩組文例的對比可以進一步證明這種變化：

（1-1）敝邑（按：指宋。）易子而食，析骸以爨。（《左傳·宣公十五年》）杜預注："爨，炊也。"

（1-2）楚人圍宋，易子而食，析骸而爨。（《左傳·哀公八年》）

（1-3）宋人易子而食之，析骨而爨之。（《呂氏春秋·恃君覽》）

（2-1）易子而食之，析骸而炊之。（《公羊傳·宣公十五年》）

（2-2）析骨而炊，易子而食。（《史記·宋微子世家》）

（2-3）圍宋五月，城中食盡，易子而食，析骨而炊。（《史記·楚世家》）

上舉兩組文例所敘述的都是楚人圍宋，致使宋人易子相食、析骸而爨的史事。第1組的3例爲先秦文獻，均用{爨}；第2組的3例爲漢代文獻，均改用{炊}。這是漢代通語和書面語中以{炊}替換先秦{爨}的有力證據。

從以上討論可以看到：{爨}是戰國中期以前文獻中表"燒煮（食物）"義的主導詞。戰國中期以後，{炊}表"燒煮（食物）"義的用法逐漸興起，並在西漢時期替換{爨}成爲主導詞。漢代齊方言仍然使用歷史悠久的{爨}。

（六）船/舟/航

《方言》9.29："舟，自關而西謂之船。自關而東或謂之舟，或謂之航。"

---

① 如《淮南子·泰族訓》："稱薪而爨，數米而炊。"

《說文·舟部》："舟,船也。"段注："《邶風》:'方之舟之。'傳曰:'舟,船也。'古人言舟,漢人言船。毛以今語釋古,故云舟即今之船也。"

《說文·方部》："航,方舟也。"段玉裁注:"航亦作航,《方言》曰:'舟或謂之航。'"

從共時的角度看,{船}、{舟}、{航}在漢代方言口語中使用的地域不同。

從歷時的角度看,{舟}是上古漢語中對"舟船"的最早稱名。如:

汎彼柏舟,亦汎其流。(《詩·邶風·柏舟》)

凡道路之舟車擊互者,敘而行之。(《周禮·秋官·野廬氏》)

乃告舟備具于天子焉,天子始乘舟。(《禮記·月令》)

秦伯伐晉,濟河焚舟,取王官及郊。(《左傳·文公三年》)

{航}最早見用於《詩·衛風·河廣》:"誰謂河廣,一葦杭之。"在詩中"杭"通"航",作動詞,表"渡"義①。而作名詞,用以指稱"舟船"的{航}則最早見於屈原賦:

昔余夢登天兮,魂中道而無杭。(《楚辭·九章·惜誦》)

此後,{航}這種名詞用法多見用於漢人賦作和《淮南子》,且常與"舟"連用並舉作"舟航"(《楚辭》2見,《淮南子》4見)。如:

櫂舟杭以橫濿兮,溢湘流而南極。(劉向《楚辭·九嘆·離世》)

橫舟航而泝湘兮,耳聊啾而憯慌。(劉向《楚辭·九嘆·遠逝》)

蹠飛杭兮越海,從安期兮蓬萊。(王逸《楚辭·九思·傷時》)

至於河上,而航在一汜,使善呼者呼之。一呼而航來。(《淮南子·道應訓》)

設鼠者機動,鈞魚者泛杭,任動者車鳴也。(《淮南子·說林訓》)

大者以爲舟航柱梁,小者以爲榱楔。(《淮南子·主術訓》)

乃爲窬木方版,以爲舟航。(《淮南子·氾論訓》)

漢人賦作中所見的{航}可能是對屈原賦的承襲和仿用,而《淮南子》是楚地方言色彩濃厚的文獻。{航}指稱"舟船"應該是戰國秦漢時期的南方方言詞。楚地在關東六國的範圍之內,"自關而東……或謂之航"應該是{航}在漢代方言中使用情況的準確記錄。

{船}在文獻中的使用晚於{舟}而略早於{航},大概始於戰國初期:

---

① 段玉裁"航"下注:"杭即航字,《詩》謂一葦可以爲之舟也。舟所以渡,故謂渡爲航。"

車,木也。乘車,非乘木也。船,木也。入船,非入木也。(《墨子·小取》)

二十船爲一隊,選材士有力者三十人共船。(《墨子·備水》)

表4.6是先秦兩漢部分文獻中指稱"舟船"的{舟}、{船}、{舡}的使用情況:

表4.6

文獻\詞項	前期	中期							後期					
	詩經	周禮	左傳	墨子	莊子	荀子	呂氏春秋	韓非子	管子	新書	淮南子	史記	鹽鐵論	新序	說苑
舟	11	2	22	32	23	8	26	7	11	4	54	28	6	14	23
船				6	4		13	3	3	1	15	92	5	1	9
舡												6			

從表中數據來看,{舟}在文獻中的使用早於{船},《詩經》、《周禮》、《左傳》等先秦文獻只用{舟}而不用{船}。"'船'進入書面語是在戰國初期,至遲不晚於戰國中期。但戰國至秦,'舟'的使用仍然占絕對優勢。而到了《史記》,'船'占了絕對優勢,基本替代了'舟','舟'成了古詞語,絕大多數只保留在成語成詞之中。《史記》給我們提供了'船'替代'舟'的準確時間是西漢。"①

下列三組文例中,《史記》採用先秦史料而均改{舟}爲{船},有力地證明了當時{船}取代{舟}的趨勢:

(1-1)齊侯與蔡姬乘舟於囿,蕩公。公懼,變色。禁之,不可。公怒,歸之,未之絕也。(《左傳·僖公三年》)

(1-2)二十九年,桓公與夫人蔡姬戲船中。蔡姬習水,蕩公,公懼,止之,不止,出船,怒,歸蔡姬,弗絕。(《史記·齊太公世家》)

(1-3)十八年,齊桓公與蔡女戲船中,夫人蕩舟,桓公止之,不止,公怒,歸蔡女而不絕也。(《史記·管蔡世家》)②

(2-1)公使陽處父追之,及諸河,則在舟中矣。(《左傳·僖公三十三年》)

(2-2)軫乃追秦將。秦將渡河,已在船中。(《史記·晉世家》)

(3-1)中軍、下軍爭舟,舟中之指可掬也。(《左傳·宣公十二年》)

(3-2)晉師大敗,晉眾之走者,舟中之指可掬矣。(《公羊傳·宣公十二年》)

---

① 參見管錫華:《〈史記〉單音詞研究》,巴蜀書社2000年版,第221頁。汪維輝:"在《史記》裡,用'船'的數量已大大超過'舟',兩者的出現次數爲92:28……在司馬遷的語言裡,'船'實際上可能已經取代了'舟'。"(汪維輝:《東漢—隋常用詞演變研究》,南京大學出版社2000年版,第77~78頁)

② 司馬遷改前一"舟中"爲"船中",而"蕩舟"仍用"舟"。可見,在當時的書面語中古語詞"舟"仍然有一定的生命力。

(3-3) 晉軍敗，走河，爭度，船中人指甚衆。（《史記·晉世家》）

從以上討論可以看到：{舟}是戰國中期以前文獻中指稱"舟船"的主導詞。戰國中期以後，{船}指稱"舟船"的用法逐漸興起，並在西漢時期取代{舟}成爲主導詞。在漢代方言口語中，關東方言使用歷史悠久的{舟}，關西方言則使用新興的主導詞{船}。

（七）箑/扇

《方言》5.18："扇，自關而東謂之箑（今江東亦通名扇爲箑，音萐），自關而西謂之扇。"

《說文·戶部》："扇，扉也。""扉，門扇也。"《禮記·月令》："耕者少舍，乃修闔扇。"鄭玄注："用木曰闔，用竹葦曰扇。"① 可見，{扇}的本義爲"門扇"。

門扇數，令相接三寸，施土扇上，無過二寸。（《墨子·備城門》）

死十一日，蟲出於戶，乃知桓公之死也。葬以楊門之扇。（《管子·小稱》）

"門扇"以戶樞爲軸，來回開合，早期"扇子"的形制如門扇之形，搖動生風，故又可稱{扇}②，如：

三政曰：令禁扇去笠，毋扱免，除急漏田廬。（《管子·四時》）

不過，從先秦的文獻來看，"扇子"最初並不稱{扇}，而是稱作{箑}。

《說文·竹部》："箑，扇也。从竹疌聲。箋，箑或从妾。"

燕器：杖、笠、翣③。（《儀禮·既夕禮》）鄭玄注："翣，扇。"

冬不用箑，非愛箑也，清有餘也。（《呂氏春秋·似順論》）高誘注："箑，扇也。"

除了招涼用的"扇子"外，先秦還有一種與"扇子"形制相似的器物{翣}。

天子崩，七月而葬，五重八翣；諸侯五月而葬，三重六翣；大夫三月而葬，再重四

---

① 段玉裁"扇"下注云："析言如此，渾言之則不拘。"
② 段玉裁"箑"下注云："戶部曰：扇，扉也。扉可開合，故箑亦名扇。"楊樹達："門有左右扉，如鳥有左右翼，故扇從戶羽。戶爲本名，羽爲喻名。"（"本名與喻名會意者，以他物譬喻本物之會意字也。表本物之字爲本名，表他物之字爲喻名。"）（楊樹達：《楊樹達文集之九·文字形義學》，上海古籍出版社1988年版，第184、187頁）
楊琳："扇的本義可能不是門扇，而是扇動。鳥和昆蟲飛行時都得扇動翅膀，所以扇字從羽。至於偏旁'戶'，它是表示讀音的聲符，只是由於語音的變化，'戶'失去了表音的作用。扇之所以叫扇，就是因爲使用時需要來回扇動的緣故，扇子因扇動而得名。至於門扇稱扇，那是因爲先秦時期流行一種門扇形的扇子，如湖北江陵拍馬山磚廠一號戰國墓出土的短柄竹扇，這種扇與門扇類似，故門扇也稱爲扇。"參見楊琳：《中國古代的扇子》，載《文化學刊》2007年第1期。
郭婭："從現存的考古資料推測，扇子的應用至少不晚於新石器時代，但有關圖像和實物的發現却較晚。目前所見較早的扇子形象是出土於東周及戰國時期銅器上刻畫的兩件長柄大扇，以及江陵天星觀楚墓出土的木柄羽扇殘件。"參見郭婭：《中國的扇子文化》，載《湖北大學學報（哲社版）》2001年第5期。
③ 阮元校勘記："張氏曰：案，《釋文》云：箑所甲反，扇也，此非牆翣之翣，故從竹。從《釋文》。（阮元）按：《說文》有翣無箑，翣亦翣扇字也，牆翣之翣本取象於扇，今本《釋文》作翣。張說恐非。"

翣。（《禮記·禮器》）

　　"黼翣二，黻翣二，畫翣二。"鄭玄注："漢禮：翣以木爲筐，廣三尺，高二尺四寸，方，兩角高，衣以白布。畫者，畫雲氣，其餘各如其象。柄長五尺，車行，使人持之而從，既窆，樹於壙中。（《禮記·喪大記》）

　　《說文·羽部》："翣，棺羽飾也。"段注："羽衍文。……按，翣桺皆棺飾也。鄭云'以布衣木'，又引漢禮況之。經無用羽明文。以其物下垂，故从羽也。"這是一種出殯時用的棺飾，其狀如掌扇，故稱{翣}。不僅如此，{翣}還用於指稱古代行車時用來遮蔽或抵禦風塵的扇形羽飾及置放於鐘鼓架篸上的裝飾。

　　《周禮·春官·巾車》："輦車，組輓，有翣羽蓋。"鄭玄注："有翣，所以禦風塵。"賈公彥疏："翣，即扇也。扇所以爲障蔽，亦所以禦風塵也。"

　　《禮記·明堂位》："殷之崇牙，周之璧翣。"鄭玄注："周又畫繒爲翣，戴以璧，垂五采羽於其下，樹於篸之角上。"孔穎達疏："翣，扇也。"

　　先秦兩漢文獻中的{箑}均指"扇子"，{翣}則指"棺飾"、"車飾"、"鐘鼓飾"，區分甚明。但四種物件的形狀相似，{箑}、{翣}古音相同（均爲山紐葉部），最初可能是異物同名，後來才在字形上加以區別。《淮南子》中指稱"扇子"或作"箑"或作"翣"。

　　《淮南子·說林訓》："揚堁而欲弭塵，被裘而以翣翼，豈若適衣而已哉？"高誘注："翣，扇也。楚人謂之翣也。"

　　《淮南子·俶真訓》："冬日之不用翣者，非簡之也，清有餘於適也。"高誘注："翣，扇也。"

　　《淮南子·精神訓》："知冬日之箑、夏日之裘無用於己，則萬物之變爲塵埃矣。"高誘注："箑，扇也。楚人謂扇爲箑。"

　　《淮南子·說林訓》："中夏用箑，快之，至冬而不知去。"

　　《淮南子·人間訓》："譬猶失火而鑿池，被裘而用箑也。"

　　根據《方言》的記述，{箑}、{扇}在漢代方言口語中分別是關東和關西對"扇子"的稱名。從歷時的角度看，先秦兩漢文獻中最初只用{箑}來指稱"扇子"，到了《管子》裏才開始見用{扇}來指稱"扇子"（見上引）。

　　《淮南子》中指稱"扇子"均用{箑}（字或作"翣"）（凡5見，如上引），而《春秋繁露》、《論衡》、《顏氏家訓》中則用{扇}。如：

　　　物故以類相召也，故以龍致雨，以扇逐暑。（《春秋繁露·同類相動》）

今則不然，作無益之能，納無補之說，以夏進鑪，以冬奏扇，爲所不欲得之事，獻所不欲聞之語，其不遇禍幸矣，何福佑之有乎？（《論衡·逢遇篇》）

且夏時鑪以炙濕，冬時扇以翣火。（《論衡·逢遇篇》）

吾家嘗有梁元帝手畫蟬雀白團扇及馬圖，亦難及也。（《顏氏家訓·雜藝》）

《淮南子》是成書於《方言》之前的楚地文獻，書中只用{箑（翣）}而不用{扇}，可能是當時關東方言的反映。不過，約略與劉安（前179—前122）同時的董仲舒（前179—前104）雖然也長時間活動於關東地區，但其《春秋繁露》中却用{扇}而不用{箑（翣）}。可能，{扇}在當時的通語中已經有相當的地位。就鄭玄三《禮》注及高誘《淮南子》注來看，這些典籍中用於指稱"扇子"的{箑}對當時的讀者來說是比較陌生的古語詞，因此，他們才普遍地用{扇}來對其加以訓釋①。可見，至遲在東漢，{扇}就已經替代{箑}而成爲通語中指稱"扇子"的主導詞②。

從以上討論可以看到：{箑（翣）}是戰國以前指稱"扇子"的主導詞。戰國中期開始，{扇}也用於指稱"扇子"。至遲到東漢時期，{扇}已經替換{箑（翣）}成爲指稱"扇子"的主導詞。在漢代方言口語中，關東方言使用歷史悠久的{箑}，關西方言則使用逐漸興起的{扇}。

（八）黔首/黎民

《說文·黑部》："黔，黎也。从黑今聲。秦謂民爲黔首，謂黑色也。周謂之黎民。《易》曰：'爲黔喙。'"

根據許慎的說法，從歷時的角度來看，{黎民}是周代對"平民、百姓"的稱呼，而{黔首}則是秦時的稱呼。如果從地域的角度看，{黔首}最初應該是一個秦方言詞，後來逐漸成爲秦代對"平民、百姓"的稱呼。

{黎民}最早見用於《尚書》：

百姓昭明，協和萬邦。黎民於變時雍。（《書·堯典》）

安民則惠，黎民懷之。（《書·皋陶謨》）

---

① 唐陸德明《釋文》及賈公彥、孔穎達疏證中也以{扇}來訓釋三《禮》中指稱"棺飾"和"車飾"的{翣}。除上引外還有如：（1）《莊子·德充符》："战而死者，其人之葬也不以翣资。"陸德明《釋文》："翣，扇也。"（2）《周禮·天官·縫人》："喪，縫棺飾爲，衣翣柳之材。"賈公彥疏："翣即上注方扇是也。"（3）《左傳·襄公十五年》："丁亥，葬诸士孫之里，四翣，不蹕，下車七乘，不以兵甲。"孔穎達疏："翣是扇之類也。"等。由此也可看出{翣}與{箑}在形制上的某種相似之處，更進一步說明了{扇}對{箑}的歷史替代。

② 除了用於指稱"扇子"外，{箑}、{扇}在先秦兩漢時期還均有用爲動詞表"持扇扇風"義的用例。如：《禮記·少儀》："侍坐弗使，不執琴瑟，不畫地，手無容，不翣也。"《淮南子·人間訓》："武王蔭暍人於樾下，左擁而右扇之，而天下懷其德。"《新論·辨惑》："偉方扇炭燒筒。"

《書·秦誓》兩用"黎民",足見{黎民}在周代是更爲通行的稱呼,當時的秦國或許還未稱"平民、百姓"爲{黔首}。

{黔首}始見於《禮記》:

因物之精,制爲之極,明命鬼神,以爲黔首,則百衆以畏,萬民以服。(《禮記·祭義》)

此後又見於《韓非子》《戰國策》:

古者黔首俯密蠢愚,故可以虛名取也①。(《韓非子·忠孝》)

先王必欲少留而扶社稷、安黔首也,故使雪甚②。(《戰國策·魏二》)

其在《呂氏春秋》中的使用更是達到了21次之多({黎民}則未見用)。這一情況說明,在戰國後期,{黔首}是一個具有很強的秦方言特色的詞語,在出自秦地的《呂氏春秋》中大量使用,而在其他戰國文獻中則極少見用③。在《史記》中,{黔首}的這種優勢地位得以保持——《史記》用{黔首}25次,而{黎民}則只用了10次。不過,{黔首}在很短的時間內又逐漸退出了書面語,在《鹽鐵論》和《漢書》中分別只用了1次和3次,而{黎民}則分別用了12次和18次。顯然,{黔首}的主導優勢僅僅是曇花一現,在西漢末期就又重新被{黎民}所取代。

從上文的分析來看,《史記·秦始皇本紀》中"二十六年……分天下以爲三十六郡,郡置守、尉、監。更名民曰黔首",顯然不能理解爲秦始皇從二十六年開始才將老百姓稱爲"黔首",因爲這種稱呼早在戰國後期就已經存用。司馬遷所說的"更民名曰黔首"應該理解爲在二十六年時,秦始皇通過行政命令將這種在戰國後期就已經通行於秦地的稱名推廣到全國各地④。{黔首}在《史記》中的頻繁使用可能正是這種行政推廣在

---

① 袁林:"韓非戰國末年人,曾居於秦,此篇使用'黔首'一稱,有可能是受秦地習俗影響。"(袁林:《析"更名民曰黔首"》,載《蘭州大學學報(社科版)》1992年第2期)

② 《戰國策》的這段文字又見於《呂氏春秋·開春論》,袁林認爲"是否在傳抄過程中前者受後者影響,也未可知"。(袁林:《析"更名民曰黔首"》,載《蘭州大學學報(社科版)》1992年第2期)

③ 袁林對照甘肅天水放馬灘秦簡甲種《日書》、乙種《日書》與湖北雲夢睡虎地秦簡《日書》的異文情況,進一步證明了"黔首"是秦統一六國之前秦地的特有稱呼。從具體的指稱來看,"黔首"處於比狹義概念的"民"(自由民,不能被買賣)更低的社會等級上,是社會地位較低的一個階層(非全權自由民,可以被買賣)。(袁林:《析"更名民曰黔首"》,載《蘭州大學學報(社科版)》1992年第2期)

④ 學術界對秦始皇"更名民曰黔首"的問題有很多討論。張傳璽認爲秦始皇"更名民曰黔首""還有因秦爲水德,尚黑"的因素。(張傳璽:《"更名民曰黔首"的歷史考察》,載《北京大學學報(哲社版)》1980年第1期)蘇誠鑒認爲:"秦始皇這個舉措乃是針對秦國歷史上的對人民實行政治劃分及在兼並戰爭過程中實行的屠殺政策、征服政策,在全國統一之後所採取的一個重大改革,是對全國人民宣布的'安民告示',表示從此天下一家,共享太平,因而是一個順應歷史發展、爲全國人民所歡迎的進步措施。"(蘇誠鑒:《"天下之民不樂爲秦民"——試探秦始皇"更名民曰黔首"的歷史淵源》,載《安徽師範大學學報(人文社會科學版)》1981年第3期)袁林認爲:與"黔首"更名密切相關的是秦始皇"將戰國末期秦國的治民政策變本加厲地推行於全國"的政治行爲。(袁林:《析"更名民曰黔首"》,載《蘭州大學學報(社科版)》1992年第2期)

漢代所產生的影響。不過從表4.7所統計的文獻使用情況來看，這種政治性的強行更名顯然缺少足夠的生命力。{黔首}在秦王朝覆滅之後很快就失去了其在通語和書面語中的優勢地位。

表4.7

文獻 詞項	尚書	孟子	呂氏春秋	史記	鹽鐵論	漢書
黎民	4	2		10	12	18
黔首			21	25	1	3
百姓	9	19	15	177	86	298

（九）箭/矢/鍭[①]

《方言》9.04："箭，自關而東謂之矢，江淮之間謂之鍭（音侯），關西曰箭。（箭者，竹名，因以爲號）"

《說文》："矢，弓弩矢也。象鏑栝羽之形。"{矢}是對"箭矢"的較早稱呼[②]，如：

備乃弓矢，鍛乃戈矛，礪乃鋒刃，無敢不善！（《書·費誓》）

不失其馳，舍矢如破。（《詩·小雅·車攻》）

{鍭}指"箭矢"亦見於《詩經》，如：

敦弓既堅，四鍭既鈞。舍矢既均，序賓以賢。（《詩·大雅·行葦》）

具體來講，{鍭}是一種形制比較特殊的"箭矢"。《爾雅·釋器》："金鏃翦羽，謂之鍭；骨鏃不翦羽，謂之志。"《說文·金部》："鍭，矢金族翦羽謂之鍭。"可見，"鍭"是有金屬箭頭且箭羽剪齊的"箭矢"。先秦兩漢的文獻，多以"鍭"、"矢"連用，大概也反映了{矢}爲泛稱類名而{鍭}爲特稱專名的情況。漢代江淮方言則泛稱"箭矢"爲{鍭}。

"箭"本是竹子的一種[③]：

《爾雅·釋地》："東南之美者，有會稽之竹箭焉。"郭注："會稽，山名，今在山陰縣南。竹箭，篠也。"又《釋草》："篠，箭。"

東南曰揚州，其山鎮曰會稽……其利金、錫、竹箭。"（《周禮·夏官·職方

[①] 可參見王鳳陽：《古辭辨》"矢·箭·鍭·鏑"組，吉林文史出版社1993年版，第243頁。
[②] 關於古代"箭矢"的形制可參見吳其昌《金文名象疏證（續）》（國立武漢大學《文哲季刊》第6卷第1期）及王西徵《殷代矢射考略》（《燕京學報》第39期）。
[③] 戴家祥《金文大字典·竹部》："𥳑，鄂君啓節'毋載金革黽箭'字從竹黽聲，即箭字。于省吾認爲黽應讀作簬，筥或作籚，是一種箭竹，厚裏而節長。古籍中有以'箭簬'連言的，箭簬是一種軍用物資，故在禁用之例。（詳見《考古》1963第8期）"

氏》）鄭玄注："箭，篠也。"

因爲箭竹"細小而勁實"，"堅勁中矢"①，是製作"箭杆"的理想材料，所以"箭杆"亦可稱"箭"②，如：

君召張孟談而問之曰：'吾城郭已治，守備已具，錢粟已足，甲兵有餘，吾奈無箭何？'張孟談曰：'臣聞董子之治晉陽也，公宮之垣皆以荻蒿楛楚牆之，其高至于丈，君發而用之，有餘箭矣。'于是發而試之，其堅則雖菌幹之勁弗能過也。君曰：'吾箭已足矣，奈無金何？'張孟談曰：'臣聞董子之治晉陽也，公宮公舍之堂皆以鍊銅爲柱質，君發而用之。'于是發而用之，有餘金矣③。（《韓非子·十過》）

文中說的是發"公宮之垣"而以"荻蒿楛楚"爲"箭杆"，發"公宮公舍之堂"而以"鍊銅"爲"箭頭"（古稱"鏑"或"鏃"）。其中的{箭}即指"箭杆"。因此，《說文·竹部》："箭，矢竹也。"後來{箭}又指稱包括"箭杆"、"箭頭"在內的"箭矢"整體，與{矢}同義。不過，這種用法直到漢代的文獻才見用：

趨以微磬之容，飄然翼然，肩狀若流，足如射箭。（《新書·容經》）

射鳥者扞烏號之弓，彎棋衛之箭，重之羿、逢蒙子之巧，以要飛鳥，猶不能與羅者競多。（《淮南子·原道訓》）

今天下鍛甲砥劍，橋（矯）箭累弦，轉輸運糧，未見休時，此天下之所共憂也。（《史記·平津侯列傳》）

表4.8是指稱"箭矢"的{矢}、{箭}在先秦兩漢文獻中的使用情況：

表4.8

文獻 詞項	前期		中期								後期					
	尚書	詩經	周禮	儀禮	左傳	墨子	荀子	呂氏春秋	韓非子	戰國策	新書	淮南子	史記	鹽鐵論	說苑	論衡
矢	4	12	52	111	28	25	10	17	13	10	4	36	53	5	25	24
箭											1	3	3			2

---

① 《廣雅·釋草》："箭、箾，筱也。"王念孫《疏證》："《竹譜》云：'箭竹高者不過一丈，節間三尺，堅勁中矢。江南諸山皆有之，會稽所生最精好。'……劉逵《吳都賦》注云：'箭竹細小而勁實，可以爲箭，通竿無節。江東諸郡皆有之。'據此，則箭竹有二種：一種節間三尺，一種通竿無節也。"

② "箭竹"還可以用於製作其他器物：《儀禮·鄉射禮》："箭籌八十，長尺有握。"鄭玄注："箭，篠也；籌，筭也。""箭籌"即用箭竹做的算籌。又可以爲博具，《韓非子·外儲說左上》："秦昭王令工施鈎梯而上華山，以松柏之心爲博，箭長八尺，棋長八寸。"《方言》5.39："簙謂之蔽，或謂之箘。秦晉之間謂之簙。吳楚之間或謂之蔽，或謂之箭裏……"

③ 《韓非子》"箭"凡7見，除上引3處指"箭杆"外，另有指"箭竹"者（3見），如：《韓非子·顯學》："夫必恃自直之箭，百世無矢。"又可指博具，參見上注。《戰國策·齊策五》："堅箭利金，不得弦機之利，則不能遠殺矣。""箭"與"金"對舉，"金"指矢鏃，"箭"當仍指"箭杆"。

從表中的數據來看，{矢}是先秦兩漢文獻中指稱"箭矢"的主導詞。{箭}從漢代開始指稱"箭矢"，但其在兩漢文獻中的使用頻次仍無法與{矢}相比。不過口語中的實際情況可能與表中數據顯示的情況有所出入。史光輝在考察了漢魏時期的漢譯佛經語料後認爲："作爲一種武器的名稱，在口語中'箭'取代'矢'在東漢中期以後就完成了，而在正統的文學語言中，這一過程則緩慢得多，直到唐代'箭'對'矢'的替代才大致完成。"①

（十）額/顙/顔/䫙

《方言》10.33：䫙、額、顔、顙也。江湘之間謂之䫙，（今建平人呼額爲䫙，音斿衺。）中夏謂之額，東齊謂之顙，汝潁淮泗之間謂之顔。

《說文·頁部》："顙，額也。""額，顙也。"{顙}、{額}互訓，在"額頭"義上爲同義詞。根據《方言》的記述，{顙}、{額}分別使用於漢代的不同方言。{顙}爲東齊方言，{額}爲中夏方言，{顔}則爲汝潁淮泗之間方言。就文獻的使用情況來看，{顙}較早見用：

主人哭，拜稽顙，成踊。（《儀禮·士喪禮》）

"稽顙"是古代的一種跪拜禮，以額觸地，因以得名。又可單用"稽"或"顙"，如：揚雄《太玄·玄摛》："稽其門。"《公羊傳·昭公二十五年》："再拜顙。"這些"顙"雖然都專門用來指稱跪拜禮，但這種禮儀的命名正是由於{顙}有"額頭"義。"稽顙"是先秦兩漢常用的禮儀，《儀禮》（11見）、《禮記》（27見）中大量見用。單獨用來指稱"額頭"的{顙}在文獻中的見用則相對較晚：

其顙有泚，睨而不視。（《孟子·滕文公上》）趙岐注："顙，額也。"

面顙皆白，惟駹。（《爾雅·釋獸》）郭璞注："顙，額。"

可見，{顙}不僅可用於指稱人的"額頭"，還可用於指稱動物（特別是馬）的"額頭"。

{顔}、{額}在文獻中用來指稱"額頭"要晚於{顙}：

陳有惡人焉，曰敦洽讎麋，椎顙廣顔，色如漆赭，垂眼臨鼻，長肘而盭②。（《呂氏春秋·孝行覽》）

---

① 史光輝：《常用詞"矢、箭"的歷時替換考》，載《漢語史學報》第四輯。有關"箭、矢"的討論還可參見黃金貴《古代文化詞義集類辨考》（上海教育出版社1995年版）"27.矢·箭"條。

② {顙}、{顔}同義換用。左思《嬌女》："鬢髮覆廣額，雙耳似連璧。"《南唐書·朱令贇傳》："朱令贇大將軍，業從子。少從軍，椎額鷹目，趫捷善射。"

列精子高聽行乎齊閔王，善衣東布衣，白縞冠，顙推之履，特會朝雨袪步堂下①。（《呂氏春秋·恃君覽》）

皆叩頭，叩頭且破，額血流地，色如死灰。（《史記·滑稽列傳》）

表4.9是{顙}、{顔}、{額}在先秦兩漢主要文獻中的使用情況②：

表4.9

文獻 詞項	中期							後期					
	儀禮	左傳	國語	孟子	莊子	荀子	呂氏春秋	戰國策	新書	淮南子	史記	鹽鐵論	新論	漢書
顙	11A	1A	1B	2	6	1A	2		1A 2B	2	1			2A
額											1	1	1	2③
顔		1	1				1	1			3			2

《漢書》中除兩次使用{稽顙}之外，還兩次使用{顔}來指稱"額頭"。不過，這兩處用{顔}均是對之前典籍的承用：

（1-1）臣聞"天威不違顔咫尺"，願陛下深思先帝所以建立陛下之意，且克己躬行以觀群下之從化。（《漢書·何武王嘉師丹傳》）

（1-2）對曰："天威不違顔咫尺，小白余敢貪天子之命無下拜？恐隕越于下，以遺天子羞。敢不下拜？"（《左傳·僖公九年》）

（2-1）高祖爲人，隆准而龍顔，美須髯，左股有七十二黑子。（《漢書·高帝紀》）

（2-2）高祖爲人，隆准而龍顔，美須髯，左股有七十二黑子。（《史記·高祖本紀》）

而兩處{額}的使用則是當時語言實際的反映：

今論功而請賓，曲突徙薪亡恩澤，焦頭爛額爲上客耶？（《漢書·霍光金日磾傳》）

宮讀書已，曰："果也，欲姊弟擅天下！我兒男也，額上有壯髮，類孝元皇帝。"

---

① 高誘注："顙推之履，弊履也。"陳奇猷《校釋》："高亨曰：推借爲頹，同聲系，古通用。《說文》：頹，出額也。'頹'即'額'之正字。'顙頹之履'者，履之前額突出而高者也……奇猷案：'顙推之履'當如章（章炳麟）、高（高亨）所說，蓋高頭鞋也。"

② 表中A代表"稽顙"，B代表"頓顙"。《說文·頁部》："題，額也。"先秦兩漢文獻中還用{題}指稱"額頭"。如：《禮記·王制》："南方曰蠻，雕題交趾，有不火食者矣。"孔穎達疏："彫謂刻也，題謂額也，謂以丹青彫刻其額。"《韓非子》1見，《戰國策》1見，《楚辭》（招魂）1見，《史記》3見。

③ 《漢書·昭帝紀》："武都氏人反，遣執金吾馬適建、龍額侯韓增、大鴻臚廣明將三輔、太常徒，皆免刑擊之。"顏師古注："龍額，《漢書》本或作維字。《功臣侯表》云弓高壯侯韓頹當子讀封龍雒侯，元鼎五年坐酎金免。後元元年讒弟子增紹封龍雒侯。而荀悅《漢紀》龍雒皆爲額字。崔浩曰：'雒音洛。今河間龍雒村，與弓高相近。'然此既地名，無別指義，各依書字而讀之，斯則通矣。"

(《漢書·外戚傳》)

《方言》此條以{顙}爲訓釋詞，大概也反映出當時{額}的通語主導詞地位還沒有最終確立。不過，從漢代其他訓詁材料來看，{額}作爲新興通語主導詞的地位應該比較明顯：

《說文》中"顙"、"額"互訓，但"題"訓"額"而不訓"顙"。表"額頭"義在訓釋語中多用"額"，少用"顙"：

（1-1）《說文·眉部》："眉，目上毛也。从目象眉之形上象額理也。"

（1-2）《說文·頁部》："顙，額也。"

（1-3）《說文·頁部》："題，額也。"①

（1-4）《說文·頁部》："顀，出額也。"

（1-5）《說文·馬部》："馰，馬白額也。"

（1-6）《說文·馬部》："騅，苑名。一曰馬白額。"

（2-1）《說文·頁部》："額，顙也。"

（2-2）《說文·馬部》："騽，馬面顙皆白也。"②

在《故訓匯纂》所收集的訓詁材料中，除《方言》、《說文》外，沒有以"顙"訓"額"的；反之，以"額"訓"顙"、"題"的却比比皆是，如：

（3-1）《孟子·滕文公上》："其顙有泚，睨而不視。"趙岐注："顙，額也。"

（3-2）《孟子·告子上》："今夫水，搏而躍之，可使過顙；激而行之，可使在山。"趙岐注："顙，額也。"

（3-3）《楚辭·招魂》："雕題黑齒，得人肉以祀，以其骨爲醢些。"王逸注："題，額也。"

在東漢末年張仲景的《傷寒論》中{顙}、{題}均未見用，{額}見用4次，均表"額頭"義：

濕家下之，額上汗出，微喘。（《傷寒論·辨痓濕暍脉證第四》）

衄家不可發汗，汗出，必額上陷脉急緊。（《傷寒論·辨太陽病脉證並治中第六》）

---

① {題}在先秦兩漢時期也指稱"額頭"。《楚辭·招魂》："雕題黑齒，得人肉以祀，以其骨爲醢些。"《戰國策·趙策二》："黑齒雕題，鯷冠秫縫，大吳之國也。"不過到了漢代除轉引承用和仿用，如：《史記·趙世家》："黑齒雕題，却冠秫絀，大吳之國也。"司馬相如《子虛賦》："赤首圜題，窮奇象犀。"{題}已經不用來指稱"額頭"。

② 此外有"旳"、"駒"字下引《易》曰：爲旳顙。"鳳"下引"天老曰：'鳳之象也，鴻前麐後，蛇頸魚尾，鸛顙鴛思……'"（段注："天老，黄帝臣。"）"炮"下："讀若駒顙之駒。"引文不能反映當時實際的語言情況，讀若所用"駒顙"應該是早已爲人們所熟悉的詞語。

陽明病，被火，額上微汗出，小便不利者，必發黃。（《傷寒論·辨陽明病脈證並治第八》）

發汗則譫語，下之則額上生汗，手足逆冷。（《傷寒論·辨陽明病脈證並治第八》）

綜合以上的材料可以看出：至遲在東漢時期，後起的{額}就已經取代{顙}、{題}成爲通語中表"額頭"義的主導詞。

（十一）豬/豕/豙/豨/豭①

《方言》8.05：豬，北燕朝鮮之間謂之豭。關東西或謂之彘，或謂之豕。南楚謂之豨。其子或謂之豚，或謂之貕。吳揚之間謂之豬子。其檻及蓐曰橧。

《說文·豕部》："豕，彘也。竭其尾，故謂之豕。"

《說文·彑部》："彘，豕也。後蹏發謂之彘。"

《說文·豕部》："豭，牡豕也。"

《說文·豕部》："豨，豕走豨豨。"段注："《方言》說其引伸之義也。"

《說文·豕部》："豬，豕而三毛叢居者。"

從許慎的訓釋來看，{豕}、{彘}、{豨}都是"豬"的通稱，而{豭}則專指"公豬"，{豬}是"一孔生三毛"的"豬"。根據揚雄《方言》所記，五者爲漢代不同方言中對"豬"的泛稱。

{豕}、{彘}在甲骨文中均已見用②。羅振玉認爲："𢑚（彘）從豕身箸矢，乃彘字也。彘殆野豕，非射不可得。亦猶雉之不可生得與。其貫一者亦矢形。"③張亞初則認爲："從字形講，說它是後來的彘字，這是對的。至於說它是野豕，非射不可得，則純係望文生義。""這個字在甲骨文中並非指野豕，它除了少數作國族人名外，大部分是作祭名，係動詞。爲了避免與一般概念中的彘字相混，姑且隸定爲𢑚。""𢑚字從字形到詞例，再聯繫文獻記載，我們可以肯定它是射豕之祭，是射豕之祭的專用字。其字可以看作是彘字，但它的含意則與後世有別。"④

從傳世文獻來看，泛稱"豬"時{豕}的見用要比{彘}早：

上九，睽孤見豕負涂，載鬼一車。（《周易·睽》）

越翼日戊午，乃社于新邑，牛一，羊一，豕一。（《書·召誥》）

---

① 關於該組詞語的討論可參見黃金貴《古代文化詞義集類辨考》（上海教育出版社1995年版）"75.豕·彘·豨（狶）·猪（豬）"條。
② 趙誠：《甲骨文簡明詞典——卜辭分類讀本》，中華書局1988年版，第199頁、第200頁。
③ 羅振玉：《增訂殷虛書契考釋》，載《殷墟書契考釋三種》（下），中華書局2006年版，第440頁。
④ 張亞初：《甲骨文金文零釋·釋𢑚》，載《古文字研究》第六輯。

世之君子，使之爲一犬一彘之宰，不能則辭之。（《墨子·貴義》）

雞豚狗彘之畜，無失其時，七十者可以食肉矣。（《孟子·梁惠王上》）

{豨}、{豬}的見用大致與{彘}同時，{豭}則如《說文》所訓專指"公豬"：

正獲之問于監市履豨也，每下愈況。（《莊子·知北游》）

狗豨猶有鬥，惡有士而無鬥矣？（《墨子·耕柱》）

此以莫不犆羊、羣犬豬，絜爲酒醴粢盛，以敬事天。（《墨子·法儀》）

衛侯爲夫人南子召宋朝……過宋野，野人歌之曰："既定爾婁豬，盍歸吾艾豭？"（《左傳·定公十四年》）杜預注："艾豭，喻宋朝。艾，老也。"陸德明《釋文》："豭，牡豕也。"

表4.10是{豕}、{彘}、{豬}、{豨}、{豭}在先秦兩漢魏晉時期文獻中的使用情況：

表4.10

文獻 詞項	前期		中期							後期							
	周易	詩經	儀禮	左傳	墨子	孟子	荀子	呂氏春秋	韓非子	管子	新書	淮南子	史記	漢書	華陽國志	論衡	傷寒論	齊民要術
豕	3	2	47	7	4	2	1	8		3	1	4	8	23	2	14		3
彘					11	4	6	5	15	6	6	20	21	27				7
豬				1	1		3							6	11	6	11	40
豨					2								3	1				
豭				5					1				2	1				

從表中數據來看，{豕}是戰國以前指稱"豬"的主導詞。戰國時期{彘}逐漸興起，其在《墨子》、《荀子》、《韓非子》、《管子》、《新書》、《淮南子》等文獻中的使用頻次都超過了{豕}。不過這一情況在漢晉之際又發生了變化。《漢書》中{豬}的使用次數雖然無法和{豕}、{彘}相比，但也見用了6次。其在《華陽國志》中的使用次數也大大地超過了{豕}。東漢末年張仲景的《傷寒論》則只用{豬}而不用{豕}、{彘}。

《莊子·徐無鬼》："藥也，其實堇也，桔梗也，雞癰也，豕零也，是時爲帝者也，何可勝言！"陸德明《釋文》引晉司馬彪曰："一名豬苓。"①在《傷寒論》中，"豬苓"凡7見，但未見稱"豕零"。此外，"豬"凡11見（"豬膽汁"7見，"豬膚"3見，"豬膽"1見）。由此可見，在當時的口語中{豬}已經替換{豕}、{彘}成爲主導詞。

---

① 《辭源》："豕零，藥名。即豬苓。治渴，解毒。""豬苓：植物名。又名豕橐、豭豬屎、地烏桃。寄生於楓等植物根部，子實埋土中，皮黑作塊似豬糞，故名。肉及裏白色。入藥，主治瘧疾，解毒。"

成書於北魏末年的《齊民要術》用{豬}40次，用{豕}3次，用{彘}7次。除《齊民要術》卷八："作五味脯法：正月、二月、九月、十月爲佳，用牛羊獐鹿野豕猪肉，或作條，或作片。"1例外，其他用{彘}、用{豕}9例均是對秦漢典籍的轉引：

（1）《齊民要術》卷一："凡糞種……勃壤用狐，埴壚用豕，彊檗用蕡，輕嬰用犬。"——《周禮·地官·草人》

（2）《齊民要術》卷六："《淮南萬畢術》曰：'麻鹽肥豚豕。'"——劉安《淮南萬畢術》

（3）《齊民要術·自序》："龔遂爲渤海勸民務農桑，令口種一株榆、百本薤、五十本葱、一畦韭，家二母彘、五母雞。"——《漢書·循吏傳》①

（4）《齊民要術》卷一："雞豚狗彘毋失其時，女修蠶織，則五十可以衣帛，七十可以食肉。"——《漢書·食貨志》

（5）《齊民要術》卷三："孟子曰：'狗彘食人食而不知檢，塗有餓莩而不知發。'"——《孟子·梁惠王上》

（6）《齊民要術》卷六："孟子曰：'雞豚狗彘之畜，無失其時，七十者可以食肉矣。'"——《孟子·梁惠王上》

（7）《齊民要術》卷七："澤中千足彘，水居千石魚陂。"——《史記·貨殖列傳》

（8）《齊民要術》卷七："屠牛羊彘千皮，販穀糶千鍾。"——《史記·貨殖列傳》

（9）《齊民要術》卷七："牛千足，羊彘千雙，僮手指千。"——《史記·貨殖列傳》

而用{豬}之例多非引文，如：

《齊民要術》卷六："母豬取短喙無柔毛者良。"

《齊民要術》卷八："作猪肉鮓法，用肥猪肉淨爛治訖，剔去骨，作條。"

《齊民要術》卷八："蒸豬頭法，取生豬頭，去其骨，煑一沸。"

這也充分說明了東漢以後{豬}成爲通語主導詞的事實。

（十二）曬/晞/暴

《方言》7.15：膊、曬、晞，暴也。……暴五穀之類，秦晉之間謂之曬，東齊北燕海岱之郊謂之晞。

《方言》10.18：睎、曬，乾物也。揚楚通語也。（睎音霈，亦皆北方常語耳。或

---

① 《漢書·循吏傳》："遂見齊俗奢侈，好末技，不田作，乃躬率以儉約，勸民務農桑，令口種一樹榆、百本薤、五十本葱、一畦韭，家二母彘、五雞。"

云暽）

《說文・日部》："曬，暴也。"《說文・日部》："暴，晞也。"《說文・日部》："晞，乾也。""晞"、"暴"、"曬"遞訓，是表"曝曬、曬乾"義的一組同義詞①。不過，根據《方言》的記述，漢代不同的方言分別使用不同的詞語。秦晉方言用{曬}，東齊北燕海岱之郊用{晞}，揚楚方言用{曬}或{晪}，{曝}則是通語的說法。

就先秦兩漢的文獻來看，{曝}最早見用：

凡染，春暴練，夏纁玄。（《周禮・天官・染人》）

歲旱，穆公召縣子而問然。曰："天久不雨，吾欲暴尪而奚若？"曰："天久不雨，而暴人之疾子，虐，毋乃不可與？"（《禮記・檀弓下》）

此外，{曝}還廣泛見用於先秦兩漢時期的文獻：《周禮》4見、《禮記》4見、《孟子》2見、《荀子》2見、《戰國策》1見、《呂氏春秋》2見、《春秋繁露》3見、《淮南子》1見、《新論》2見、《新序》1見、《新語》1見、《抱朴子》7見。

{晞}表"曝曬、曬乾"義的用法最早見於《楚辭》：

與女沐兮咸池，晞女髮兮陽之阿。（《楚辭・九歌・少司命》）

朝濯髮于湯谷兮，夕晞余身兮九陽。（《楚辭・遠遊》）

此外，{晞}在先秦兩漢文獻中還多用作形容詞，表"乾、乾燥"義②。

{晪}在先秦兩漢文獻中僅見用於《淮南子》，應該是一個方言特色很強的詞語。

扶木在陽州，日之所曊。（《淮南子・墬形訓》）高誘注："曊，猶照也。"③

{曬}除了被收釋於《方言》、《說文》外，最早見於東漢班固所撰《漢書》：

臣聞：白日曬光，幽隱皆照；明月曜夜，蚊虻宵見。（《漢書・景十三王傳》）顏師古注："曬，暴也。"

總體來看，在先秦兩漢文獻中，{曝}是被廣泛用於表"曝曬、曬乾"義的通語主導詞，而{晞}、{晪}、{曬}則可能是不同方言中用來表達該意義的方言詞。揚雄在《方言》中的記述是較爲客觀的。不過，這一情況在晚漢魏晉南北朝時期發生了變化。汪維輝推測，"至遲到兩晉之交（4世紀初），口語里'曬'大概已經取代了'曝'"④。

以上12組兩漢方言同義對應詞在書面通語中的歷史更替分析是從方言詞的共時差異

---

① 參見王鳳陽《古辭辨》"曝・曬・晞"組，吉林文史出版社1993年版，第504~505頁。
②《詩・秦風・蒹葭》："蒹葭萋萋，白露未晞。"毛傳："晞，乾也。"《淮南子・說山訓》："蟺無筋骨之強，爪牙之利，上食晞堁，下飲黃泉，用心一也。"高誘注："晞，乾也。"
③《列子・周穆王》："視其前，則酒未清，肴未晪。"
④ 汪維輝：《東漢—隋常用詞演變研究》，南京大學出版社2000年版，第248~251頁。

入手探尋詞彙歷時替換的嘗試。結合這些詞語在漢代方言中的使用區域和詞語替換發生的大概時間，我們將上文討論的12組材料列出，見表4.11：

表4.11

組別	新興詞項	漢代方言區域	替代詞項	漢代方言區域	更替發生的大概時間
1	迎	自關而西	逆	自關而東	春秋—戰國中期
2	蟬	秦晉之間	蜩	楚	春秋—戰國中期
3	盾	關西	干	自關而東	春秋—戰國後期
4	履	—	屨	自關而西	戰國中期—西漢
5	炊	—	爨	齊	戰國中期—西漢
6	船	自關而西	舟	自關而東	戰國中期—西漢
7	扇	自關而西	箑	自關而東	戰國中期—東漢
8	黔首	秦	黎民	周	秦漢時期
9	箭	關西	矢	自關而東	兩漢時期
10	額	中夏	顙	東齊	兩漢時期
			顏	汝潁淮泗之間	兩漢時期
11	豬	—	豯/豕	關東西	兩漢時期
12	曬	秦晉之間	暴	—	漢代—兩晉

通過對先秦兩漢傳世文獻的考察，我們回顧了12組兩漢方言同義對應詞在上古漢語書面語中的發展。除"曬/晞/暴"一組外，其他11組兩漢方言同義對應詞在先秦漢語書面語中就已經共存，可能是先秦漢語方言差異在書面文獻中的反映。從歷史發展的過程來看，兩漢方言同義對應詞在書面通語中的地位是變化的，這些同義對應詞在上古漢語書面語中經歷了更替的過程。有些方言詞是對被替換的歷史通語主導詞的承傳，有些則是逐漸崛起的新興通語主導詞。上古漢語書面語中的詞語更替不僅僅是書面語內部同義詞競爭的結果，同時也是不同方言力量角逐的結果。

二、兩漢方言詞對詞彙歷史更替的影響

方言詞的地域分布呈現了同義對應詞的共時差異，通過對先秦兩漢文獻的詳細考察，可以發現有些兩漢同義對應方言詞在書面語中經歷了歷史更替的過程。在此基礎上，我們來探討詞語歷史更替的原因，特別是兩漢方言詞對漢語詞彙歷史更替的影響。

關於詞語更替的原因，論者通常從詞彙系統內部和外部兩個方面來把握[①]。以下結合前賢的相關研究對上文所析12組詞語更替的原因作簡要討論。

1. 詞彙系統內部原因無法解釋所有的詞語更替

儘管漢語詞彙的系統性還沒有得到很好的描寫和展示，但詞彙具有系統性的觀點却是絕大部分學者共同認同的。詞語是詞彙系統的構成單位，詞語的更替就是系統內部構成單位的更替。系統構成單位的變化不僅帶來系統結構的變化，同時也是系統爲了自身的結構優化而作出的調整。

詞是語言中能够獨立運用的最小音義結合單位。詞的具體讀音會隨着語音系統的發展變化因時、因地而異。詞的意義同樣會在語言的發展過程中發生變化，其中最爲主要的是通過引申產生新的義位[②]。新義位的產生並不代表原有義位的消亡，新舊義位可能寄托於同一個詞形，這就使得許多詞語在歷史發展過程中成爲具有多個義位的多義詞。詞義的引申是一個多角度多層次的歷史過程，不同方向和層級上的引申義位與本義的遠近親疏關係各不相同，當它們不斷地累積，並通過同一個詞形來表達的時候，便會加重詞形的詞義負擔。過重的詞義負擔在具體的語言使用中會帶來表義的不明確性，從而增加閱讀理解的難度。爲了使詞彙系統更好地滿足人們的交際需要，系統內部會嘗試進行自我調節，通過分擔多義詞的義位來求得系統內部的重新平衡。詞義的分擔可以通過同源詞分化的方式進行，也可以通過創造或吸收新詞的方式來實現。

上文分析的12組材料中，{迎}在"迎接"義上替換{逆}，{額}在"額頭"義上替換{顏}，可能就是詞彙系統表義職能調整的結果。

{逆}的本義是"迎接"，在甲骨卜辭中已經見用，後引申有"相反的方向或次序"、"違背"、"叛逆"等多個意義，並且這些引申義經常使用。如：

匕者逆退，復位于門東，北面，西上。(《儀禮·士昏禮》)

卿士從，龜從，筮從，汝則逆，庶民逆，吉。(《書·洪範》)

既克淮夷，孔淑不逆。(《詩·魯頌·泮水》)

《國語》中用"逆"38次[③]，其中表"迎接"義僅8例，另外的30例表"接受"、

[①] 汪維輝：《東漢—隋常用詞演變研究》，南京大學出版社2000年版，第410~414頁。
[②] 詞義的發展變化比較複雜，討論詞義的發展變化要以義位爲單位。從義位的變化來看，詞義的發展變化主要有兩種情況："一是義位的增減，即一個詞產生新的義位，或消失了舊的義位。一是原有義位的變化，即擴大、縮小和轉移。"(蔣紹愚：《古漢語詞彙綱要》，商務印書館2005年版，第60~61頁)關於詞義變化和詞義引申的問題的討論，可參見張聯榮：《古漢語詞義論》，北京大學出版社2000年版，第245~254頁。
[③] 另用{逆旅}1次，不計。

"違背"、"迎戰"等義,如:

晉不可不善也,其君必霸。逆王命敬,奉禮義成。(《國語·周語上》)

君問而陳辭,未退而逆之,何以事君?(《國語·晉語八》)

吳王夫差起師伐越,越王句踐起師逆之。(《國語·吳語》)

在《儀禮》和《禮記》中,{逆}均表"相反的方向或次序"、"違背"等義,"迎接"義則不用{逆}。

{逆}的衆多引申義的廣泛使用影響到了語言交際中表義的清晰度。作爲一種調整,詞彙系統可能通過新的詞語{迎}來分擔{逆}的部分表義職能,促使{迎}在"迎接"義上實現對{逆}的替換。

{顏}的本義是"額頭",引申有"面容"、"容貌"、"臉皮"等義。《詩經》用"顏"6次,均非"額頭"義。

有女同車,顏如舜華。(《詩·鄭風·有女同車》)

顏如渥丹,其君也哉!(《詩·秦風·終南》)

巧言如簧,顏之厚矣。(《詩·小雅·巧言》)

不僅如此,"顏"在引申出"面容"義後很快就與"色"結合成雙音節詞{顏色}以表"臉色、面色"等義,並被廣泛使用,如:

凡祭,容貌顏色,如見所祭者。(《禮記·玉藻》)

動容貌,斯遠暴慢矣;正顏色,斯近信矣。(《論語·泰伯》)

修行無有,而外其形骸,臨尸而歌,顏色不變,無以命之。彼何人者邪?(《莊子·大宗師》)

這就使得人們對{顏}的"面容"、"容貌"義的熟悉程度不斷增強,對其指稱"額頭"的本義却日益陌生。而"額頭"和"面容"、"容貌"作爲語言交際中經常使用的指稱概念,由同一個詞形來表達勢必影響表義的清晰度。作爲一種調整,詞彙系統可能通過吸收新的詞語{額}來分擔{顏}指稱"額頭"的表義職能,促使前者實現對後者的替換。

需要強調的是,上文的分析更多的是一種理論上的邏輯推導。兩組詞語更替的發生是否由詞彙系統內部表義職能的調整引發,是很難得到確切答案的。不過,詞語更替後,原有詞語的義位數量減少了,詞語的表義職能確實得到了調整,並且這種調整在漢語漫長的歷史發展進程中得到了承繼。從這個角度來講,詞彙系統確實得到了優化。

上舉兩組更替是舊詞表達多個意義，而本義爲新詞所替換的例子。與此相反，有些新詞以其引申義參與競爭並最終替換舊詞成爲主導詞。

"履"的本義爲"踐踏、踩"①，後指稱"鞋子"，並在該義上替換了{屨}。{履}在替換{屨}指稱"鞋子"後，其本義"踐踏、踩"義仍然被廣泛使用。如：《淮南子》指稱"鞋子"用{屨}1次，用{履}7次，說明當時{履}已經完成了對{屨}的替換，但《淮南子》表"踐踏、踩"義的{履}用了23次，遠遠多於指稱"鞋子"的用例。在《列女傳》中，{履}指稱"鞋"和表"踐踏、踩"義的用次爲1∶10。

如果說{迎}對{逆}、{額}對{顏}的替換減輕了{逆}、{顏}的表義職能，提高了它們的表義清晰度的話，{履}對{屨}的替換顯然不是爲了分擔舊詞的表義職能，因爲{屨}在上古的表義是單一的，指稱是明確的②。並且，{履}在替換{屨}之後，成了兼表"鞋子"和"踐踏、踩"義的詞語，表義負擔反倒進一步加重了。

名詞的指稱較爲明確，表義相對單一。從表義職能的角度看，並不需要其他的詞語來分擔。但在我們考察的12組詞語更替中，名詞的組數（9組）却遠遠多於動詞的組數（3組）③。由此可見，詞義負擔的加重並不是引起詞語替換的唯一原因，詞彙系統表義職能的調整並不能解釋所有的詞語更替現象，我們還需要從其他方面探尋這12組詞語更替的原因。

2. 兩漢方言對書面語詞語更替的影響

詞語更替的外部原因，包括語言使用的政治、經濟、思想、文化背景的變化等諸多方面。其中最爲重要的是方言或語言的相互影響。

上文對詞語更替的描寫主要依據的是先秦兩漢的傳世文獻，我們看到的是書面語以及作爲書面語基礎的通語口語的詞語更替。而討論這些詞語更替的外部原因，很重要的一個方面是要考察方言對通語口語和書面語的影響。

"通語與方言的競爭貫穿了漢語詞彙發展演變的整個過程。"④由於材料的限制，不同時期的漢語書面語詞彙中有多少詞語是來自不同的方言，又有哪些詞語是由方言進入

---

① {履}表"踐踏、踩"義在上古前期的文獻中既已見用，如：《易·坤》："履霜堅冰，陰始凝也。"《詩·小雅·小旻》："如臨深淵，如履薄冰。"
② 揚雄《羽獵賦》："屨般首，帶脩蛇。"李善注："屨，謂踐履之也。"{屨}在此處爲"踐踏、踩"義，不過在先秦兩漢文獻中只是偶一見用。
③ 汪維輝："同一個事物在不同的歷史時期用不同的詞來指稱，這是詞彙歷時更替的典型現象。在漢語發展史上，發生過歷時更替的名詞爲數不少，在三類實詞中僅次於動詞。"（汪維輝：《東漢—隋常用詞演變研究》，南京大學出版社2000年版，第23頁）
④ 李如龍：《詞彙系統在競爭中發展》，載《詞彙學理論與應用》（三），商務印書館2006年版，第47頁。

通語等諸多問題都無法得到確切的回答。揚雄和許慎揭示的大量兩漢方言同義對應詞差異，不僅引導我們考察這些對應詞在書面語中的歷時更替關係，同時也爲我們考察方言與通語詞彙的相互影響和競爭提供了條件。

這些新興詞項產生的確切時間無從考證，只能結合其最早見用於文獻的情況作大致判斷。有些新興詞見用的時間很早，如{迎}、{蟬}、{盾}最早見用於春秋時期的文獻，它們可能在西周時就已經產生；有些新興詞見用的時間較晚，如{履}、{炊}、{船}、{扇}、{箭}、{黔首}最早見用於戰國時期的文獻，{額}、{豬}、{曬}則在漢代的文獻中才見用，它們可能在戰國時期或者秦漢之際才產生。

從新興詞項在漢代的性質來看，在12個新興詞項中，有9個有明確的方言使用區域說明，其中{迎}、{蟬}、{盾}、{船}、{扇}、{箭}、{黔首}、{曬}8個新興詞項均使用於漢代關西地區的秦晉方言，{額}使用於中夏方言①。

值得注意的是，古代方言詞的使用區域也會隨着時間推移而有所變化。郭慶藩《方言校證合刊·自序》："商周之世，殷宗五遷，洛頑再誥，民既雜厠，音漸轉移。春秋諸國遷滅尤多，秦漢之間徙民實土，此方之人多流於彼方，後日之音遂殊於前日。即以《詩》、《書》考之，如《盤庚》曰：'不能胥匡以生。''胥'之言'皆'，河南語也，據《方言》轉而東齊矣。《呂刑》曰：'庶有格命。''格'之言'登'，洛陽語也，據《方言》轉而梁益矣。'肄'之言'餘'，召南語也，而《方言》以爲秦晉。'揚'言'美目'，鄭、衛語也，而《方言》以爲燕、代。若此之類，難可悉數，此前古方言轉易之明證也。書中所稱'南楚'語，今吾楚十不存二三。而它方古語，如美爲'艷'、琢爲'鐫'、散爲'厮'、披展爲'舒勃'、草木傷人爲'刺'、飲藥而毒爲'癆'，參之近日楚言，轉相符合，此又漢代方言遞易之明證也。"

從郭璞的注中也可以清晰地看到漢代方言詞使用區域到晉代所發生的各種變化②。因此，產生較早的新興詞項最初行用的方言區域可能與漢代有所不同。如{迎}、{蟬}、{盾}等在春秋時期的文獻既已見用，在戰國中後期就已經完成了對舊詞項的替換。雖然它們行用於漢代的關西秦晉方言，但我們無法確定它們在興起之初是否也是關西秦晉方言。有可能它們最初並非產生和行用於關西秦晉，而是在此前由其他方言傳入。我們不能以這些詞語在漢代的方言區域分布來討論這些替換背後可能存在的方言詞崛起。這些

---

① 中夏即夏的中部，大概指洛陽周圍的地區。參見華學誠：《校釋匯證》（下），中華書局2006年版，第1031頁。
② 王國維《書郭注方言後二》已經指出："晉時方言較子雲時固已有變遷，故注中往往廣子雲之說。""就廣地言之，有子雲時一方之言，至晉時爲通語者。""又漢時此方之語，晉時或見於彼方"的方言詞行用區域的變化。

新興詞項對舊詞項的替換可能與秦漢時期關西方言的興起無關①。

相對而言，其他在戰國中期及此後文獻中才見用的新興詞項的最初產生和使用的區域可能與揚雄或許慎的記載較爲吻合。這其中仍然有{船}、{扇}、{黔首}、{箭}、{曬}5個關西秦晉方言詞，占總組數（12組）的41%。如果把戰國末期就已完成更替的3組和新興詞項方言使用區域不明確的3組排除的話，則除{額}是中夏方言詞替換原來的通語詞之外，其他5組均是關西秦晉方言詞替換原來的通語詞。這充分說明了戰國後期到秦漢之間關西方言對通語的影響②。

方言詞語要想進入通語並戰勝原有的通語詞，不僅需要有語言接觸和傳播的條件，同時還要求新興詞項所行用的方言地區在政治、經濟、文化等方面有較大的影響力。戰國後期到秦漢之間的關西方言恰恰滿足了這樣的要求。從通語詞彙系統的外部來看，這些新興關西方言詞項進入並替換原有通語詞項的原因主要有以下兩個方面：

第一，人口流動帶來的方言接觸和傳播對詞語更替的影響。

關西方言在戰國後期和秦漢之間與其他方言的接觸及其傳播主要是通過大規模的頻繁的人口流動實現的。戰國後期到秦漢之間是中國歷史上移民活動空前活躍的時期③，其中最主要的是從關西向其他地區或由其他地區向關西移民。前者包括戰國後期起秦國向兼併戰爭中占領的關東地區移民，後者則有秦朝和西漢前期實行的"實關中"政策和"陵縣移民"。

《史記》對秦國在拓疆戰爭中向新占領區域進行人口遷移有很多記載。僅《秦本紀》中就有如下幾次：

"十三年（公元前325年）……使張儀伐取陝（今河南三門峽市西舊陝縣），出其

---

① 張雙棣："《呂氏春秋》在'迎接'義上，'迎'出現17次……'逆'嚴格說沒有。（注：有兩例是'迎擊'義，《似順》：'完子請率士大夫以逆越師。'）《春秋》、《左傳》在'迎接'的意義上，基本都用'逆'，《左傳》用'逆'達一百餘次，僅2次用'迎'。這從正反兩個方面可以證明，《方言》、《說文》的說法是正確的。不過，'迎'進入通語可能比較早，不是因爲秦國的強大，勢力東漸才進入通語的。"（張雙棣：《〈呂氏春秋〉詞彙研究》（修訂本），商務印書館2008年版，第191~192頁）不過這三個行用於漢代關西秦晉方言的新興詞項仍然可以透露出秦漢時期關西方言與當時通語的密切關係。

② 在漢代沒有明確使用地域的新興詞項有{履}、{炊}、{豬}，只能說明在揚雄和許慎記錄之時它們已經是口語中占主導地位的通語詞，並不能說明它們在產生之初就一定是通語詞。以{豬}爲例，雖然揚雄沒有說明{豬}在漢代的方言分布，但從"其子或謂之豚，或謂之貕。吳揚之間謂之豬子"的記述來看，{豬}最初很可能是吳揚之間的方言詞。{豬}替換關東西的{豭}和{豛}可能是南方方言對北方方言競爭的勝利。

③ 葛劍雄等認爲："從公元前221年秦始皇滅六國，至公元前206年子嬰向劉邦投降，統一的秦朝只存在了短短的15年。但在此期間移民的人數之多、距離之遠、次數之頻繁，不僅是空前的，也是其他多數朝代所少見的，因此秦朝完全稱得上是一個大移民的時代。當然秦朝的移民政策是戰國後期秦國移民政策的繼續，有其歷史淵源。"（葛劍雄：《中國移民史》（第二卷），福建人民出版社1997年版，第59頁）

人與魏。"

"二十一年（公元前286年）……魏獻安邑（今山西夏縣西北），秦出其人，募徙河東賜爵，赦罪人遷之。"

"二十六年（公元前281年），赦罪人遷之穰（今河南鄧州市）。"

"二十七年（公元前280年），錯攻楚。赦罪人遷之南陽（今河南西南一帶）。"

"二十八年（公元前279年），大良造白起攻楚，取鄢（今河南鄢城縣南）、鄧（今河南鄢城縣西北），赦罪人遷之。"

"三十四年（公元前273年），秦與魏、韓上庸地（今湖北竹山縣西南一帶）爲一郡，南陽免臣遷居之。"

秦國赦免關西罪人遷往關東占領地區，甚至在將占領區域的城中舊貴族和大商人驅逐之後遷入關西百姓①。這種形式的移民不僅能够鞏固其在關東占領地區的統治，同時也會使關西方言通過人口的遷移傳播到新的占領區域，擴大關西方言在關東地區的影響②。

在統一六國之後，爲了鞏固關西的政治地位，發展關西的經濟文化，秦王朝還大規模地向咸陽等關西地區移民。"二十六年（前221），秦始皇'徙天下豪富於咸陽十二萬戶'。以每戶5口計，共有60萬人。豪富主要集中在關東，所以關東是移民的主要來源。"③儘管在秦漢之際的戰火之後這些豪富基本上離開了關西，但是很快地，漢高祖劉邦爲了加强中央政權的統治基礎和經濟實力，防範和削弱關東地方勢力和諸侯王國，又開始從關東移民入關，並且在後來很長的一段時期内通過設置陵縣的方式從關東向關西移民④。《漢書·地理志下》："漢興，立都長安，徙齊諸田，楚昭、屈、景及諸功臣家於長陵。後世世徙吏二千石、高訾富人及豪桀並兼之家於諸陵。蓋亦以强幹弱支，非獨爲奉山園也。"這樣的移民導致了以長安爲中心的秦地"五方雜厝，風俗不純"⑤，同時也促進了關東西語言的融合。與秦國在兼並戰爭時期從關西向關東移民直接擴大關西方

---

① 楊寬："這時兼並戰爭的目的在於奪取土地、奪取農民和奪取租稅，這些所'出'的城裏'人'，決非農民，而是難於治理的舊貴族及大商人。"（楊寬：《戰國史》，上海人民出版社2003年版，第439頁）
② 這些遷入新占領區域的被赦罪人或招募而來的農民應該沒有太高的文化水平，因此他們在新占領區使用的恐怕是帶有關西方言特色的語言。
③ 葛劍雄：《中國移民史》（第二卷），福建人民出版社1997年版，第64頁。
④ 葛劍雄：《中國移民史》（第二卷），福建人民出版社1997年版，第90~91頁、第96~111頁。
⑤ 《漢書·地理志下》在談及故秦地風俗時說："是故五方雜厝，風俗不純。其世家則好禮文，富人則商賈爲利，豪桀則游俠通姦。瀕南山，近夏陽，多阻險輕薄，易爲盜賊，常爲天下劇。又郡國輻湊，浮食者多，民去本就末，列侯貴人車服僭上，衆庶放效，羞不相及，嫁娶尤崇侈靡，送死過度。"

言的影響不同，"實關中"和"置陵縣"的移民對提高關西方言的地位所起的作用是間接的。從關東向關西的移民雖然没有直接擴展關西方言的行用區域，但却可以增加使用關西方言的人口數量。同時，這些來自關東地區的移民許多都是擁有經濟、政治、文化實力的上層人士，他們的到來對發展和提升關西的政治、經濟、文化地位有相當重要的作用。而關西地位的提升又會進一步提高關西方言的地位，爲關西方言詞進入並替換通語詞提供了良好的條件。

第二，關西地區政治經濟文化中心地位的確立對詞語更替的影響。

秦國在戰國後期確立了霸主地位，並最終統一六國建立了中國歷史上第一個中央集權制國家。秦王朝雖然十分短命，但這一制度却被漢代及此後兩千多年内的歷朝歷代所沿用。中央集權制對國家的統一和經濟文化的發展起了重要作用。作爲秦朝和西漢首都的咸陽、長安及其所在的關西成爲了國家的政治中心。秦始皇統一了貨幣、度量衡和車軌，同時還統一了文字。前文所分析的{黔首}對{黎民}的短暫替換，從一個側面反映了以政治手段推行的制度和文化統一對當時通語的影響。

從經濟發展的角度來看，春秋戰國時期的秦國稱不上强大，關西經濟的發展也相對落後於關東地區。不過在商鞅變法之後，秦國"徹底地廢除了領主制的農奴制度，建立了土地私有制度；又實行獎勵耕織的政策，促進了社會生產力的發展。耕地面積不斷擴大，生產技術也不斷提高"①。從戰國後期開始，關西地區的經濟實力隨着秦國在政治和軍事上的勝利而不斷提升。秦和西漢兩代建都關中，注重興修農田水利，發展生產，同時採取"實關中"等移民政策，進一步加强了對關西地區的經濟開發。因此，在秦漢兩代長達200多年的時間里，關西地區超越關東地區成爲北方經濟的重心②。

從文化發展的角度來看，關東的"三晉"、"宋陳齊魯"，以及"荆楚"是春秋戰國時期文化發展水平較高的地區。商鞅禁止遊學，禁毀《詩》、《書》和秦始皇"焚書坑儒"的政策使得關西地區的文化水平從春秋開始至秦王朝結束的很長時期内都與關東地區存在着很大差距③。這種局面到漢武帝時才有較大改觀。"以武帝時代爲界，西漢王朝明顯可分爲前後兩期。文化發達區域的發展，也可相應地分爲兩個階段。在早期，文

---

① 張傳璽：《簡明中國古代史》（第四版），北京大學出版社2007年版，第103頁。
② 關於秦漢時期關西與關東經濟的發展狀況，及北方經濟重心在秦西漢時期向關西地區的轉移可參見程民生：《中國北方經濟史》，人民出版社2004年版，第55~81頁。
③ 嚴耕望：《戰國學術地理與人才分布》，載《嚴耕望史學論文選集》，中華書局2006年版，第27~59頁。嚴耕望："秦本宗周故地，學術發展，不應遠落後塵，然自豐鎬陷犬戎，秦亦戎狄之屬，風俗尚武，不重學術。"（《嚴耕望史學論文選集》，第53頁）

化發達區域僅局限於關東地區。具體說來，主要爲齊魯周宋地區、河北西部地區與淮南吳越地區，而三輔與蜀地的學術文化尚未獲得顯著的發展。""西漢武帝以後，三輔文化開始迅速發展起來。"①關西地區文化的發展要滯後於其政治中心地位的確立，但文化的發展對關西方言地位的提升顯然也起着比較重要的作用。

"方言詞進入通語詞彙系統往往借助於方言區的經濟、政治、文化的地位及其影響。"②上文所考察的詞語替換有許多是在經歷了從戰國到東漢這一漫長的歷史時期之後才最終完成的。這些關西方言詞對原有通語詞的替換與關西政治、經濟、文化地位的提升不無關係。方言詞進入通語並確立其主導詞地位，首先與其所屬方言的優勢地位密切相關。而方言的優勢地位實際上就是方言區政治經濟文化的優勢地位，因爲語言文字本身並無優劣之分。

方言詞伴隨着該地區政治經濟文化地位的提升逐漸在口語中擴大影響力，不僅僅被該地區的人廣泛使用，而且會在與其他地區的交際中逐漸取得優勢地位。（這種地位的取得與人們的語言心理有關，特別是對中心地區語言的嚮往）需要注意的是，最有可能與中心方言區發生交際的社會人群，除了揚雄調查方言時所說的上計孝廉和內郡衛卒之外，更重要的是具有相當文化水平或經濟實力，能够活動於首都地區的士人和商人。通過影響士人的口語，新興的方言詞可以進一步在書面語中擴大影響力。而書面語的規範和傳播又反過來增強了這種影響力。這就是我們在書面文獻中看到的新興方言詞替換原有通語詞的大致過程。

從書面文獻的使用情況來看這些更替是比較徹底的。與此相反，新興方言詞在其他方言口語中的影響力却沒有書面語表現的那麼強。就上文所討論的12組書面通語詞的更替來看，許多在戰國中後期和西漢已經被替換的書面語舊詞項，在漢代的方言口語中仍然使用。如果說通語中詞語的替換往往是書面語滯後於口語的話③，那麼書面通語的詞語替換則要比方言口語詞語的替換來得更爲徹底。這也使我們看到，方言口語差異的存在並不影響通語的存在和發揮作用，或者說正是方言口語差異的存在增強了通語形成的必要性。通過書面文獻所了解到的通語詞語的歷史更替，並不在所有的方言口語中發生。

---

① 盧雲：《漢晉文化地理》，陝西人民教育出版社1991年版，第12頁、第27頁。關於武帝以後三輔地區文化發展的主要原因可參見該書第28~29頁。
② 李如龍：《詞彙系統在競爭中發展》，載《詞彙學理論與應用》（三），商務印書館2006年版，第49頁。
③ 汪維輝："口語詞進入書面文學語言大都也有一個過程。開始時口語詞彙在高雅文體中總顯得有點格格不入，慢慢地，也就習慣了。也就是說，口語詞彙有一個被人們特別是文人們在心理上接受的過程。……而一個詞一旦在有影響的作家詩人們筆下用開了之後，可能就會迅速地在高雅文體中擴展開來，跟舊詞並存並逐漸取代它。"（汪維輝：《東漢—隋常用詞演變研究》，南京大學出版社2000年版，第406~407頁）

新興詞項對舊詞項完成了替換，在通語和書面語中取得了主導地位，但舊詞項並沒有完全消失，仍然存用於漢代的各地方言中。兩漢方言同義對應詞的地域分布差異保留了這種歷史更替的痕跡。兩漢方言同義對應詞不僅爲漢語詞彙發展提供了競爭動力，同時也是漢語詞彙歷史發展的活化石。

當然，關西方言並不是新興通語詞的唯一來源。有一部分新興主導詞項可能在漢代使用於關西秦晉方言之外的其他方言，如{額}、{豬}等。通語在發展的過程中不僅吸收政治經濟文化上占中心地位地區的方言詞，同時也會在語言的接觸和交融中吸收其他方言的方言詞。

第二節　從兩漢方言詞看兩漢通語的方言基礎

從上文對詞彙更替過程的分析和詞彙更替原因的探討可以看到：關西地區的政治、經濟、文化地位從戰國後期開始到西漢時期一直處於不斷提升的過程之中，並最終成爲全國的中心。這一中心地位的確立促進了關西方言對通語的滲透，在很大程度上鞏固了關西秦晉方言在秦漢通語中的地位。

從詞彙的角度來看，到底有多少秦晉方言詞作爲秦漢通語詞使用，這些秦晉方言詞與秦漢通語詞之間有怎樣的歷史關係，秦晉方言與先秦兩漢通語是什麽關係等問題，是本節通過對秦晉方言詞的窮盡考察所要討論的。

一、兩漢秦晉方言詞與通語詞的異同

（一）兩漢秦晉方言詞概況[①]

經過整理，我們從《方言》及《說文》中收集到的秦晉方言詞共有286個[②]。根據上文所討論的方言詞歷史來源分類方法，我們對286個秦晉方言詞的歷史來源進行了考察。表4.12是各類型秦晉方言詞的數據統計：

[①]《方言》中秦晉並舉的次數較多，論者大多將秦晉劃爲一個方言區。當然，秦方言和晉方言內部存在一些詞彙差異，（李恕豪：《揚雄〈方言〉與方言地理學研究》，巴蜀書社2003年版，第75~79頁）本節討論的秦晉方言詞以附錄一"兩漢方言詞區域分布表"中的秦方言詞爲基準，與秦方言詞不同的晉方言詞不考慮在內。

[②] 第一章中我們根據"兩漢方言詞區域分布表"統計得到的"秦"列方言詞爲291個。本節統計爲286個，其中扣除了{私}（禾；北道）、{獣}（犬子；隴西）、{楢}（車枸簍；西隴）三個非秦方言中心區的方言詞，以及{蠅}、{筆}兩個在各方言區只存在語音差異而非語素差異的方言詞。

表4.12

來源類型	承傳詞	創新詞	變異詞	存疑	合計
數量	129	126	29	2	286
比例	45.10%	44.06%	10.14%	0.70%	100%

從歷史來源上看，漢代秦晉方言詞中承傳詞的數量最多（129個），占總數的45.10%。有將近半數的漢代秦晉方言詞在秦漢以前就已經產生並見用於傳世文獻。這一方面說明漢代秦晉方言詞有悠久的歷史，另一方面也顯示了漢代秦晉方言與歷史漢語的密切關係——漢代秦晉方言是歷史漢語發展的地方變體。創新詞在秦晉方言詞中的比重僅次於承傳詞（占44.06%），在數量上與承傳詞基本持平（126：129）。秦晉方言不僅大量地承傳先秦漢語的詞語，同時還創造了相當數量的方言詞①。

在此基礎上，我們對不同來源類型的秦晉方言詞的音節數量進行了統計，具體數據參見表4.13：

表4.13

音節數量	單音節	雙音節	四音節	合計
承傳詞	118	11	0	129
創新詞	72	53	1	126
變異詞	29	0	0	29
存疑	2	0	0	2
合計	221	64	1	286
比例	77.27%	22.38%	0.35%	100%

總體而言，在我們所收集的秦晉方言詞中，單音節詞的數量仍然遠遠多於雙音節詞，占總數的77.27%。這與第一章統計的雙音節詞在所有漢代方言詞中的比重（24.43%）並沒有太大的出入。不過，雙音節詞在不同來源類型的秦晉方言詞中所占的比重差異較大。表中顯示秦晉方言創新詞中雙音節詞占42.06%（53：126），這一數值大大高於承傳詞中雙音節詞的比重8.52%（11：129）。漢語在秦漢時期發生的複音化在秦晉方言詞中同樣得到了反映。

（二）兩漢秦晉方言詞與通語詞的異同

以秦晉方言詞爲立足點考察其與通語詞的異同，即以某一秦晉方言詞所表達的意義

---

① 秦晉方言的這些創新詞是以傳世文獻的使用測查爲依據判定的，無疑要受傳世文獻材料的限制。秦晉方言創新詞的實際數量可能比此處統計的要少。

爲立足點來比較秦晉方言和通語表達該意義時的構詞異同①。從邏輯上講，二者的異同包括以下三種情況（如表4.14）：

表4.14

情況 項目	第一種	第二種	第三種
秦晉方言詞	{A}	{A}	{A}
通語詞	{A}	{B}	—

如上表所示，第一種情況是秦晉方言詞{A}對應的通語詞也是{A}，即秦晉方言詞與通語詞相同；第二種情況是秦晉方言詞{A}對應的是通語詞{B}，即秦晉方言詞與通語詞不同；第三種情況是秦晉方言詞{A}在通語中沒有與之對應的詞語，即秦晉方言詞無對應通語詞。下文分別對這三種不同類型的關係進行討論。

1. 與通語詞相同的秦晉方言詞

同一語言的不同地區方言，總會在語音、詞彙、語法等方面與這種語言的通語有或多或少的共同之處。秦晉方言詞中有一部分是與漢代通語詞相同的。不過，這種相同並不能簡單地看成是秦漢通語吸收秦晉方言詞的結果。從理論上講，某一方言的方言詞之所以與通語詞相同有兩種可能：其一，通語在發展過程中吸收了該方言的詞語，即該方言的方言詞進入通語成爲通語詞；其二，通語詞沒有發生變化，只是其他方言由於各種原因使用了與原通語詞不同的詞語，而該方言却仍然承用原通語詞。想確定造成相同關係的具體原因就必須考察秦晉方言詞和通語詞的歷史發展。

從歷史發展的角度來看，我們可以將與漢代通語詞相同的秦晉方言詞分爲以下三種類型：

（1）穩定主導詞

所謂"穩定主導詞"是指與漢代通語詞相同，並在先秦兩漢通語發展的歷史進程中始終保持主導詞地位的秦晉方言詞。如：

{草}

《方言》3.08：蔥、芥、莽，草也。江淮南楚之間曰蔥，自關而西或曰草，或曰芥，南楚江湘之間謂之莽。

{草}是漢代關西方言詞，同時也是揚雄用來訓釋各方言詞的通語詞。在先秦兩漢文

---

① 在緒論中我們已經就《方言》雅詁部分訓釋詞的通語詞性質作了詳細的討論。在此基礎上，儘量爲每一組方言對確定相應的通語詞。這部分工作的成果可參見本書附錄一"兩汉方言詞區域分布表"。

獻中，表"草"義的方言詞{蘇}、{芥}、{莽}都曾見用。

《莊子·天運》："及其已陳也，行者踐其首脊，蘇者取而爨之而已。"李頤注："蘇，草也。取草者得以炊也。"（此處{蘇}用爲動詞，表"取草"義）

《左傳·哀公元年》："其亡也，以民爲土芥，是其禍也。"杜預注："芥，草也。"

《左傳·哀公元年》："吳日敝於兵，暴骨如莽，而未見德焉。"

不過，這三個詞在上古漢語中的使用頻次都遠遠少於{草}。《左傳》中單用{草}11次，用"莽"7次均與"草"結合作{草莽}，{芥}僅見上舉1例，{蘇}則未見用表名詞義。在《史記》中，這種情況仍然沒有發生變化。這說明從先秦到兩漢，{草}一直是通語詞，在使用中始終保持着主導地位。

{拔}

《方言》3.15：挋、擢、拂、戎，拔也。自關而西或曰拔，或曰擢。自關而東江淮南楚之間或曰戎。東齊海岱之間曰挋。

{拔}是漢代關西方言詞，同時也是揚雄用來訓釋各方言詞的通語詞。在先秦兩漢文獻中，表"拔"義的其他方言詞{擢}、{挋}均曾見用[①]：

《韓非子·姦劫弑臣》："卓齒之用齊也，擢湣王之筋，懸之廟梁。"

《孟子·公孫丑上》："宋人有閔其苗之不長而揠之者。"趙岐注："揠，挺拔之，欲亟長也。"

不過，二者的使用頻次遠遠少於{拔}。《左傳》中{拔}4見，而{擢}、{挋}均未見用。《史記》中{挋}未見用，{擢}僅2見，而用{拔}多達28次。可見，從先秦到兩漢，{拔}一直是通語詞，在使用中始終保持着主導地位。

{慙}

《方言》6.05：㥏、㤞，慙也。荊揚青徐之間曰㥏，若梁益秦晉之間言心內慙矣。山之東西自愧曰㤞。趙魏之間謂之眱。

《說文·心部》："㥏，青徐謂慙曰㥏。"

{慙}爲漢代梁益秦晉之間的方言詞，同時也是揚雄用來訓釋其他方言詞的通語詞。

[①] 徐復《補釋》："戎亦作拔。《爾雅·釋言》、陸德明《釋文》：'戎，本作拔。'字從手作，爲拔除義。"《集韻·蒸韻》："扔，《說文》因也，一曰引也。或作拔，亦省。"《廣雅·釋詁》："扔，引也。"《老子》："上禮爲之而莫之應，則攘臂而扔之。"陸德明《釋文》："扔，引也，因也。"如諸家說，則{戎}或見用於《老子》。

{恷}、{恶}均見用於先秦兩漢文獻①：

司馬相如《封禪文》："蓋周躍魚隕航，休之以燎，微夫斯之爲符也，以登介丘，不亦恶乎？"

左思《魏都賦》："虓氣離坐，㥘墨而謝。"劉逵注引《方言》："㥘，憋也。荊揚之間曰㥘。"

不過，二者的使用頻次無法與{憋}相比。《呂氏春秋》{憋}凡7見，《淮南子》{憋}5見，而{恷}、{恶}均未使用。可見，從先秦到兩漢，{憋}一直是通語詞，在使用中始終保持着主導地位。

像{草}、{拔}、{憋}那樣從先秦到兩漢均爲書面通語主導詞的秦晉方言詞我們稱之爲"穩定主導詞"。這些與漢代通語詞相同的穩定主導詞是漢代秦晉方言對先秦通語詞的承用，而不是秦晉方言詞對漢代通語的滲透。

（2）新興主導詞

所謂"新興主導詞"是指與漢代通語詞相同，在先秦通語中不占主導地位，但在漢代通語中却逐漸興起而成爲主導詞的秦晉方言詞。如：

{繘}—{綆}

《方言》5.20：繘，（汲水索也。音橘）自關而東周洛韓魏之間謂之綆，或謂之絡。關西謂之繘。

從歷時的角度看，指稱"汲水用的繩索"的{繘}和{綆}在先秦均已見用②：

《易·井》："汔至，亦未繘井，羸其瓶，凶。"

《儀禮·士喪禮》："管人汲，不說繘，屈之。"

《禮記·喪大記》："管人汲，不說繘，屈之，盡階不升堂，授御者。"孔穎達疏："繘，汲水瓶索也。"

《莊子·至樂》："曰：'褚小者不可以懷大，綆短者不可以汲深。'"

《左傳·襄公九年》："具綆、缶，備水器。"杜預注："綆，汲索。"

《荀子·榮辱》："短綆不可以汲深井之泉，知不幾者不可與及聖人之言。"

在先秦文獻中，{繘}見用3次（《易》、《儀禮》、《禮記》各1見），{綆}亦見用3次（《莊子》、《左傳》、《荀子》各1見）。很難從使用頻次上判斷哪一個是主導詞，二者在當時通語中的地位可能難分高下。漢代關西方言承用{繘}而關東方言用{綆}。

---

① 《廣雅·釋詁》："眲，憋也。"但{眲}未見用於先秦兩漢文獻。
② {絡}的使用相對較晚。王褒《僮約》："汲水絡，佐酤釀。"

{繘}未見用於漢代文獻，{綆}偶有見用，如：

《淮南子·說林訓》："短綆不可以汲深，器小不可以盛大，非其任也。"

《說苑·政理》："夫短綆不可以汲深井，知鮮不可以與聖人之言。"

《漢書·五行志》："陳畚輂，具綆缶，備水器，畜水潦。"

不過這些用例似乎都是對先秦用法的承襲，很難反映{綆}在西漢的實際使用情況。揚雄《方言》以{繘}爲母題，說明{繘}在當時通語中的地位還是要比{綆}略高。因此，我們將{繘}看做是"新興主導詞"①。

{薄}—{苗}

《方言》5.28：薄，宋魏陳楚江淮之間謂之苗，或謂之麴。（此直楚語聲轉也。）自關而西謂之薄。南楚謂之蓬薄。

{薄}是用竹篾或葦子等編成的養蠶器具。漢代宋魏陳楚江淮稱{苗}或{麴}，南楚方言稱之爲{蓬薄}。{苗}在文獻中的使用要早於{薄}：

《禮記·月令》："具曲植籧筐。"鄭玄注："時所以養蠶器也。曲，薄也。"

《呂氏春秋·季春紀》："鳴鳩拂其羽，戴任降于桑，具挾曲篾筐。"

《淮南子·時則訓》："鳴鳩奮其羽，戴鵀降于桑，具撲曲筥筐。"

《史記·絳侯周勃世家》："勃以織薄曲爲生。"司馬貞《索隱》："謂勃本以織蠶薄爲生業也。韋昭云：'北方謂薄爲曲。'許慎注《淮南》云：'曲，葦薄也。'"

由此來看，{苗}應該是漢以前指稱這種養蠶器具的通語主導詞。不過，從以下幾個方面可以基本確定{苗}的通語主導詞地位在漢代已經被{薄}取代。首先，{苗}在漢代文獻中雖仍有見用，但這些用例主要是對先秦文獻的承襲，如上引《淮南子》一例；第二，鄭玄《禮記》注、許慎《淮南子》注及《說文》②均以{薄}訓{苗}，這說明{苗}指稱"蠶薄"對漢代人來說已經比較生疏，需要用當時比較通行的稱呼{薄}來加以訓釋。因此，我們認爲{薄}是漢代新興的主導詞。

{眄}—{䀝}

《方言》2.22：瞷、睇、䁽、略，眄也。陳楚之間南楚之外曰睇，東齊青徐之間曰䁽，吳揚江淮之間或曰瞷，或曰略，自關而西秦晉之間曰眄。

---

① 東漢以後的情況似乎又有所變化。《抱朴子》兩用{綆}而不用{繘}。《廣雅·釋器》："繘、絡，綆也。"亦改以{綆}爲訓釋詞。大概反映了當時{綆}在通語中相對於{繘}有更強的主導地位。

② 《說文·艸部》："苗，蠶薄也。"又《曲部》："曲，象器曲受物之形。或說：曲，蠶薄也。"《艸部》："薄，林薄也。一曰蠶薄。从艸溥聲。"

《說文·目部》:"䀩,目徧合也。一曰衺視也。秦語。"

{䀩}是漢代自關而西秦晉之間表"衺視"義的方言詞,其他方言用{睇}、{睨}、{䁂}、{䂩}等。{䀩}、{睇}均見用於先秦文獻①:

《莊子·山木》:"王獨不見夫騰猿乎?其得枏梓豫章也,攬蔓其枝而王長其間,雖羿、蓬蒙不能䀩睨也。"

宋玉《神女賦》:"目略微䀩,精彩相授,志態横出,不可勝記。"②

《禮記·內則》:"升降出入揖游,不敢噦噫、嚏咳、欠伸、跛倚、睇視。"鄭玄注:"睇,傾視也。"

《楚辭·九歌·山鬼》:"既含睇兮又宜笑,子慕予兮善窈窕。"王逸注:"睇,微䀩貌也。"

不過{䀩}、{睇}都不是先秦通語中的主導詞。尹戴忠研究指出:{睨}是春秋後期到戰國末期表"衺視"義的主導詞③。單就文獻用例的統計來看,{睨}在秦漢文獻中的使用還略多於{䀩}和{睇}④。揚雄和許慎均未指出{睨}的方言使用區域,{睨}應該是一個較爲穩定的通語詞。不過,據尹戴忠統計:"'睨'在後期(按:指兩漢時期)所占比例(29.6%)比中期(36.4%)有所下降","䀩""在後期所占比例(25.9%)比中期(18.2%)有所增多,這說明'䀩'由方言進入通語後得到了人們的普遍認可,在該概念場的地位越來越高。"⑤揚雄此條以{䀩}爲訓釋詞而不用{睨},也說明{䀩}作爲關西方言詞在漢代通語中的地位有所提高。

從上文的分析來看,"新興主導詞"需要滿足以下三個要求:第一,曾經見用於先秦文獻,或者是它所替換的舊主導詞見用於先秦文獻;第二,在先秦文獻中的使用頻次低於相對應的其他漢代方言詞或通語同義詞;第三,在漢代逐漸興起而成爲通語中新的主導詞。

值得注意的是,秦晉方言詞中滿足這三個條件的"新興主導詞"並不等同於上一

---

① {睨}、{䁂}在先秦文獻中未見表"衺視"義。《淮南子·齊俗訓》:"强脊者使之負,眇者使之準。"高誘注:"目不正,因令眇。"注中{眇}當即"衺視"義。
② 《說文·目部》:"䂩,䀩也。"《廣雅·釋詁》:"䂩,視也。"王念孫《疏證》:"䂩者,《方言》:'䂩,視也。吳揚曰眇。'郭璞注云:'䂩音略,今中國亦云:目略也。'宋玉《神女賦》:'目略微䀩。'略與䂩通。"
③ 《說文·目部》:"睨,衺視也。"期間{睨}4例,{䀩}2例,{睇}2例。參見尹戴忠:《上古"看視"概念域詞語研究》,北京師範大學博士學位論文,2008年,第47~49頁。
④ 其中{睨}8例,{䀩}72例,{睇}7例。參見尹戴忠:《上古"看視"概念域詞語研究》,北京師範大學博士學位論文,2008年,第51頁。
⑤ 尹戴忠:《上古"看視"概念域詞語研究》,北京師範大學博士學位論文,2008年,第52頁。

节讨论的作爲新興詞項替換舊詞項的秦晉方言詞。在先秦兩漢時期曾經發生歷史替換，並在漢代作爲通語主導詞使用的秦晉方言詞有：{迎}、{蟬}、{盾}、{船}、{扇}、{黔首}、{箭}①。具體的歷史更替過程上一節已有詳細描寫，不再贅述。不過，這些歷史更替完成的時間各不相同。在戰國中後期既已完成的{迎}、{蟬}、{盾}對{逆}、{蜩}、{干}的替換，不能簡單地看做是漢代關西方言詞在通語中的興起。這些完成替換的新興方言詞從戰國中期到兩漢一直是通語主導詞，它們主要反映的是漢代關西方言對戰國中期以後通語詞的承用。除穩定主導的時間相對短暫外，它們與第一類"穩定主導詞"並沒有本質區別。因此，我們把這三個秦晉方言詞歸入"穩定主導詞"。

{船}、{扇}、{黔首}、{箭}替換舊詞的時間在戰國後期到兩漢之間，這與關西秦國的崛起和秦漢兩代關西政治經濟文化中心地位逐漸確立的大背景相切合。通過上文的討論，可以肯定這些更替反映的是關西方言在秦漢通語中地位的提升和關西方言詞對通語的滲透。因此，我們把這幾個秦晉方言詞歸入"新興主導詞"。

（3）新見主導詞

所謂"新見主導詞"是指與漢代通語詞相同，並且和與它相對應的其他方言詞或通語同義詞均未見用於漢以前文獻的秦晉方言詞。

判斷一個與通語詞相同的秦晉方言詞在先秦兩漢的使用情況主要依靠的是對傳世文獻的測查，但有相當一部分秦晉方言詞未曾見用於漢以前文獻。我們雖然可以借助其他材料大致確定這些秦晉方言詞在漢代通語中的主導詞地位，却無法通過使用頻次的比較來考察它們在先秦兩漢書面通語中的地位變化。例如：

{筲簾}

《方言》5.32：筲簾，（似䉛篨，直文而粗。江東呼筲，音靼）自關而東周洛楚魏之間謂之倚佯。自關而西謂之筲簾。南楚之外謂之簾。

{筲簾}是該條目的母題，同時也是漢代自關而西地區的方言詞。該條目中的諸方言詞均未見用於漢以前文獻。我們無法確定它們在《方言》之前的使用情況。《廣雅·釋器》："佯簾、倚陽，筲簾也。"亦以{筲簾}爲訓釋詞。郭璞注詳細說明了{筲簾}的形制，將其與江東方言相對照，却未說明其使用範圍的變化。雖然無法斷定{筲簾}在漢代之前是否爲通語詞，但其作爲漢代通語主導詞的地位還是比較確定的。

---

① 上一節分析的12組詞語歷史替換中{履}、{炊}、{豬}在漢代的方言使用區域無法確定，{額}爲漢代中夏方言，因此這4個方言詞不在此處討論的範圍之内。{曬}雖然在漢代興起並在晉代替換{暴}，但是揚雄在《方言》中仍以{暴}爲訓釋詞，漢代文獻中{暴}的使用也要比{曬}頻繁，我們仍然將其看做漢代通語的主導詞。因此{曬}也不在討論範圍之內。

{布穀}

《方言》8.06：布穀，自關而東梁楚之間謂之結誥。周魏之間謂之擊穀。自關而西或謂之布穀。（今江東呼爲穫穀）

{布穀}是該條目的母題，同時也是自關而西地區的方言詞。該條目中的諸方言詞均未見用於漢以前文獻，無法確定它們在《方言》之前的使用情況。{布穀}在《後漢書》、《列子》中見用：

《後漢書·郎顗襄楷列傳》："臣聞布穀鳴於孟夏，蟋蟀吟於始秋，物有微而志信，人有賤而言忠。"

《列子·天瑞》："鷂之爲鸇，鸇之爲布穀，布穀久復爲鷂也。"

《廣雅·釋鳥》："擊穀、鵠鵴，布穀也。"亦以{布穀}爲訓釋詞。雖然無法斷定{布穀}在漢代之前是否爲通語詞，但其作爲漢代通語主導詞的地位還是比較確定的。

{杠}

《方言》5.33：牀，齊魯之間謂之簀，陳楚之間或謂之笫。其杠，北燕朝鮮之間謂之樹，自關而西秦晉之間謂之杠，南楚之間謂之趙，（趙當作兆，聲之轉也。中國亦呼杠爲桃牀，皆通也）東齊海岱之間謂之樑。

{杠}是指稱"牀前橫木"的通語詞，同時也是漢代秦晉方言詞。與之對應的其他方言詞{樹}、{趙}、{樑}均未見用於漢以前文獻，無法確定這些詞語在《方言》之前的使用情況。{杠}見用於漢代文獻：

《急就篇》卷十四："妻婦聘嫁齎媵僮，奴婢私隸枕牀杠。"顏師古注："杠者，牀之橫木也。"

《鹽鐵論·散不足》："古者無杠樠之寢、床笫之案。及其後世，庶人即采木之杠、葉華之樠。"

《廣雅·釋器》："樹、桃杠也。"亦以{杠}爲訓釋詞。雖然無法斷定{杠}在漢代之前是否爲通語詞，但其作爲漢代通語主導詞的地位還是比較確定的。

上文所分析的三個秦晉方言詞最早見收於《方言》、《說文》等漢代小學專書，找不到它們及其所對應的其他方言詞和通語詞在此前文獻中的用例。因此，我們無法斷定它們在漢代之前通語中的地位和發展變化情況。不過，通過考察漢代及漢以後文獻，參考相關訓詁材料，我們還是可以大致確定它們在漢代通語中的主導詞地位。我們將這類秦晉方言詞稱爲"新見主導詞"。

從共時的角度看，"新見主導詞"、"穩定主導詞"和"新興主導詞"都是漢代通語中的主導詞。所不同的是，"穩定主導詞"可以通過文獻確定其在先秦文獻中既已是主導詞，並且這種主導優勢一直保持到漢代，甚至更晚的時代。而"新興主導詞"必須是在秦漢之際替換舊的主導詞而嶄露頭角的新主導詞。"新見主導詞"在漢代以前的使用情況和地位無法確定，它們既有可能與"穩定主導詞"一樣是漢代秦晉方言對先秦通語詞的承用，也有可能與"新興主導詞"一樣是秦晉方言詞在漢代對通語滲透的結果。

表4.15是根據上文討論對與漢代通語詞相同的秦晉方言詞所做的分類整理：

表4.15

序號	秦晉方言詞	詳細分布區域	類型	歷史主導詞	秦晉同義詞	出處
1	俺[愛]①	晉衛宋衛邠陶之間	穩定主導詞		憮	1.06；1.17
2	豐	自關而西秦晉之間	穩定主導詞		朦；龐	2.02
3	好	自關而西秦晉之間	穩定主導詞		窕	2.03
4	遽	秦晉	穩定主導詞		矜	2.31
5	草	自關而西	穩定主導詞		芥	3.08
6	茬	關之東西	穩定主導詞		蕪	3.08
7	刺	自關而西	穩定主導詞			3.11
8	快	自關而西	穩定主導詞			3.13
9	拔	自關而西	穩定主導詞		擢	3.15
10	及	關之東西	穩定主導詞		遝	3.18
11	袴	關西	穩定主導詞			4.06
12	釜	自關而西	穩定主導詞		鍑	5.02
13	案	自關東西	穩定主導詞			5.07
14	鉤	自關而西	穩定主導詞		鑯	5.23
15	簟	自關而西	穩定主導詞		笫	5.31
16	簿	秦晉之間	穩定主導詞			5.39
17	憖	梁益秦晉之間	穩定主導詞		恧	6.05
18	竟	秦晉	穩定主導詞		緪	6.47

---

① 《廣雅·釋詁》："㤅、憮、俺，愛也。"王念孫《疏證》："㤅、憮、俺者，㤅亦作亟。《方言》：'亟、憮、俺，愛也。東齊海岱之間曰亟，自關而西秦晉之間凡相敬愛謂之亟，宋衛邠陶之間曰憮，或曰俺。'又云：'韓鄭曰憮，晉衛曰俺。'《爾雅》：'憮，愛也。'‘憮，撫也。'注云：'憮，愛撫也。'憮與悷通。又'矜憐，撫掩之也。'注云：'撫掩猶撫拍，謂慰卹也。'撫掩與憮俺聲近義同。俺、愛一聲之轉，愛之轉爲俺，猶愛之轉爲掩矣。"“俺"爲首見於《方言》的"奇字"，且詞義沒法發生引申。今依王念孫《疏證》，以秦晉方言詞{俺}爲{愛}之音轉，二者爲存在語音差異的同義異形對應詞。

續表

序號	秦晉方言詞	詳細分布區域	類型	歷史主導詞	秦晉同義詞	出處
19	釭	自關而西	穩定主導詞			9.20
20	頤	秦晉	穩定主導詞		領	10.34
21	䖟䗽	自關而西秦晉之間	穩定主導詞			11.16
22	鹵	西方	穩定主導詞			鹵·鹵
23	迎	自關而西	穩定主導詞	逆	逢	1.28；辵·逆
24	盾	關西	穩定主導詞	干		9.08
25	蟬	秦晉之間	穩定主導詞	蜩		11.02
26	扇	自關而西	新興主導詞	箑		5.18
27	箭	關西	新興主導詞	矢		9.04
28	船	自關而西	新興主導詞	舟		9.24
29	黔首	秦	新興主導詞	黎民		黑·黔
30	跳	自關而西秦晉之間	新興主導詞	（躍）① 蹶	踣	1.26；足·蹶
31	眄	自關而西秦晉之間	新興主導詞	（睨）		2.22；目·眄
32	獪	秦晉之間	新興主導詞	（狡）		2.35
33	蔽䘟	自關東西	新興主導詞	袚		4.05
34	緭	關西	新興主導詞	綆		5.20
35	鈎	自關而西	新興主導詞	[鎌]	鎌	5.27
36	薄	自關而西	新興主導詞	苗		5.28
37	橦	自關而西	新興主導詞	植		5.30
38	鑰	自關之西	新興主導詞	鍵		5.38
39	噎	秦晉	新興主導詞	[嗌]	嗌	6.13
40	阿与 [諸与]②	秦晉	新興主導詞	詒		6.18
41	蝙蝠	自關而西秦隴之間	新興主導詞	服翼		8.10

---

① 此列中用"（　）"號標示的爲未出現在《方言》中的詞語，用"[　]"標示的爲關西秦晉方言詞，未加標示的均爲《方言》或《說文》指明是關東各地區使用的方言詞。

② 《方言》6.18：詒，諸与也。吳越曰詒，荆齊曰諸与，猶秦晉言阿与。郭注："相阿与者所以致詒諸也。"{詒}表"詒諺"義常見用於先秦兩漢文獻，如：《國語·周語下》："今鄀伯之語犯，叔迁，季伐，犯則陵人，迁則誣人，伐則掩人。"《韓非子·外儲說左下》："上不過任，臣不詒能，即臣將爲失少室周 。"《史記·黥布列傳》："相國曰：'布不宜有此，恐仇怨妄詒之。請擊赫，使人微驗淮南王。'"而作爲訓釋詞的荆齊方言詞{諸与}與秦晉方言詞{阿与}則未曾見用。《廣雅》亦不見收{諸与}、{阿与}。（《廣雅·釋詁》："閒、詒、誃、益、增、被、廣、尚，加也。""詒，欺也。"又"詒、詑……，予也。"）{諸与}、{阿与}或爲當時口語中較爲通行的詞語。戴震《方言疏證》："'諸与'猶'阿与'，'諸''阿'乃一聲之轉。"（"諸"古音爲影紐談部，"阿"古音爲影紐歌部）今依揚雄訓釋以{諸与}爲通語詞，且依戴氏之說以秦晉方言詞{阿与}爲{諸与}之音轉，二者爲存在語音差異的同義異形對應詞。

續表

序號	秦晉方言詞	詳細分布區域	類型	歷史主導詞	秦晉同義詞	出處
42	鸝黃	自關而西	新興主導詞	[黃鳥]	黃鳥 楚雀	8.13
43	枸簍	自關而西秦晉之間	新興主導詞	[橢]	橢	9.12
44	紂	自關而西	新興主導詞	緧；鞦		9.18
45	蛥蚗	秦	新興主導詞	蟪蛄		11.01
46	蕪菁	關之東西	新見主導詞			3.09
47	毒	自關而西	新見主導詞			3.12
48	禪衣	關之東西	新見主導詞			4.01
49	襜褕	自關而西	新見主導詞			4.02
50	栝落	自關東西/陳楚宋衛之間	新見主導詞			5.08
51	甌	自關而西	新見主導詞			5.14
52	符簏	自關而西	新見主導詞			5.32
53	杠	自關而西秦晉之間	新見主導詞			5.33
54	旋	秦晉	新見主導詞			6.46
55	布穀	自關而西	新見主導詞			8.06
56	桑飛	自關而西	新見主導詞		懱爵	8.12
57	守宮	秦晉西夏	新見主導詞		蠦䗈 蜥易	8.15
58	汁	關西	存疑①			3.07
59	鱃	秦晉	存疑			2.34

從表中可以看到，與漢代通語詞相同的秦晉方言詞共有59個。其中穩定主導詞25個，約占總數的42.37%；新興主導詞20個，約占總數的33.90%；新見主導詞12個，約占總數的20.34%；另有存疑方言詞2個，約占總數的3.39%。

在與通語相同的秦晉方言詞中，穩定主導詞所占比重最大。這一方面說明漢語書面語詞彙在歷時發展中的穩定性，同時也透露出秦晉方言對歷史（戰國以前）通語詞的傳承。在這類秦晉方言詞中，新興主導詞占33.90%，顯示了在關西政治經濟文化地位不斷加強的過程中，有相當一部分秦晉方言詞滲透到秦漢通語中，並替代原來的通語主導詞成爲新的主導詞。如果把新見主導詞所占的20.34%也計算在內（二者之和爲54.24%），

---

① {汁}、{鱃}二詞的詞義不是很明確，各家意見分歧較大，暫且存疑。

可以看到秦晉方言詞對通語的滲透有相當的強度。而被這些新興主導詞所替換的舊主導詞大部分存用於漢代關東方言的不同地區①，這也進一步說明了漢代關西秦晉方言相對於關東其他方言的地位有所提升。

2. 與通語詞不同的秦晉方言詞

與通語詞不同的秦晉方言詞，可以根據與之對應的通語詞是否爲方言詞分爲兩種情況：

（1）通語詞同於他方方言詞

即秦晉方言詞與通語詞不同，且這個通語詞是漢代其他方言地區使用的方言詞。與通語詞存在這種差異的秦晉方言詞有{悼}、{絡頭}、{甊}、{輨}、{杇}、{蟁}6個。詳細對應情況參見表4.16：

表4.16

序號	秦晉方言詞	詞義	通語詞	通語詞分布區域	出處	備　注
1	悼	憂傷	傷	自關而東汝潁陳楚之間	1.09	《方言》："秦謂之悼。" 《廣雅》亦以"傷"爲訓釋詞。
2	絡頭	幧頭	幧頭	自河以北趙魏之間	4.38	《方言》："自關而西秦晉之郊曰絡頭。" 《廣雅》亦以"幧頭"爲訓釋詞。
3	甊	甖	甖	自關而東趙魏之郊（或）	5.10	《方言》："甖，其通語也。" 《方言》："秦之舊都謂之甊。" 《廣雅》改以"瓶"爲訓釋詞。
4	輨	轂耑錯	錬鑘	趙魏之間	9.19	《方言》："關之東西曰輨。" 《廣雅》改以"輨"爲訓釋詞。
5	杇	泥鏝	槾	關東	木·杇	《說文·木部》："杇，所以涂也。秦謂之杇，關東謂之槾。" 《說文·木部》："槾，杇也。"
6	蟁	蚊子	蚊	楚	虫·蟁	《說文·虫部》："蟁，秦晉謂之蟁，楚謂之蚊。" 《說文·蟲部》："齧人飛蟲。从蟲民聲。蟁，蟁或从昏，以昏時出也。蚊，俗蟁，从虫从文。"

---

① 也有部分存用於漢代秦晉方言，如：{鎌}（35）、{嗑}（39）、{黃鳥}（42）、{槮}（43）。或者並無明確的使用區域，如：{躍}（30）、{睨}（31）、{狡}（32）。

從先秦兩漢的文獻來看，揚雄和許慎用作訓釋詞或母題的這些他方方言詞大多可以確證爲漢代通語主導詞。如：

{絡頭}—{幧頭}①

《方言》4.38：絡頭、帞頭、紗繢、鬢帶、髮帶、帑、帷，幧頭也。自關而西秦晉之郊曰絡頭，南楚江湘之間曰帞頭，自河以北趙魏之間曰幧頭，或謂之帑，或謂之帷。

戴震《方言疏證》："《釋名》云：綃頭或曰陌頭，言其從後橫陌而前也，齊人謂之帷，言帷斂髮使上從也。綃即幧，陌即帞。"《三國志·吳書·孫破虜討逆傳》："策陰欲襲許，迎漢帝。"裴松之注引晉虞溥《江表傳》："昔南陽張津爲交州刺史，舍前聖典訓，廢漢家法律，嘗著絳帕頭，鼓琴燒香，讀邪俗道書，云以助化，卒爲南夷所殺。"

{絡頭}、{帑}未曾見用，而{幧頭}在漢代注疏及漢以後文獻中經常見用，如：

《禮記·玉藻》："士練帶，率下辟。"鄭玄注："士以下皆禪不合而縰積，如今作幧頭爲之也。"

《後漢書·獨行傳·向栩》："恆讀《老子》，狀如學道。又似狂生，好被髮，著絳綃頭。"李賢注："此字當作'幧'。"

《搜神記》卷十七："給使仰視樹上，有一年少人，可十四五，衣青衿袖，青幧頭。"

從使用頻次來看，自河以北趙魏之間的方言詞{幧頭}應該是漢代通語中的主導詞。

{蟁}—{蚊}

《說文·虫部》："蟁，秦晉謂之蟁，楚謂之蚊。"②

《說文·䖵部》："蠹，齧人飛蟲。"

{蚊}、{蟁}均見用於先秦文獻：

《莊子·應帝王》："其於治天下也，猶涉海鑿河而使蚊負山也。"

《戰國策·楚策四》："六足四翼，飛翔乎天地之間，俯啄蚊虻而食之，仰承甘露而飲之。"

《孟子·滕文公上》："他日過之，狐狸食之，蠅蚋姑嘬之。"

《國語·晉語九》："蟁、蟻、蜂、蠆，皆能害人。"

不過從使用頻次來看，{蚊}要明顯多於{蟁}。《莊子》用{蚊}5次，未見用{蟁}；

---

① "—"前爲秦晉方言詞，"—"後爲其對應的通語詞。下同。
② 段注改"蚊"作"蠹"，注云："蠹作蚊，俗。今正。"

《淮南子》用{蚊}10次，{蟁}僅用3次；《說苑》用{蚊}2次，用{蟁}1次；《論衡》用{蚊}7次，{蟁}僅用1次①。現代漢語普通話仍然稱{蚊}而不稱{蟁}。楚方言詞{蚊}應該是漢代通語的主導詞。

此外，{傷}、{甖}、{鏝}在上古漢語文獻中的使用頻次也要明顯多於所對應的秦晉方言詞{悼}、{甋}②、{杇}。這說明，揚雄和許慎對訓釋詞（或母題）的選擇基本上是以當時通語的實際使用情況爲標準的。大量訓釋詞（或母題）同時又是秦晉方言詞，並不是揚雄或許慎有意地使用秦晉方言詞作爲訓釋詞（或母題），而是這些秦晉方言詞確實在當時的通語中處於主導詞地位。

當然，也有個別用作訓釋詞或母題的他方方言詞無法通過文獻使用頻次來確證其在漢代的通語詞地位。如：

{輨}—{鍊錯}

《方言》9.19：輨、軑，鍊錯也。關之東西曰輨。南楚曰軑。趙魏之間曰鍊錯。

《說文·車部》："輨，轂端沓也。"③《說文·車部》："軑，車輨也。"④{輨}、{軑}、{鍊錯}指"車轂兩端的金屬帽"。{輨}、{軑}見用於先秦兩漢文獻：

《儀禮·既夕禮》："木輨，約綏約轡。"賈公彥疏："其車輨常用金，喪用木。"

《周禮·春官·巾車》："安車，雕面鷖總，皆有容蓋。"鄭玄注："其施之如鷖總，車衡輨亦宜有焉。"

《楚辭·離騷》："屯余車其千乘兮，齊玉軑而並馳。"王逸注："軑，鍋也。"

揚雄《甘泉賦》："陳衆車於東阬兮，肆玉軑而下馳。"

{鍊錯}則不見用於先秦兩漢文獻。《廣雅·釋器》："鍊錯、鈥，輨也。"王念孫《疏證》："鈥與軑同。……輨、管竝與輨同。"改以{輨（輨）}爲訓釋詞。揚雄則以趙魏方言詞{鍊錯}爲訓釋詞。漢代通語中何者爲通語詞不可遽斷。

與通語詞相同的秦晉方言詞，反映的是漢代秦晉方言與通語的密切關係；而這6個秦晉方言詞所對應的通語詞是漢代其他方言的方言詞，反映的是漢代通語與這些方言之間的密切關係。不過，與通語詞相同的秦晉方言詞多達59個，而這一類秦晉方言詞則僅有6個。從數量上來看，二者相差懸殊（59∶6）。從歷史發展的角度來看，除{鍊錯}

---

① 當然，上面統計的《莊子》、《淮南子》和《論衡》，從作者的籍貫來看，均可能是帶有南方方言色彩的文獻。
② {甋}未見用於《方言》之前的文獻，傳世文獻中除字書收錄外亦極少使用。
③ 段玉裁改"沓"作"錔"，注云："錔者，以金有所冒也。轂孔之裏以金裹之曰釭，轂孔之外以金表曰輨。輨之言管也。"
④ 段玉裁改大徐本"轄"爲"輨"，注云："《離騷》曰：'齊玉軑而竝馳。'王逸釋爲車轄，非也。《玉篇》、《廣韵》皆云車輨。轄皆輨之誤也。"

外，其他5個使用於其他方言地區的通語詞均是通語中的穩定主導詞（{傷}、{矍}、{榠}{蚊}）或者新見主導詞（{幓頭}），沒有一個是秦漢時期新興的主導詞。就此而言，與漢代通語詞相同的他方方言詞基本上都是這些方言對歷史通語詞的承傳，我們幾乎看不到秦漢時期從其他方言中崛起的通語新興主導詞。總體上看，漢代秦晉方言與通語的密切程度遠在其他方言之上。

（2）通語詞不同於各方言詞

即與秦晉方言詞對應的通語詞不同於漢代任何方言的方言詞。與通語詞存在這種差異的秦晉方言詞共180個①。通過比較分析，可以發現與這類秦晉方言詞對應的通語詞具有以下兩個特點：

第一，與這類秦晉方言詞對應的通語詞歷史更爲悠久。絕大多數通語詞在文獻中見用的時間早於秦晉方言詞或與秦晉方言詞同時，只有極少數通語詞見用的時間晚於對應的秦晉方言詞。如表4.17：

表4.17

秦晉方言	用例	通語	用例	出處
尋	《淮南子·齊俗訓》："深谿峭岸，峻木尋枝。"	長	《詩·齊風·猗嗟》："猗嗟昌兮，頎而長兮。"	1.19
躡	司馬相如《封禪文》："然猶躡躡梁父，登泰山。"	登	《易·明夷》："初登于天，後入于地。"	1.27
淤	司馬相如《上林賦》："出乎椒丘之闕，行乎洲淤之浦。"	洲	《詩·周南·關雎》："關關雎鳩，在河之洲。"	12.108
鍑	《漢書·匈奴傳下》："胡地秋冬甚寒，春夏甚風，多齎鬴鍑薪炭，重不可勝。"	釜	《詩·召南·采蘋》："于以盛之，維筐及筥。于以湘之，維錡及釜。"	5.02
諦	《說苑·權謀》："聖王之舉事，必先諦之于謀慮，而後考之于蓍龜。"	審	《書·顧命》："病日臻。既彌留，恐不獲誓言嗣，茲予審訓命汝。"	6.41
釗	《漢書·成帝紀》："先帝劭農，薄其租稅，寵其強力，令與孝弟同科。"	勉	《禮記·月令》："周天下，勉諸侯，聘名士，禮賢者。"	1.31
逝	《詩·邶風·二子乘舟》："二子乘舟，汎汎其逝。"毛傳："逝，往也。"	往	《詩·小雅·采薇》："昔我往矣，楊柳依依。"	1.14

---

① 這是秦晉方言詞的數量，與之對應的通語詞的數量要少於180個。因爲有一些情況是通語詞在秦晉方言中可以用兩個甚至兩個以上的詞語來對應表達。

續表

秦晉方言	用例	通語	用例	出處
譎	《論語·憲問》："晉文公譎而不正,齊桓公正而不譎。"	詐	《左傳·宣公十五年》："我無爾詐,爾無我虞。"	3.14 言·譎
墳	《禮記·檀弓上》："古者墓而不墳。"	冢	《周禮·春官·序官》："冢人,下大夫二人,中士四人。"	13.162
貐	《楚辭·九思·悼亂》："鹿蹊兮躑躑,貐貉兮蟬蟬。"	貛	《淮南子·修務訓》："蝡知爲垤,貛貉爲曲穴,虎豹有茂草。"	8.03
鞞	《詩·小雅·瞻彼洛矣》："君子至止,鞞琫有珌。"毛傳："容刀鞞也。"	削	《漢書·貨殖傳》："質氏以洒削而鼎食。"	9.07

第二,與這類秦晉方言詞對應的通語詞更加常用和穩定。絕大多數通語詞在先秦兩漢甚至此後的漢語通語中都是較爲穩定的常用詞。如:

{煆}、{夏}—{大}

{煆}、{夏}、{大}均見用於先秦典籍:

《詩·周頌·我將》:"伊煆文王,既右饗之。"毛傳:"煆,大也。"

《詩·秦風·權輿》:"於我乎夏屋渠渠,今也每食無餘。"毛傳:"夏,大也。"

《詩·小雅·吉日》:"發彼小豝,殪此大兕。"

不過在先秦兩漢的文獻中,{煆}、{夏}的使用頻次遠遠低於{大}。{大}作爲基本詞使用非常穩定。

{劉}、{虔}—{殺}

{劉}、{虔}、{殺}均見用於先秦典籍:

《書·盤庚上》:"重我民,無盡劉。"孔傳:"劉,殺也。"

《詩·商頌·殷武》:"是斷是遷,方斲是虔。"馬瑞辰《通釋》:"虔,當讀如虔劉之虔。《方言》:'虔,殺也。'"

《書·酒誥》:"又惟殷之迪諸臣惟工,乃湎于酒,勿庸殺之,姑惟教之。"

但{劉}、{虔}在先秦兩漢文獻中的使用頻次遠遠低於{殺}。{殺}作爲基本詞使用非常穩定。

此外如:與{娥}、{忓}、{婧娥}對應的通語詞{好}(1.03),與{陶}對應的通語詞{養}(1.05),與{盃}對應的通語詞{栖}(5.05),與{檈}對應的通語詞{櫟}(木·檈)也都是比秦晉方言詞更爲常用,在漢語發展史上更爲穩定的詞語。

這些沒有地域使用說明的通語詞並非不使用於漢代各方言口語，恰恰相反，它們應該是通行於漢代各方言區域，沒有地區分布限制的通語詞。這些通語詞的存在說明漢代通語既以某一方言爲基礎方言，同時又超越基礎方言。就詞彙系統而言，它包含了一批既有很强歷史承傳性，又較爲常用、穩定的詞語。就此而言，漢代通語不等同於漢代任何方言。

另外還有一部分此類秦晉方言詞在此後漢語發展的過程中逐漸進入通語，成爲通語詞，甚至取代原來對應的通語詞成爲現代漢語通語中常用的詞語。例如：

{泭}、{箄}—{筏}

《方言》9.29：舟，自關而西謂之船。……泭謂之箄，箄謂之筏。筏，秦晉之通語也。

"竹木筏子"先秦以前主要稱{泭}：

《國語·齊語》："方舟設泭，乘桴濟河。"韋昭注："編木曰泭，小泭曰桴。"

《楚辭·九章·惜往日》："乘氾泭以下流兮，無舟楫而自備。"

漢代及其後文獻中或稱{箄}：

《東觀漢記·張堪傳》："（張堪）乃選擇水軍三百人，斬竹爲箄渡水，遂免難。"

《後漢書·鄧訓傳》："訓乃發湟中六千人，令長史任尚將之，縫革爲船，置於箄上以渡河。"李賢注："箄，木筏也。"

秦晉方言詞{筏}在漢人注疏及其後文獻中常見用：

《論語·公冶長》："乘桴浮于海。"何晏《集解》引漢馬融曰："桴，編竹木，大者曰筏，小者曰桴。"

《魏書·李崇傳》："又於樓船之北，連覆大船，東西竟水，防賊火筏。"

《三國志·吴書十·潘璋傳》："便將所領，到魏上流五十里，伐葦數百萬束，縛作大筏，欲順流放火，燒敗浮橋。"

現代漢語中只稱{筏}而不稱{泭}、{箄}。

{榜}—{篇}

《説文·竹部》："篇，書也。一曰關西謂榜曰篇。"①

指稱"匾額"的{榜}、{篇}均見用於漢以後文獻：

《世説新語·巧藝》："韋仲將能書，魏明帝起殿，欲安榜，使仲將登梯題之。"

---

① 段注："今之榜額標榜是也。關西謂之篇，則同扁。"

《後漢書·百官志五》："皆扁表其門，以興善行。"

我們很難從使用頻次上判斷何者爲漢代通語主導詞。根據許慎的訓釋，{榜}或爲當時通語詞，{匾}爲當時關西方言詞。{榜}表"匾額"義，後來多不單用。只在現代漢語書面語的雙音節詞（如{題榜}）中，保存其"匾額"義。與此相反，漢代關西方言詞{匾}（後寫作"匾"）成了現代漢語普通話中指稱"匾額"的常用詞①。

{冢}—{墳}

《方言》13.162：冢，秦晉之間謂之墳，或謂之培，或謂之堬，或謂之采，或謂之垠，或謂之壠。

指稱"墳墓"的{冢}、{墳}均見用於先秦文獻：

《周禮·春官·冢人》："冢人，掌公墓之地，辨其兆域而爲之圖。"

《儀禮·士喪禮》："筮宅，冢人營之。"

《周禮·地官·大司徒》："安萬民，一曰媺宫室，二曰族墳墓。"

《墨子·七患》："生時治台榭，死又修墳墓。"

在《史記》中，{冢}共42見，而{墳}僅7見。《漢書》中{冢}的使用也多於{墳}。揚雄以{冢}爲此條母題，也說明{冢}在當時通語中的主導地位。在現代漢語中，{墳}的使用也要多於{冢}，"冢"多與其他語素結合成詞（如{古冢}、{荒冢}、{衣冠冢}等）使用，{墳}在口語中還經常單用。

此外還有指稱"人之大"的{壯}（1.12），指稱"刈鈎"的{鎌}（5.27）等，都成了現代漢語中常用的詞語。

從漢代以後發生的這些詞語更替來看，漢代秦晉方言不僅承傳了大量先秦漢語的詞語，而且爲漢語詞彙的豐富和發展提供了原材料和競爭對象。秦晉方言詞對通語的滲透具有持續性。漢語方言間的不斷接觸和交融促進了漢語詞彙的歷史發展。

3. 無對應通語詞的秦晉方言詞

除了與通語詞相同或不同的情況外，還有部分秦晉方言詞沒有辦法確定其對應的通語詞。這類沒有對應通語詞的秦晉方言詞共有41個。其中承傳詞2個（{纖}、{楖}），變異詞9個（{怸}、{歛}、{挚}、{摻}、{靡}、{逴}、{侮}、{賀}、{鍋}），其他30個爲創新詞。

從它們在文獻中的使用情況來看，只有4個無對應通語詞的秦晉方言詞見用於《方

---

①《現代漢語詞典》（第五版）："匾①上面題着作爲標記或表示贊揚文字的長方形木牌（也有用綢布做成的）：横匾|鎏金匾|門上掛着一塊匾。"

言》及《說文》之前的文獻，另外37個在《方言》之前未曾見用。這些秦晉方言詞有的作爲書面語表達的補充偶爾見用，如：

{纖}

《方言》2.08：私、策、纖、葆、稺、杪，小也。自關而西秦晉之郊梁益之間凡物小者謂之私，小或曰纖，繒帛之細者謂之纖。東齊言布帛之細者曰綾，秦晉曰靡。

《楚辭·招魂》："被文服纖，麗而不奇些。"王逸注："纖，謂羅縠也。"

{椵}

《方言》5.30：槌，宋魏陳楚江淮之間謂之植。自關而西謂之槌。齊謂之样。其橫，關西曰椵。宋魏陳楚江淮之間謂之樴。齊部謂之持。

《呂氏春秋·季春紀》："鳴鳩拂其羽，戴任降于桑，具栚曲籧筐。"

{聳}

《方言》6.02：聳、聹，聾也。半聾，梁益之間謂之聹。秦晉之間聽而不聰、聞而不達謂之聹。生而聾，陳楚江淮之間謂之聳。荆揚之間及山之東西雙聾者謂之聳。聾之甚者，秦晉之間謂之䁖。吳楚之外郊凡無有耳者亦謂之䁖。其言䁖者，若秦晉中土謂墮耳者䁖也。

焦贛《易林·家人之咸》："心狂老悖，視聽聳類。"

馬融《廣成頌》："子野聽聳，離朱目眩。"

有些則只用於對先秦典籍的注釋，大概在當時的口語中是行用的。如：{鶻鳩}，《詩·衛風·氓》："于嗟鳩兮，無食桑葚。"毛傳："鳩，鶻鳩也。"陸璣疏："鶻鳩，一名班鳩，似鶉鳩而大。"還有個別無對應通語詞的秦晉方言詞成爲後來通語中較常使用的詞語。如：{煎}，《論衡·變動》："南方至熱，煎炒爛石，父子同水而浴。"

二、秦晉方言與兩漢通語的方言基礎

（一）秦晉方言在漢代的基礎方言地位

通過上文的分析和討論可以看到，秦晉方言在漢語通語中的基礎方言地位主要表現在以下三個方面：

第一，有相當數量的秦晉方言詞與漢代通語詞相同。

從上文的統計來看，與漢代通語詞相同的秦晉方言詞有59個[①]，其他方言的方言詞

[①] 當然與通語詞相同的部分秦晉方言詞分布的地域較廣，同時也用於關東的一些地區。如上文表4.15中"1-俺、6-荏、10-及、13-案、33-蔽郤、46-蕪菁、48-襌衣、50-栲落"。不過總的來看，這樣的情況並不多。

有12個①。相比之下，二者數量懸殊。秦晉方言與漢代通語在詞彙上的一致性比其他方言高。與通語詞相同的秦晉方言詞（59個）約占秦晉方言詞總數（286個）的21%。這個比例相對於其他方言區的數值來說也是比較大的②。這些與通語詞相同的秦晉方言詞在《方言》中一般都是雅詁的訓釋詞，這不僅僅是"用秦晉語作中心來講四方的方語"③，同時也是用漢代通語詞作中心來講四方的方語。

第二，有一定數量的秦晉方言詞成爲新興的通語主導詞。

上文考察了與通語詞相同的秦晉方言詞的歷史發展，其中替換原來的通語詞或其他方言詞成爲漢代通語新興主導詞的秦晉方言詞共有20個，約占總數的33.90%，新見主導詞有12個，約占總數的20.34%。兩者占與通語詞相同的秦晉方言詞總數的50%以上。從這些數據來看，秦晉方言詞在漢代通語中的興起是比較突出的。這些在漢代以前不是通語主導詞的秦晉方言詞變成了漢代通語的主導詞，顯示了秦晉方言詞在漢代通語中地位的提升。

第三，關西秦晉地區在漢代的政治經濟文化地位。

語言是一種社會現象。一種方言成爲共同語的基礎方言，主要不是由這種方言本身的條件所決定的，而是由這種方言使用區域的政治經濟文化條件決定的。本章第一節在討論關西方言詞替換其他方言詞成爲書面語主導詞的原因時，已經詳細分析了關西秦晉地區從戰國中後期到秦漢期間政治經濟文化地位的變化。關西秦晉地區作爲漢代政治經濟文化中心的地位，也有力地說明了當時的秦晉方言應該是通語的基礎方言。

當然，基礎方言並不完全等同於通語。就詞彙系統而言，可以從以下幾個方面加以認識：

第一，基礎方言具有與通語不同的方言詞。

秦晉方言作爲漢代基礎方言仍然保存了獨具特色的詞彙單位。其中既包括部分反映秦晉地區特殊社會文化和事物現象而沒有對應通語詞的41個秦晉方言詞，同時還包括與通語詞對應的79個創新詞。

在與對應通語詞不同的184個秦晉方言詞中，承傳詞有89個。這些與通語詞不同的秦

---

① 除了上文表4.16中與秦晉方言詞對應的6個之外，還有{雞頭}（南楚江湘之間；3.10）、{薺}（周洛韓鄭之間；5.11）、{甾}（江淮南楚之間；5.24）、{挈}（揚州會稽；10.09）、{顀}（東齊；10.33）、{蟒}（南楚之外；1.07）6個。共計12個。
② 《普通話基礎方言基本詞彙集》分類統計了各意義類別的基本詞彙條目中與普通話一致的條數所占的比重，平均比重在31%左右。（陳慶延：《評〈普通話基礎方言基本詞彙集〉》，載《方言》2000年第2期）
③ 周祖謨：《方言校箋·自序》，《方言校箋》，中華書局1993年版。

晉方言承傳詞顯示了秦晉方言具有較爲悠久的歷史。通語基礎方言可能會隨着時代的發展和政治經濟文化中心的轉移而發生變化。但一種方言成爲新的基礎方言不可能使它原有的詞彙單位都進入通語的詞彙系統。高名凱說:"民族共同語雖然是以某種地方方言爲基礎而發展出來的,但它却不等於這基礎方言。以某一地方方言爲基礎,並不等於說從此這個地方方言就機械地變成了統一的民族共同語。"①首先,通語對新的基礎方言的詞彙單位的吸收是有選擇性的。有些風俗特色很濃的方言詞不太可能被吸收到通語中。其次,原有的通語詞彙系統具有相當的穩固性。新的基礎方言的詞彙單位要想成爲通語詞,需要與原通語對應詞展開競爭,經過一定的歷史階段才能逐漸勝出。如前文所舉"{泲}、{簎}—{筏}""{榜}—{篇}""{冢}—{墳}"等等。因此,基礎方言的變化並不會帶來通語詞彙系統的突然和徹底的改變。新的基礎方言的詞彙單位進入通語並替換原來的通語詞是漸變和零散的。

第二,其他方言的方言詞也可能成爲通語詞。

不只是基礎方言的詞語可能進入通語成爲通語詞,其他非基礎方言的詞語也可能進入通語詞彙系統。漢語通語在發展的歷史過程中,需要不斷地吸收來自不同方言地區的詞彙單位來豐富自己,更好地滿足表達與交際的需要。從上文的分析來看,戰國秦漢時期通過競爭在通語書面語中替換舊詞項的新詞項不僅僅來源於關西秦晉方言,也有來自其他方言的。比如來自中夏方言的{額}和可能來自南方方言的{豬}等。

第三,通語的基本詞語具有很强的歷史穩定性。

相對于方言來說,通語具有更廣泛的通行區域,是"超方言"的通用語言②。從詞彙的角度看,通語的超方言性不僅表現在詞彙構成上吸收包括基礎方言在內的各方言的詞彙單位,同時還表現在通語具有一批使用穩定的超方言的詞彙單位。從上文的分析可以看到,揚雄用來訓釋各方言詞的通語詞除了部分同時是秦晉和其他方言的方言詞外,還有大量的詞語是沒有地域分布說明、使用範圍較廣的通語詞。這些詞語不僅僅在漢代是通語詞而且在周秦時期及漢以後的漫長歷史時期內都是漢語的通語詞。從這個角度來講,通語中具有相當數量的歷史穩定的超方言的基本詞語。

---

① 高名凱:《語言論》,商務印書館1995年版,第493頁。
② 袁家驊:"民族共同語,或簡稱爲民族語,具有統一的標準和規範,內部一致……民族共同語是書面和口頭統一的形式,也叫作文學語言,是長期歷史發展的結果,內容是無限豐富的,對方言有無比的約束力,自身在一定意義上是超方言的。"(袁家驊:《漢語方言概要》(第二版),語文出版社2001年版,第6頁)

（二）先秦兩漢通語基礎方言的變化

秦晉方言作爲漢代通語基礎方言的地位得到了多數學者的肯定。周祖謨說："漢代的普通話恐怕是以秦晉語爲主的。"①李恕豪也認爲："以首都長安爲核心的秦晉方言是漢代最重要的方言，它是當時的共同語'通語'的基礎。"②上文有關詞語更替的討論以及秦晉方言詞與漢代通語詞的比較分析，也從詞彙角度證明了這一觀點的正確性③。

不過關於從西周到秦漢之間漢語通語的基礎方言是否發生變化，學者們却有不同意見。有的學者認爲關西（或稱"關中"）秦晉方言從周秦至西漢一直都是通語的基礎方言。有的學者則認爲，從周到秦漢，漢語的基礎方言發生了從關東方言到關西方言的變化。

對周代雅言和秦漢通語基礎方言問題的討論，基本上都是從對《論語·述而》的解讀開始的：

《論語·述而》："子所雅言，《詩》、《書》、執禮皆雅言也。"

鄭玄注："讀先王典法，必正言其音，然後義正。"

何處之"音"爲"正言"，鄭玄並沒有給出答案。劉寶楠在《論語正義》中才明確回答這個問題。劉寶楠認爲："周室西都，當以西都音爲正。平王東遷，下同列國，不能以其音正乎天下，故降而稱'風'，而西都之雅音固未儘廢也。夫子凡讀《易》及《詩》、《書》、執禮，皆用雅言，然後辭義明達，故鄭以爲'義全'也。後世人作詩用官韻，又居官臨民必說官話，即雅言矣。"劉寶楠明確提出"西都音"是正音，即以關西方言爲當時雅言的基礎方言。其理由是"周室西都"。這一觀點得到多數學者的贊同。

繆鉞："周建都豐鎬，官話必以京都之言爲准，故當時稱共用之語爲'雅言'，猶今日稱國語爲'北平話'也。""犬戎亂後，周室東遷，而共用語言猶循西周之舊，承雅言之名。此亦如晉室南渡，宅京建康，而言談猶以北音爲正。（東晉南朝之時，史籍

---

① 周祖謨：《方言校箋·自序》，《方言校箋》，中華書局1993年版。
② 李恕豪：《揚雄〈方言〉與方言地理學研究》，巴蜀書社2003年版，第73頁。
③ 有的學者認爲漢代通語的基礎方言不是秦晉方言而是河洛地區的方言。如李新魁："西漢初期曾定都於洛陽，不久遷至長安。西漢時，共同語基本上還是以河洛一帶的語言爲基礎，並沒有立即轉移至長安。原因是西漢初期的數十年間，發生了吳楚等七國之亂，天下尚不很安定，各地割據還甚爲嚴重（觀賈誼《論治安策》可知）。那時，作爲首都的長安的語言還不可能得到廣泛的傳播。西漢一二百年間仍使用前代流傳下來的中原共同語。到了東漢時，以洛陽爲帝都，政治中心又遷至洛陽，它的語言仍然發揮共同語的作用。"（李新魁：《漢語共同語的形成和發展》（上），載《語文建設》1987年第5期）

記人言談常有'楚'、'夏'、'吳語'等詞……)"①

洪誠:"西周都豐鎬,政治中心在陝西,所以秦晉一帶的方言爲雅言爲通語。"②

朱正義:"我們可以斷定:周代的雅言就是當時關中地區的語音。""自周武王滅商至平王東遷(公元前770年),其間二三百年,鎬邑一直是全國政治和文化的中心,京畿(今關中)也自然成爲重要區域。因此,鎬京話——即周方言或關中方言——有可能成爲天下公認的標準語——雅言。再加上當時政府在制度、政策上作了相關的規定,使雅言得以推行、傳播。積久之後,使用雅言已成爲人們在若干場合的習慣,並對書面語言及其他方言產生了不小的影響。可以說,周代近九百年間,雅言(鎬京話、關中話)始終是天下的通用語言。"③

從以上所引各家的分析來看,以"關西(關中)""西都(豐鎬)"方言爲周代雅言基礎方言的依據主要是西周建都於關西的豐鎬,以及這種雅言的基礎方言並未隨着周室的東遷而發生變化。

對此,有些學者則持不同意見。周祖謨認爲:"春秋時代的'雅言'就是統治階級一般所說的官話,這種官話就是'夏言','夏言'應當是以晉語爲主的。因爲晉國立國在夏的舊邑,而且是一時的霸主;晉語在政治和文化上自然是占優勢的。等到後來秦人強大起來,統一中夏以後,秦語和晉語又相互交融,到了西漢建都長安的時候,所承接下來的官話應當就是秦晉之間的語言了。"④雖然沒有談到西周的情況,但周祖謨明確以"夏言"即"晉語"爲春秋戰國時期通語的基礎方言,而秦晉方言爲西漢通語的基礎方言。

何九盈則提出:"上古漢語(這裏指周秦至西漢)的詞彙發展可以劃分爲兩個階段。秦以前爲一階段,關東雅言是通語;秦漢又是一個階段,關西方言上升爲通語。"⑤在《漢語三論·論普通話的發展歷史》中,他對西周時代雅言的基礎方言問題作了更爲系統的論述:

---

① "雅言雖西周之音,然未必即盡爲其地之土語。周本僿野之民,從事農穡,自古公遷岐之後,以'陶復陶穴'之族,驟進爲聲明文物之邦,其受商之沾溉必甚多。近人考證殷墟出土之古器物,知商代確有光輝燦爛之文明。則其時亦必有一種標準語言爲東方諸國(即與商有關係之諸國)所公用。自來文化低之國家,往往摹效文化高之國家之語言文字。周未剪商之前,已受侯伯之命,蒙嫁女之惠。(《詩·大雅·大明》:'摯仲氏任,自彼殷商。來嫁于周,曰嬪于京。')交往之頻繁可知。商代公用之語言,必已早在西周植其基礎。雖或稍雜西周方音,而大致無殊。周室稱王之後,因商之舊而推行所謂雅言於東方諸國,其勢甚易。惜乎商代文獻不足,此說僅能推測,無從證實也。"(繆鉞:《周代之"雅言"》,載《浙江大學文學院集刊》1941年第1集)
② 洪誠:《中國歷代語言文字學文選·序言》,載《洪誠文集》,江蘇古籍出版社2000年版。
③ 朱正義:《關中方言古詞論稿》,上海古籍出版社2004年版,第3頁、第5頁。
④ 周祖謨:《方言校箋·自序》,《方言校箋》,中華書局1993年版。
⑤ 何九盈:《中國古代語言學史》,廣東教育出版社2000年版,第51頁。其後他又在《漢語語音通史框架研究》(《民俗典籍文字研究》2003年第1輯)一文中重申這一觀點,並指出探討東西兩種方言的語音異同是上古(先秦兩漢)語音史的任務。

"周人發迹於'西夏',當時的'西夏'方言與'中夏'方言都應該是強勢方言,但我們爲什麼說劉寶楠'以西都爲正'是錯誤的而認爲'中夏'方言即洛陽音更占優勢呢?

原因有二,一是周初的鎬京雖然是政治中心,却不是文化中心。武王時代的西都文化顯然不如'有夏之居'的東都文化。……

東都'夏言'上升爲全國占主流地位的基礎方言,原因之二爲平王東遷,西都衰落。此後,西土文明與東土文明進一步融合,河洛文化、河洛語言成爲中華民族占統治地位的主流文化、核心方言。

《爾雅》一書爲什麼要以'雅'命名,爲什麼此書並非周公所作而又要掛在周公名下。因爲周公營建洛邑,在後人看來,周公便是河洛地區、'有夏之居'的語言文化代表。

……

到此,我們可以得出一個結論:河洛方言之所以能成爲今天各官話區的總根子,其源頭應追溯到夏商周三代。三代都以河洛地區爲政治、經濟、文化中心,三代不僅有共同的語言,而且逐漸形成了共同的'雅言'。這種雅言,陸志韋《古音說略》稱之爲'成周國語'(67、73頁)。統一的王朝、統一的文字、統一的語言,統一的禮儀制度、統一的經典讀物,以及'大邑'(中心城市)的產生,是'雅言'得以形成的重要條件。從夏到周,這些條件逐漸產生,逐漸成熟。到孔子時代(前551—前479)'雅言'已相當成熟相當權威了。"[1]

諸家對西周到兩漢間漢語通語基礎方言的意見分歧可以歸納如表4.18:

表4.18

時代[2] 論者	西周	春秋	戰國	秦	西漢	東漢
繆鉞[3]	京都豐鎬之言			?	?	?
李新魁[4]	河洛一帶方言					
向熹[5]	河洛一帶語言					

---

[1] 何九盈:《漢語三論·論普通話的發展歷史》,語文出版社2007年版,第153~155頁。
[2] 據《中國歷史年代簡表》(文物出版社2001年版)各時代的年限爲:西周:約前11世紀—前771;春秋:前770—前476;戰國:前475—前221;秦:前221—前207;西漢:前206—8(新莽:9—24);東漢:25—220。
[3] 繆鉞:《周代之"雅言"》,載《浙江大學文學院集刊》1941年第1集。
[4] 李新魁:《漢語共同語的形成和發展》(上),載《語文建設》1987年第5期。
[5] 向熹:《簡明漢語史》(上册),高等教育出版社1993年版,第22~31頁。

續表

時代 論者	西周	春秋	戰國	秦	西漢	東漢
朱正義①	關中方言					
董達武②	河南-山西-陝西				長安-洛陽-山西	
周祖謨③	?	晉語		秦晉語		?
洪誠④	秦晉方言	?	?	?	?	?
何九盈⑤	關東方言			關西方言		

这些探討，主要是結合歷代建都情況及不同地區政治經濟文化地位的高低來確定周秦兩漢時期的基礎方言。由於對都城設置與經濟文化中心位置的關係有不同的認識，自然就對雅言通語的基礎方言有不同的意見。其主要分歧在漢語通語的基礎方言從周秦到兩漢期間是否發生變化。

通語基礎方言的變化，會表現在語音、詞彙甚至是語法系統中。在此，我們嘗試從詞彙的角度對這個問題作一些探討。

1. 關東關西方言差異的歷史存在

（1）《詩經》押韻所反映的關東西語音差異

《詩經》等先秦文獻用韻可能有方言語音差異的存在，清人在古音研究中已經注意到這一點。戴震《聲韻考·古音》："五方殊語，隨聲氣轉變見於六經者，若遽數之，不能終其物。六書之諧聲假借，詩之取韻，各因其聲類中一二字由它類變而入者用之，非舉此兩韻字盡通也。其流變所入，各如其方之音。在古人不訾爲非，正音不疑其誤。蓋列國之音即各爲正音，不可強而齊之也。"不過他們關注的主要是語音的歷時變化，對方音差異的問題沒有作系統探析。

王健庵將《詩經》篇目分爲"西土之詩"和"東土之詩"兩大類，發現了兩類詩篇在合韻上的差異，並從方言的角度加以考察，通過定性和定量分析認爲"西土與東土兩大方音韻系，劃然分明"⑥。何九盈結合傅斯年的《夷夏東西說》和張光直的相關研究認

---

① 朱正義：《關中方言古詞論稿》，上海古籍出版社2004年版。
② 董達武：《周秦兩漢魏晉南北朝方言共同語初探》，天津古籍出版社1992年版。
③ 周祖謨：《方言校箋·自序》，《方言校箋》，中華書局1993年版。
④ 洪誠：《中國歷代語言文字學文選·序言》，載《洪誠文集》，江蘇古籍出版社2000年版。
⑤ 何九盈：《中國古代語言學史》，廣東教育出版社2000年版，第51頁；《漢語語音通史框架研究》，載《民俗典籍文字研究》2003年第1輯；《漢語三論·論普通話的發展歷史》，語文出版社2007年版，第153~155頁。
⑥ 王健庵：《〈詩經〉用韻的兩大方言韻系——上古方音初探》，載《中國語文》1992年第3期。

爲，先秦兩漢的漢語語音史研究應該分關東和關西兩個方言點來加以探討①。

（2）漢代關東西方言的詞彙差異

松江崇通過測量相鄰地區之間存在的同言綫規模，認爲漢代方言"就總體情況而言，東西對立比南北對立更爲明顯"。"以'周韓鄭'地區爲中心，其西北部的'秦晉'和其東部的'魏宋魯衛'等呈現出東西對立。"②"就黃河以北地區而言，'秦晉'和'代（趙）'之間存在較大規模的同言綫束。"③

我們以附錄一所整理的兩漢方言詞地域分布爲基礎，對漢代周洛方言詞和秦晉方言詞進行比較。除去兩地均無方言詞記述的組別外，共獲得244組可供比較的方言詞對。這244組方言詞對所反映的兩地方言詞關係有以下幾種（如表4.19）：

表4.19

關係類型	周洛/秦晉方言詞	秦晉/周洛方言詞	斷絕性④	連續性	組數
相同	A	A	0	+1	18
互異	A	B	-2	0	32
包含	A/B	B	-1	+1	4
有無	A	?	0	0	190

參照松江崇的方法，我們統計得到秦晉、周洛兩地方言的斷絕性指標是-68，連續性指標是+22⑤。這樣一組數據說明漢代關西秦晉方言和關東周洛方言在詞彙方面的差異還是比較大的。

2. 漢代周洛、秦晉方言與通語的密切度

秦晉方言與漢代通語的關係上文已經從詞彙異同的角度進行了分析。秦晉方言作爲漢代通語基礎方言的結論應該可以成爲共識。相應地，周洛方言與漢代通語的關係又如何呢？

我們收集到的秦晉方言詞共有286個，而周洛方言詞則只有122個。除去雙方與漢代

---

① 何九盈：《漢語語音通史框架研究》，載《民俗典籍文字研究》2003年第1輯。
② 不過作者同時指出："雖然以前根據《方言》提出過區劃論的學者幾乎都指出過'關東'與'關西'的東西對立，但根據筆者的考察發現，方言中所見的東西對立並不呈現出單純的二項對立關係，其情況更爲複雜。"
③ 除此之外，漢代方言的東西對立還表現在："'東齊、海岱'地區具有較強的獨立性，與其周圍地區之間存在較大規模的同言綫束。"
④ 兩地方言關係的不同類型所反映的"斷絕性"及"連續性"指標的計算標準和統計方法參見［日］松江崇：《漢代方言中的同言綫束——也談根據方言的方言區劃論》。
⑤ ［日］松江崇說："着眼於'關東'和'關西'之間在語言上的距離，調查方言詞彙只分布在'關西'（包括'自關而西''自關以西'）和'關東'（包括'自關而東'）的情況（即'關東'和'關西'之間在語言上的距離）的話，其結果是斷絕性爲-40、連續性爲+23。"這一數據與我們以附錄一"兩漢方言詞區域分布表"爲準而作的秦晉方言詞與周洛方言詞的斷絕性和連續性指標統計有出入。

通語詞均一致的方言詞後，二者的比例爲226：108，相差懸殊。從方言詞的數量上看，周洛方言與漢代通語的詞彙差異似乎要比秦晉方言小。

值得注意的是，在周洛方言詞與秦晉方言詞的比較中一方有方言詞記錄而另一方無方言詞記錄的組數多達190組。（其中有秦晉方言詞而無周洛方言詞記錄的有165組，有周洛方言詞而無秦晉方言詞的僅25組）出現這樣的情況有三種可能：第一，揚雄和許慎來不及調查另外一方的方言詞說法；第二，另外一方的說法與通語沒有差別，因此兩書不加記錄；第三，另一種方言中無與之對應的方言詞。

"從交通上看，洛陽處於關東通往關西的要道上。關東各地的道路都匯集於洛陽，經函谷關到達首都長安。洛陽是聯結關東和關西的樞紐，是天下的重鎮。"[①]洛陽也是漢代重要的工商城市，《史記·貨殖列傳》說"洛陽東賈齊魯，南賈梁楚"，《漢書·地理志下》說"周人之失，巧僞趨利，貴財賤義，高富下貧，憙爲商賈，不好仕宦"。由此來看，周洛地區與關西的交往在漢代也必定較爲頻繁。因此，來不及調查的可能性較小。當然，這190組方言詞中有一部分是秦晉方言或是周洛方言所特有的詞語，無其他對應方言詞和通語詞。例如前文分析的秦晉方言詞{摯}、{摻}、{靡}、{逴}等，以及周洛方言中的{鵴鶪}（小鳩；8.08）、{翬}（雉五采皆備；羽·翬）、{熬}（火乾；7.16）、{梴}（碓機；5.19）等。不過，最大的可能是周洛方言在詞彙上與當時的通語較爲一致。

從方言調查的角度來講，求異是主要目的。方言詞有廣義和狹義之分，方言調查首要目的是對狹義方言詞即與通語或其他方言不同的詞語進行記錄。就此而言，揚雄不可能將通語詞的使用地域一一說明。不過在這個過程中，他特別注意對與通語詞相同的秦晉方言詞進行揭示。這可能有兩個方面的原因：

第一，秦晉方言是當時通語的基礎方言，有許多秦晉方言詞本身就是通語詞，拿通語詞與其他方言詞作比較，很自然會列舉秦晉方言詞。這時候秦晉方言詞不僅僅是秦晉方言詞，而且還是用於比較的通語詞。

第二，揚雄揭示這些與通語詞相同的秦晉方言詞還有可能是爲了與秦晉方言內部的其他詞作比較。這些與通語詞相同的秦晉方言詞在秦晉方言中還有其他的同義詞。例如：豐—朦—厖（2；2.02）[②]，好—窕（3；2.03），遽—矜（4；2.31），草—芥（5；3.08），茬—蕪（6；3.08），拔—擢（9；3.15），及—遝（10；3.18），釜—鍑（12；

[①] 李恕豪：《揚雄〈方言〉與方言地理學研究》，巴蜀書社2003年版，第91~92頁。
[②] 首列爲與通語相同的秦晉方言詞，"—"號後爲秦晉方言同義詞，括號內依次爲上文表4.15中的序號和《方言》中的條目。

5.02），鉤—鐓（14；5.23），箄—箭（15，5.31），竟—緷（18；6.47），頤—頷（20；10.34），迎—逢（23；1.28）等等①。爲了方言内部的詞彙比較，揚雄也會更多地提及與通語詞相一致的秦晉方言詞②。

從整體上看，漢代周洛方言與通語的詞彙差異應小於秦晉方言與通語的詞彙差異。周洛方言在歷史上就與通語有密切的關係。秦晉方言詞與通語詞的共同性大是秦漢以後兩百多年歷史發展的結果；而周洛方言與通語的共同性大則是漢代周洛方言承繼周代雅言的結果。周洛方言在周代應該是基礎方言，因此與當時通語保持相當的一致，這些詞彙上的一致除了部分被新興的秦晉方言詞替換之外，還有相當一部分到秦漢時期仍與通語詞相同。

3. 秦晉方言詞替換歷史通語詞

秦晉方言在詞彙上之所以與漢代通語詞有較大的一致性，很重要的一點在於，戰國秦漢時期的秦晉方言詞在歷史發展過程中逐漸替換了原來的通語詞成爲新興的通語主導詞。在本章第一節中，我們從漢代方言的共時詞彙差異入手考察了12組書面通語詞的歷史更替，其中有8組更替的新興詞項是漢代關西秦晉方言詞，而被替換的舊詞項則是漢代關東地區的方言詞。從兩漢方言詞地域分布的角度看，這些詞語更替的方向是較爲一致的。

當然，我們並不能簡單地認爲這是關西方言詞對關東方言詞的替換，因爲有不少替換在戰國中期就已經開始，這時候這些新舊詞項的方言分布可能與揚雄方言調查時的實際分布有出入。蔣紹愚指出："即使考定了某個語言現象只在今天的某方言中存在，那也只是考定了它的'今籍'，而'今籍'未必就等於'祖籍'。"③漢代的方言詞彙分布不能簡單地等同於周秦時期的方言詞彙分布。不過可以肯定的是，這些過程是漢代的關西方言詞替換周秦時期的書面通語詞的過程。這些新興的漢代秦晉方言詞在秦漢以前，可能並不是通語詞，至少不是書面通語的主導詞。而那些被替換的歷史通語的舊詞項在漢代仍然存用於關東各方言口語中④，這也充分說明關東地區的方言與歷史通語的關係更

---

① 這些通語詞實際上不僅僅使用於秦晉方言。很難想象如"好"、"草"、"拔"、"及"等通語詞在漢代其他方言中不使用。從這個角度來講，揚雄還沒有嚴格區分廣義方言詞和狹義方言詞。

② 董達武："揚雄的目的在於求異，而不在於求同，所以《方言》所舉秦晉語彙，除少量與通語詞相合者外，其他都不能看成秦晉語就是當時的基礎方言（更不是共同語）的實證，而只是表現了基礎方言的内部差異。"（董達武：《周秦兩漢魏晉南北朝方言共同語初探》，天津古籍出版社1992年版，第73頁）

③ 蔣紹愚：《近代漢語研究概要》，北京大學出版社2005年版，第334頁。

④ 不僅限於漢代的周洛方言。可能因爲周洛地區離關西秦晉不遠，兩地的交流在秦漢以後比較頻繁，新興秦晉方言詞不僅在書面通語上替換了舊詞項，而且滲透到鄰近的周洛地區，使周洛方言口語中的詞語也發生了較大的變化。相反，與周秦地區距離較遠的齊魯方言則仍然承用周代雅言的詞語。被替換的詞語在漢代不使用於周洛方言並不代表其在周代不用於周洛地區。

爲密切。

　　從這一點來講，我們可以看到秦晉方言與歷史通語的疏遠性和周洛方言與歷史通語的密切性。兩相比較，將周洛方言看做秦以前漢語（至少是周代）通語的基礎方言應該是比較合理的。由此，我們可以推斷，周秦兩漢通語的基礎方言曾經發生變化，即秦以前的通語以周洛方言爲基礎方言，而秦漢時期的通語則以秦晉方言爲基礎方言。

結語

本書收集並整理了《方言》、《說文》所揭有明確地域使用說明的兩漢方言詞項1 228個，共計539組。總體上看，本書從《說文》、《方言》中選取的兩漢方言詞數量有限，不過這些有限的材料為我們了解兩漢方言詞的基本狀況，了解各地區方言詞彙差異，並藉以認識方言與通語之間的關係提供了可能。通過研究，我們有以下幾方面的認識：

第一，兩漢方言詞的整體狀況。

從地域分布來看，1 228個兩漢方言詞項分布在廣闊的疆域內，各地區方言詞數量不一，不同方言詞項的分布區域廣狹不一。從意義範疇來看，兩漢方言詞中，與人們活動相關的以及與人的日常生活關係密切的器物、衣食類詞語所占比重較大，動植物名稱在各方言間的差異也較為普遍。從詞性類別來看，《方言》、《說文》所揭兩漢方言詞主要是名詞、動詞和形容詞，三者占總數的99.10%。從音節結構來看，兩漢方言詞中單音節詞共有927個，占總數的75.49%；雙音節詞共300個，占總數的24.43%，其中偏正、聯合、動賓結構的複合詞數量較多。從歷史來源上看，1 228個方言詞項中創新詞和承傳詞的數量最多，有一半以上詞項可能是兩漢時期不同方言區創造並使用的。在472個承傳詞中，見用於戰國以前文獻的有177個，可見，兩漢方言詞有悠久的歷史。衛、魯、齊、晉、秦等地區方言詞中承傳詞的比重大於創新詞，與文獻記錄的上古漢語關係較為密切；南越、朝鮮洌水、魏、九嶷湘潭、梁益、北燕、江湘、沅澧、越、趙、吳、燕等地區方言詞中創新詞的比重大於承傳詞，與文獻記錄的上古漢語關係較為疏遠。

第二，兩漢方言詞的分歧與差異。

兩漢方言間的詞彙差異首先表現在詞項設置方面。由於彼此所處的社會文化背景各異，不同方言區的人們對客觀世界的認識存在差異，反映到語言詞彙系統中，有些方言中爲某些事物概念，特別是同一上位概念的不同下位概念設置了專門詞項，造成了方言及其與通語之間詞項的非對應差異。

同義異形對應差異也是兩漢方言詞彙差異的普遍現象。首先，不同方言區表達同一意義所使用的方言詞數量不一，同一地區的同義異形對應詞反映了漢代方言口語中存在較爲普遍的同義詞現象。其次，不同方言區表達同一意義使用不同的方言詞，上古文獻所呈現的大量同義詞在方言口語中並不共存並用。

方言同義異形對應詞之間存在語音和語素兩種不同性質的差異。對於語音差異的關注有悠久的歷史和自覺的記錄手段，在現代研究中也引起了學者們的廣泛關注，但具體材料的判定和選取還存在諸多分歧。語音相近的方言同義異形對應詞不一定都是方言間語音差異的反映。同義異形對應詞的語音相同相近有可能是漢語古今歷史音變和漢語詞彙義衍孳乳的結果，也有可能只是同義詞之間偶然的語音相近。此外，語音差異還有可能發展成爲語素差異。在判斷同義異形對應詞的語音差異和語素差異，選取"標音材料"的過程中，需要對同義異形對應詞之間語音關係的來源作進一步的考察。

方言同義異形對應詞之間存在語素差異，主要是由於人們對事物現象的認識角度不同，命名和造詞的理據不同，因此選擇不同的語素和結構方式構詞。漢語詞彙的歷史積澱爲方言同義異形對應詞構詞語素的不同選擇提供了條件。詞義引申在不同方言中呈現不同的序列，也導致了方言同義對應詞之間的語素差異。在比較方言同義對應詞構詞語素差異的過程中，我們也通過語素相互包容的情況看到了方言及其與通語之間的詞彙接觸和滲透。

第三，兩漢方言詞與漢語的歷史關係。

兩漢方言詞不僅僅是對歷史漢語詞彙的承傳，同時也對漢語書面通語詞彙的發展產生影響。方言對通語詞彙系統的影響突出表現在有些方言詞伴隨所屬方言區政治經濟文化地位的提升逐漸滲透到通語中，並最終取代原有的通語詞成爲新興主導詞。方言詞在歷史發展過程中對通語詞的替換，爲我們認識漢語詞彙歷史替換的原因提供了方言視角，也爲我們思考漢語方言與通語的歷史關係提供了詞彙材料。

通過對兩漢秦晉方言詞與通語詞的全面比較，可以看到，秦晉方言作爲兩漢通語基礎方言的地位是確切的。但基礎方言並不等同於通語。尤其在詞彙方面，漢語歷史通語不僅在不同的發展階段吸收基礎方言的詞彙單位，而且在兩漢之前就已經形成了一批具有較強穩定性的詞彙單位。從方言詞歷史發展的過程來看，漢語通語基礎方言在周秦兩漢時期曾經發生轉移。

　　限於個人學力，還有一些問題在本書中沒有得到很好的討論。對於兩漢同義異形對應詞之間的語音差異，本書主要結合前人的認識和研究作了一些辨析，站在相對共時的平面上提出了本書區分語音差異與語素差異的操作規程；存在語音差異的同義異形對應詞之間發生了怎樣的語音變化，這些音變包括哪些類型，還需要進一步探討。此外，本書結合傳世文獻考察了12組兩漢方言同義對應詞在先秦兩漢的歷史發展，其他方言同義對應詞在漢以前及漢以後的發展還有待進一步考察。關於兩漢方言與通語之間的關係，本書以秦晉方言詞爲出發點作了比較，其他地區（特別是方言詞數量比較豐富的地區）方言詞與通語詞的比較研究還有待將來進一步深入。

附錄

附錄一　兩漢方言詞區域分布表

說明：

1. 本表所收列的方言詞爲《方言》及《說文》所揭，根據本書界定及相關判定標準選取的兩漢方言詞。收錄的標準參見緒論相關討論，部分存疑未收方言詞見"附錄二"。

2. 兩漢方言詞區域分布參考李恕豪《揚雄〈方言〉與方言地理學研究》劃分爲28個次方言區。各地名表述對應的次方言區參見第一章相關討論。

3. 表中每一橫行爲表達同一意義在不同方言區域所使用的不同詞項。有同一條目而分爲不同橫行，不同條目而歸爲同一橫行的情況參見緒論相關討論。

4. "通語詞"一列主要參考《方言》、《說文》的訓釋詞並結合兩漢文獻使用情況來確定。相關說明參見緒論的討論。沒有準確對應詞語的在"//"內說明詞義。

5. 同一方言區域表達同一意義的不同方言詞用"；"號隔開，《方言》中揚雄以"或謂之"、"亦謂之"等說明的方言詞加"·"號標示。

6. "出處"一列數字編碼爲《方言》卷次和條序，以華學誠《揚雄方言校釋匯證》（上冊）的標序爲準。出自《說文》的方言詞據中華書局影印大徐本《說文解字》注明所在部別及篆字。

出处	1.01	1.02	1.03;2.01;2.03;10.08;女·娥	1.04	2.28	1.05	1.06;1.17;7.26;心·憔
甌							
越						憐	職
吳						憐	職
南越			嫽;嬽;鮮				
九嶷湘潭							
沅澧							
江湘							
楚鄖	黨;曉	徒;謘			子	鞠	憐
江淮	黨;曉	徒;謘			子	鞠	憐
北楚	黨;曉	徒;謘		柿	子	鞠;胎·艾	憐
朝鮮洌水							
北燕							
燕			姝;娃			台	
代			姝;娃				
海岱			釰;嫽		子		
東齊			釰;嫽		子		
齊			釰;嫽		子		
魯			釰;嫽		子		憮;慬;憐
宋		徒	孃			胎·艾	憮;俺;憐
衛			媌;姣		烈	台	憮;俺
魏	黠;鬼		孃;姝;娃			台	
趙	黠;鬼		姝;娃				
韓						鞠	憮
鄭				柿	盍;子	鞠	憮
周					盍;子		
晉		憋	娥;奸;婹;娓	嬿;烈	盍;子	台	憮;俺
秦		謾	娥;奸;婹;娓	孂;烈	盍;陶		憮;俺
梁益							
通語詞	知	慧	姣	餘①	餘②	養	愛(憐)
地序	1	2	3	4	5	6	7

① 〈樹木砍伐後复重生的新芽〉。
② 〈炊薪不盡〉（燒餘）。

续表

地序	通語詞	梁益	秦	晉	周	鄭	韓	趙	魏	衛	宋	魯	齊	東齊海岱	代	燕	北燕	朝鮮洌水	北楚	江淮	江楚郢	江湘	沅澧	九嶷湘潭	南越	吳	越	甌	出处
8	哀	矜;悼	矜;悼	矜;悼															悼;憮	悼;	悼;								1.07
9	痛（哀）		哓	哓									喧				咺	咺	唏	唏	唏								1.08
10	/大人少兒泣而不止/哭音極絕,唏極無聲/	哓	哓	哓									哓;喤;嘻;愁						嚘咷	嚘咷	嚘咷								1.08 口·咺 口·哓 口·咷 口·喧
11											喧;愁								嚘咷	嚘咷	嚘咷								1.08
12	傷（憂）	悼	悼								悴								傷;愁	傷	傷								1.09① 心·慫②
13	憂	濕;愁	濕;愁	濕;愁						慎;瞖	慎;瞖								濕;愁	濕;濟;	濕;濟								1.10

① 《校釋匯證》："王念孫《方言疏證補》引歸安丁升衢:'此句首似少一"傷"字。盧文弨《重校方言》亦存丁說。'"此處從王說。

② 《說文·心部》："慫,憂也。"

續表

地序\通語詞	梁益	秦	晉	周	鄭	韓	趙	魏	衛	宋	魯	齊	東齊	海岱	代	燕	北燕	朝鮮洌水	北楚	江淮	江湘	沅澧	九嶷湘潭	南越	吳	越	甌	出处
14 憂①		潒; 愁	潒; 愁																									1.10
15 思			鬱; 悠						鬱 悠	鬱 悠	鬱 悠																	1.11
16 /物壯大/		嘏 夏	嘏 夏	嘏 敦	嘏 敦				嘏 戎	嘏 巨 碩 戎	嘏 戎	巨; 碩; 訏; 郴; 京; 將	幠 憮	幠 憮			京 將		嘏 敦 戎 京 將		嘏	嘏			嘏	嘏		1.12 1.21
17 /人之大/		奘 壯	奘 壯										喬; 幠	喬; 幠														1.12
18 至		假 佫	假 佫						假 佫	䁓	懷	懷							懷 摧 詹 戾	摧 詹 戾								1.13
19 任		迨	迨							適	適	佃																1.14 迨·適 迨·適

① 〈志而不得、欲而不獲、高而有墜、得而中亡〉。

續表

序	通語詞	梁益	秦	晉	周	鄭	韓	趙	魏	衛	宋	魯	齊	東齊	海岱	代	燕	北燕	朝鮮洌水	北楚	江淮	楚郢	江湘	沅澧	九嶷湘潭	南越	吳	越	甌	出处
20	㩡																													1.15
21	㩡①												脅閔			護合	護合			脅閔	脅閔	脅閔		嘩唔	嘩唔					1.15
22	殺		劉	劉						脅閔劉	脅閔劉													嘩唔	嘩唔					1.16
23	殺		度	度					㑣			度	度	散;度	度	㑣		度		度	度	度								1.16 3.24
24	貪(殘)																			貪;㑣	貪;㑣	貪;㑣	飲	飲	飲					1.16
25	愛②		眲	眲										眲;眉	眲															2.17 心·㑦
26	老		苟鮐	苟鮐						差;苟鮐	差					梨	梨	梨		差;苟鮐			俄;鰃;乾;都;苟;茟							1.17
27	長③	尋	尋	尋						融	融	尋			尋					偹	偹	偹	融	融			融			1.18 10.39
																														1.19

① 〈怒而嘻嘻〉。
② 〈相敬愛〉。
③ 〈物長〉。

續表

地序 / 通語詞	梁益	秦	晉	周	鄭	韓	趙	魏	衛	宋	魯	齊	東齊	海岱	代	燕	北燕	朝鮮洌水	北楚	江淮	江楚郢	江湘	沅澧	九嶷湘潭	南越	吳	越	甌	出處
28 信				諒					恂;諒	恂	允	允	訦;展	展	訦	訦;忱		恂	恂	展	展	展	展	穆	穆	展			1.20 7.11 言·訦
29 多①		夥	夥					夥		夥		夥							夥										1.21 多·粿
30 人語而過/		佥	佥										劍;鸷																1.21
31 會	低	低	低																										1.22
32 盛												華;夸							華;夸	華;夸	華;夸								1.23
33 地大/廓②												填	填			填	填		摸	摸	摸								1.24
34 續																			嫒	嫒	嫒								1.24
35 出																			蟬;未	蟬;未	蟬;未								1.25
36		跳;踏	跳;踏		蹈														晞;蹈	晞	晞								1.25
37 跳																			臁	臁	臁								1.26 足·臁

① 〈物盛多〉。
② 〈張小使大〉。

续表

地序 通语词	梁益	秦	晋	周	郑	韩	赵	魏	卫	宋	鲁	齐	东齐海岱	代	燕	北燕朝鲜洌水	北楚	江淮	楚郢	江湘	沅澧	九嶷湘潭	南越	吴	越	出处
38 登	陟;陟												隮													1.27
39 迎	迓;逢	迓;逢	迓;逢	逆	逆	逆	逆	逆	逆	逆	逆	逆					逆	逆	逆							1.28 迓·逆
40 取									揹	摙	揹						揹;摙	揹;摙	揹;摙	揹	揹		揹			1.29 10.17 手·拓 手·撰
41 取①																	摙	摙	摙;襃;餥							1.29
42 食②	籑	籑															襃;餥;鈷	襃;餥	襃;餥				餥;鈷;薄;努			1.30 食·餥 食·餱 食·饁
43 勉	饁;餤	饁;餤			劭						劭	劭														1.31
44 豐③	釗;薄;努;朦;厖	釗;薄;努;朦;厖																								2.02

① 《取物而逆》。
② 《相飴而食麥饘》〈相饋而飱〉。
③ 《大貌》。

續表

地序 \ 通語詞	梁益	秦	晉	周	鄭	韓	趙	魏	衛	宋	魯	齊	東齊	海岱	代	燕	北燕朝鮮洌水	北楚	江淮	江楚郢	江湘	沅澧	九嶷湘潭	南越	吳越	甌	出处
45 大人								豐人																			2.02
46 長①																仔		仔	仔	仔							2.02
47 豐①							豐									豐											2.02
48 美		鬷	鬷	鬷	鬷				鬷	鬷																	2.03
49 /美色		好;鬷	好;鬷															娃;鬷	娃;鬷	娃;鬷	娃			嫷	娃		2.03 女·嫷 女·娃
50 /美狀		鬷	鬷	鬷														鬷	鬷								2.03
51 /美心		窕	窕																								2.03
52 容		奕;傑	奕;傑						傑	傑;								奕	奕	奕							2.04 人·傑
53 瞟		鑠	鑠		鑠	鑠			鑠	鑠					眄;揚	眄;揚	眄;揚		顤;臇		顤;臇	顤;臇	顤;臇				2.05 目·眄

① 〈鬧大〉。

续表

地序	通語詞	梁益	秦晉	周鄭	韓	趙	魏衛	宋	魯	齊	東齊海岱	代	燕	北燕朝鮮洌水	北楚	江淮	江湘楚郢	沅澧	九嶷湘潭	南越	吳	越甌	出处
54	細①		嫈;偧	嫈;偧																			2.06 女·嫈
55	細		偧	偧																			2.06
56	細②		笙	笙																			2.06
57	盛		挈;摻	挈;摻																			2.07 肉·膫
58	小③	腰	僂;腰	僂;腰				膠							膠 泡							2.08
59	小④	私;纖	私;纖	私;纖			袈			袈	綾		袠	袠	篾 篾	篾						2.08 糸·綾
60	杪⑤	纖	纖;靡	纖;靡							袠												2.08 艸·袠
61	微⑥		掩 碟	掩 碟				掩															2.09

① 《細而有容》。
② 《飲物而細》。
③ 《物小》。
④ 《繒帛之細者》。
⑤ 《木細枝》。
⑥ 《病而不甚》。

續表

地序	通語詞	梁益	秦	晉	周	鄭	韓	趙	魏	衛	宋	魯	齊	東齊	海岱	岱	代	燕	北燕	朝鮮洌水	北楚	江淮	楚郢	江湘	沅澧	九嶷湘潭	南越	吳	越	甌	出处
62	匹①	臺敵	臺敵	臺敵																											2.10
63	耦										妭										妭		抱妭	抱妭	抱妭			抱妭			2.11
64	奇②		倚																												2.11
65	奇③	踦	踦								踦										踦	踦	踦								2.11
66	麼		逞	逞									逞								騷;逞	騷;逞	騷;逞					騷			2.12、6.12
67	/體偏長/		逞	逞																	儀										2.12
68	驚				恪;懷剌;敫	恪;懷剌;敫				獡;透	獡;透	恪;懷剌;敫	剌;敫	剌;敫	剌;敫								獡;透	獡;透	獡;透					2.12 犬·獡
69	來																				儀										2.13
70	黏		庀;寓								庀;寓	庀;寓	庀;寓								庀;寓	庀;寓	庀;寓	庀;寓	庀;寓						2.14
71	寄		庀;寓								庀;寓	庀;寓	庀;寓								庀;寓	庀;寓	庀;寓	庀;寓	庀;寓						2.14

① 〈物力同者〉。
② 〈全物而體不具〉。
③ 〈畱支體不具者〉。

續表

地序	通語詞	梁益	秦	晉	周	鄭	韓	趙	魏	衛	宋	魯	齊	東齊	海岱	代	燕	北燕	朝鮮洌水	北楚	江淮	江楚郢	江湘	沅澧	九嶷湘潭	南越	吳	越	甌	出处
72	快		丁	逞	逞	逞	逞	逞	逞	逞	逞	逞	逞																	2.15
73	愧			揹;懯																										2.16
74	傀①		報	報																										2.16
75	怒																				苛	苟								2.18
76	小怒/痛		懷	懷																	齗	齗	齗							2.18
77	痛		搞	搞																										2.19
78	選②		捎	捎																										2.20 手·捎
79	猛		捫;爽	捫						捫				爽							睨	睨;睨	睨	睨	睨	睨	睨			2.21
80	眒		眒	眒										眒	眒	眒					睨	睨;睨	睨	睨	睨		睨;略	睨;略	睨;略	2.22 目·睨 目·睨 目·眤 目·睨
81	息		憩;嗟	憩;嗟	憩	憩					憩			呬																2.23 口·呬

① 〈愧而見上〉。
② 〈取物之上〉。

續表

地序 序號	通語詞	梁益	秦	晉	周	鄭	韓	趙	魏	衛	宋	魯	齊	東齊	海岱	代	燕	北燕	朝鮮洌水	北楚	江淮	江楚郢	江湘	沅澧	九嶷湘潭	南越	吳	越	甌	出处
82	鈠/裁木爲器/	鈠																												2.24
83	挩/裁帛爲衣/	挩																												2.24
84	斲			鈠				鈠																						2.24
85	琢		鐯	鈠				鈠																						2.25
86	堅							鐯																						2.26
87	氉					𦂁縷				𦂁縷	𦂁縷											挽鋪;鑢噅	挽鋪	挽鋪			挽鋪	挽鋪		2.27
88	醫		疃	疃	疃		疃											葉褕	䪞縷鑢噅翻	鑢噅翻	鑢噅翻							2.29
89	求①		掖	稱;遵																									2.30
90	求②		略	稱;遵																									2.30
91	遴													速	速			搖扇	搖扇	奄	迻	迻							2.31
92	疾																													辵·迟 辵·迟

① 〈就室求〉。
② 〈於道〔求〕〉。

续表

地序	通语词	梁益	秦	晋	周	郑	韩	赵	魏	卫	宋	鲁	齐	东齐海岱	代	燕	北燕	朝鲜洌水	北楚	江淮	江楚郢	江湘	沅澧	九嶷湘潭	南越	吴	越	瓯	出处
93	罐	罐	罐																										2.33
94	广大																											绥;羞;绎;纷母	2.34
95	㱃			㱃																		㤅;慨	㤅;慨	㤅;慨	赖	㤅;慨	㤅;慨		2.35 10.03
96	挛①			挛子			蔦;姑		挛生	挛生									剩;䏦;蔦;姑;蘖;挛	剩;䏦;蔦;姑;蘖;挛	剩;䏦;蔦;姑;蘖;挛	无赖;蓼·							3.01
97	女			㛪子																									3.02
98	㛿													嫁子倩															3.02 人·倩
99	佽马者/倌													娠		娠													3.03
100	婢女斯/													娠		娠													3.03

① 〈人罝孔而双产〉。

續表

地序	通語詞	梁益	秦	晉	周	鄭	韓	趙	魏	衛	宋	魯	齊	東齊	海岱	代	燕	北燕	朝鮮洌水	北楚	江淮	江湘	沅澧	九嶷湘潭	南越	吳	越	甌	出处
101	亭父													亭公鴽父;楮	亭公鴽父;楮							亭公鴽父;楮	亭公鴽父;楮	亭公鴽父;楮					3.04
102	卒			侮																									3.04
103	/罵奴婢/																												3.05
104	/罵奴/												臧	臧	臧						臧	臧	臧						3.05
105	/罵婢/												獲	獲	獲						獲	獲	獲						3.05
106	/凡男而聾婢/												臧 獲					臧											3.05
107	/凡女而婦奴/												獲					獲											3.05
108	/亡奴/												臧					臧											3.05

续表

地序	通语词	梁益	秦	晋	周	郑	韩	赵	魏	卫	宋	鲁	齐	东齐	海岱	代	燕	北燕	朝鲜洌水	北楚	江淮	楚郢	江湘	沅澧	九嶷湘潭	南越	吴	越	瓯	出处
109	亡婢/												获					获												3.05
110	保庸			甬					甬		甬																			3.05
111	化																													3.06
112	汁		汁	汁	协	协	协	协	协	协	协	协	协							协	协	协								3.07
113	草		草;芥	草;芥														涅;薄;斟	涅;薄;斟		薄		薄;芥	薄;芥	薄;芥					3.08 10.38
114	莅		薄;莅	薄;莅	薄;莅;公蕡	薄;莅;公蕡	薄;莅													蘴					薯.					3.08
115	芜菁		荛菁	荛菁	荛菁	荛菁	荛菁						荛																	3.09
116	/小芜菁							大芥	大芥				薞;芜;荛																	3.09
117	/紫华芜菁							辛芥;幽芥;蘆菔	辛芥;幽芥;蘆菔																					3.09

地序	通語詞	梁益	秦	晉	周	鄭	韓	趙	魏	衛	宋	魯	齊	東齊	海岱	代	燕	北燕	朝鮮洌水	北楚	江淮	楚郢	江湘	沅澧	九嶷湘潭	南越	吳	越	甌	出处
118	雞頭											芰	芰	芰	芰								雞頭;鴈頭·烏頭·芰	雞頭;鴈頭;烏頭	雞頭;鴈頭;烏頭					3.10
119	刺		剌	剌	梗;劇	梗;劇	梗;劇	梗;劇	梗;劇	梗;劇	梗;劇	梗;劇	梗;劇							梗;劇	梗;劇	梗;劇								3.11
120	毒		毒	毒														莱·壯·癆	莱·壯·癆	痡·瘌	痡·瘌	痡·瘌				痛				3.12 扩·瘌 / 扩·癆
121	快		快	快	曉;逞;苦	曉;逞;苦	曉;逞;苦	曉;逞	曉;逞	曉;逞	曉;苦	曉;逞	曉;逞	眠;眩	眠;眩					逞	逞	逞								3.13
122	許	諾	諾;譇·拔;擢	諾;譇·拔;擢	諾;譇·	諾;譇·	諾;譇·							佼	佼															3.14·譇言
123	拔																													3.15
124	尻													攓	攓						戎·		戎·	戎	戎					3.16
125	尻											慰		慰·度·踐·麐·聚	慰·度·踐·麐·						慰									3.16
126	集																		噯											3.17
127	及(逮)		遝;及	遝;及	遝;及	遝;及	遝;及							迨·竭																3.18 / 7.13

续表

地序\通语词	秦	梁益	晋	周	郑	韩	赵	魏	卫	宋	鲁	齐	东齐	海岱	代	燕	北燕	朝鲜洌水	北楚	江淮	楚郢	江湘	沅澧	九嶷湘潭	南楚	吴·越	瓯	出处
128 根													杜;茇															3.19
129 列		揯											徹															3.20
130 病													瘦;瘠;癗	瘦;瘠			班											3.21
131 同									綷;掍	綷;掍										掩		掩	掩	掩				3.22
132 道												裕;猷																3.23
133 夸				洼;氾	洼;氾	洼;氾	洼;氾	洼;氾	洼;氾	洼;氾	洼;氾	洼;氾	逸;润	逸;润					洼;氾	洼;氾	洼;氾							3.25 水·润
134 代												侠							徎	徎	徎							3.26
135 /凡鸒臁/																						田儋;颥辟;须捷;楼裂;舝;樓;挾;斯	田儋;颥辟;须捷;楼裂;舝;樓;挾;斯	田儋;颥辟;须捷;楼裂;舝;樓;挾;斯				3.46
136 败																												3.48

① 〈人贫衣被醜弊〉。

續表

地序	通語詞	秦	梁益	晉	周	鄭	韓	趙	魏	衛	宋	魯	齊	東齊	海岱	代	燕	北燕	朝鮮洌水	北楚	江淮	楚郢	江湘	沅澧	九嶷湘潭	南越	吳	越	甌	出处
137	/物盡生/																						樣生	樣生	樣生					3.49
138	盡①																						鋌	鋌	鋌					3.49
139	聚																			樣;篅;葉	樣;篅;葉	樣;篅;葉								3.50
140	/相益而又少/																						不尌	不尌	不尌					3.51
141	/凡病少愈而加劇/																						不尌;何尌	不尌;何尌	不尌;何尌					3.51
142	愈②																						差;間;知;慧;憭;瘳;蠲;除	差;間;知;慧;憭;瘳;蠲;除	差;間;知;慧;憭;瘳;蠲;除					3.52

① 〈物空盡者〉。
② 〈病愈者〉。

续表

地序	通语词	梁益	秦	晋	周	郑	韩	赵	魏	卫	宋	鲁	齐	东齐	海岱	代	燕	北燕	朝鲜洌水	北楚	江淮	楚郢	江湘	沅澧	九嶷湘潭	南越	吴	越	瓯	出处
143	襌衣		襌衣	襌衣	襌衣	襌衣	襌衣														襟		襟	襟	襟					4.01 衣·襟
144	/有裏襌衣/								袡衣	袡衣																				4.01
145	/无裏襌衣/								裎衣	裎衣																				4.01
146	襜褕		襜褕	襜褕																	襟		襟	襟	襟					4.02 4.34
147	襜褕①		袚褔	袚褔																襤	襟	襤								4.02 4.34 巾·櫚
148	/短襜褕/		裎褕	裎褕																樓	樓									4.02
149	/敝襜褕/		緻	緻																										4.02 4.34

① 〈以布无缘，敝而紩之〉。

續表

地序	通語詞	梁益	秦	晉	周	鄭	韓	趙	魏	衛	宋	魯	齊	東齊	海岱	代	燕	北燕	朝鮮洌水	北楚	江淮	楚郢	江湘	沅澧	九嶷湘潭	南越	吳	越	甌	出处
150	汗襦		袛裯·	袛裯·	甲襦	甲襦	甲襦	甲襦	襜襦襌·襦	甲襦	襜襦襌·襦	甲襦	甲襦							襜襦襌襦·帔	襜;襦襌襦襺	襜								4.03
151	帬								襦襌·帔		襦襌·襺									襌襦襺·帔	襦襌襦襺	襦襌襦襺								4.04 巾·帔
152	蔽厀		蔽厀	蔽厀	帔·襺	蔽厀	蔽厀	襺	襺	襺	襺	襺	襺																	4.05
153	襦	曲領襦·							大巾		大巾	袡	袡																	4.05
154	襌																				襌·袯	襌	大巾	大巾	大巾					4.05
155	袴		袴	袴																襪	襪	襪								4.06
156	複襦											緊;箄											緊箄綷							4.35
157	/大袴																			倒頓	倒頓	倒頓								4.36
158	/小袴																			絞衧	絞衧	絞衧								4.36

續表

地序	通語詞	梁益	秦	晉	周	鄭	韓	趙	魏	衛	宋	魯	齊	東齊	海岱	代	燕	北燕	朝鮮洌水	北楚	江淮	江楚郢	江湘	沅澧	九嶷湘潭	南越	吳	越	甌	出处
159	/大巾/					帤;幏.														帤;幏.	衿	衿								4.37 巾·衿
160	噪頭		絡頭	絡頭				噪頭;帑;俺.幘;巾;承;露;覆;髮	噪頭;帑;俺.幘;巾;承;露;覆;髮														帞頭	帞頭	帞頭					4.38
161	覆結																													4.38
162	/屦 中有木者/	屦	屦	屦						扉		扉			扉															4.39
163	/屦				複履	複履	複履	複履	複履	複履	複履	複履	複履							複履	複履	複履								4.39
164	/屦,其粗者/	屦										卬角			卬角			卬角	卬角			麤	麤	麤	麤					4.39

附錄

续表

地序	通语词	梁益	秦	晋	周	郑	韩	赵	魏	卫	宋	鲁	齐	东齐海岱	代	燕	北燕朝鲜洌水	北楚	江淮	江楚郢	江湘	沅澧湘潭	九嶷	南越	吴	越	瓯	出处
165	铃		鍑;鏉	鍑;鏉	鍑;鏉	鍑;鏉	鍑;鏉																					4.40
166	鍑		釜;鍑	釜;鍑													鏉;鉼	鏉;鎲	鏉;鎲	鏉;鎲					鬲鬲			5.01 金·鏉 金·鏑①
167	釜																											5.02
168	甗				甌;甖;酢;餾	甌;甖;酢;餾	甌;甖;酢;餾	甌;甖;酢;餾	甌;甖;酢;餾	甌;甖;酢;餾	甌;甖;酢;餾	甌;甖;酢;餾						甌;甖;酢;餾	甌;甖;酢;餾	甌;甖;酢;餾								5.03
169	盂		盌	盌							盌	盌	盌	盌		盌		盌	盌	盌								5.04
170	梧							椷;盏;温	椷;盏;温				麢															5.05
171	/大梧/																									椺		5.05

① 《方言》5.01："鍑，北燕朝鲜洌水之间或谓之鏉，或谓之鉼。江淮陈楚之间谓之鏉。吴扬之间谓之鬲鬲。"《方言》5.02："釜，自关而西或谓之釜，或谓之鏉"，"鏉"、"鏑"、"鏉"三字，《方言》与《方言考》训"鏉"微别，但使用的方言区域基本一致。"鏉"，朝鲜谓釜曰鏉。"《说文·金部》："鏉，组镰也。从金奇声。"江淮之间谓釜曰鏑。"鏉"，"鏑"或可通释。马宗霍《说文解字引方言考》："愚疑扬、许之意，鏉下所训釜，鏉二字，恐当是鏉言，未必析言。"此处从谨言之说，以《说文》{鏉}，{鏑}并入《方言》此条。

续表

地序	通語詞	梁益	秦	晉	周	鄭	韓	趙	魏	衛	宋	魯	齊	東齊	海岱	代	燕	北燕	朝鮮洌水	北楚	江淮	楚郢	江湘	沅澧	九嶷湘潭	南越	吳	越	甌	出处
172	鑢																													5.06
173	案		案	案	案	案	案																							5.07
174	桮落		桮落	桮落	桮落	桮落	桮落				桮落									桮落	桮落	桮落								5.08
175	箸筩		桶檧	桶檧																										5.09 竹・箭
176	㽀		甑	甑	甑			㽀;㽀	㽀;㽀					甑	甑					㽀	㽀	甑								5.10
177	/小㽀																									瓶				5.10
178	/大㽀				甗													甑	甑							瓶				5.10
179	/中㽀				瓿甑																									5.10
180	甖		瓮;㽀	瓮;㽀	瓮;㽀	瓿;㽀	瓿;㽀		瓿;瓶		瓿;瓶			瓿	瓿					瓿;瓶	瓿;瓶	瓿;瓶								5.11
181	瓮甖		盆;㽀	盆;㽀																										5.13

續表

地序	通语词	梁益	秦	晋	周	鄭	韓	趙	魏	衛	宋	魯	齊	東齊	海岱	代	燕	北燕	朝鮮洌水	北楚	江淮	楚郢	江湘沅澧	九嶷湘潭	南越	吳越	甌	出处
182	小罃／	升瓯	升瓯																									5.13
183	瓯	瓯	瓯	瓯																								5.14
184	大瓯／	瓯	瓯																									5.14
185	／所以注斛	注箕	注箕						题		题									题	题	题						5.15
186	筹								篝;籮		篝;籮	篝	篝							篝;籮	篝;籮	篝;籮						5.17 竹·箄
187	扇	扇	扇						墙居		墙居									墙居	墙居	墙居						5.18
188	／碓機				筆	筆	筆	筆	筆	筆	筆	筆	筆							筆	筆	筆						5.19
189	綃	綃	綃		梴	梴	梴		梴		梴									梴	梴	梴						5.20
190	樞				綃;絡	綃;絡	綃;絡		綃;絡																			5.21
191	／飲馬橐／	淹,囊,掩,兜,屢,範	淹,囊,掩,兜,屢,範								棺旱		棺旱;帳				帳	棺旱		棺旱	棺旱	棺旱						5.22

274

续表

地通语词序	梁益	秦	晋	周	郑	韩	赵	魏	卫	宋	鲁	齐	东齐	海岱	代	燕	北燕	朝鲜洌水	北楚	江淮	楚郢	江湘	沅湘	九嶷湘潭	南越	吴	瓯	出处
192 钩		钩;鏲.	钩;鏲					鹿觡;鉤·格	鹿觡;鉤·格	鹿觡;鉤·格	鏲;鏊.								鹿觡;鉤·格.	鹿觡;鉤·格	鹿觡;鉤·格.							5.23
193 苔													桓	桓			柎	柎		苔		苔;备	苔;备	苔				5.24 木·末 木·柏
194 杷							杲	渠挐;渠疏.	渠挐;渠疏.																		5.25
195 敛								欇攴;度.	欇攴;度.																		5.25
196 钩		桔;栲	桔;栲									快;栲							快;栲	快;栲	快;栲							5.26 木·枷
197 薄		钩;镰;鍥;薄	钩;镰;鍥;薄																铅;鐧	铅;鐧	铅;鐧							5.27
198 橛								曲;麴		曲;麴							椴	椴	曲;麴.	曲;麴.	曲;麴.							5.28
199 植		植	植					植		植		样							植	植	植							5.29
200 /楹/其横/		橛	橛					橹		橹		枔							橹	橹	橹							5.30

续表

地序\\通语词	梁益	秦	晋	周	郑	韩	赵	魏	宋	鲁	齐	东齐	海岱	代	燕	北燕	朝鲜洌水	北楚	江淮	楚郢	江湘	沅澧	九嶷湘潭	南越	吴越	瓯	出处
201 梯/所以陞樐/		䋫	䋫					䋫;環	䋫;環			䋫						䋫;環	䋫;環	䋫;環							5.30
202 篝		篝;篚	篝;篚					笙;篗曲	笙;篗曲																		5.31
203 籧篨		符篝	符篝	盖·桄·	盖·桄·	盖·桄·	盖·桄·	盖·桄·	盖·桄·	盖·桄	盖·桄·							盖·桄·	盖·桄·	盖·桄·							5.31
204 牀		杠	杠	桱伴				桱伴										桱伴	桱伴	桱伴							5.32
205 牀上板/																		第·	第·	第·							5.33
206 俎/几/																											5.33
207 杌/榻前几/							慊;牖	慊;牖	慊;牖							树	树										5.33
208 桯							桄	桄												桯							5.34
209								桠	桠									桠									5.35
210 栈												道軓	道軓														5.36
211 轆車							轆轆車	轆轆車																			5.37

续表

地序	通语词	梁益	秦	晋	周	郑	韩	赵	魏	卫	宋	鲁	齐	东齐	海岱	代	燕	北燕	朝鲜洌水	北楚	江淮	楚郢	江湘	沅澧	九嶷湘潭	南越	吴越	瓯	出处
212	鏞		鏞;簿	鏞;簿																									5.38
213	簿																			鍵;蔽;箭;裹;薄;毒;兕;兽;麈;璇;棋	鍵;蔽;箭;裹;薄;毒;兕;兽;麈;璇;棋	鍵;蔽;箭;裹;薄;毒;兕;兽;麈;璇;棋					蔽;箭;裹;薄;毒;兕;兽;麈;璇;棋		5.39
214	茵茱												芊																5.40
215	欷		篷;獎;	獎;篷;獎;				獎					芊									篷	篷						6.01
216	欷① /半聋		睁																										6.01
217	睁		睁	睁																									6.02 耳·睁
218	听而不聪，闻而不达		睁	睁																									6.02 耳·睁

① 〈相勸〉。

附录

續表

地序/通語詞	梁益	秦	晉	周	鄭	韓	趙	魏	衛	宋	魯	齊	東齊	海岱	代	燕	北燕	朝鮮洌水	北楚	江淮	楚郢	江湘	沅澧	九嶷湘潭	南楚	吳	越	甌	出处
219 生而聾/		聳	聳	聳	聳	聳													聳	聳	聳								6.02
220 雙聾者/聾之甚者/		聳	聳	聳	聳	聳															聳	聳	聳			聳	聳		6.02
221 聾之甚者/		䎱	䎱																										6.02
222 無耳者;墮耳者/		明	明																						矅				6.02 耳·矅
223 奀		偄	偄																	陂	陂	陂	陂	陂			陂	陂	6.03
224 㜎		正	正								由迪	由迪	由迪	由迪															6.03 人·㜎
225 正		㥛;㥛	㥛;㥛	㥛	㥛	㥛	眱	眱			㥛	㥛	㥛	㥛															6.04
226 㥛		悉	悉	悉	悉	悉																							6.05 心·悉

① 〈物細大不純者〉。
② 〈相正〉。

续表

地序/通語詞	梁益	秦	晉	周	鄭	韓	趙	魏	衛	宋	魯	齊	東齊	海岱	代	燕	北燕	朝鮮洌水	北楚	江淮	楚郢	江湘	沅澧	九嶷湘潭	南越	吳	越	甌	出处
227 難①		展	響;展	展	展	展						響																	6.06
228 難②		嘩	嘩;展									嘩									展	展	展						6.06
229 輔																									胥	胥			6.07
230 戰慄																					蛋供	蛋供	蛋供			蛋供			6.08
231 重																													6.09
232 受		笞盛	笞盛								錘	錎	鎖							錎	錎					籠	籠		6.10
233 瞋目																				眮	眮					眮	眮		6.11 目·瞋目·瞋目
234 瞋目/轉目顧視																				眮	眮					眮	眮		6.11 目·眮目·眮
235 啥		嚘;嚅	嚘;嚅																	斯	斯	斯							6.13
236 離		阿与	阿与																	越;送	越;送	越;送				物	物		6.16
237 謴与												謴与								謴与	謴与	謴与	謴与			誣	誣		6.18

① 〈難貌〉。
② 〈相難〉。

續表

地序	地通語詞	梁益	秦	晉	周	鄭	韓	趙	魏	衛	宋	魯	齊	東齊	海岱	代	燕	北燕	朝鮮洌水	北楚	江淮	江楚郢	江湘	沅澧	九嶷湘潭	南越	吳	越	甌	出处
238	取		索;祖	索;祖	掩	掩	掩	掩	掩	掩	掩	掩	掩							掩	掩	掩								6.19手·撢
239	視													睽																6.20
240	遠										遙			超				釗		遙	遙	遙					略	略		6.21 7.24
241	疾行																									洎;遙				6.22
242	擾①		甚	甚									妯							憢	憢	憢								6.23
243	特		挈	挈																										6.24
244	失		稟	稟							台	台	浚							稟	稟	稟								6.26
245	敬				俊;懌·	俊;懌·	俊;懌·	俊;懌·	俊;懌·	俊;懌·	俊;懌·	俊;懌·	俊;懌·							俊;懌·	俊;懌·	俊;懌·								6.28
246	改										抵																			6.29
247	/毗蜉耕鼠之場/										坦																			6.30
248	坦/蠅場/												埕										埕	埕	埕					6.30土·坦
249	/蟻土/																													10.24

① 〈人不靜〉。

續表

地序	通語詞	梁益	秦	晉	周	鄭	韓	趙	魏	衛	宋	魯	齊	東齊	海岱	代	燕	北燕	朝鮮洌水	北楚	江淮	楚	江湘	沅澧	九嶷湘潭	南越	吳	越	甌	出处
250	行		抖	抖										鋪頒																6.31
251	索		數	數									参	旗																6.32
252	分		離	離										撕																6.33
253	摩/散/器破		撕	撕										撕						蠡	蠡	蠡								6.34
254	器破/器破而未離		墼	墼										拔									敚	敚	敚					6.34
255								縣																						6.34
256	施		縐											溪																6.35 糸·縐
257	危													蘊													縣;縐	縣縐		6.37
258	危													冉鑊																6.37

① 〈脫衣相被〉。
② 〈擋物而危〉。
③ 〈爲物〉。

續表

地序/通語詞	梁益	秦	晉	周	鄭	韓	趙	魏	衛	宋	魯	齊	東齊	海岱	代	燕	北燕	朝鮮洌水	北楚	江淮	楚郢	江湘	沅澧	九嶷湘潭	南越	吳	越	甌	出处
259 理																													6.38
260 長		雄	雄																										6.39
261 力																													6.40
262 審		諟	諟																										6.41
263 諟					毗					毗	毗	懑							懑	懑	懑								6.42
264 藏		錯		錯																									6.43
265 去																			揞;摩	揞	揞	揞	揞						6.44
266 展①							扶摸	扶摸				扶摸																	6.45
267 旋②		旋	旋									舒勁	舒勁																6.46
268 竟												摳輸	摳輸			摳輸			娃	娃	娃								6.47
269 /續折木/		繩;竟	繩;竟																紉	紉	紉								6.48
270 /續繩索/		剢	剢																										6.48

① 〈展物〉。
② 〈作物樹藝早成熟〉。

續表

序	詞	通語梁益	秦	晉	周	鄭	韓	趙	魏	衛	宋	魯	齊	東齊	海岱	代	燕	北燕	朝鮮洌水	北楚	江淮	楚郢	江湘	沅澧	九嶷湘潭	南越	吳	越	甌	出处
271	開①													閜																6.50
272	/土作													吉柠																6.51
273	/木作													柚																6.51
274	罵怒																													6.52
275	恚												戲																	6.53
276	悥②		䁾	公;翁						俊;艾			俊;艾	俊;艾									父;父老	父;父老	父;父老					6.54
277	長老③			公;翁																										6.55
278	母		䁾																	畢妥	畢妥	畢妥			姪		鴯			6.55
279	/婦妣																								母㚧					6.55
280	/婦考																								父㚧					6.55
281	疾④		可惡	可惡							譮憎	譮憎																印	印	7.01

① 〈開戶〉。
② 〈不欲增而強舍之意〉。
③ 〈尊老〉。
④ 〈相惡〉。

續表

地序	通語詞	梁益	秦	晉	周	鄭	韓	趙	魏	衛	宋	魯	齊	東齊海岱	代	燕	北燕	朝鮮洌水	北楚	江淮	江湘沅澧	九嶷湘潭	南越	吳越	甌	出处
282	譝		驕	驕	驕	驕	驕																			7.02
283	縣		抗	抗	抗	抗	抗	扛	扛							工										7.03
284	舍		稅					稅	稅		稅								稅							7.04
285	法													發												7.05
286	喉①	肖	哨	哨																	肖					7.05
287	類												類													7.05
288	憚		譙讓	譙讓						譙	譙		譙				謹		讓		譙					7.06
289	讓								斂				斂						斂	斂	斂					7.07
290	皆													胥			俖莫偝									7.08
291	強②												斯						斯							7.09
292	罵																	播								7.10
293	離		彈儉	彈儉							彈儉		彈儉	彈儉					彈儉	彈儉						7.12
294	強③		皮傅	皮傅													脾									7.14
295	羸④		脾											脾			脾									7.15

① 〈使大〉。
② 〈勞而相勉若言努力者〉。
③ 〈言非其事〉。
④ 〈相戮謬〉。

续表

地序	通语词	梁益	秦	晋	周	郑	韩	赵	魏	卫	宋	鲁	齐	东齐	海岱	代	燕	北燕	朝鲜洌水	北楚	江淮	江湘	楚郢	沅澧	九嶷湘潭	南越	吴	越	瓯	出处
296	纍①		曬	曬												晞			晞	脾	晞	晞	晞					晞	晞		7.15
297	纍②		焦;聚	焦;聚	熬	熬	熬	熬	熬	熬	熬	熬	熬							熬	熬		熬							7.15 10.18
298	火乾/熬		胹	胹											鬻					亨										7.16
299	火熱/熬												鉦		鉦												鉦	鉦		7.17
300	气熱/熬								爛	爛																				7.17
301	久熱/熬								糖	糖																				7.17
302	穀熱/熬								酉	酉																				7.17
303	怒								酷	酷																				7.17
304	跪																		變盈	變盈											7.18
305	跪														跟 跫 蹬 企	跟 跫 蹬 企		跟 跫 蹬 企												7.19
306	委婆																														7.19

① 〈鼠肉發人之私，披牛羊之五藏〉。
② 〈乾物〉。

續表

地序	通語詞	梁益	秦	晉	周	鄭	韓	趙	魏	衛	宋	魯	齊	東齊	海岱	代	燕	北燕	朝鮮洌水	北楚	江淮	江湘	沅澧	九嶷湘潭	南越	吳	越	甌	出处
307	摩鋁①																希												7.21
308	賦													平均				平均											7.22
309	懣煩																		漢漾										7.25
310	瞋詢																		眽眩										7.25
311	食②																									茹;呴	茹;呴		7.27
312	治③																									巧·煕	巧·煕		7.28
313	熱乾																									煆	煆		7.29
314	偺										擔		擔					擔		擔	擔	擔	擔	擔				擔	7.30
315	/凡以驢駝馱載物/		負他;賀	負他;賀	負他;賀																								7.30
316	立④																	樹植	樹植										7.31

① 〈相踱斂〉。
② 〈貪飮食者〉。
③ 〈飾貌〉。
④ 〈置立者〉。

续表

出处	甌	越	吳	南越	九嶷湘潭	沅澧	江湘	楚郢	江淮	北楚	朝鮮洌水	北燕	燕	代	海岱	東齊	齊	魯	宋	衛	魏	趙	韓	鄭	周	晉	秦	梁益	通語詞	地序
7.34																											肔		逗	317
8.01					李耳;於檡	李耳;於檡	李耳;於檡	李父	李父;李耳;於檡	李父									李父		李父		伯都	伯都	伯都	伯都	伯都		虎	318
8.02											貈	貈														貍䑕	貍䑕		貌羅	319
8.03																													雞	320
8.04				割雞;餘				鷎	鷎	鷎									鷎		鷎								/伏雞/	321
8.04								鶺鴒	鶺鴒	鶺鴒	抱	抱							鶺鴒		鶺鴒									322
8.05 豕·殺 豨·豨	豬子	豬子			豨	豨	豨				豥	豥;毅									豨		豥;豕	豥;豕	豥;豕	豥;豕	豥;豕		豬	323
8.05																					擊				擊	布	布		豚	324
8.06								結誥	結誥	結誥									結誥		擊穀				擊穀	布穀	布穀		布穀	325

附錄

287

續表

地序	通語詞	梁益	秦	晉	周	鄭	韓	趙	魏	衛	宋	魯	齊	東齊	海岱	代	燕	北燕	朝鮮洌水	北楚	江淮	楚郢	江湘	沅澧	九嶷湘潭	南越	吳	越	甌	出处
326	䳟鵙		䳟鵙		定甲;獨舂.城曰;倒懸;䳟鵙.	城曰;倒懸;䳟鵙.	城曰;倒懸;䳟鵙.	城曰;倒懸;䳟鵙.	定甲;獨舂.	城曰;倒懸;䳟鵙.	定甲;獨舂.	城曰;倒懸;䳟鵙.	定甲;獨舂.							定甲;獨舂.	定甲;獨舂.	定甲;獨舂.								8.07
327	鳩	鷯鳩	鷯鳩								鵻																			8.08
328	小鳩/	鷱鳩;鶌鳩;鶟鳩;鷱鳩	鷱鳩;鶌鳩;鶟鳩;鷱鳩		鷱鶌	鷱鶌	鷱鶌		鷱鶌																					8.08
329	大鳩/	鳩鳩	鳩鳩																											8.08

續表

地序	通語詞	梁益	秦	晉	周	鄭	韓	趙	魏	衛	宋	魯	齊	東齊	海岱	代	燕	北燕	朝鮮洌水	北楚	江淮	楚郢	江湘	沅澧	九嶷湘潭	南越	吳	越	甌	出处
330	鳳鳩		服鳩;鸎鳩	服鳩;鸎鳩	戴鵀	戴鵀	戴鵀	戴鵀	戴鵀	戴鵀	戴鵀	戴鵀	戴鵀	戴南鵀鵤;戴鳩;戴勝鵀	戴南鵀鵤;戴鳩;戴勝			鵳鵟;鵟	鵳鵟;鵟	戴鵀	戴鵀	戴鵀								8.09
331	蝙蝠		蝙蝠		服翼;飛鼠;老鼠;僊鼠;蚻鼠	服翼;飛鼠;老鼠;僊鼠;蚻鼠	服翼;飛鼠;老鼠;僊鼠;蚻鼠	服翼;飛鼠;老鼠;僊鼠;蚻鼠	服翼;飛鼠;老鼠;僊鼠;蚻鼠	服翼;飛鼠;老鼠;僊鼠;蚻鼠	服翼;飛鼠;老鼠;僊鼠;蚻鼠	服翼;飛鼠;老鼠;僊鼠;蚻鼠	服翼;飛鼠;老鼠;僊鼠;蚻鼠					蟙䘃		服翼;飛鼠;老鼠;僊鼠;蚻鼠	服翼;飛鼠;老鼠;僊鼠;蚻鼠	服翼;飛鼠;老鼠;僊鼠;蚻鼠					鵟	鵟		8.10
332	鷹				鶌鵨	鶌鵨	鶌鵨	鶌鵨	鶌鵨	鶌鵨	鶌鵨	鶌鵨	鶌鵨							鶌鵨	鶌鵨	鶌鵨				鴥;鵠鴡				8.11
333	桑飛		桑飛;饒爵	桑飛;饒爵	工爵;過嬴;女匠;鵽鴱	工爵;過嬴;女匠;鵽鴱	工爵;過嬴;女匠;鵽鴱	工爵;過嬴;女匠;鵽鴱	工爵;過嬴;女匠;鵽鴱	工爵;過嬴;女匠;鵽鴱	工爵;過嬴;女匠;鵽鴱	工爵;過嬴;女匠;鵽鴱	工爵;過嬴;女匠;鵽鴱							工爵;過嬴;女匠;鵽鴱	工爵;過嬴;女匠;鵽鴱	工爵;過嬴;女匠;鵽鴱								8.12

續表

地序	通語詞	梁益	秦	晉	周	鄭	韓	趙	魏	衛	宋	魯	齊	東齊	海岱	代	燕	北燕	朝鮮洌水	北楚	江淮	楚郢	江湘	沅澧	九嶷湘潭	南越	吳	越	甌	出處
334	鶹黃		鶹黃;黃鳥.楚雀.	鶹黃;黃鳥.楚雀.	創鶹	創鶹	創鶹	創鶹	創鶹	創鶹	創鶹	創鶹	創鶹							創鶹	創鶹	創鶹								8.13
335	/野凫,甚小而好沒水中者/																									鸊鷉				8.14
336	/野凫,大者/																									鶻鷈				8.14
337	守宮		守宮;蠦蠪;蜥易;	守宮;蠦蠪;蜥易;										蜥蜴	蜥蜴			祝蜓					蛇醫;蠑螈	蛇醫;蠑螈	蛇醫;蠑螈					8.15

续表

地序	通语词	梁益	秦	晋	周	郑	韩	赵	魏	卫	宋	鲁	齐	东齐	海岱	代	燕	北燕	朝鲜洌水	北楚	江淮	楚郢	江湘	沅澧	九嶷湘潭	南越	吴	越	瓯	出处
338	/守宫;其在泽中者		易蜴	易蜴																										8.15
339	/守宫;大者而能鸣																									始解				8.15
340	鼠						鼩																							8.16
341	鸡雏											鷄子			鷄子															8.17
342	/戟而无刃/		釪;镈	釪;镈																釪	釪	釪								9.01
343	/戟其大者/		镈胡	镈胡										镈胡																9.01
344	/戟其曲者/		钩釪镈胡	钩釪镈胡										钩釪镈胡													戈	戈		9.01
345			钩釪镈胡	钩釪镈胡										钩釪镈胡													戈			9.01

續表

地序 通語詞	346 /三刃枝	347 柄	348 矛	349 箭	350 削	351 盾	352 車下鐵/轄	353 枸簍	354	355 輪	356 輟
梁益											
秦	柲;受		箭;鏑	削	盾		枸簍;棬	鞧			
晉	柲;受		箭;鏑	削	盾		枸簍	鞧			
周			矢;廁;削	骹;竿							
鄭			矢;廁;削	骹;竿							
韓			矢;廁;削	骹;竿				畎;軹			
趙			矢 室 骹;竿								
魏			矢;廁;削	骹;竿			筱;篁;籠				
衛			矢;廁;削	骹;竿							鞧
宋			矢;廁;削	骹;竿	畢		筱;篁;籠				
魯			矢;廁;削	骹;竿							
齊			矢;廁;削	骹;竿			轆				
東齊											
海岱											
代											
燕					室						
北燕											
朝鮮洌水											
北楚						畢	筱;篁;籠;賁	畎;軹	鞧		
江淮			鉇;鋋;鏦 鏺	廁;削	骹;竿	畢	筱;篁;籠	畎;軹	鞧		
楚郢			鉇;鋋;鏦	廁;削	骹;竿	畢	筱;篁;籠	畎;軹	鞧		
江湘		晏 戟	鉇;鋋;鏦	廁;削	骹;竿						
沅澧		晏 戟	鉇;鋋;鏦								
九嶷湘潭		晏 戟	鉇;鋋;鏦								
南越								逢;隆屈			
吳			鉇;鋋;鏦								
越			鉇;鋋;鏦								
甌											
出處	9.02	9.02	9.03	9.04	9.07	9.08	9.09	9.11	9.12 車·轒	9.13	9.15

续表

地序	通语词	梁益	秦	晋	周	郑	韩	赵	魏	卫	宋	鲁	齐	东齐	海岱	代	燕	北燕	朝鲜洌水	北楚	江淮	楚郢	江湘	沅澧	九嶷湘潭	南越	吴	越	瓯	出处
357	纣		纣	纣	緉;曲绹;曲繶	緉;曲绹;曲繶	緉;曲绹;曲繶												緉;曲绹;曲繶											9.18
358	鍊鎝		鞱	鞱	鞱	鞱	鞱	鍊鎝	鍊鎝																					9.19
359	釭/盛膏者		釭	釭																										9.20
360	鍋		鍋	鍋									鍋;鎯		鍋;鎯		鍋;鎯													9.20
361	船		船	船	舟;航.	舟;航.	舟;航.	舟;航.	舟;航.	舟;航.	舟;航.	舟;航.	舟;航.							舟;航.	舟;航.	舟;航.								9.29
362	/船大者																						舸	舸	舸					9.29
363	/小舸																						艖	艖	艖					9.29
364	/小艖																						艒縮	艒縮	艒縮					9.29
365	/小艒縮																						艇	艇	艇		艚	艚		9.29
366	/艇長而薄者																						舼	舼	舼					9.29

续表

地序	通语词	梁益	秦	晋	周	郑	韩	赵	魏	卫	宋	鲁	齐	东齐	海岱	代	燕	北燕	朝鲜洌水	北楚	江淮	楚郢	江湘	沅湘	九嶷湘潭	南越	吴	越	瓯	出处
367	艇短而深者/																						艀	艀	艀					9.29
368	艇小而深者/																						㮇	㮇						9.29
369	檸/家																													9.29
370	居檸中/	筏	筏	筏																		薦								9.29
371	戏																						媱;愓;嬉	媱;愓;嬉						10.01
372	何					何																								10.02
373	子					為								子																10.04
374	相問而不知荅/																						思	詠	曾;譬					10.05
375	使之而不肯荅/																						台							10.05

续表

地序	通语词	秦晋	周	郑	韩	赵	魏	卫	宋	鲁	齐	东齐	海岱	代	燕	北燕	朝鲜洌水	北楚	江淮	楚郢	江湘	沅澧	九嶷湘潭	南越	吴	越	出处
376	火										煜																10.06
377	怜																										10.07
378	挐（攘咥）		攘咥									攘咥								思	谨护支·訑·詀·讘	嗔 無爲·谨护支·訑·詀·讘	人兮·谨护支·訑·詀·讘		挐；惹；讘	挐；惹；讘	10.09
379	贪																	訑；䜍·佮·	訑；䜍·佮·	訑；䜍·佮·	訑；䜍·佮·宪	訑；䜍·佮·宪					10.10
380	淫																				遥·涵·湣·多	涵·湣·	涵·湣·多				10.11
381	沉																										10.12
382	静																										10.13
383	弃																	拌；敲·投	拌；敲·投	拌；敲							10.14
384	愍																				诼	诼	诼				10.15

① 〈贪而不施〉。

续表

地序 通語詞	梁益	秦	晉	周	鄭	韓	趙	魏	衛	宋	魯	齊	東齊	海岱	代	燕	北燕	朝鮮洌水	北楚	江淮	楚郢	江湘	沅澧	九嶷湘潭	南越	吳	越	甌	出处
385 歇																													10.16
386 息																													10.16
387 萃																			戲;泄	戲;泄	戲					泄	泄		10.19
388 /不安/		肩;肩塞;塞省;省	肩;肩塞;塞省;省																			迹	迹						10.20
389 違邊																					潤沐;征伀	潤沐;征伀							10.21
390 舉																			壽	壽	壽								10.22
391 /憨謹/																					鈕;怩;啓;咨.	鈕;怩;啓;咨.							10.23

① 〈著𥳑怖逮〉。

续表

地序/通語詞	秦晉	梁益	周	鄭	韓	趙	魏	衛	宋	魯	齊	東齊	海岱	代	燕	北燕	朝鮮洌水	北楚	江淮	楚郢	江湘	沅澧	九嶷湘潭	南越	吳	越	甌	出处
392 過																								譴;脈				10.25
393 兄																				腰	腰	腰	腰	䐴	腰	腰		10.26
394 吃																			謰;極	謰;極								10.27
395 短（矬）																				齛	齛		矬					10.28
396 惡																					鉗;疫	鉗;疫	鉗;疫					10.29
397 人相侮以爲無知／												眠眩						棍;劵	棍;劵	棍;劵	頓;憨				眠			10.29
398 惛																					氏;凋 頓;憨	氏;凋 頓;憨	氏;凋 頓;憨		棍;劵	棍;劵		10.30
399 惛																												10.30

① 〈相非議人〉。
② 〈人殘罵〉。
③ 〈飲棄毒懑〉。

续表

地序 通语词	400 苏	401 欺谩之语/	402 颡	403 (颐)	404 喜	405 或
出处	10.31	10.32	10.33	10.34	10.35	10.36
瓯						
越		眠娗;脉蜴;赐施;芰婗;譠謾;惛怓				
吴		眠娗;脉蜴;赐施;芰婗;譠謾;惛怓				
南越						
九嶷湘潭		眠娗;脉蜴;赐施;芰婗;譠謾;惛怓		颔	纷怡 邳已	
沅澧		眠娗;脉蜴;赐施;芰婗;譠謾;惛怓		颔		郺
江湘		眠娗;脉蜴;赐施;芰婗;譠謾;惛怓	颡	颔		
楚郢	悦;舒					
江淮	悦;舒					
北楚	悦;舒		颔			
朝鲜洌水						
北燕						
燕						
代						
海岱			颐			
东齐			颡			
齐						
鲁						
宋						
卫						
魏						
赵						
韩						
郑						
周				颔		
晋				颔;颐		
秦				颔;颐		
梁益						

298

续表

地序\通语词	秦晋	梁益	周	郑	韩	赵	魏	卫	宋	鲁	齐	东齐海岱	代	燕	北燕	朝鲜洌水	北楚	江淮	楚郢	江湘	沅澧	九嶷湘潭	南越	吴	越	瓯	出处
406 洽①	洽																										10.37
407 推②																			撛	挔;摁;攃	挔;摁;攃	挔;摁;攃					10.40
408 勸③																				食;闓;悠;愿	食;闓;悠;愿	食;闓;悠;愿					10.41
409 然																				钦;警	钦;警	钦;警					10.42
410 绪			嚣																	緤;端;纪;夫	緤;端;纪;夫	緤;端;纪;夫					10.43
411 瞩																			眙;覵	闟;睃;眙;占;齌	闟;睃;眙;占;齌	闟;睃;眙;占;齌					10.44

① 《醫洽之》。
② 《相推搏》。
③ 《已不欲喜而旁人說之，不欲怒而旁人怒之》。

續表

地序	通語詞	412	413	414	415	416	417
		多①	取②	輕③	蛉蚗	蟬	䗪蛄
梁益							
秦				·	蛉蚗	蟪	
晉						蟪	
周					蚎蟧蜓蟧蜒蛛·		
鄭					蚎蟧蜓蟧蜒蛛;	蜋蜩	
韓					蚎蟧蜓蟧蜒蛛·		
趙					蚎蟧蜓蟧蜒蛛·		
魏					蚎蟧蜓蟧蜒蛛·		
衛					蚎蟧蜓蟧蜒蛛;蟽蜩		
宋					蚎蟧蜓蟧蜒蛛;蟽蜩		
魯					蚎蟧蜓蟧蜒蛛·		
齊					蟆蟈		
東齊							
海岱						螲	
代							
燕							
北燕							
朝鮮洌水							
北楚				仉;儦蠓;蛄;蛉蛄	娘蜩	
江淮				仉;儦·蠓;蛄;蛉蛄	蜩	
楚郢				仉;儦蠓;蛄;蛉蛄	蜩	
江湘			絚;纆抯;摣			杜狗;蛒螻
沅澧			絚;纆抯;摣			杜狗;蛒螻
九嶷湘潭			絚;纆抯;摣			杜狗;蛒螻
南越							
吳							
越							
甌							
出處		10.45	10.46	10.47	11.01	11.02	11.03

① 〈大而多〉。
② 〈凡取物溝泥中〉。
③ 〈相輕薄〉。

续表

通语词\地域	瓯	越	吴	南越	九嶷湘潭	沅澧	江湘	楚郢	江淮	北楚	朝鲜洌水	北燕	燕	代	海岱	东齐	齐	鲁	宋	卫	魏	赵	韩	郑	周	晋	秦	梁益	通语词	出处
418					虹孙	虹孙	虹孙	蟋蟀;蜻蛚	蟋蟀;蜻蛚	蟋蟀;蜻蛚																			蜻蛚	11.04
419				蟾蜍;蚵蟆;蟾															蚍		蚍								蟒	11.07
420													蠓蟊									蠓蟊							蛊	11.11
421								蝇	蝇	蝇																蝇	蝇		蝇	11.12
422													蛾蚌			羊	蚼蟓	蚼蟓								蠹;天螻	蠹;天螻	玄蚼	蚍蜉	11.13
423								蟒嘖蚕蠣蟮螒	蟒嘖蚕蠣蟮螒	蟒嘖蚕蠣蟮螒							蟒嘖蚕蠣蟮螒	蟒嘖蚕蠣蟮螒	蟒嘖蚕蠣蟮螒	蟒嘖蚕蠣蟮螒	蟒嘖蚕蠣蟮螒	蟒嘖蚕蠣蟮螒	蟒嘖蚕蠣蟮螒	蟒嘖蚕蠣蟮螒	蟒嘖蚕蠣蟮螒			蛒;蝎;蛭蛒	蠐螬	11.14

續表

地序	通語詞	梁益	秦	晉	周	鄭	韓	趙	魏	衛	宋	魯	齊	東齊	海岱	代	燕	北燕	朝鮮洌水	北楚	江淮	楚郢	江湘	沅澧	九嶷湘潭	南越	吳	越	甌	出处
424	蛆䖡				蟓蚕;人耳;蜃螺	蟓蚕;人耳;蜃螺	蟓蚕;人耳;蜃螺	蟓蚕;人耳;蜃螺;蚨妤;蠶蠶;蠰蜩	蟓蚕;人耳;蜃螺;蚨妤;蠶蠶;蠰蜩	蟓蚕;人耳;蜃螺	蟓蚕;人耳;蜃螺	蟓蚕;人耳;蜃螺	蟓蚕;人耳;蜃螺					蛆呢		蟓蚕;人耳;蜃螺	蟓蚕;人耳;蜃螺	蟓蚕;人耳;蜃螺								11.15
425	蠶蠶		蠶蠶	蠶蠶														蟒蜍	蟒蜍											11.16
426	蝘蜓		蝶蜴	蝶蜴																										11.17
427	馬蚿																	蛆蝶												11.18
428	洲① 一曰	淤	淤																											12.108
429	始	初;祖																					獨	獨	獨					12.120
430	始	祖						曾								曾														13.71
431	簾									牛筐										箕										13.146

①〈水中可居者〉。

續表

地序	通語詞	梁益	秦	晉	周	鄭	韓	趙	魏	衛	宋	魯	齊	東齊	海岱	代	燕	北燕	朝鮮洌水	北楚	江淮	江楚郢	江湘	沅澧	九嶷湘潭	南越	吳	越	甌	出處
432	小籠/篚		箪	箪																			篓	篓	篓					13.147
433	籠																						笯;簝;筊	笯;簝;筊	笯;簝;筊					13.148
434	篨		籍	筀筷				筀筷	筀筷													筊;簝	筊;簝;筒	筊;簝;筒	筊;簝;筒				13.149 竹·箱
435	盂																													13.153
436	飴		铧	对						盌鎧錫	錫			敕;錄				鲜		錫	錫	錫								13.158
437	麴									敕;錄				敕;錄																13.159
438	冡		塡;培;堬;采;埌;壠	塡;培;堬;采;埌;壠	丘	丘	丘	丘	丘	丘	丘	丘	丘							丘	丘	丘								13.162
439	小冡/				塿	塿	塿	塿	塿	塿	塿	塿	塿							塿	塿	塿								13.162
440	大冡/				丘	丘	丘	丘	丘	丘	丘	丘	丘							丘	丘	丘								13.162

續表

地序	通語詞	秦	晉	周	鄭	韓	趙	魏	衛	宋	魯	齊	東齊	海岱	代	燕	北燕	朝鮮洌水	北楚	江淮	江楚郢	江湘	沅澧	九嶷湘潭	南越	吳	越	甌	出处
441	芋											莒																	艸·莒
442	白芷	虈	虈									茝																	艸·虈
443	淩																												艸·淩
444	菖蒲																												艸·茚
445	大善/菟逐苑草中/兒泣不止/	薛唐																	莽	莽	莽	莽							茻·莽
446	大呼											喑																	口·喑
447	迎																		唭										口·唭
448	鼉/盛/		迣				迣																						辵·迣
449	散																		樹										十·樹
450	信								訖			訐							訐	訐	訐								言·訐
451	炊											譣																	言·譣
452	土釜	酙																											鬲·酙
453																													
454	健	駽																	駽										馬·駽

续表

地序	通語	梁益	秦	晉	周	鄭	韓	趙	魏	衛	宋	魯	齊	東齊	海岱	代	燕	北燕	朝鮮洌水	北楚	江淮	江楚郢	江湘	沅澧	九嶷湘潭	南越	吳	越	甌	出处
455	/卜問吉凶/																			敊	敥	敥								又·敥
456	收																			叔										又·叔
457	筆		筆																	聿	聿	聿					不律			聿·筆
458	/雉五采皆備/				翚	翚	翚																							羽·翚
459	楚烏		雅																											隹·雅
460	周燕					鷾																								隹·鷾
461	雉							稀			鶅	鶅	鶅	鶅	鶅	稀	稀	稀	稀	稀	搖	搖	搖	搖	搖	鸋	鸋	鸋	鸋	隹·雉
462	腥												膟							腰	腰	腰								肉·腰
463	/俗以二月祭飲食/							脂								脂		脂	脂											肉·脂
464	/鳥腊/															腊		腊	腊											肉·腊
465	/治魚/																			劊	劊	劊								刀·劊

附録

續表

地序	通語詞	梁益	秦	晉	周	鄭	韓	趙	魏	衞	宋	魯	齊	東齊海岱	代	北燕	朝鮮洌水	北楚	江淮	楚郢	江湘	沅澧	九嶷湘潭	南越	吳越	甌	出处
466	册,又,可以劃麥/								桂																		朱·桂
467	竹皮		篇	篇														箬	箬	箬							竹·箬·篇
468	榜苔																										竹·篇
469	飯帚																										竹·箱
470	小兒所書寫/																	笞									竹·笞
471	/輕財者/		粤																								勹·粤
472	糜				饘																						食·饘
473	糜																										食·饘
474	飼				餯																						食·餯
475	/志人/																	餛	餛	餛							食·餛
476	祭舜											餉													餽		食·餽
477	兄		夔		弟														當	當							舜弟
478	/市買多得/		及																								及
479	待/																										女

續表

地序	通語詞	梁益	秦	晉	周	鄭	韓	趙	魏	衛	宋	魯	齊	東齊	海岱	代	燕	北燕	朝鮮洌水	北楚	江淮	楚郢	江湘	沅澧	九嶷湘潭	南越	吳	越	甌	出处
480	/權材其實/																						柍	柍	柍					木·柍
481	樣		棣		橡																									木·榡
482	楷		梠										楢							梠	梠	梠								木·楷/厂·户
483	樓		杇		樓	樓	樓	樓	樓	樓	樓	樓	樓							樓	樓	樓								木·杇
484	桯												湯	湯	湯															木·桱
485	櫼												鐵																	木·欘
486	椎												終葵																	木·椎
487	積																			柿	柿	柿								木·柿
488	禾		私																											禾·私
489	稻																													禾·稬
490	麥												秾																	禾·稯
491	舂												臼																	白·臼
492	/地空因以爲土穴/							盆户								盆户	盆户	盆户	盆户											穴·盆
493	塚																			壟	壟	壟								壟·壠

附錄

續表

地序	通語詞	梁益	秦	晉	周	鄭	韓	趙	魏	衛	宋	魯	齊	東齊	海岱	代	燕	北燕	朝鮮洌水	北楚	江淮	楚郢	江湘	沅澧	九嶷湘潭	南越	吳	越	甌	出處
494	/相評/								諎																					謰·諎
495	小兒癡/		韗																											臥·譬
496	衰																													衣·袁
497	酢母																						鬻	鬻						髟·爾
498	晝																			焉										曰·卽
499	犬																									獿/獀				犬·瘦
500	犬子		獻																											犬·獻
501	黑												黸																	黑·黸
502	民		黔首		黎民																									黔
503	懼																			悼	悼	悼								心·悼
504	/飲酒習之不醉/																			漢										水·漢
505	沸溢							潽	潽																					水·潽
506	潘				泔																									水·泔
507	盧												霣																	雨·霣
508	雨霓												霄																	雨·霄

续表

地序	通語詞	梁益	秦	晉周	鄭	韓	趙	魏	衛	宋	魯	齊	東齊海岱	代	燕	北燕	朝鮮洌水	北楚	江淮	江楚郢	江湘	沅澧	九嶷湘潭	南越	吳	越	甌	出处
509	霖雨																											雨·霖
510	鰲						鰲								鰲	鰲	鰲	鰲	鮯	鮯	鮯	鮯	鮯	鮯	鮯	鮯	鮯	魚·鰲
511	燕	鹵									乙	乙	乙	乙														乙·鹵
512	鹵①	鹵									庐	庐	庐	庐														鹵·鹵
513	鹽							鹽																				鹵·鹽
514	門																		閭 閤	閭 閤	閭 閤								門·閭
515	里門	控																	門										門·閭
516	引弓	控																											手·控
517	母	姐																		社	社								女·姐
518	妹																		媞	媞	媞								女·媞
519	姊																		婿	婿	婿								女·婿
520	恨																		嫡	頯	頯								女·嫡
521	/山岸脅之旁箐飲落隋者/	氏																											氏·氏

① 〈西方墾地〉。

續表

地序	通语词	梁益	秦	晋	周	鄭	韓	趙	魏	衛	宋	魯	齊	東齊	海岱	代	燕	北燕	朝鮮洌水	北楚	江淮	江湘	沅澧	九嶷湘潭	南越	吳越	甌	出處
522	岳																											缶
523	弩				弲																							缶・弓・弲
524	/女子無絝,以帛為脛空用絮補核/																		繚衣									糸・繚
525	蛭			蟜				地螻					蠰			地螻	地螻	地螻	地螻	蚊	蚊	蚊						虫・蠰/蟜
526	蚊																			蚊	蚊	蚊						虫・蚊
527	螭																		地螻									虫・螭
528	龠		杜廬蜃																									虫・龠
529	螳蚖/致力於地/		蚖																									虫・蜓
530	/致力於地/																			圣								土・圣
531	阮		埂																									土・埂
532	橋																			圯								土・圯

續表

地序	通語詞	梁益	秦	晉	周	鄭	韓	趙	魏	衛	宋	魯	齊	東齊	海岱	代	燕	北燕	朝鮮洌水	北楚	江淮	楚郢	江湘	沅澧	九嶷湘潭	南越	吳	越	甌	出处
533	陌							眈	眈																					田·眈
534	鐵																				錯									金·錯
535	鍱												鍱																	金·鍱
536	佰頭/金								鑒																					金·鑒
537	陵阪		阺					土嶁								土嶁	土嶁	土嶁	土嶁											昌·阺
538	闠																			酸	酸									九·闠
539	酢				酸	酸	酸	酸	酸	酸	酸	酸	酸								酸									酉·酸

附錄二　收錄意見分歧詞表

說明：

1. 本表所列爲方言詞判定過程中學者們存在意見分歧的詞語。

2. 在諸家收錄意見各列中，"——"表示在該學者的研究中不收該詞爲方言詞，"？"表示不能確定是否收錄。丁啓陣收錄意見以"《方言》方言字（詞）表"（見《秦漢方言》，第124~185頁）爲準；松江崇的收錄意見以《揚雄〈方言〉逐條地圖集》爲準；王智群收錄意見以《〈方言〉與揚雄詞彙學思想研究》所附"《方言》十二區方言詞表"爲準。

3. "本書"一列是我們參照前人研究意見在本書中最後採取的意見，凡標明方言使用區域的爲收錄該詞爲標示區域的方言詞，標明"？"的爲本書存疑未收的詞語。

條目	方言詞	《方言》	丁啓陣	松江崇	王智群	《漢語方言大詞典》	本書
1.11	慎（思之貌）	1.11 鬱悠、懷、怒、惟、慮、願、念、靖、慎，思也。晉宋衛魯之間謂之鬱悠。惟，凡思也。慮，謀思也。願，欲思也。念，常思也。東齊海岱之間曰靖，秦晉或曰慎。凡思之貌亦曰慎，或曰怒。	秦晉	——	——	思考的神態。中原官話。陝西。清雍正十三年《陝西通志》："凡思之貌亦曰慎，謂感思者之容。"……思；想。中原官話。……《方言》："慎，思也。……秦晉或曰慎。"陝西。（P6673）①	？②

---

① 《漢語方言大詞典》（許寶華、宮田一郎主編，中華書局1999年版）收錄《方言》中的方言詞時標準不一。僅就本表所見列舉如下：（1）第6790頁"臧"下收《方言》12.86"臧，厚也"一義，而《方言》13.106"賦，臧也"一義則不收。（2）《大詞典》據《方言》9.29收該條"艃"、"艒䑿"、"艪"、"艀"、"樑"爲古方言詞，而獨漏收該條之"艇"。（3）第6970頁"𦧲"下收《方言》10.27"讇、極，吃也……或謂之𦧲"中"𦧲"之"口吃"義，而該條中"軋"亦有"口吃"義，却不見收於第1110頁之"軋"下。其他如：《方言》12.93"吹、扇，助也"條，《大詞典》第2 634頁"吹"下收義項⑧〈動〉輔助。古方言。《方言》第二（筆者按：當爲"第十二"《大詞典》誤作"第二"）：'吹，助也。'晉郭璞注：'吹，噓，佐助也。'"而第5201頁"扇"下則不收《方言》"輔助"義。另外，《大詞典》引用《方言》時體例也不統一。從下表所列數條即可看出，不再贅述。

② 周祖謨《方言校箋》本條"秦晉或曰慎"之後斷以"，"號，華學誠《校釋匯證》則斷以"。"號。《方言》"凡××謂之×"常見，但有時於"凡"之前後緊接地名標示（如2.06），則可判定爲方言詞說解無疑；但有些地方如此條及下文13.162條，"凡"之前後未見地名標示，我們難以斷定所言是否爲方言詞。因此，本書暫將此類詞語存疑，不作爲兩漢方言詞收錄。下{怒}及13.162{墓}、{墲}同此。

續表

條目	方言詞	《方言》	丁啓陣	松江崇	王智群	《漢語方言大詞典》	本書
1.11	恷（思之貌）		秦晉	——	?	憂思傷痛。㈠古方言。《方言》第一："恷，憂也…自關而西秦晉之間凡志而不得，欲而不獲，高而又墜，得而中亡…或謂之恷。"又"恷，傷也。"又"恷，思也。"㈡中原官話。山西洪洞。清乾隆二五年《趙城縣志》："憂曰恷。"陝西。清雍正十三年《陝西通志》："恷…憂也。"㈢晉語。山西。清嘉慶十六年《山西通志》："憂曰恷。"（P6051）	?①
1.25	未（出）	1.25 嫷、蟬、緧、撚、未，續也。楚曰嫷。蟬，出也。楚曰蟬；或曰未，及也。②	楚③	楚④	——	——	楚⑤
1.31	薄努（勉努）	1.31 釗、薄，勉也。秦晉曰釗，或曰薄。故其鄙語曰薄努，猶勉努也。	秦晉鄙語	秦晉鄙語	——	勉勵。㈠中原官話。陝西。清雍正十三年《陝西通志》："勉曰釗，或曰薄，其鄙語曰薄努，猶勉努也。"㈡晉語。山西。㈢湘語。湖南。㈣古方言。《方言》第一："釗、薄，勉也。秦晉曰釗，或曰薄，故其鄙語曰薄努，猶勉努也。南楚之外曰薄努。"（P7204）	秦晉鄙語

---

① 參見上注。
② 宋本《方言》並作"未"。周祖謨《方言校箋》斷作："蟬，出也。楚曰蟬，或曰未及也。"校語："未當作末。"劉君惠《方言箋記》："王（念孫）、錢（繹）、周（祖謨）三家都改'未'爲'末'，都以爲'未與續義不相近'。我以爲'未'字自可訓續，不煩改字。"其他各家意見可參見華學誠《校釋匯證》。本書從宋本及《校釋匯證》意見作"未"，斷爲："蟬，出也。楚曰蟬，或曰未，及也。"
③ 丁啓陣收該詞作{未}（意義列注爲"及"，上之{蟬}意義注爲"出，及"）。
④ 松江崇該條目地圖收{未及}爲楚方言詞，並將該條表"續"義的{嫷}及表"出"義的{蟬}、{未及}分作兩圖。
⑤ 本書依據宋本及《校釋匯證》參考相關意見，收{未}爲表"出"義的楚方言詞。李恕豪《揚雄〈方言〉中僅見於楚地的方言詞語研究》引該條從《方言校箋》所斷，文中未對"未及"作相關討論，似不以{未（及）}爲楚方言詞。

續表

條目	方言詞	《方言》	丁啓陣	松江崇	王智群	《漢語方言大詞典》	本書
2.06	笙（細貌）	2.06 嫢、笙、摰、㨆，細也。自關而西秦晉之間凡細而有容謂之嫢，或曰偨；凡細貌謂之笙，斂物而細謂之摰，或曰㨆。	自關而西秦晉之間	—	—	細小；精細。㊀古方言。《方言》第二："嫢、笙、摰、㨆，細也。自關而西秦晉之間…凡細貌謂之笙。"……㊁膠遼官話。山東臨朐。1935年《臨朐續志》："笙，《方言》：細也。俗謂尖曰尖笙，嫩曰嫩笙，白曰白笙。"㊂中原官話。陝西。清雍正十三年《陝西通志》："凡細貌謂之笙。"（P5517~5518）	自關而西秦晉之間①
2.06	摰（斂物而細）		自關而西秦晉之間	—	—	束；抽緊繩索兩端使緊固細小。㊀古方言。《方言》第二："摰，細也。自關而西秦晉之間…斂物而細謂之摰。"㊁江淮官話。江蘇南通。清光緒二二年《通州直隸州志》："摰，束也。"㊂吳語。浙江寧波［tɕY⁵³］。（P6021）	自關而西秦晉之間②
2.06	㨆（斂物而細）		自關而西秦晉之間	—	—	把東西㨆成細小的。㊀膠遼官話。山東臨朐。1935年《臨朐續志》："今謂以指捏散細物曰㨆。"㊁中原官話。陝西西安。《方言》第二："㨆，細也。自關而西，秦晉之間凡細而有容謂之嫢…凡細貌謂之笙，斂物而細謂之摰，或曰㨆。"（P5391）	自關而西秦晉之間③

---

① 此條先言"自關而西秦晉之間"後接以"凡××謂之××"，"凡細貌謂之笙，斂物而細謂之摰，或曰㨆"應該也是"自關而西秦晉之間"的方言說法。從《漢語方言大詞典》所引資料來看，{笙}、{摰}、{㨆}表相應意義在後來的中原、膠遼、江淮官話中仍有使用。因此，本書將該條{笙}、{摰}、{㨆}收錄爲秦晉方言詞。

② 參見上注。

③ 參見上注。

續表

條目	方言詞	《方言》	丁啓陣	松江崇	王智群	《漢語方言大詞典》	本書
2.08	纖（小）	2.08 私、策、纖、葰、釋、杪，小也。自關而西秦晉之郊梁益之間凡物小者謂之私，小或曰纖，繒帛之細者謂之纖。	自關而西秦晉之郊梁益之間	自關而西秦晉之郊梁益之間	——	細小。晉語。山西。清光緒十年《山西通志》："凡物小謂之私，或曰纖。"（P2366）【未引《方言》】	自關而西秦晉之郊梁益之間
2.08	纖（繒帛之細者）		自關而西秦晉之郊梁益之間	自關而西秦晉之郊梁益之間	——	細絲。中原官話。陝西。清雍正十三年《陝西通志》："繒帛之細者謂之纖。"（P2366）【未引《方言》】	自關而西秦晉之郊梁益之間
2.18	䫏（小怒）	2.18 憑、䫏、苛，怒也。楚曰憑，小怒曰䫏。陳謂之苛。	楚	——	——	發怒。古方言。《方言》第二："小怒曰䫏。"（P6048）	楚①
3.05	臧（凡民男而聟婢）	3.05 臧、甬、侮、獲，奴婢賤稱也。荊淮海岱雜齊之間罵奴曰臧，罵婢曰獲。齊之北鄙燕之北郊凡民男而聟婢謂之臧，女而婦奴謂之獲；亡奴謂之臧，亡婢謂之獲。皆異方罵奴婢之醜稱也。自關而東陳魏宋楚之間保庸謂之甬。秦晉之間罵奴婢曰侮。	齊之北鄙燕之北郊	齊之北鄙燕之北郊	——	奴仆。也指以奴仆爲妻子的人。特指逃亡的奴仆。古方言。《方言》第三："臧、甬、侮、獲，奴婢賤稱也。荊淮海岱雜齊之間罵奴曰臧，罵婢曰獲。齊之北鄙、燕之北郊凡民男而聟婢謂之臧，女而婦奴謂之獲；亡奴謂之臧，亡婢謂之獲。皆異方罵奴婢之醜稱也。"（P6790）	齊之北鄙燕之北郊
3.05	獲（凡民女而婦奴）		齊之北鄙燕之北郊	齊之北鄙燕之北郊	——	古代對奴婢的賤稱。古方言。漢揚雄《方言》第三："獲，奴婢賤稱也。荊、淮、海岱、雜齊之間罵奴曰臧，罵婢曰獲。齊之北鄙、燕之北郊凡民男而聟婢謂之臧，女而婦奴謂之獲；亡奴謂之臧，亡婢謂之獲。皆異方罵奴婢之醜稱也。"（P4628）	齊之北鄙燕之北郊

① 李恕豪認爲該條中{䫏}爲楚方言詞，說見《揚雄〈方言〉中僅見於楚地的方言詞語研究》。

續表

條目	方言詞	《方言》	丁啓陣	松江崇	王智群	《漢語方言大詞典》	本書
3.05	臧（亡奴）		齊之北鄙燕之北郊	齊之北鄙燕之北郊	——	同上	齊之北鄙燕之北郊
3.05	獲（亡婢）		齊之北鄙燕之北郊	齊之北鄙燕之北郊	——	同上	齊之北鄙燕之北郊
3.08	荏（蘇）	3.08 蘇、芥、莽，草也。……蘇亦荏也。關之東西或謂之蘇，或謂之荏。	關之東西	關之東西		紫蘇。中原官話。陝西。清雍正十三年《陝西通志》：“關之東西，或謂之蘇，或謂之荏。”甘肅甘谷。李恭《隴右方言發微》：“今隴右通稱榨油之紫蘇曰‘荏’，如若‘忍’。”漢揚雄《方言》第三：“蘇亦荏也。”（P3887）	關之東西
3.19	荄（根）	3.19 荄、杜，根也。東齊曰杜，或曰荄。	東齊	東齊		根。古方言。漢揚雄《方言》第三：“荄、杜，根也。東齊曰杜，或曰荄。”（P3150）	東齊
3.21	瘼（再病）	3.21 瘼、癁，病也。東齊海岱之間瘼或曰癁，秦曰瘳。	東齊海岱之間	東齊海岱之間	——	病復發。古北方方言。《方言》第三：“瘼、癁，病也。東齊海岱之間曰瘼，或曰癁。”（P7363）	東齊海岱之間
3.46	辟（商人醜稱）	3.46 僮、䯁，農夫之醜稱也。南楚凡罵庸賤謂之田僮，或謂之䯁，或謂之辟。辟，商人醜稱也。	南楚	——	——	對商人的鄙稱。古方言。《方言》第三：“南楚凡罵庸賤謂之田僮，…或謂之辟。辟，商人醜稱也。”（P6727）	？①
3.51	不斟（病少愈而加劇）	3.51 斟，益也。南楚凡相益而又少謂之不斟。凡病少愈而加劇亦謂之不斟，或謂之何斟。	南楚	南楚		病稍好轉即又加重。《方言》第三："（南楚）凡病少愈而加劇亦謂之不斟。"（P618）	南楚

---

① {辟}之 "商人醜稱" 義是否爲南楚方言，難以遽斷，存疑不收。

續表

條目	方言詞	《方言》	丁啓陣	松江崇	王智群	《漢語方言大詞典》	本書
3.51	何斟（病少愈而加劇）		南楚	南楚	——	增加後又減少；病稍輕而又加重。古南方方言。《方言》卷三："南楚凡相益而少，謂之不斟；凡病少愈而加劇，亦謂之不斟，或謂之何斟。"（P2723）	南楚
3.52	慧（疾愈）	3.52 差、間、知，愈也。南楚疾愈者謂之差，或謂之間，或謂之知，知，通語也。或謂之慧，或謂之憭，或謂之瘳，或謂之蠲，或謂之除。	南楚	南楚	——	病好。古方言。《方言》第三："南楚病愈者謂之差…或謂之慧，或謂之憭。"（P6977）	南楚
3.52	憭（疾愈）		南楚	南楚	——	病愈。㊀古方言。《方言》第三："南楚病愈者謂之差…或謂之憭。"㊁湘語。湖南。（P7147）	南楚
3.52	瘳（疾愈）		南楚	南楚	——	病愈。古方言。《方言》第三："南楚病愈者謂之差，或謂之瘳。"（P7281）	南楚
3.52	蠲（疾愈）		南楚	南楚	——	病痊愈。古南方方言。《方言》第三："南楚病愈者謂之差…或謂之蠲。"（P7519）	南楚
3.52	除（疾愈）		南楚	南楚	——	痊愈。古方言。《方言》第三："南楚病愈者謂之差，…或謂之除。"（P4511）	南楚
4.02	裋褕（襜褕其短者）	4.02 襜褕，江淮南楚謂之褋襦，自關而西謂之襜褕，其短者謂之裋褕。	自關而西	自關而西	——	童僕所穿粗布短衣。古方言。《方言》第四："襜褕…自關而西謂之襜褕，其短者謂之裋褕。"（P6341）	自關而西
4.34	褸（袂衣）	4.34 襎裷謂之幭。緊袼謂之䙝。楚謂無緣之衣曰襤，袂衣謂之褸，秦謂之緻①。	楚	楚	——	縫補。古方言。《方言》第四："褸謂之緻。"又："楚謂無緣之衣曰襤，袂衣謂之褸。"（P6961）	楚

① 李恕豪認爲該條中{褸}並爲楚方言詞，說見《揚雄〈方言〉中僅見於楚地的方言詞語研究》。

續表

條目	方言詞	《方言》	丁啓陣	松江崇	王智群	《漢語方言大詞典》	本書
5.13	升甌（瓯盎其小者）	5.13 甖瓿謂之盎。自關而西或謂之盆，或謂之盎；其小者謂之升甌。	自關而西	自關而西	—	小瓦盆。古方言。《方言》第五："甖瓿謂之盎，自關而西或謂之盆，或謂之盎，其小者謂之升甌。"（P860）	自關而西
5.20	絡（繘；汲水索）	5.20 繘，自關而東周洛韓魏之間謂之綆，或謂之絡。關西謂之繘。	自關而東周洛韓魏之間	自關而東周洛韓魏之間	—	汲水器具上的粗繩索。古方言。《方言》第五："繘，自關而東周洛韓魏之間謂之綆，或謂之絡。"（P4549）	自關而東周洛韓魏之間
6.38	雉（理）	6.38 紕、繹、督、雉，理也。秦晉之間曰雉，宋鄭曰紕。凡物曰督之，絲曰繹之。	秦晉之間	—	—	（P6594）	秦晉之間①
7.30	負他（以驢馬駝駝載物者）	7.30 攍、膂、賀、艜，儋也。齊楚陳宋之間曰攍，燕之外郊、越之垂甌、吳之外鄙謂之膂，南楚或謂之攍，自關而西隴冀以往謂之賀，凡以驢馬駝駝載物者謂之負他，亦謂之賀。	自關而西隴冀以往	自關而西隴冀以往	—	驢馬馱物。中原官話。陝西西安。清雍正十三年《陝西通志》："凡以驢馬駝駝載物者，謂之負他。"（P2141）【未引《方言》】	自關而西隴冀以往
7.30	賀（以驢馬駝駝載物者）		自關而西隴冀以往	自關而西隴冀以往	—	肩挑；載物。㊀古北方方言。《方言》第七："賀，儋也。自關而西，隴冀以往，謂之賀。凡以驢馬駝駝載物者，亦謂之賀。"㊁中原官話。陝西。清雍正十三年《陝西通志》："賀，儋也。自關而西謂之賀。凡以驢馬駝駝載物者，謂之負他②，亦謂之賀。"（P4532）	自關而西隴冀以往

---

① 宋本《方言》："紕、繹、督、雉，理也。秦晉之間曰紕。凡物曰督之，絲曰繹之。"王國維《書郭注方言後三》："《原本玉篇》引'紕，理也。秦晉之間曰雉，宋鄭曰紕'。是今本奪'曰雉宋鄭'四字，於是宋鄭語誤爲秦晉語，而'雉'之爲何語亦不可知矣。"周祖謨《方言校箋》引《原本玉篇》認爲："今本秦晉之間下脫'曰雉宋鄭'四字。當據補。"本文依王國維、周祖謨意見，收{雉}爲秦晉方言詞，{紕}爲宋鄭方言詞。松江崇、王智群、《漢語方言大詞典》或據宋本，故不收{雉}。

② 《漢語方言大詞典》此處引《陝西通志》誤以"他"字屬下，斷爲"凡以驢馬駝駝載物者，謂之負，他亦謂之賀"，而上文"負他"下引《陝西通志》則作"凡以驢馬駝駝載物者，謂之負他"，以"負他"連文。《漢語方言大詞典》於此二詞該義項下均不引《方言》。《方言》7.30："攍、膂、賀、艜，儋也。……自關而西隴冀以往謂之賀，凡以驢馬駝駝載物者謂之負他，亦謂之賀。"當即《陝西通志》之所本。

續表

條目	方言詞	《方言》	丁啓陣	松江崇	王智群	《漢語方言大詞典》	本書
8.09	鶪鶪（鳲鳩）	8.09 鳲鳩，燕之東北朝鮮洌水之間謂之鶪鴶。……自關而西謂之服鶪，或謂之鶪鶪。	自關而西	自關而西	—	布穀鳥。古方言。《方言》第八："鳲鳩，燕之東北朝鮮洌水之間謂之鶪鴶…自關而西謂之服鶪，或謂之鶪鶪。"（P6846）	自關而西
8.15	守宮（蜥蜴）	8.15 守宮，秦晉西夏謂之守宮，或謂之蠦蠪，或謂之蜓易，其在澤中者謂之易蝪。	秦晉西夏	秦晉西夏	—	—	秦晉西夏
9.03	矜（矛柄）	9.03 矛，吳揚江淮南楚五湖之間謂之鍦，或謂之鋋，或謂之鏦。其柄謂之矜。"	吳揚江淮南楚五湖之間	吳揚江淮南楚五湖之間	—	（P4532）	?①
9.20	鍋（盛膏者）	9.20 車釭，燕齊海岱之間謂之鍋，或謂之錕。自關而西謂之釭，盛膏者乃謂之鍋。	自關而西	自關而西	—	車上盛潤滑油脂之器。古方言。《方言》第九："車釭，齊燕海岱之間謂之鍋；自關而西，盛膏者乃謂之鍋。"（P6159）	自關而西
9.29	艖（小舸）	9.29 舟，自關而西謂之船。自關而東或謂之舟，或謂之航。南楚江湘凡船大者謂之舸，小舸謂之艖，小艖謂之艒艘。小艒艘謂之艇，艇長而薄者謂之艚，短而深者謂之䑨，小而深者謂之䒀。	南楚江湘	南楚江湘	—	小船。㊀古方言。《方言》第九："南楚、江、湘……小舸謂之艖。"㊁湘語。湖南。（P7127）	南楚江湘
9.29	艒艘（小艖）		南楚江湘	南楚江湘	—	小船。㊀古方言。《方言》第九："南楚、江、湘……小舸謂之艖，艖謂之艒艘。"㊁湘語。湖南。（P7127）	南楚江湘
9.29	艇（小艒艘）		南楚江湘	南楚江湘	—	— （P6214）	南楚江湘
9.29	艚（艇長而薄者）		南楚江湘	南楚江湘	—	長而淺的小船。㊀古方言。《方言》第九："南楚、江、湘，艇長而薄者謂之艚。"㊁湘語。湖南。（P7127）	南楚江湘

---

① 該條"其柄謂之矜"與上文所析5.19中的"碓或謂之䂽"一樣，是連類而及地說解相關詞語，沒有明確的方言地域分布。丁啓陣、松江崇於5.19下均不收{䂽}，但並收此條{矜}爲方言詞。本書暫不將{矜}作爲方言詞收錄。

續表

條目	方言詞	《方言》	丁啓陣	松江崇	王智群	《漢語方言大詞典》	本書
9.29	艀（艇短而深者）		南楚江湘	南楚江湘	——	小舟。古方言。《方言》第九："南楚江湘艇短而深者謂之艀。"（P7353）	南楚江湘
9.29	樑（艇小而深者）		南楚江湘	南楚江湘	——	小而深的船。㊀古方言。《方言》第九："南楚、江、湘，艇小而深者謂之樑。"……㊁湘語。湖南。《湖南通志》："艇長而薄者謂之艜，短而深者謂之艀，小而深者謂之樑。"（P6751）	南楚江湘
10.19	突（猝）	10.19 葉，猝也。江湘之間凡卒相見謂之葉相見，或曰突。	江湘之間	江湘之間	——	倉猝。古方言。《方言》第十："葉，卒也。江湘之間，凡卒相見謂之葉相見，或曰突。"（P4448）	江湘之間
10.27	軋（口吃）	10.27 譅、極，吃也。楚語也。或謂之軋，或謂之翋。	——	——	①	——（P1110）	?②
10.27	翋（口吃）		——	——	——	口吃。古方言。《方言》第十："譅極，吃也……或謂之翋。"（P6970）	?③
10.34	頜（頤）	10.34 頜、頤，頷也。南楚謂之頜。秦晉謂之頜。頤，其通語也。	——	秦晉	·	腮。晉語。山西。清光緒十年《山西通志》："頜謂之頜。"《方言》："頜、頤，頷也。秦晉謂之頜，頤其通語也。"（P6215）	秦晉④

① 王智群於楚方言區收{極}，而漏收{譅}。
② 李恕豪認爲該條中{軋}、{翋}並爲楚方言詞，說見《揚雄〈方言〉中僅見於楚地的方言詞語研究》。其餘諸家均不收。{軋}、{翋}是否爲楚方言詞，無確鑿證據，本書存疑不收。
③ 參見上注。
④ 周祖謨《方言校箋》本條作："頜、頤，頷也。南楚謂之頜。秦晉謂之頤。頤，其通語也。"松江崇《地圖集》按："《校箋》誤作'頤'。《宋刊四種》及《疏證》均作'頜'，今據正。"華學誠《校釋匯證》所據宋本作"秦晉謂之頜"，並不出校語。丁啓陣、王智群或據周祖謨《方言校箋》而不收{頜}。本書依宋本，故收{頜}爲"秦晉"方言詞。

續表

條目	方言詞	《方言》/《說文》	丁啓陣	松江崇	王智群	《漢語方言大詞典》	本書
13.162	塿（冢小者）		—	自關而東	—	小墳。古北方方言。《方言》第十三："冢，秦晉之間謂之墳，自關而東謂之丘，小者謂之塿。"（P5884）	自關而東
13.162	丘（冢大者）	13.162 冢，秦晉之間謂之墳，或謂之培，或謂之堬，或謂之采，或謂之埌，或謂之壟。自關而東謂之丘，小者謂之塿，大者謂之丘，凡葬而無墳謂之墓，所以墓謂之墲。	—	自關而東	—	墳堆。古方言。漢揚雄《方言》第十三："冢，自關而東謂之丘，小者謂之塿，大者謂之丘。"（P1381）	自關而東
13.162	墓（葬而無墳）		—	—	—	葬而不堆土不植樹的墳墓。古方言。《方言》第十三："凡葬而無墳謂之墓。"（P6422）	?①
13.162	墲（所以墓；規度墓地）		—	—	—	規劃、勘測墓地。古方言。《集韻》："墲，蒙晡切，規度墓地也。《方言》：'凡葬無墳謂之墓。所以墓謂之墲。'"（P2391）	?②
木·槌	植（架蠶箔的木柱）	《說文·木部》："槌，關東謂之槌，關西謂之持。从木追聲。"	③			架掛蠶箔的木柱。古北方方言。《方言》第五："槌，宋魏陳楚江淮之間謂之植，自關而西謂之槌。"晉郭璞注："懸蠶薄柱也。"（P6397）	?④
木·槌	持（架蠶箔的木柱）					槌。㊀古方言。《說文·木部》："槌，…關西謂之持。"唐玄應《一切經音義》卷六："關東謂之槌，關西謂之持。"（P4578）	

---

① 周祖謨《方言校箋》於"大者謂之丘"後斷以"，"號，華學誠《校釋匯證》亦同。如前1.11條下所注，此處"凡××謂之×"無法斷定是否爲方言詞說解，故本書暫不將該條{墓}、{墲}作爲方言詞收錄。
② 參見上注。
③ 丁啓陣、松江崇、王智群所論限於《方言》，未及《說文》。華學誠"《說文》方言詞表"收{槌}、{持}、{㮟}三詞。
④ 《方言》5.30："槌，（縣蠶薄柱也。）宋魏陳楚江淮之間謂之植，自關而西謂之槌，齊謂之样。其橫，關西曰樴，宋魏陳楚江淮之間謂之梠，齊部謂之持。"《說文》此處所記與《方言》方言詞在詞義和地域分布上出入較大，難以判定是非。本書只依據揚雄《方言》所記收錄這些方言詞，《說文》所記方言詞存疑不收。

續表

條目	方言詞	《說文》	丁啓陣	松江崇	王智群	《漢語方言大詞典》	本書
木·栚	椹（槌之橫者）	《說文·木部》："栚，槌之橫者也。關西謂之椹。"				擱架蠶箔的橫木。古北方方言。《說文·木部》："栚，槌之橫者也。關西謂之椹。"清段玉裁注："'關西謂之椹'，'西'當作'東'。"1935年《臨朐續志》："《說文》'東齊海岱之間謂之纔'，本作栚。俗謂蠶薄之杆曰栚，讀如船。"（P7192）	?[①]

[①] 參見上注。

參考文獻

一、專著

[1] [漢]班固撰，[唐]顏師古注.漢書[M].北京：中華書局，1997.

[2] [漢]司馬遷撰，[宋]裴駰集解，[唐]司馬貞索隱，[唐]張守節正義.史記[M].北京：中華書局，1997.

[3] [漢]許慎.說文解字[M].北京：中華書局，1963.

[4] [宋]洪興祖.楚辭補注[M].北京：中華書局，1983.

[5] [清]戴震.方言疏證[M]//顧廷龍.續修四庫全書第193册.上海：上海古籍出版社，1995.

[6] [清]段玉裁.說文解字注[M].上海：上海古籍出版社，1981.

[7] [清]桂馥.說文解字義證[M].濟南：齊魯書社，1987.

[8] [清]錢繹.方言箋疏[M].上海：上海古籍出版社，1984.

[9] [清]王念孫.方言疏證補[M]//顧廷龍.續修四庫全書第193册.上海：上海古籍出版社，1995.

[10] [清]王念孫.廣雅疏證[M].北京：中華書局，1983.

[11] 《古文字詁林》編委會.古文字詁林[M].上海：上海教育出版社，1999-2004.

[12] 《漢語大詞典》編委會.漢語大詞典[M].上海：上海辭書出版社，1986-1994.

[13] 《漢語大字典》編委會.漢語大字典（縮印本）[M].成都：四川辭書出版社，武漢：湖北辭書出版社，1996.

[14] [美] Paul L-M Serruys. The Chinese Dialects of Han Time According to Fang Yen [M]. University of California Press Berkeley and Los Angeles, 1959.

[15] [美] 布龍菲爾德. 語言論 [M]. 北京：商務印書館, 1980.

[16] [日] 松江崇. 揚雄《方言》逐條地圖集 [M]. 平成9-11年度科學研究費基盤（A）研究成果報告書（第四分册）. 1999.

[17] 陳鼓應. 莊子今注今譯 [M]. 北京：中華書局, 1983.

[18] 程俊英, 蔣見元. 詩經注析 [M]. 北京：中華書局, 1991.

[19] 程湘清. 漢語史專書複音詞研究 [M]. 北京：商務印書館, 2003.

[20] 池昌海.《史記》同義詞研究 [M]. 上海：上海古籍出版社, 2002.

[21] 丁啟陣. 秦漢方言 [M]. 北京：東方出版社, 1991.

[22] 丁惟汾. 方言音釋 [M]. 濟南：齊魯書社, 1985.

[23] 董達武. 周秦兩漢魏晉南北朝方言共同語初探 [M]. 天津：天津古籍出版社, 1992.

[24] 董紹克. 漢語方言詞彙差異比較研究 [M]. 北京：民族出版社, 2002.

[25] 馮蒸.《說文》同義詞研究 [M]. 北京：首都師範大學出版社, 1995.

[26] 符淮青. 詞義的分析和描寫 [M]. 北京：語文出版社, 1996.

[27] 復旦大學歷史地理研究所編. 中國歷史地名辭典 [M]. 南昌：江西教育出版社, 1986.

[28] 高名凱. 語言論 [M]. 北京：商務印書館, 1995.

[29] 高小方, 蔣來娣. 漢語史語料學 [M]. 北京：高等教育出版社, 2005.

[30] 葛劍雄. 中國移民史 [M]. 福州：福建人民出版社, 1997.

[31] 耿振生. 20世紀漢語音韻學方法論 [M]. 北京：北京大學出版社, 2004.

[32] 管錫華.《史記》單音詞研究 [M]. 成都：巴蜀書社, 2000.

[33] 郭錫良. 漢字古音手冊（增訂本）[M]. 北京：商務印書館, 2010.

[34] 郭錫良. 漢語史論集（增補本）[M]. 北京：商務印書館. 2005.

[35] 何耿鏞. 漢語方言研究小史 [M]. 太原：山西人民出版社, 1984.

[36] 何九盈. 漢語三論 [M]. 北京：語文出版社, 2007.

[37] 何九盈. 中國古代語言學史 [M]. 廣州：廣東教育出版社, 2000.

[38] 華學誠等. 揚雄方言校釋匯證 [M]. 北京：中華書局, 2006.

[39] 華學誠. 周秦漢晉方言研究史（修訂本）[M]. 上海：復旦大學出版社, 2007.

[40] 黃侃. 黃侃國學講義錄 [G]. 北京：中華書局, 2006.

[41] 黃侃. 黃侃國學文集 [G]. 北京：中華書局, 2006.

［42］黃家教等.漢語方言論集［G］.北京：北京語言文化大學出版社，1997.

［43］黃易青.上古漢語同源詞意義系統研究［M］.北京：商務印書館，2007.

［44］蔣紹愚.古漢語詞彙綱要［M］.北京：商務印書館，2005.

［45］蔣紹愚.近代漢語研究概要［M］.北京：北京大學出版社，2005.

［46］李葆嘉.漢語起源與演化模式研究［M］.哈爾濱：黑龍江教育出版社，2002.

［47］李如龍.漢語方言的比較研究［M］.北京：商務印書館，2001.

［48］李如龍.漢語方言學［M］.北京：高等教育出版社，2001.

［49］李如龍主編.漢語方言特徵詞研究［G］.廈門：廈門大學出版社，2002.

［50］李恕豪.揚雄《方言》與方言地理學研究［M］.成都：巴蜀書社，2003.

［51］李運富.漢字漢語論稿［G］.北京：學苑出版社，2008.

［52］李宗江.漢語常用詞演變研究［M］.上海：漢語大詞典出版社，1999.

［53］林語堂.語言學論叢［G］.上海：開明書店，1933.

［54］劉君惠等.揚雄方言研究［M］.成都：巴蜀書社，1992.

［55］劉葉秋.中國字典史略［M］.北京：中華書局，2004.

［56］盧雲.漢晉文化地理［M］.西安：陝西人民教育出版社，1991.

［57］陸宗達，王寧.訓詁與訓詁學［M］.太原：山西教育出版社，1994.

［58］羅常培，周祖謨.漢魏晉南北朝韻部演變研究（第一分冊）［M］.北京：科學出版社，1958.

［59］羅常培.羅常培語言學論文集［G］.北京：商務印書館，2004.

［60］馬宗霍.說文解字引方言考［M］.北京：科學出版社，1959.

［61］孟蓬生.上古漢語同源詞語音關係研究［M］.北京：北京師範大學出版社，2001.

［62］齊佩瑢.訓詁學概論［M］.北京：中華書局，2004.

［63］沈兼士.沈兼士學術論文集［G］.北京：中華書局，1986.

［64］十三經注疏［M］.上海：上海古籍出版社，1997.

［65］石安石.語義論［M］.北京：商務印書館，2005.

［66］孫常叙.漢語詞彙（重排本）［M］.北京：商務印書館，2006.

［67］譚其驤主編.簡明中國歷史地圖集［M］.北京：中國地圖出版社，1991.

［68］汪啟明.先秦兩漢齊語研究［M］.成都：巴蜀書社，1998.

［69］汪維輝.東漢—隋常用詞演變研究［M］.南京：南京大學出版社，2000.

［70］汪維輝.漢語詞彙史新探［M］.上海：上海人民出版社，2007.

[71] 王力. 漢語史稿（修訂本）[M]. 北京：中華書局，1980.

[72] 王力. 同源字典 [M]. 北京：商務印書館，1982.

[73] 王力. 中國語言學史 [M]. 太原：山西人民出版社，1981.

[74] 王力等. 古漢語常用字字典（第4版）[M]. 北京：商務印書館，2005.

[75] 王寧. 訓詁學原理 [M]. 北京：中國國際廣播出版社，1997.

[76] 王寧主編. 評析本白話十三經. 北京：北京廣播學院出版社，1992.

[77] 王寧主編. 訓詁學 [M]. 北京：高等教育出版社，2004.

[78] 王寶剛.《方言箋疏》因聲求義研究 [M]. 上海：上海辭書出版社，2007.

[79] 王鳳陽. 古辭辨 [M]. 長春：吉林文史出版社，1993.

[80] 王國維. 觀堂集林 [M]. 石家莊：河北教育出版社，2001.

[81] 魏德勝.《韓非子》語言研究 [M]. 北京：北京語言學院出版社，1995.

[82] 吳予天. 方言注商 [M]. 上海：商務印書館，1936.

[83] 吳澤順. 漢語音轉研究 [M]. 長沙：岳麓書社，2006.

[84] 伍宗文. 先秦漢語複音詞研究 [M]. 成都：巴蜀書社，2001.

[85] 向熹. 簡明漢語史 [M]. 北京：高等教育出版社，1993.

[86] 徐朝華. 上古漢語詞彙史 [M]. 北京：商務印書館，2003.

[87] 徐時儀. 漢語白話發展史 [M]. 北京：北京大學出版社，2007.

[88] 徐通鏘. 歷史語言學 [M]. 北京：商務印書館，1991.

[89] 徐元誥. 國語集解 [M]. 北京：中華書局，2002.

[90] 徐正考.《論衡》同義詞研究 [M]. 北京：中國社會科學出版社，2004.

[91] 許寶華. 許寶華漢語研究文集 [G]. 北京：中華書局，2006.

[92] 嚴耕望. 嚴耕望史學論文選集 [G]. 北京：中華書局，2006.

[93] 楊寬. 戰國史 [M]. 上海：上海人民出版社，2003.

[94] 游汝傑. 漢語方言學教程 [M]. 上海：上海教育出版社，2004.

[95] 虞萬里. 榆枋齋學術論集 [G]. 南京：江蘇古籍出版社，2001.

[96] 袁家驊等. 漢語方言概要（第二版）[M]. 北京：語文出版社，2001.

[97] 張斌. 現代漢語語法十講 [M]. 上海：復旦大學出版社，2005.

[98] 張博. 漢語同族詞的系統性與驗證方法 [M]. 北京：商務印書館，2003.

[99] 張步天. 中國歷史文化地理 [M]. 長沙：湖南教育出版社，1993.

[100] 張傳璽. 簡明中國古代史（第四版）[M]. 北京：北京大學出版社，2007.

［101］張聯榮. 古漢語詞義論［M］. 北京：北京大學出版社，2000.

［102］張樹錚. 方言歷史探索［G］. 呼和浩特：內蒙古人民出版社，1999.

［103］張雙棣.《呂氏春秋》詞彙研究（修訂本）［M］. 北京：商務印書館，2008.

［104］張永言. 語文學論集（增補本）［G］. 北京：語文出版社，1999.

［105］章太炎. 章太炎全集（七）［M］. 上海：上海人民出版社，1995.

［106］趙誠. 甲骨文簡明詞典——卜辭分類讀本［M］. 北京：中華書局，1999.

［107］趙彤. 戰國楚方言音系［M］. 北京：中國戲劇出版社，2006.

［108］趙元任. 語言問題［M］. 北京：商務印書館，1980.

［109］周長楫. 閩南話與普通話［M］. 北京：語文出版社，1991.

［110］周大璞主編. 訓詁學初稿（第三版）［M］. 武漢：武漢大學出版社，2007.

［111］周振鶴，游汝傑. 方言與中國文化（第2版）［M］. 上海：上海人民出版社，2006.

［112］周祖謨. 方言校箋［M］. 北京：中華書局，1993.

［113］周祖謨. 周祖謨語言學論文集［G］. 北京：商務印書館，2001.

［114］朱正義. 關中方言古詞論稿［M］. 上海：上海古籍出版社，2004.

［115］劉寶楠等. 諸子集成［M］. 上海：上海書店，1991.

［116］宗福邦主編. 故訓匯纂［M］. 北京：商務印書館. 2003.

二、學位論文

［1］胡松柏. 贛東北漢語方言接觸研究［D］. 暨南大學博士學位論文，2003.

［2］江燕.《說文解字》所收方言詞與現代漢語方言詞比較［D］. 江西師範大學碩士學位論文，2005.

［3］劉士紅. 漢注直訓研究［D］. 北京師範大學碩士學位論文，2007.

［4］王彩琴. 揚雄《方言》用字研究［D］. 華東師範大學博士學位論文，2006.

［5］王智群.《方言》與揚雄詞彙學思想研究［D］. 華東師範大學博士學位論文，2007.

［6］解海江. 漢語編碼度研究［D］. 廈門大學博士學位論文，2004.

［7］謝榮娥. 秦漢時期楚方言區文獻的語音研究［D］. 華東師範大學博士學位論文，2007.

［8］楊建忠. 秦漢楚方言韻部研究［D］. 南京大學博士學位論文，2004.

［9］張麗霞. 揚雄方言詞彙嬗變研究［D］. 山東師範大學碩士學位論文，2002.

［10］趙彤. 漢代方音研究［D］. 北京大學碩士學位論文，2000.

［11］趙紅梅.漢語方言詞彙語義比較研究［D］.山東大學博士學位論文，2006.

三、論文

［1］白兆麟.《方言》雙音詞探析［J］.古籍整理研究學刊，1999（2）

［2］蔡曉.由揚雄《方言》看泌陽話中古語的遺留［J］.天中學刊，2003（3）

［3］蔡鳳圻.方言聲轉說［J］.說文月刊，1940（2）：8

［4］陳燦，顧丹霞.從《方言》看《周易》古經中的方言詞［J］.湖州師範學院學報，2005（3）

［5］陳長書.《國語》方言詞研究［J］.古籍整理研究學刊，2007（2）

［6］陳長書.《國語》齊方言詞拾零［J］.管子學刊，2005（2）

［7］陳立中.從揚雄《方言》看漢代南嶺地區的方言狀況［J］.韶關學院學報（社科版），2002（4）

［8］陳立中.論漢代南楚方言與吳越方言的關聯性［J］.中南大學學報（社會科學版），2004（2）

［9］陳立中.論揚雄《方言》中南楚方言與楚方言的關係［J］.湘潭大學社會科學學報，2001（5）

［10］崔驥.方言考［J］.圖書館學季刊，1932（6）：2

［11］杜道生.《方言》用古地名說［J］.志學，1944（15）

［12］郭錫良.1985年的古漢語研究［J］.中國語文天地，1986（3）

［13］郭豫才.說文方言迻錄後記［J］.河南博物館館刊，1936（4、5）；1937（7、8）

［14］郭振蘭.《爾雅》中的方言詞［A］//《語言文學論叢》編委會.語言文學論叢（三）.北京：北京師範學院出版社，1990.

［15］郝志倫.兩漢蜀郡辭賦韻文中鼻音韻尾問題初探［J］.達縣師範高等專科學校學報，1995（1）

［16］何格恩.《說文》裏所見的方言［J］.嶺南學報，1932（3）：2

［17］黃革.見於《方言》中的柳州方言詞［J］.廣西左江民族師專學報，2003（5）

［18］黃綺.關於上古漢語鼻音尾的問題——《揚雄方言音辨》問題之一［J］.河北大學學報（社科版），1962（3）

［19］黃綺.論聲母分合——《揚雄方言音辨》問題之一［J］.河北大學學報（社科版），1962（2），1963（4），1964（5）

[20] 黃典誠.《方言》及其注本［J］.辭書研究，1982（3）

[21] 黃易青.上古與元音變化同步的聲母舌位變化［J］.北京師範大學學報（社科版），2008（5）

[22] 姜書閣.屈賦楚語義疏（上、下）［J］.求索，1981（1）、（2）

[23] 李玉.秦漢之際楚方言中的ml-複輔聲母［J］.語言研究（增刊），1991.

[24] 李道中.許氏《說文》所稱別國殊語與揚氏方言異同條證［J］.文瀾學報，1936（2）：2

[25] 李敬忠.揚雄《方言》中的少數民族語詞［A］//李敬忠.語言演變論.廣州：廣州出版社，1994.

[26] 李如龍.詞彙系統在競爭中發展［A］//《詞彙學理論與應用》編委會.詞彙學理論與應用（三）.北京：商務印書館，2006.

[27] 李新魁.漢語共同語的形成和發展（上、下）［J］.語文建設，1987（5、6）

[28] 劉盼遂.說文漢語疏［J］.國學論叢，1927（1）：2

[29] 劉世俊、張博.說"轉語"［J］.寧夏社會科學，1993（5）

[30] 劉文錦.關中漢代方言之研究［J］."國立中山大學"語言歷史學研究所周刊（方言專號），1929（8）：85、86、87

[31] 羅常培.漢語方音研究小史［A］//羅常培.羅常培語言學論文集.北京：商務印書館，2004.

[32] 馬蓮.20世紀以來的兩漢詞彙研究綜述［J］.南都學壇（人文社會科學學報），2005（6）

[33] 濮之珍.《方言》母題重見研究［J］.中國語文，1966（1）

[34] 沈舜乾.《說文》或體多方言字證說［J］.贛南師範學院學報，2007（1）

[35] 斯米爾尼茲基.關於詞的問題（詞的同一性問題）［J］.語言學譯叢，1959（1）

[36] ［日］松江崇.漢代方言中的同言綫束——也談根據《方言》的方言區劃論［A］//華學誠.揚雄方言校釋匯證（下冊）.北京：中華書局，2006.

[37] 汪啓明.方言中的"東齊"考辨［J］.四川大學學報（哲社版），1993（3）

[38] 汪壽明.《廣韵》與方言［J］.華東師範大學學報（哲社版），1991（6）

[39] 王步洲.方言聲類考叙例［J］.河南大學學報，1934（1）：2

[40] 吳永煥.從《方言》所記地名看山東方言的分區［J］.文史哲，2000（6）

[41] 吳郁芳.屈賦方言定位分析［J］.雲夢學刊，1991（4）

[42] 徐德庵.方言叢考［A］//徐德庵.古代漢語論文集.成都：巴蜀書社，1991.

［43］徐德庵．漢語早期構詞法——以《爾雅》《方言》同郭注的對照爲例［J］．西南師範學院學報，1981（4）

［44］徐仁甫．《孟子》方言考［J］．志學，1942（5、6）

［45］俞敏．東漢以前的姜語和西羌語［J］．民族語文，1991（1）

［46］虞萬里．從古方音看歌支關係及其演變［A］//虞萬里．榆枋齋學術論集．南京：江蘇古籍出版社，2001．

［47］虞萬里．文獻中的山東古方音［J］．古漢語研究（創刊號），1988（1）

［48］張標．大徐本《說文》小篆或體初探［J］．河北師範大學學報，1990（1）

［49］趙振鐸，黄峰．《方言》裏的秦晉隴冀梁益方言［J］．四川大學學報（哲社版），1998（3）

［50］趙振鐸，黄峰．揚雄《方言》裏的外來詞［J］．中華文化論壇，1998（2）

［51］趙振鐸．論先秦兩漢漢語［J］．古漢語研究，1994（3）

［52］趙振鐸．揚雄《方言》裏的同源詞［C］//呂叔湘等．語言文字學術論文集——慶祝王力先生學術活動五十周年．上海：知識出版社，1989．

［53］趙振興，顧丹霞．從《方言》看《周易》部分方言語詞與傳統解經［J］．語言研究，2005（2）

［54］鍾如雄．"轉語"方法論［J］．西南師範大學學報（人文社會科學版），2003（6）

［55］鍾如雄．近現代"轉語"方法論之推闡［J］．四川大學學報（哲學社會科學版），2004（4）

［56］朱正義．《史記》與漢代語言及關中方言［J］．渭南師專學報（社會科學版），1993（3）

四、電子資源

［1］國學備要［DB］．北京國學時代文化傳播有限公司．

［2］漢語大詞典V2.0光碟版［DB］．商務印書館（香港）有限公司，2002．

［3］龍語瀚堂典籍資料庫［OL］：http：//hantang．hytung．cn．

［4］文淵閣四庫全書電子版V3.0［DB］．迪志文化出版有限公司，2007．

後　　記

本書是在我的博士學位論文的基礎上修訂而成的。它的出版首先要感謝業師李運富教授和本叢書的主編華學誠教授。

我於2003年拜入李老師門下。此後六年研究生學習生涯中，李老師以他敏銳的學術眼光、嚴謹的治學態度、清晰的邏輯思維和孜孜的探索耕耘，引導我走進學術研究的殿堂。博士論文從選題、寫作到修改凝聚了他無數心血。論文的修訂面世是我提交給老師的一份學習報告，它是老師耳提面命、學生蹣跚學步的點滴記錄，也是沐風霑雨美好時光的寶貴見證。本想請老師撰言賜序，由於種種原因未能如願。我將這看作是老師對自己的一種激勵，學無止境，這是老師無言的教誨。

論文選擇以兩漢方言詞爲研討對象，得益於華學誠老師《周秦漢晉方言研究史》、《揚雄方言校釋匯證》等論著的啟發。寫作過程中，蒙華老師惠借日本學者松江崇《揚雄〈方言〉逐條地圖集》，並贈送佐藤進《宋刊方言四種影印集成》，我得以了解海外相關研究成果。答辯後，在李老師的熱忱推介下，華老師將我納入課題組，并進一步指導我修訂論文。

在拙著即將面世的時候，心裏由衷感念教導和幫助我的師長。在北師大求學期間，有幸聆聽王寧老師的教導，使我對傳統語言文字學和章黃學術思想有了更深切的理解，對學術傳承和文化責任有了新的認識。黃易青老師的關心和鼓勵，堅定了我的信念，"兩漢方言詞區域分布表"的製作也受教於他。論文開題時，李國英、趙平安、王立軍等老師提出了寶貴建議。王寧教授、趙誠編審、華學誠教授、李國英教授、黃易青教授在論文答辯時提出了中肯意見。師母楊躍飛老師在生活上給予了無私的關愛。借此機會向諸位師長表達誠摯的敬意和謝忱！

師妹龍琳、曹雲雷幫我核對了部分引文，蘇天運、蔣玉婷幫忙通讀全文，指出了文詞字句上的許多錯誤，責任編輯王麗爲本書的順利出版付出了辛勞，在此一並向她們致以衷心的感謝！最後也要感謝妻子丁玲多年來與我風雨同行，切磋共進。

華老師說，博士論文是對學術界的獻禮，要告訴學術界——我來了！限於學力，深知如今呈獻給读者的這份"禮"離師長們的期望還有很遠的距離。兩漢方言詞的許多問題還有待進一步探討，拙著中必定也存在不少疏漏，懇請海內方家批評教正。

吳吉煌

2011年5月於中山大学

鄭重聲明

高等教育出版社依法對本書享有專有出版權。任何未經許可的複製、銷售行爲均違反《中華人民共和國著作權法》，其行爲人將承擔相應的民事責任和行政責任；構成犯罪的，將被依法追究刑事責任。爲了維護市場秩序，保護讀者的合法權益，避免讀者誤用盜版書造成不良後果，我社將配合行政執法部門和司法機關對違法犯罪的單位和個人進行嚴厲打擊。社會各界人士如發現上述侵權行爲，希望及時舉報，本社將獎勵舉報有功人員。

反盜版舉報電話　（010）58581897　58582371　58581879
反盜版舉報傳真　（010）82086060
反盜版舉報郵箱　dd@hep.com.cn
通信地址　北京市西城區德外大街4號　高等教育出版社法務部
郵政編碼　100120